〔증보판〕

자치통감1

〔증보판〕

자치통감1(권001~권006)

2026년 2월 26일 개정증보판 2쇄 찍음
2026년 2월 26일 개정증보판 2쇄 펴냄

지은이 사마광
옮긴이 권중달
펴낸이 정철재

펴낸곳 도서출판 삼화
등 록 제320-2006-50호
주 소 서울 관악구 남현1길 10, 2층
전 화 02)874-8830
팩 스 02)888-8899
홈페이지 www.samhwabook.com

ISBN 979-11-5826-351-5 (94910)
979-11-5826-498-7 (세트)

책값은 표지 뒤쪽에 있습니다.
잘못 만들어진 책은 구입하신 서점에서 바꿔 드립니다.

〔증보판〕

자치통감1

권001~권006

도서출판 삼화

증보판《자치통감》 출판에 붙여

《자치통감》을 완역해서 세상에 내놓은 다음부터 많은 독자로부터 원문도 함께 읽고 싶다는 요구가 있었다. 그러나 원문 작업이 그리 만만한 일은 아니었을 뿐만 아니라 그보다도《자치통감》에 대한 이해를 돕기 위한 책들을 정리하는 것이 먼저라고 생각하였다.

그래서 탄생한 책이《자치통감》에 실린 사론을 정리하여 해설한《자치통감사론강의》이고, 중국 역사의 전체적인 흐름을 보려는 새로운 시도가《중국분열》이며, 복잡하여 이해하기 힘들다는 위진시대를 쉽게 이해하도록 사상사적 측면에서 접근해 본 것이《위진남북조 시대를 위한 변명》이고, 황제제도의 구조적인 모습을 보기 위한 작업이《황제뽑기》였다. 그 외에도《자치통감》을 좀 더 깊이 이해하고자 하는 독자를 위하여《평설자치통감》을 집필해야 했고, 대중들을 위하여 명언을 모아 설명한《촌철활인》, 입문서《자치통감 3번 태어나다》,《생존》,《3권으로 읽는 자치통감 294》 같은 일반인들의 교양물도 출간하였다.

물론 이러한 작업을 하면서도 눈에 띄는 대로 이미 출간한 원고의 보정 작업을 계속하면서 번역문에도 조금씩 수정을 가한 부분이 있게 되었다. 이러는 동안에도 많은 독자가 원문을 볼 수 없는 아쉬움을 표하는 경우를 접하면서 이왕 이 작업을 하는 바에야 독자들에게 원문을 제공하는 것이 옳을 것 같다는 생각을 하였다.

그러나 원문을 교정 보는 작업은 그리 간단하지가 않았고 많은 시간이 필요하였다. 그러나 '자치통감 행간읽기'를 마친 독자라면 좀 더 깊이 알고자 할 것이고, 따라서 번역문과 원문이 동시에 필요할 것이라는 데까지 생각이 미쳤다. 그리하여 작업이 끝나는 대로 번역과 원문을 붙여 증보판이라는 이름으로 출간하기로 하였다.

증보판을 내는 또 다른 이유는 우리가 그동안 익숙하게 아시아의 역사를 '중국사 프레임'으로 보는 것을 깨 보고자 하는 생각도 있다. 즉 중국 문화는 아시아 문화의 중심이며 중국 문화의 동심원적 확산이 바로 아시아 문화인 것처럼 이해하였다. 그뿐만 아니라 중원 대륙의 주인은 한족(漢族)이고, 언필칭 정사라고 하는 25사가 마치 한족 왕조의 면면히 이어졌다는 오해를 풀어야 하기 때문이다.

《자치통감》은 사마광이 역사 사실을 객관적으로 정리한 역사책이다. 이 책의 집필 의도가 황제나 집정자에게 교육시키려는 것이었으므로 '있는 사실 그대로'를 전하려고 하였던 것이었다. 편견 없는 역사 사실만이 진정으로 자신을 돌아보고, 새로운 방향을 설정할 수 있기 때문이었다. 역사적 진실만이 가치가 있는 것으로 생각한 사마광은 한족(漢族)임에도 한족의 단점과 실패의 사실도 집어낼 수 있었고, 이른바 이적의 장점도 은연중에 드러나게 하였다. 그러한 점에서 《자치통감》은 '중국사'가 아니라 '아시아사'이다.

그런데 숙황(叔皇) 금(金) 왕조에 쫓기어 남쪽으로 내려온 남송의 질황(侄皇) 치하에 살았던 주희는 몰락해 가는 한족을 목도하면서 한족에게 애국심을 고취하여야 했던 당시 시대적 상황에 맞추어 역사를 혈통 중심의 정통론이라는 허구적 이념을 세워 《자치통감》을 《자치통감강목》으로 만들어 중국 중심으로 역사를 보려고 하였다. 물론 이것은 시대적 상황에서 필요하였던 것이고 이념을 주장하기 위하여 역사를 이용한 것일 뿐이다.

그런데 우리나라에서는 주자학을 정치이데올로기로 받아들이고 이념서인 《자치통감강목》을 역사라고 오도함으로써 부지불식간에 아시아 역사를 중국 중심으로 보는 왜곡된 시각이 형성되었다. 그리하여 우리도 모르는 사이에 '혈통'이라는 편견을 가지고 역사를 본 《자치통감강목》의 영향으로 500여 년간 '중국사 프레임'에 갇히게 되었고, 그 영향은 오늘에까지도 미치고 있다.

'중국사 프레임'으로 보는 아시아 역사는 중원에 있는 나라는 한족(漢族)이 중심이고, 중원의 우수한 문화가 동심원적으로 사방으로 퍼져나가 교화시킨 것이 아시아 문화이고, 화이(華夷)는 당연히 구별되고 이적은 배척되어야 하며, 중원에 세워진 왕조가 면면히 이어져 왔다는 것을 실재하였던 현실로 받아들였던 것이다.

《자치통감》은 주희가 이념으로 가공하기 전의 원본으로 '역사를 사실 그대로 이해할 수 있는' 것이 가능하지만 아직도 《자치통감》을 '중국사'로 생각하고 있는 사람이 대부분이다. 이제부터라도 《자치통감》을 1,362년간의 '아시아 역사'로 인식하기를 바란다.

대방재(待訪齋)에서

권중달 적음

목차

〔증보판〕

자치통감 1

권001

주기1 : 전국시대의 개시

권002

주기2 : 중원을 둘러싼 각국의 각축전

권003

주기3 : 진의 세력 확장

권004

주기4 : 난세의 영웅들

권005

주기5 : 강해지는 진과 망해버린 주

권006

진기1 : 진 시황의 등장

부록

원문

《자치통감》 구성 : 총 294권 1,362년간

권차	기년 왕조	기록 기간	중 요 사 건
001~005	전국 주	BC 403 ~BC 256 (148년간)	■ 주나라의 권위가 무너지고 제후국들이 통일을 위해 각축전을 벌인 전국시대.
006~008	진(秦)	BC 255 ~BC 207 (49년간)	■ 전국시대에 진나라가 통일을 준비하고, 통일을 완성하였다가 망하는 과정.
009~068	한	BC 206 ~AD 219 (425년간)	■ 진의 해체와 유방의 한 왕조가 중국을 재통일한 과정. ■ 황제체제의 성립과 왕망의 찬탈과정과 전한의 몰락과정. ■ 왕망의 멸망과 유수의 후한이 재통일한 과정. ■ 호족들의 등장과 후한의 몰락과정.
069~078	위	220~264 (45년간)	■ 후한의 멸망과 위·오·촉한의 삼국시대와 위의 촉한 정벌과정.
079~118	진(晉)	265~419 (155년간)	■ 위의 몰락과 진의 등장과 삼국 통일과정. ■ 북방 오호의 남하와 북방의 분열과정. ■ 진의 남천과 남북 대결과정.
119~134	남북조 송	420~478 (59년간)	■ 남조의 송 왕조와 북방민족이 중국 유입하여 이룩한 남북조시대.
135~144	남북조 제	479~501 (23년간)	■ 남조 송의 멸망과 제의 건국, 북조와의 대결과정.

권차	기년 왕조	기록 기간	중 요 사 건
145~166	남북조 양	502~556 (55년간)	■ 남조 제의 멸망과 양의 건국, 북조와의 대결과정.
167~176	남북조 진(陳)	557~588 (32년간)	■ 남조 양의 멸망과 진의 건국, 북조와의 대결과정.
177~184	수	589~617 (29년간)	■ 수 왕조의 중국 재통일과 멸망과정.
185~265	당	618~907 (290년간)	■ 당 왕조의 성립과 중국 고대문화의 완성과정. ■ 당 말 절도사의 발호와 당의 멸망과정.
266~271	오대 후량	908~922 (15년간)	■ 당의 멸망과 후량의 건설 및 오대십국의 진행과정.
272~279	오대 후당	923~935 (13년간)	■ 후량의 멸망과 후당의 건설 및 오대십국의 진행과정.
280~285	오대 후진	936~946 (11년간)	■ 후당의 멸망과 후진의 건설 및 오대십국의 진행과정.
286~289	오대 후한	947~950 (4년간)	■ 후진의 멸망과 후한의 건설 및 오대십국의 진행과정.
290~294	오대 후주	951~959 (9년간)	■ 후한의 멸망과 송 태조 조광윤의 등장 및 오대십국의 진행과정.

《자치통감》 왕조 계통도

❖ [ ] 는 기년 왕조이다.

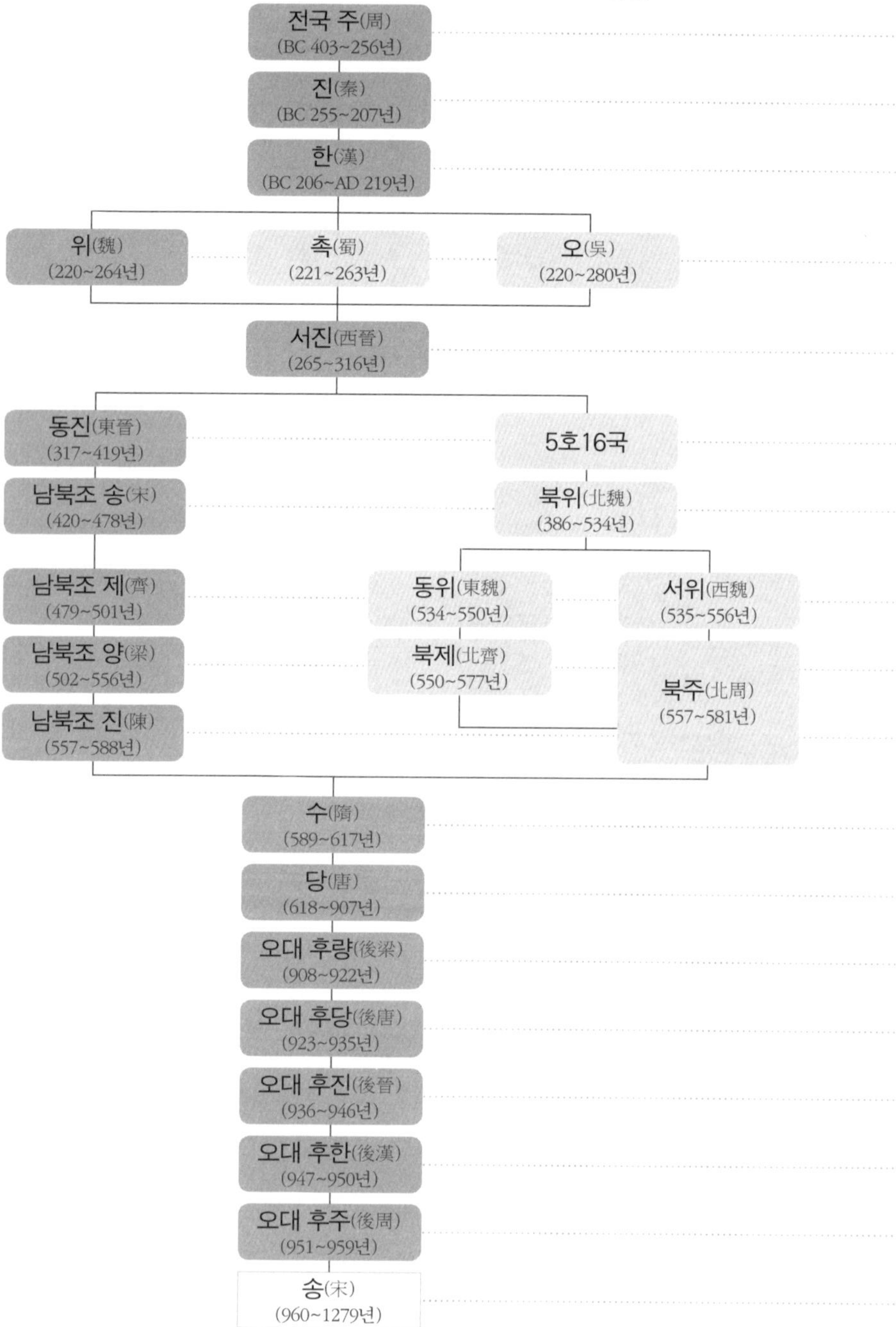

《자치통감》

권001～권005

권006～권008

권009～권068

※ **전국·진시대**(★은 기년 왕조임)

★**주**(周, ~BC 256년) **노**(魯, ~BC 249년) ★**진**(秦, ~BC 207년)
정(鄭, ~BC 375년) **송**(宋, ~BC 287년) **초**(楚, ~BC 223년)
제(齊, ~BC 221년) **진**(晉, ~BC 376년) **위**(魏, ~BC 225년)
한(韓, ~BC 230년) **조**(趙, ~BC 222년) **연**(燕, ~BC 223년)
위(衛, ~BC 209년)

권069～권078

권079～권089

권090～권118

권119～권134

권135～권144

권145～권166

권167～권176

권177～권184

권185～권265

※ **5호16국시대**(★은 16국에 포함하지 않음)

■ **흉노**(匈奴)
전조(前趙·漢, 304~329년) **북량**(北凉, 397~439년) **하**(夏, 407~431년)

■ **갈**(羯)
후조(後趙, 319~350년)

■ **선비**(鮮卑)
전연(前燕, 384~409년) **후연**(後燕, 337~370년) **남연**(南燕, 398~410년)
서진(西秦, 385~431년) **남량**(南凉, 397~414년) ★**서연**(西燕 , 384~394년)
★**요서**(遼西, 303~338년) ★**대**(代·魏, 315~376년)

■ **저**(氐)
성한(成漢, 302~347년) **전진**(前秦, 351~394년) **후량**(後凉, 386~403년)
★**구지**(仇池, 296~371년)

■ **강**(羌)
후진(後秦, 384~417년)

■ **한**(漢)
전량(前凉, 301~376년) **서량**(西凉, 400~420년) **북연**(北燕, 409~436년)
★**위**(魏, 350~352년) ★**후촉**(後蜀, 405~413년)

권266～권271

권272～권279

권280～권285

권286～권289

권290～권294

※ **오대의 십국**

■ **십국**
전촉(前蜀, 891~925년) **후촉**(後蜀, 925~965년) **오**(吳, 892~937년)
남당(南唐, 937~975년) **오월**(吳越, 893~978년) **민**(閩, 893~945년)
초(楚, 896~951년) **남한**(南漢, 905~971년) **형남**(荊南, 907~963년)
북한(北漢, 951~979년)

《속자치통감》

[일러두기]

- 이 책은 사마광찬《자치통감》의 고힐강(顧頡剛) 외의 표점본을 저본으로 하여 전국시대부터 오대후주시대까지의 전권(294권)을 완역한 것이다.

- 번역의 기본 원칙은 원전이 갖고 있는 통감필법의 정신을 최대한 살린다는 의미에서 직역하되 의미가 불분명한 경우는 역자의 역주로 설명했다.

- 역자가 내용과 분량을 감안하여 문단을 나누고 각 문단마다 제목을 달았다.

- 필요한 한자어는 괄호 속에 병기했다.

- 인명, 지명, 관직명 등 고유명사는 외래어 표기법을 따르지 않고 한글 발음대로 표기했다. 인명 가운데 원문에 성이 기록돼 있지 않은 것도 이해를 돕기 위해 성을 추가하였다. 지명은 괄호 속에 현재의 지명을 넣었고, 주(州)·군(郡)·현(縣) 등 행정 단위가 생략되었지만 필요한 경우 이를 추가하였다. 관직명은 길고 그 업무가 생소하고 길게 느껴질 경우 관직명 자체를 우리말로 풀어주고 원 관직명은 각주로 설명을 보충했다.

- 간지로 된 날짜는 괄호 속에 숫자로 표시했다.

- 본문의 '帝'는 '황제'로, '上'은 '황상'으로 번역했다.

- 책이름이나 출전은《 》, 편명은〈 〉로 했다.

- 본문에서 전후관계를 알아야 할 사건이나 내용, 용어, 고사 등 설명이 필요한 경우 각주로 설명을 보충했다.

- 독자들의 이해를 돕기 위해 각주의 설명이 다소 중복 되게 하였다.

- 주어가 생략된 경우는 해당 연도의 기준을 삼은 황제가 주어이다.

- 음은 호삼성의 음주를 따랐다.

- 사마광의 평론은 사마광이 황제에게 아뢰는 것이므로 경어체로, 사마광 이외의 평론은 사마광이 인용한 것이므로 원전의 표현의 살려 평상체로 번역했다.

- 한글로 번역하여 말뜻이 분명하지 않을 경우 〔 〕안에 한자를 넣었다.

서문

신종 황제가 쓴《자치통감》서문

짐(朕)은 '군자(君子)란 앞사람들의 말과 지난 행적을 많이 알아서 덕을 쌓아가는 사람'이니, 그러한 까닭에 굳세고 튼튼하고 두텁고 속으로 꽉 차 있어서 빛나는 빛이 날로 새롭게 되는 것이라 생각한다.《서경(書經)》에서도 역시 이르기를 '임금이란 사람들 속에서 많은 것을 듣기를 요구하고, 때에 맞추어 일을 단단히 처리하여야 한다.'고 하였다.《시경(詩經)》,《서경》,《춘추(春秋)》[1]도 모두 잘하고 잘못한 흔적을 밝혀서 왕도가 바르게 존재하게 하고, 후세에 거울이 되고 교훈이 될 것을 남겨주는 것이다.

한의 사마천(司馬遷)[2]이 석실(石室)과 금궤(金匱)에 있는 책들을 뽑아내고, 좌씨(左氏)의《국어(國語)》[3]에 근거하고, 또한《세본(世本)》·《전국책

---

1 이 책들은 모두 중국의 경전(經典)이다. 보통 6경을 꼽는데, 시경(詩經)·서경(書經)·역경(易經)·춘추(春秋)·예기(禮記)·악기(樂記)이다.

2 한나라 무제 때의 사람으로《사기(史記)》를 지었다.

3 좌구명(左丘明)을 말한다. 좌구명은 공자(孔子)가 쓴《춘추(春秋)》에 해설을 한《춘추좌전》을 쓴 것으로 유명하다.《춘추》를 해설한 책은 세 가지가 전해지는데, 이《춘추좌전》이외에도《춘추공양전》과《춘추곡량전》이 있다.《춘추좌전》은《춘추》에 나오는 내용을 역사적 사건을 가지고 설명을 붙인 것이고, 그와는 달리《춘추공양전》과《춘추곡량전》은《춘추》에 나오는 사건을 공자가 왜 그렇게 기록하였는지 하는 의미를 밝혀주는 책이다. 따라서 보통《춘추좌전》은

(戰國策)》·《초한춘추(楚漢春秋)》[4]를 추론하고, 경전에서 채택하고 천하의 잃어버린 옛 사건들에 관한 소식을 망라하고, 행적과 사건도 연구하며 위로부터 아래까지 수천 년간을 치달렸으니, 맨 위에는 헌원(軒轅)을 기록하고 획린(獲麟)[5]에 이르러서 그쳤는데, 기(紀)와 표(表)와 세가(世家), 그리고 서(書)와 전(傳)을 만들었으니, 뒷날에 역사를 서술하는 사람들은 이러한 체례를 바꿀 수가 없었다.[6] 오직 그 책에서 시비를 가린 것은 성인의 뜻에 어긋남이 없었고, 포폄(褒貶)한 것도 지극히 합당하게 한 상태에서 나왔으니 훌륭한 역사가의 재주이다.

역사서로, 《춘추공양전》과 《춘추곡량전》은 철학서로 분류한다. 좌구명은 《춘추》에 해설인 전(傳)을 다는 외에 따로 《국어》를 썼다. 이 책은 춘추시대의 각국사(各國史)라고 할 수 있다. 삼국시대 오위가 여기에 주(注)를 달았는데, 이 책은 《춘추외전》이라고도 불린다.

4 세본(世本)은 옛날 책이름이다. 한대(漢代)의 유향(劉向)이 말하기를 '세본은 옛날에 사관(史官)이 옛날의 사건을 밝혀 기록한 것이다.'라고 하였는데, 여기에는 황제 이후의 여러 제왕와 제후·경(卿)·대부들의 시호(諡號)를 기록하였다. 전국책(戰國策)도 책이름이다. 간단히 국책(國策)이라고도 한다. 한대의 유향이 선진시대(先秦時代)의 각국에서 기록한 전국시대(戰國時代)에 있었던 일을 기록하였다. 이 책은 동·서주(東·西周), 진·초·연·제와 삼진(三晉, 한·위·조), 송·위·중산 등 12개국으로 나누어 기록했는데, 사마천도 이 책을 많이 채택했다. 또한 《초한춘추(楚漢春秋)》는 한대의 육가(陸賈)가 초와 한의 흥망에 관한 일을 기록한 책이다. 사마천은 초한에 관한 기록은 여기에서 근거한 바가 많다.

5 기원전 2698년부터 한 무제가 기린을 발견했던 기원전 122년까지 2,576년간을 말한다.

6 사마천이 쓴 《사기》의 체례(體例)는 기전체(紀傳體)라고 한다. 기(紀)란 제기(帝紀)를 말하고, 전(傳)은 열전(列傳)으로 저명한 인물들의 전기이다. 《사기》에서는 이 이외에 세가(世家)라는 것을 두어 제후들의 전기를 기록한 것이 있다. 따라서 기전체는 사람을 중심으로 역사를 기록하는 방법이었다. 종전에는 시간에 의하여 사건을 기록해 가는 방법인 편년체를 썼었는데, 기전체는 편년체를 개혁한 것이었으며, 그 이후로 이른바 '정사(正史)'는 모두 기전체로 씌어졌다. 다만 역사상 제후가 없어졌으므로 세가 역시 자연히 없어졌을 뿐이다. 우리나라의 《삼국사기(三國史記)》와 《고려사(高麗史)》도 기전체로 쓴 역사책이다.

만약에 나의 부친이신 영종(英宗)[7]황제께서 옛것을 살피신 것을 보면, 머릿속으로는 항상 전적을 생각하셨고, 만 가지 일을 처리하시는 가운데서도 아직 손에서 일찍이 책을 놓으신 적이 없었다. 일찍이 용도각(龍圖閣) 직학사(直學士) 사마광(司馬光)에게 명령을 내리시어 역대 군왕과 신하들이 지내온 사적을 차례로 논평하라고 하시고, 비각(秘閣)[8]에 있는 도서를 열람할 수 있게 하셨으며, 관리들에게도 필찰(筆札)을 내려주시며 주(周) 위열왕(威烈王)에서부터 시작하여 5대(五代)에 이르러서 그치게 하셨다.

사마광의 뜻은 이러하였다. 주의 쇠퇴함이 겹겹이 쌓여 주 왕실이 미약하여져서, 예악(禮樂)[9]이나 정벌(征伐)[10] 같은 일들이 제후에게서 나오

---

7 신종(神宗)의 아버지는 북송 5대 영종(英宗)이다. 그는 1064년에 즉위하여 1067년에 죽었다.

8 용도각이나 비각 등은 모두 역대의 전적(典籍)을 보관하고 있는 송대의 황실 도서관이다. 오늘날의 도서관은 모두 사람에게 공개하는 것을 우선으로 하고 있지만, 전통시대의 도서관, 특히 황실 도서관은 아무나 쉽게 접근할 수 있는 곳이 아니고 특별히 허락을 받은 사람만이 접근하여 도서를 이용할 수 있다. 그러한 점에서 본다면 이 도서관의 책을 볼 수 있도록 허락 받은 것은 대단한 특혜라고 할 수 있다.

9 주나라시대에 있어서 예악이란 단순한 예의범절이나 음악에 관한 일이 아니다. 이 당시에는 정치를 예악으로 하였다고 볼 수 있다. 예는 사람과 사람 사이의 관계에서 상하(上下)의 구분을 분명하게 하는 것이다. 경우에 따라서는 나이를 기준으로 하고, 경우에 따라서는 관직의 높낮이를 기준으로 하며, 혹은 덕의 많고 적음으로 기준으로 삼을 수가 있다. 이러한 기준이 확립되면 사람과 사람이 만났을 때 그에 상응한 예의가 존재했던 것이다. 이러한 예의는 사회질서와 국가질서를 확립하는 기준이 된다. 그리고 그에 따른 의식에 그에 걸 맞는 음악이 있게 마련이다. 따라서 이러한 예악은 천자가 정하도록 되어 있으며, 그 아래에 있는 제후나 대부들은 정할 수가 없다. 그리하여 《논어》를 보면, 공자는 대부의 신분에 있는 계씨가 팔일무(八佾舞)를 추었던 것을 아주 심각하게 비판했던 것이다. 팔일무란 8×8=64 즉 64명의 무용수를 동원하여 춤추는 의식을 행하는 것을 말하는데, 이것은 천자의 신분에서만 가능한 것이었다. 그런데 대부가 천자가 행하는 의식을 행하였기 때문에 이것은 바로 하극상이요, 쿠데타적인 의

게 되었으며, 평왕(平王)이 동쪽으로 도읍을 옮기고 나서[11] 제(濟), 초(楚), 진(秦), 진(晉)이 비로소 강대해졌으며, 환공(桓公)과 문공(文公)이 바꾸어 패권을 쥐고서 오히려 '주나라 왕실을 높인다.'는 말을 내세워 천하의 여러 나라들을 복종하게 하였는데, 위열왕이 스스로 배신(陪臣)[12]인 한(韓)·위(魏)·조(趙)에게 명령을 내려서 제후가 되게 하였으니, 주가 비록 아직 멸망하지는 아니하였다고 하나 왕의 제도는 거의 다 없어졌다. 이것은 또한 옛사람들이 사건을 서술하고 글을 지을 때 그 실마리를 만들고 뜻을 세우는 것과 관계가 있는 것이다.

이 책에 실린 밝은 군왕과 훌륭한 신하들은 정치하는 도리를 절실하게 연마한 것이니, 토의하고 의논한 자세하고 치밀한 말들과 덕을 베풀고 형벌을 주는 좋은 제도, 하늘과 사람이 서로 더불어 하는 관계, 아름답거나 혹은 허물이 되는 증거의 근원, 권위와 복이 되며 번성하고 쇠락하게 되는 근본, 규모(規模)를 이롭게 하거나 해롭게 하여 나타나는 효과, 훌륭한 장수의 방책과 지략, 법조문을 잘 따르는 관리가 만든 조목조목

미를 가진 것이었으므로 공자가 이를 심히 비판한 것이었다.

10 정(征)이란 죄를 지은 나라나 사람을 천자의 명을 받아 치는 것을 말하고, 벌이란 군사가 종고를 울리고 무력을 행사하는 것을 말한다. 따라서 죄를 지은 자에게 군사력을 가하여 벌을 내리는 것을 정벌이라고 할 수 있다. 따라서 정벌이란 천자만이 시행할 수 있는 것이었다.

11 주 13대 왕으로 이름은 희의구(姬宜臼)이다. 그의 아버지인 12대 유(幽)왕은 무도(無道)하였고, 또한 포사(褒姒)라는 여인을 사랑한 나머지 원래의 부인인 신후(申后)를 폐위(廢位)하였다. 따라서 신후의 아들인 의구(宜臼)도 태자에서 물러나야 했다. 이에 격분한 신후의 아버지인 신후(申侯)가 견융(犬戎)과 연합하여 유왕을 공격하여 여산(驪山) 아래에서 유왕을 죽였는데, 이 기회를 이용하여 견융들은 많은 재물을 탈취하고 여인들을 포로로 잡아갔다. 그 후 신후는 진나라, 정나라의 제후 등 몇몇 제후들과 의논하여 자기의 외손자이며 원래의 주나라 태자인 의구를 왕으로 세웠으며, 도읍도 호경(鎬京)에서 그 동쪽에 있는 낙양(洛陽)으로 옮겼다.

12 대부의 지위에 있었다.

의 가르침, 사악함과 올바름으로 결단을 내린 것, 잘 다스리고 소홀한 것의 요점 파악, 문장에서 근원이 있고 기품이 두터운 체제, 잠언(箴言)이나 간언(諫言)의 깊고 절실한 의미 등까지 매우 잘 갖추어놓았다.

무릇 열여섯 왕조를 296권[13]에 묶어 완성하여 창문 앞에 늘어놓아서 옛날부터 오늘날까지 이어진 것을 다해놓았으며 폭넓게 기록하면서도 그 요점을 파악해두었고, 간단하게 기록하면서도 사건에서는 두루 알 수 있게 하였고, 전장제도(典章制度)도 다 모아놓았으니 이미 저작되었던 모든 책의 중심이다.

순경(荀卿)이 말했다. '성인이 지내온 흔적을 보려고 한다면 찬연하게 빛나는 사람에게서 찾을 수 있을 것인데, 후대의 왕인 자가 바로 그 사람이다.' 만약에 한의 문제(文帝)와 선제(宣帝), 당나라 태종(太宗)[14]이라는 사람은 공자가 말한바 '내가 깎아내릴 것이 없는'[15] 사람이다.

그 나머지 세상을 잘 다스려 태평성대를 이룬 군왕들의 사적 속에서 그들이 근심하며 아끼는 마음을 가졌고, 충성스럽고 이로운 가르침을 가졌음을 알게 하고, 어떤 사람은 다른 사람을 잘 알아보아서 일을 적당하게 잘 맡기고 공손하고 검소하고 부지런하고 두려워하였고, 또한 각기 성현(聖賢)의 한 부분을 체득했는데, 맹가(孟軻)가 말한바 '나는 무성(武成)[16]에게 두세 가지 계책만 취할 뿐'[17]이다.

---

13 이 책은 294권으로 되어 있다. 함분루영인송본(涵芬樓影印宋本)에는 '사(四)'로 되어 있는데, 이것이 맞는 것이고, 296권이라고 함은 四가 六으로 잘못된 것이다.

14 당(唐)의 2대 황제인 이세민(李世民)을 말한다.

15 《논어》〈태백(泰伯)〉에 있는 말이다. 원문은 '禹 吾無間然矣.[우임금은 내가 비난할 데가 없으시다.]'라고 되어 있다.

16 주나라의 무왕과 성왕을 말한다.

17 《맹자》〈진심(盡心)〉편에 있는 말이다. 원문은 '盡信書則不如無書 吾於武成取二三策而已矣'라고 되어 있다. 즉 책에 쓰인 것을 다 믿는다면 책을 없애느니만 못하다. 즉 책에 있는 것을 다 믿을 수는 없다는 뜻이다. 이 말은 맹자의 무성편

거칠고 타락하여 뒤집혀 위험해진 사례에 이르러서는 '앞에 가는 수레가 실수한 것'을 볼 수 있고, 혼란을 일으킨 도적이나 간사한 사건은 그 속에서 서리가 밟히면 점차 단단해질 것을 알게 됨[18]이 있다.《시경》에 이르기를, '은상(殷商)이 거울로 삼을 것이 먼 곳에 있지 아니하다. 바로 하(夏) 군왕의 시대에 있다.'[19]고 하였다. 그러므로 이 책에 이름을 내려주노니 '자치통감(資治通鑑)'이라고 하여 짐의 뜻을 드러낼 뿐이다.

치평(治平) 4년[20] 10월에 처음으로 경연(經筵)을 열고 성지(聖旨)를 받들어《자치통감》을 읽었다. 그달 9일에 신 사마광이 처음으로 나아가 읽었는데, 면전에서 황제가 쓰신 서문을 하사하셨고, 이 책이 완성되는 날을 기다려 써서 넣도록 하셨다.

(武成篇)에 실린 내용 가운데서도 2~3개 정도만을 취하여 믿는다는 말이다.

18 《주역》에 나오는 구절로, 서리를 밟을 때는 앞으로 차차 날씨가 더욱 추워질 것을 알게 된다는 말이다.

19 은나라의 탕(湯)왕이 하나라의 마지막 임금인 걸왕이 포학(暴虐)하였으므로 이를 정벌(征伐)하였던 것이다. 이러한 역사적 사실은 군왕이라도 포학하면 망할 수 있다는 역사적 교훈을 준다. 그리하여 은나라 사람들은 잘못할 가능성이 있을 때에는 하의 걸이 망한 것이 우리 은나라의 거울이 된다고 생각하였던 것이다. 즉 은나라에서 거울로 삼을 수 있는 하걸의 사건은 그다지 오래 전에 일어났던 일이 아니고, 하걸과 같은 경우에는 언제든지 하걸과 같은 내쫓김을 당할 수 있다는 것이다.

20 송(宋) 영종(英宗)의 연호가 치평(治平)이다. 치평 4년은 서기 1067년이고, 사마광은 이 이후 17년간 계속하여 《자치통감》을 써서 1084년에 324권(본문 294권, 목차 30권)을 완성하였다. 치평은 신종 아버지인 영종의 연호인데, 이 해(1067년) 1월에 영종은 죽었지만, 그해 연말까지는 치평을 사용하였으므로 신종이 서문을 내렸음에도 영종의 연호를 사용한 것이다.

《자치통감》을 올리는 표문

신 사마광(司馬光)[1]이 아뢰옵니다.

먼저 칙령을 받들어서 역대 군왕과 신하들의 사적을 편집하였으며,[2] 또한 성스러우신 황제의 뜻[聖旨]으로 이 책에 '자치통감(資治通鑑)'이라는 이름을 하사하여주신 것을 받들었는데 이제 이미 전부 완성하였습니다.

엎드려 생각하건대, 신은 성품이나 아는 것이 어리석고 아둔하고 학술도 거칠고 성기어서 무릇 백 가지 일을 하는데 모두 다른 사람들보다 아래에 있지만 지나간 역사에 대하여서만은 거칠지만 일찍이 마음을 다하여 왔으며, 어려서부터 늙을 때까지 좋아하며 싫어하지 아니하였습니다.

매번 걱정하였던 것이 있었습니다. 사마천(司馬遷)의 《사기(史記)》와 반고(班固)의 《한서(漢書)》가 나온 이후로 역사책들이 번거로울 정도로 많아서 포의(布衣)[3]를 입은 인사조차 이 많은 역사책들을 두루 읽지 못하

1 황제에게 올린 이 글의 원문에서는 당연히 성을 빼고 이름만 썼다. 따라서 본문에는 '臣光'이라고만 되어 있다. 그러나 번역에서는 독자들의 이해를 돕기 위해 성(姓)인 사마(司馬)까지 넣었다.

2 이때 사마광은 책이름을 《통지(通志)》라고 했었는데, 신종(神宗)황제로부터 책이름을 하사받아서 《자치통감(資治通鑑)》이라고 하였다.

3 아무 벼슬이 없는 사람이다. 관직을 가진 사람은 그 직급에 따라서 색깔이 있는 옷을 입는 것에 대하여 일반인은 물색없는 옷을 입는데서 나온 말이다.

고 있는데, 하물며 인주(人主, 군주)께서는 하루에 만 가지 일을 처리하여야 하는데 어느 겨를에 두루 읽겠습니까?

신은 항상 자신의 능력은 헤아리지 못하고, 쓸데없이 긴 것을 잘라내어 기밀의 요점을 들어내고, 오로지 국가의 흥망성쇠에 관한 것과 살아가는 백성들의 애환에 관한 것, 훌륭한 일이어서 본받을 만한 것과 악한 일이어서 경계해야 할 만한 것만을 골라내어서 편년체로 된 책 하나를 만들고자 하였는데, 앞뒤가 논리에 잘 맞고, 중요한 것에 그렇지 않은 것이 섞여들지 않게 하고자 하였지만 개인의 능력으로는 힘이 약하여 이를 완성할 수가 없었습니다.

엎드려 영종황제를 만나 뵈었더니 자질과 예지를 갖춘 성품이셨고, 빛나고 밝은 정치를 베풀고자 하시어 옛날에 있었던 사건을 두루 읽으시고자 생각하시면서 커다란 계획을 널리 펴시려고 신에게 조서를 내리시어 이러한 책을 편집하게 하셨습니다.

신은 일찍이 예전부터 바라던 바를 하루아침에 펼칠 수 있게 되니 뛸 듯이 뜻을 받들어 이으려고 하였지만, 오직 부응하지 못할까만을 두려워하였습니다.

선제(先帝)께서는 이어서 스스로 종사할 관속을 선발하여 벽소하도록 명령하시고, 숭문원(崇文院)에 편집국을 설치하도록 명령하시고, 용도각·천장각(天章閣)·삼관(三館)[4]·비각(秘閣)에 있는 서적을 빌릴 수 있게 허락하셨고, 어부(御府)에 있는 붓과 먹, 그리고 비단, 어전(御前)에 있는 전폐를 하사하시어 과일과 먹을 것을 공급하셨으며, 내신(內臣, 환관)[5]으로 뜻을 이어받아 연락하도록 하시니, 특별히 받은 영광은 가까이 모시는 신하들도 따라올 수 없었습니다.

---

4 소문관(昭文館)·집현관(集賢館)·국사관(國史館)을 말한다.

5 환관(宦官)인데, 황제의 심부름을 하는 사람이다.

불행하게도 책을 아직 올리기 전에 선제[영종][6]께서 여러 신하를 버리고 떠나셨습니다. 폐하[신종][7]께서는 대통을 이어받아 선제의 뜻을 삼가 이으시고, 책의 첫머리에 서문을 지어주시는 은총을 베푸셨으며, 좋은 이름도 내려주셨고, 경연을 열 때마다 항상 나아가 이 책을 읽어 올리도록 하셨습니다. 신이 비록 완고하고 어리석지만, 두 조정에서 알고 대우해주시는 것이 이처럼 후하시니, 몸이 없어지고 머리가 없어진다고 한들 충분히 보답하여 메울 길이 부족하니, 진실로 지혜와 능력이 미치는 것을 어찌 감히 남겨두었겠습니까?

마침 저를 지영흥군(知永興軍)[8]으로 차출하셨지만 쇠약하고 병이 있어서 그 일을 잘 감당할 수 없을까 하여 용관(冗官)[9]의 자리로 나아가기를 빌었습니다. 폐하께서는 굽어 제가 바라는 바대로 좇아주셨으며, 또한 완곡하게 용모를 보양하도록 하사품을 주셨고, 판서경유사어사대(判西京留司御史臺)[10]와 제거서경숭산숭복궁(提擧西京崇山崇福宮)으로 차출하셨으며, 앞뒤로 여섯 차례나 맡게 하시며 여전히 《자치통감》의 편집국

---

6 사마광이 《자치통감》을 완성했을 때는 신종시기였고, 《자치통감》을 저작하도록 조서(詔書)를 내린 임금은 신종의 아버지인 송나라 5대 황제인 영종 조종실(趙宗實)이다. 따라서 선제란 영종을 말한다.

7 송나라 6대 황제인 신종(神宗) 조욱(趙頊)이다.

8 관직명이다. 송대에는 부·주·감(監)과 같은 급의 정구(政區)에는 군(軍)을 두었는데, 그 장관이 군사(軍使)이다. 경조관으로 나아가서 그 일을 담당하는 사람을 '지군사'라고 하고 이를 '지군'이라고 하는데, 그 직책과 관속은 대략 지주(知州)와 같다. 따라서 영흥(섬서성 서안) 군구의 업무를 처리하는 직책이다.

9 용관은 일이 별로 없는 관리를 말한다. 송대에는 문치주의를 채택하여 필요치 않는 관리 즉, 용관의 수가 증가하는 것이 재정을 압박하는 중요한 원인이 되었다. 여기서는 별로 실권이 없는 직책이라는 의미로 쓰였다.

10 하남성 낙양시가 송대의 서경이다. 서경의 행정책임자인 서경유수를 감찰하는 서경어사대인데, 이 어사대를 총괄하는 직책이 판어사대(判御史臺)이다. 또한 서경의 숭산에는 숭복궁의 관리를 책임지는 직책이 제거(提擧)이다.

을 스스로 따라오게 하셨고, 녹질(祿秩)을 내려주시며 직책과 업무에 관하여 책임을 지우지 아니하셨습니다.

신은 이미 다른 일이 없었으므로 정확하게 연구하고 지극하게 고려하면서 갖고 있는 모든 것을 다 쏟아 부었고, 낮만으로는 힘이 모자라서 이를 밤까지 계속하였습니다. 옛날부터 내려온 역사책을 두루 살폈고, 소설(小說)[11]도 방증으로 채택하였으며, 간독(簡牘)[12]도 가득 쌓여 있는 것이 넓기로는 마치 아득한 바다 같았는데, 그윽하고 숨겨진 내용을 골라냈고, 터럭 끝 같이 작은 부분이라도 비교하고 교정하였습니다.

위로는 전국시대부터 아래로는 5대에 이르러서 끝냈는데, 무릇 1,362년간이었으며, 완성된 것은 294권이고, 사건의 목록을 대략 드러내려고 연월(年月)을 날줄로 하고 각국에서 일어난 사건을 씨줄로 삼아서 검색하여 찾아보는 사람을 대비하려고 〈목록〉 30권을 만들었고, 또한 여러 책을 참고하여 사건의 내용이 같고 다름을 평가하고, 올바른 한 길로 갈 수 있게 하기 위하여 〈고이(考異)〉 30권을 만들었으니 도합 354권이 되었습니다.

치평 연간에 편집국을 열었던 때로부터 오늘 비로소 완성된 날까지 세월이 오래 흘렀었는데 그 사이에 뒤틀린 것이 있으니 감히 스스로 보존하지 못하며, 죄를 진 것이 무거워서 진실로 도망갈 곳도 없었습니다. 신 사마광은 황송하고 진실로 두려워서 머리를 조아리고 또 머리를 조아립니다.

거듭 생각하건대 신이 대궐과 궁정에서 멀리 떨어져 있는 것[13]이 15

---

11 여기서 소설이라고 함은 야사(野史)를 말한다.

12 원래 종이가 발명되기 전에는 대나무나 나무를 반듯하게 깎아서 글을 새겼었다. 즉 죽간(竹簡)과 목간(木簡)인데, 여기에서 유래한 서장(書狀)·편지(便紙)·간찰(簡札) 같은 것들을 말한다.

13 이때의 수도는 개봉(開封)이었는데, 사마광은 낙양(洛陽)에 가 있었다.

년간이었음을 생각하여주시니 비록 몸은 밖에 있었으나, 작은 마음이나마 아침이나 저녁, 깨어있을 때나 잠잘 때 어찌 폐하 곁에 있지 아니하였겠습니까? 돌아보건대 어리석고 용렬하여 할 수 있는 것이 없었으니, 이에 오로지 책 만드는 일에만 종사하여 큰 은혜에 보답코자 하여 한 방울의 물과 티끌 같은 것까지 다하여 바다나 산에 조금이라도 보태고자 하였습니다. 신은 이제 해골같이 초췌하게 되었고 눈은 가까운 것이나 겨우 희미하게 볼 정도가 되었고, 치아도 거의 없어졌으며 정신과 지식도 쇠잔하고 소모되어 눈앞에 했던 일도 발길을 돌리면 바로 잊어버리게 되었으니 신의 정력은 이 책에 다 써버렸습니다.

엎드려 바라옵건대, 폐하께서 이 책이 망령되게 저작되어 주살될 죄를 지었다 하여도 너그러이 생각하여주시고, 그 충성을 다하려는 뜻이 배어 있음을 살펴주시며, 맑고 한가한 즐거운 시간에 때로 살펴주시어 앞 시대의 흥하고 망하고 번성하고 쇠퇴하였던 것을 거울삼아서, 오늘날에 득이 될지 손해가 될지를 상고하시고, 훌륭한 것에는 상을 주시고, 사악한 것은 물리치시며, 옳은 것은 취하시고 틀린 것은 버리시어 옛 군왕이 이룩하신 왕성한 은덕을 좇으시어 전에 없는 지극한 치세(治世)로 매진하시어 사해(四海)의 뭇 백성들로 하여금 모두 그 복을 입게 하신다면, 신은 비록 뼈를 구천[14]에 버린다 하더라도 뜻하고 원하는 것은 영원히 완성될 것입니다.

삼가 표문을 받들어 올려 보고합니다. 신 사마광이 진실로 황송하고 진실로 송구하여 머리를 조아리고 또 조아리면서 삼가 말씀드렸습니다.

단명전학사(端明殿學士)**이고, 한림시독학사태중대부**(翰林侍讀學士太中大夫)**이며, 제거서경숭산숭복궁**(提擧西京崇山崇福宮)**이며, 상주국**(上柱

14 황천(黃泉) 또는 무덤과 같은 말이다.

國)이고, 하내군개국공(河內郡開國公)으로 식읍(食邑)이 2천6백 호로, 실제로는 1천 호를 쓸 수 있도록 봉해진 신 사마광이 표문을 올리나이다.

원풍(元豊) 7년[15] 11월 올림

검열문자(檢閱文字) 승사랑(承事郎) 신(臣) 사마강(司馬康)

동수(同修) 봉의랑(奉議郎) 신(臣) 범조우(范祖禹)

동수(同修) 비서승(秘書丞) 신(臣) 유서(劉恕)

동수(同修) 상서둔전원외랑충집현교리(尙書屯田員外郎充集賢校理) 신(臣) 유반(劉攽)

편집(編集) 단명전학사(端明殿學士) 겸 한림시독학사(翰林侍讀學士) 태중대부(太中大夫) 신(臣) 사마광(司馬光)

15 원풍 7년은 서기로 1084년이다. 원풍은 송나라 신종의 두 번째 연호이다. 신종의 첫 번째 연호는 희녕(熙寧)인데, 희녕은 10년까지만 사용했다. 따라서 원풍 7년은 신종이 황제에 즉위하여 17년이 되는 해이다. 사마광이 영종 4년에 《자치통감》을 쓰기 시작하여 이때에 마쳤으므로 17년간 이 책을 쓴 셈이다.

권001

주기1

전국시대의 개시

진의 분열과 사마광의 예론

• 위열왕[1] 23년(戊寅, 기원전 403년)[2]

1 처음으로 진(晉)의 대부(大夫)인 위사(魏斯)·조적(趙籍)·한건(韓虔)에게 명령하여 제후(諸侯)로 삼았다.[3]

❖ 신 사마광(司馬光)이 말씀드립니다.[4]

---

1 주(周)의 38대 왕으로 낙읍에 도읍하고 있었다.

2 당시에는 독립 정권을 갖고 있는 제후국(명목상으로는 주 위열왕의 제후)이 많았는데, 이 해는 진(晉) 열공 19년, 노(魯) 목공 7년, 위(魏) 문후 44년, 진(秦) 간공 12년, 한(韓) 경후 6년, 정(鄭) 수공 20년, 조(趙) 열후 6년, 송(宋) 도공 원년, 연(燕) 민공 31년, 초(楚) 성왕 5년, 위(衛) 신공 12년, 제(齊) 강공 2년이다.

3 주(周) 무왕(武王)이 은(殷)의 마지막 임금인 주(紂)를 정벌하고 봉건제(封建制)를 실시했다. 그때 진(晉)도 주의 제후였는데, 그 후 근 700년이 지나 위열왕 때에 이르러 진의 대부였던 세 사람이 세력을 장악하고, 위열왕에게 제후로 올려 달라고 청하였다. 원래의 법대로는 이들은 하극상(下剋上)을 하였기에 위열왕은 당연히 이들을 처벌해야 하지만, 힘 있는 대부들의 요구를 그대로 들어주어 신분을 대부에서 제후로 올려준 것이다. 사마광은 명분에 없이 이렇게 일을 처리한 것은 과거에 없었던 중요한 시대의 변화로 보았다. 그리하여 위열왕 23년을 전국시대의 시작으로 보고, 《자치통감》은 이 해를 기점으로 쓰기 시작했다.

4 사마광은 《자치통감》을 쓰면서 필요하다고 생각하는 부분에서 서술한 역사 내용을 평가하고 황제에게 건의하는 '신광왈(臣光曰)'이라는 대목을 설치했다. 경

신이 듣건대, 천자의 직책 가운데 예(禮)보다 큰 것이 없고, 예 가운데는 분(分)을 지키는 것보다 더 큰 것이 없고, 분은 명칭(名稱)보다 큰 것이 없다고 하였습니다.[5] 무엇을 예라고 합니까? 기강(紀綱)이 바로 이것입니다. 무엇을 분이라고 합니까? 임금과 신하가 바로 이것입니다. 무엇을 명칭이라고 합니까? 공(公)·후(侯)·경(卿)·대부(大夫)가 바로 이것입니다.

무릇 사해(四海)가 넓고 억조(億兆)나 되는 백성의 무리가 한 사람에게 통제를 받게 되니, 비록 절륜한 힘을 갖고 있고, 고세(高世)의 지혜를 가졌다고 하더라도 분주하게 다니며 복역하지 않는 사람이 없는 것은 어찌 예를 가지고 이를 위하여 기강(紀綱)을 잡은 것이 아니겠습니까? 이러한 까닭에 천자는 삼공(三公)을 통괄하고, 삼공은 제후(諸侯)들을 통솔하며, 제후는 경과 대부를 통제하며, 경·대부는 사(士)나 서인(庶人)을 다스리는 것입니다.[6]

귀한 사람은 천(賤)한 사람에게 다가가고, 천한 사람은 귀한 사람의 뜻을 잇는 것입니다. 윗사람이 아랫사람을 시키는 것은 마치 마음이 손발을 움직이고 뿌리와 몸통이 가지나 잎을 통제하는 것과 같으며, 아랫사람이 윗사람을 섬기는 것은 마치 손발이 가슴과 배를 보위하고 가지와 잎이 뿌리와 몸통을 비호(庇護)하는 것과 같은 것이니, 그리하고 나서야 위와 아래가 서로서로 보호할 수 있고 나라와 집안도 잘 다스려져서 편안해질 수 있는 것입니다. 그러므로 천자의 직책

우에 따라서는 사마광 이전의 역사가가 평론한 부분도 이 평론부분에서 실었다.

5 분이란 분수로 볼 수 있다. 사람마다 자기가 갖고 있는 몫을 말하며, 자기의 몫을 벗어나는 행동을 하면 이는 분수를 넘은 것이며, 기강이란 바로 가지런한 질서를 말한다. 전체적으로 말한다면 가장 중요한 것은 명칭이고 그다음은 몫이며, 그다음은 예이고 그다음이 직책이라는 것이다.

6 주대의 사회신분체계인데, 이때의 신분은 왕[주왕만이 천자임]·제후·경·대부·사·서인으로 구분되어 있었다.

가운데 예보다 더 큰일이 없다고 말하였던 것입니다.

문왕(文王)이 《주역(周易)》의 순서(順序)를 늘어놓을 때,[7] 건괘(乾卦)와 곤괘(坤卦)를 첫 머리에 놓았습니다. 또 공자는 이에 계사(繫辭)를 써서 말하였습니다.

"하늘은 높고 땅은 낮으니, 건괘와 곤괘가 정해진 것이다. 낮은 것과 높은 것이 펼쳐져 있는 것이 귀(貴)한 것과 천(賤)한 것의 자리이다."

임금과 신하의 자리는 마치 하늘과 땅처럼 바꿀 수 없다는 것을 말한 것입니다. 《춘추(春秋)》[8]에서는 제후를 억누르고 왕실[9]을 높였고, 왕된 사람이 비록 쇠미(衰微)하였더라도 제후의 위에 차례를 두었으니, 이것으로 성인이 임금과 신하의 경우에 있어서 삼가고 또 삼갔음을 보았습니다.

걸(桀)이나 주(紂) 같은 폭군이고, 탕(湯)이나 무왕(武王)[10]처럼 어질어서 사람들이 그에게 돌아가며 그에게 하늘이 명령한[天命] 것이 아니라면, 임금과 신하의 분수는 마땅히 절개를 지키며 땅에 엎드려져서 죽을 뿐입니다. 이러한 연고로 미자(微子)[11]로 하여금 주를 대신

---

7 문왕이 8괘를 순서에 따라서 그려놓은 것을 문왕서괘(文王序卦)라고 하는데, 명(明)나라 때 내여덕(來如德)이 주를 단 《내주역경도해(來註易經圖解)》(臺灣 立文出版社에서 1972년에 간행한 책)의 9~10쪽에 있다.

8 공자가 쓴 춘추시대에 관한 역사책이다.

9 어떤 판본에서는 왕(王)을 주(周)로 쓴 것도 있다.

10 걸(桀)·주(紂)는 각기 하(夏)와 은(殷)의 마지막 임금으로 폭군의 대명사처럼 쓰이는 인물이고, 탕(湯)과 무왕(武王)은 각기 은과 주를 세운 임금으로 성인으로 알려져 있다.

11 은(殷)의 임금인 제을(帝乙)에게는 아들이 셋 있었다. 장자는 미자(微子) 계(啓)이고, 둘째는 중연(中衍)이며, 셋째가 주(紂)였고, 주의 생모는 황후가 되었다. 제을은 장남인 계를 태자로 삼으려고 하였으나, 태사(太史)가 이를 논하여 이르되 "현재의 처의 아들이 있다면 첩의 자식을 세울 수 없다."고 하여 마침내 주를 태자로 삼게 되었다.

하게 하였다면, 성탕(成湯)은 계속하여 하늘에 배향되었을 것이고, 또한 계찰(季札)[12]로 하여금 오(吳)의 군주로 하였더라면 태백(太伯)은 혈식(血食)을 받게 되었을 것이지만[13] 그러나 이 두 사람은 모두 차라리 나라를 망하게 하더라도 하지 않았던 것은 진실로 예라는 커다란 절도를 문란하게 할 수 없었던 것입니다. 그러므로 예는 분수보다 큰 것이 없다고 하였습니다.

무릇 예란 귀한 사람과 천한 사람을 구별하는 것이며, 가까운 사람과 먼 사람의 차례를 지어주는 것이고, 많은 사물을 재단하고, 여러 가지의 일을 통제하는 것이니, 명칭이 없으면 드러나지 않고, 구체적인 그릇[14]이 아니면 형체가 만들어지지 않는데, 명칭으로 이를 명하는 것이며 그릇으로 이를 구별하는 것이고 그러한 다음에 위와 아래는 찬란한 질서가 있게 되는 것이며, 이것이 예의 커다란 원칙입니다.

명칭과 그릇이 이미 없어졌다면 예는 어디에서 혼자 있을 수 있겠습니까? 옛날에 위나라의 중숙우해(仲叔于奚)는 위(衛)에 공로를 세우고서 읍(邑)을 사양하고 반영(繁纓)을 달라고 청하였었는데,[15] 공자

12 오왕(吳王)인 수몽(壽夢)에게는 아들이 넷 있었다. 장자는 제번(諸樊), 다음은 여제(餘祭), 그 다음은 여매(餘昧), 그 다음이 계찰(季札)이었다. 계찰이 현명하여 수몽은 그를 후계자로 세우려 하였으나, 계찰이 옳지 않다고 양보하여 제번이 후계자가 되었다. 제번이 죽자 여제에게 이어졌고, 형에서 동생에게로 왕위가 전해지게 되면 반드시 계찰에게 나라가 주어질 것이다. 그런데 계찰이 끝내 양보하고 도망쳐 버리고 말았다. 그 후에 제번의 아들 광(光)과 여매의 아들 요(僚)가 나라를 두고 다투다가 부차(夫差)에 이르러 오(吳)는 드디어 망하였다.

13 태백은 오(吳)나라를 세운 시조이고, 혈식은 제사를 말한다.

14 명칭이란 물건의 이름으로 관직 또는 작위 같은 명칭을 말하고, 그릇이란 쓰이는 물건으로 관직이나 작위의 명칭에 걸 맞는 직책이나 대우를 말한다.

15 위(衛)나라가 제(齊)나라의 공격을 받아서 두 나라가 싸웠고, 위(衛)나라 군사가 크게 패하게 되었는데, 이때 중숙우해(仲叔于奚)가 사람을 모아서 제를 격퇴하고 위나라의 대부 손환자(孫桓子, 良夫)를 구하는 큰 공로를 세운 이야기

(孔子, 기원전 552~479)는 '그에게 더 많은 읍(邑)을 주는 것만 못하다.' 고 생각하였습니다. 오직 명칭과 그릇은 다른 사람에게 빌려줄 수 없고, 임금이 이것을 관장하는 것이며, 정치가 망해 버리면 국가도 이를 좇는 것입니다.

위의 군주[靈公]가 공자를 기다려서 정치를 하게 하니, 공자는 먼저 이름을 올바르게 붙이려고[正名] 하였으니, 이름이 올바르게 붙여지지 아니하면 백성들이 손발을 놀릴 곳을 없애는 것입니다. 무릇 반영은 사소한 물건이었으나 공자는 이를 아꼈으며, 정명(正名)은 아주 사소한 일이지만 공자는 이런 일을 우선으로 하려고 하였으니, 진실로 명칭과 그릇이 이미 혼란에 빠지면 위아래가 서로 보존할 수 없기 때문이었습니다.

무릇 일은 아주 미미한 것에서 생겨나서 드러나 완성되지 않는 것이 없기에 성인께서 먼 장래를 염려하셨으니, 그러므로 그 미미한 것을 삼가면서 이를 다스린 것이고, 많은 사람들은 가까운 것만을 알고 있으니, 그러므로 반드시 그것이 드러난 것을 기다려서 이를 구제하는데, 미미한 것을 잘 다스리면 쓰는 힘은 적고 공로는 많게 되지만, 드러난 것을 구하려고 하면 힘을 다하여도 따라잡을 수 없습니다.

《주역(周易)》에서 '서리가 밟히면 단단한 얼음이 어는 시절이 올 것이다.'[16]라고 하였습니다. 또한 《서경(書經)》에서는 '하루 이틀에도

를 말한다. 이 이야기는 《춘추좌전》 성공(成公) 2년(己亥, 周 定王 18년, 기원전 589년)조에 나오는 이야기이다. 싸운 곳은 지금의 하북성 대명현(大名縣)이었다. 반영이란 제후(諸侯)들이 타는 말에 다는 장식이어서 비록 화려하다고 하더라도 값으로 따지면 한 읍(邑)에 비할 바가 못 되는 것이지만 예에 의거해 보면 이러한 장식물은 제후만이 사용할 수 있도록 정해졌으므로 아직 제후가 아닌 중숙우해가 사용하는 것은 예에 어긋나는 것이었다. 그런데 위에서는 이 예법을 어기고 중숙우해의 청을 들어주어 그가 제후가 아니면서 제후만이 장식할 수 있는 반영을 달고 다닐 수가 있었다.

만 가지의 실마리가 생기는 것이다.'라고 하였는데, 이러한 것을 말하는 것입니다. 그렇기 때문에 분수는 이름보다 더 큰 것이 없다고 한 것입니다.

아! 여왕(厲王)과 유왕(幽王)[17]이 덕(德)[18]을 잃자, 주의 법도는 날로 쇠퇴하여졌고 기강도 흐트러지고 무너져서 아랫사람이 윗사람을 능멸하고, 제후는 오로지 정벌만 하고, 대부들이 정권을 멋대로 휘두르니, 예의 큰 체계는 열에 일고여덟은 없어졌지만 그러나, 문왕(文王)과 무왕(武王)에게 지내는 제사만은 면면히 이어진 것은 대개 주의 자손들이 그 명칭과 직분을 지킬 수 있었던 때문입니다.

무엇으로 이렇게 말할까요? 옛날에 진(晉)의 문공(文公)이 왕실에 큰 공로[19]를 세우고 양왕(襄王)에게 수장(隧葬)[20]을 하게 해달라고 청하였지만 양왕이 이를 허락하지 않고 말하였습니다.

"왕의 법도요. 아직 대신할 덕을 가진 사람도 있지 않은데, 두 명의

---

16 《주역》 곤괘(坤卦) 초육(初六, 곤괘의 여섯 효 가운데 맨 아래에 있는 음효)의 효사(爻辭)이다. 이 내용은 상(象)에서 한 말이다.

17 여왕(厲王, 기원전 874~849)은 주의 10대왕이고, 유왕(幽王, 기원전 781~771)은 주의 12대 왕이다.

18 유왕은 백성들의 비판소리를 들으려고 하지 않고 오히려 감시를 강화하다가 쫓겨났고, 여왕은 포사(褒姒)라는 여자에게 빠져서 황후와 태자를 바꾸려 하다가 쫓겨서 여산(驪山)에서 죽었다.

19 주나라의 양왕(襄王, 20대, 기원전 651~621)은 주나라의 왕자인 대(帶)가 야만인을 대동하고 공격하자 정(鄭)나라로 도망갔다. 이때 진문공이 이를 쳐부수고 양왕을 다시 주나라의 수도인 낙양(洛陽)으로 돌아오게 하는 큰 공을 세웠다. 이때 진문공은 이미 나이가 60세가 넘은 터라 양왕에게 자기가 죽은 후에 장례식은 천자의 장례절차인 수장을 치를 수 있도록 허락해달라고 청하였다.

20 이 사건은 《춘추좌전》 희공(僖公) 25년조에 보이는데, 수장(隧葬)이란 보통 장례에서 관을 수직으로 내려놓는 방법과는 달리 땅을 비스듬히 깎아서 관을 옮기는 길을 만들어서 그 길로 관을 옮기게 하는 장례법으로 주나라의 왕만이 이러한 장례절차로 장례를 치르도록 되어 있었다.

왕이 있게 하는 것이니 또한 그대 숙부(叔父)[21]님도 싫어하는 일이요. 그렇지 않다면 숙부님께서는 땅을 가지고 있으니 수장할 것이지 또 왜 부탁을 하시오?"

이에 문공이 두려워하여 감히 어기지 못하였습니다.

그렇게 하였기 때문에 주의 땅은 조(曹)·등(滕)보다 크지 않고, 주의 백성(百姓)은 주(邾)·거(莒)나라보다 많지 않았지만,[22] 그러나 수백 년을 거쳐서 천하를 우두머리로 주관하였고, 비록 진(晉)·초(楚)·제(齊)·진(秦)의 강성함으로도[23] 감히 압박을 가하지 아니하였던 것은 무엇 때문입니까? 다만 명칭과 직분을 아직도 가지고 있었기 때문입니다.

노(魯)에서 계씨(季氏), 제(齊)에서 전상(田常), 초(楚)에서 백공(白公), 진(晉)에서 지백(智伯)[24]은 그 세력으로는 모두 충분히 군주를 쫓아내고 스스로 될 수 있었지만 그러나 끝내 감히 그렇게 아니했던 것이 어찌 그들의 힘이 부족했거나 마음속으로 차마 못해서였겠습니까? 마침내 명칭을 간사히 하고 직분을 범하면 천하가 함께 그들을 주살할 것을 두려워한 것입니다.

지금 진의 대부들이 그의 임금을 포악하게 멸시하였으며, 진국(晉

21 옛날에 주나라의 천자는 동성의 제후들에게는 숙부(叔父) 또는 백부(伯父)라고 호칭하였다. 이에 진의 문공은 주의 천자인 양왕과 같은 성이고, 나이도 많았으므로 숙부라고 불렀던 것이다.

22 이때 조(曹)나라나 등(滕)나라는 여러 제후 가운데 작은 나라에 속하고, 주(邾)나라나 거(莒)나라는 여러 제후국 가운데 작은 나라이다.

23 진(晉)·초(楚)·제(齊)·진(秦) 같은 나라들은 춘추시대에 많은 제후국(諸侯國) 가운데 아주 강한 나라였다.

24 계씨는 노(魯)나라에서 실권을 잡았던 대부이고, 전상은 제(齊)나라에서 실권을 잡았던 대부이며, 백공은 초(楚)나라에서 실권을 잡았던 대부이고, 지백은 진(晉)나라에서 실권을 잡았던 대부이다.

國)을 나누었는데, 천자는 이미 토벌할 수도 없었거니와 그들을 총애하는 순서를 주어서 제후의 열에 늘어서게 하였으니, 이는 구구(區區)한 명칭과 분수는 다시 지켜질 수 없고, 아울러 이를 포기한 것입니다. 선왕(先王)들이 남겨 놓은 예법은 여기에서 없어졌습니다.

어떤 사람은 '당시에 주 왕실은 미약했고, 삼진(三晉)[25]은 강성하여 비록 허락하지 않으려고 했다고 한들 그렇게 되었겠는가?'라고 여길 것이지만 이는 크게 그렇지 아니합니다. 무릇 삼진이 비록 강성하다고 하더라도 진실로 천하가 함께 주살할 것을 돌아보지도 않고, 의를 범하고 예를 어기려고 했다면 천자에게 요청하지 않고 자립하였을 것입니다.

천자에게 요청하지 않고 자립하였다면 못된 패역한 신하가 되는 것이고, 천하에는 제(齊)의 환공(桓公)이나 진(晉)의 문공(文公) 같은 군주들이 있어서 반드시 예의(禮義)를 받들고 이들을 정벌했을 것입니다. 이제는 천자에게 요청을 하고, 천자가 이를 허락하였으니, 이는 천자의 명령을 받아서 제후가 된 것인데, 누가 이를 토벌할 수 있겠습니까? 그러므로 삼진이 제후들의 서열에 서게 된 것은 삼진이 예를 깨뜨린 것이 아니고, 바로 천자가 스스로 이를 깨뜨린 것입니다.

아! 임금과 신하의 예가 이미 무너졌으니 천하에서는 지혜와 힘으로 서로 크고 자라게 하였고, 드디어 성현들의 후예들로 제후가 된 자들로 하여금 사직이 무너지지 않은 것이 없게 되었으며,[26] 살아 있는 백성들이 부서져 거의 다 없어지게 되었으니, 어찌 슬프지 아니합니까!

---

25 진이 나뉘어 한·위·조가 되었는데, 이들 한·위·조 셋을 합하여 세 개의 진(晉)이라는 말로 삼진이라고 불렀다.

26 제(齊)와 송(宋)은 전씨(田氏)에게 망하고, 노(魯)·진(陳)·월(越)은 초(楚)에게 망했으며, 정(鄭)은 한(韓)에게 망한 것을 가리킨다.

재승덕의 지백

2　　애초에, 진(晉)의 대부 지선자(智宣子)가 장차 지요(智瑤)를 후사로 삼으려고 하였는데, 지과(智果)가 말하였다.

"지소(智宵)[27]로 하는 것만 못할 것입니다. 지요는 다른 사람보다 뛰어난 것이 다섯이나 있지만 모자라는 것이 하나 있습니다. 아름다운 턱수염이 길고 큰 것이 뛰어나고, 활쏘기와 말달리기를 하기에 충분한 힘을 가진 것이 뛰어나고, 기예가 끝내도록 해주는 것이 뛰어나고, 교묘한 문장과 은혜를 베푸는 말솜씨가 뛰어나고, 세고 굳고 과감한 것들이 뛰어납니다. 이와 같지만 그는 아주 어질지 못합니다. 대저 이 다섯 가지 뛰어난 것으로 다른 사람을 능멸하고 어질지 못한 것으로 행동한다면, 그 누가 그를 기다릴 수 있겠습니까? 만약에 끝내 지요를 세우면 지씨 종족은 반드시 멸망할 것입니다."

듣지 않았다.

지과는 태사(太史)에게 가서 종족을 별도로 하여 보씨(輔氏)로 하였다.[28]

---

27 지요·지과·지소는 모두 지(智)씨 집안사람들이다. 지요는 후에 지백이 되는데, 백(伯)이란 대부에게 붙여주는 작위이므로 지씨 성을 가진 백작이므로 지백이라고 불렀다. 지과는 지씨 집안으로 후에 지백의 폭정을 예상하고 성을 바꾸었으며, 지소는 지선자의 서자이다.

조간자(趙簡子)[29]는 아들이 있는데, 장남은 조백로(趙伯魯)라고 하고, 어린 아들은 조무휼(趙無恤)이라고 하였다. 장차 후계자를 두려고 하였으나 세워야 할 사람을 몰라서 마침내 훈계가 될 말을 두 쪽의 죽간에 써서 두 아들에게 주며 말하였다.

"삼가 이를 기억해 두거라."

3년이 되어 이를 물었더니, 조백로는 그 말씀을 들어내지 못하였으며, 그 죽간을 찾아보라고 하였더니, 이미 이를 잃어버렸다. 조무휼에게 물었더니, 그 말씀을 아주 잘 익혀 외웠고, 그 죽간을 찾아보게 하였더니, 이를 소매 속에서 꺼내서 바쳤다. 이에 조간자는 조무휼이 현명하다고 하고 그를 세워 후계자로 하였다.

조간자가 윤탁(尹鐸)에게 진양(晉陽, 산서성 太原市)[30]을 다스리게 하였더니, 청하며 말하였다.

"견사(繭絲)로 생각하십니까? 아니면 보장(保障)할까요?"[31]

조간자가 말하였다.

"보장하라!"

윤탁은 그곳의 호구 수를 줄였다.[32]

---

28 이는 《국어(國語)》에 실렸는데, 지요를 세운 일은 원왕 5년(기원전 471년)이다.

29 진(晉)의 대부로 조문자(趙文子)의 손자인 조앙(趙鞅)이다. 간자는 시호인데, 한 가지 덕을 가지고 게으르지 않은 사람에게 주는 것이라고 하였다.

30 그곳의 도읍에서 약 300㎞ 정도 떨어진 곳에 있지만 조씨 집안에 속한 읍이다. 윤(尹)씨는 소호(少昊)의 후손으로 윤성(尹城)에 책봉되었는데, 그 자손들이 이를 성으로 한 것이다.

31 견사란 누에고치에서 나오는 실인데, 여기서는 누에고치에서 실을 뽑듯 백성들에게서 계속하여 고혈을 착취하는 것을 말한다. 보장이란 백성들의 삶을 두텁게 하여 보루를 쌓고 스스로 막으면서 더욱더 배양하고 두텁게 하는 것이다.

32 이 당시에는 호구 수에 따라서 세금을 징수하여 그 소속 대부에게 납부하게 되어 있었으므로 진양의 호구 수를 줄인다는 것은 진양에서 조간자에게 바칠 세금을 줄이는 것과 같다. 그 결과 진양의 세금을 줄였으므로 이곳 백성들의 세금

조간자가 조무휼에게 말하였다.

"진국(晉國)[33]에 어려운 일이 있거든 너는 윤탁이 적다고 생각하지 말고, 진양이 멀다고도 생각하지 말고, 반드시 돌아갈 곳이라고 여겨라."

지선자(智宣子)가 죽게 되어 지양자(智襄子)[34]가 정치를 맡게 되자, 한강자(韓康子)·위환자(魏桓子)[35]와 함께 남대(藍臺)에서 연회를 열었다. 지백(智伯, 智瑤, 智襄子)이 한강자를 희롱하고, 단규(段規)를 모욕하였다. 지국(智國)[36]이 이 소식을 듣고 간하였다.

"주군[37]께서 재난을 대비하지 않으면 재난이 반드시 닥칠 것입니다."

지백이 말하였다.

"재난은 장차 나에게서 말미암을 것이오. 내가 재난을 일으키지 않으면 누가 감히 이를 일으키겠는가?"

대답하였다.

"그렇지 않습니다.《하서(夏書)》에 쓰여 있습니다. '한 사람이 세 번 실수를 저지르면 원망하는 일이 어찌 밝은 곳에서 일어나겠는가? 이렇게 도모하고자 하는 것은 드러나지 않을 것이다.'[38] 무릇 군자는 아주 작은

부담이 줄어든 것이다.

33 진국이란 조간자가 대부로 있는 나라인데, 이는 진의 내부 사정이 악화되는 경우를 말하는 것이며, 진의 도읍은 지금의 산서성 곡옥현(曲沃縣)에 있었다.

34 지요가 자기 아버지 지선자의 뒤를 이어 대부가 되어 지양자가 되었다. 이 사람을 보통 지씨 집안의 백작 작위를 가졌다 하여 지백이라고 부른다. 양자란 시호인데, 수고하여 나라를 안정시켰다는 의미를 지녔다.

35 한강자는 한선자(韓宣子)의 증손 한장자(韓莊子)의 아들인 한건이고, 위환자란 위헌자의 아들 한만다의 손자 한구이다. 한강자와 위환자는 모두 시호인데, 강이란 온유하고 음악을 좋아한다는 뜻이며, 환이란 영토를 개척하고 멀리까지 복속시켰다는 의미이다.

36 단규는 한씨 집안, 즉 한강자의 가신이고, 지국이란 지씨 집안, 즉 지백과 같은 집안사람이다.

37 춘추시대 이래로 대부의 가신(家臣)들은 대부를 주(主)라고 불렀다.

일이라도 신중히 할 수 있으니, 그러므로 커다란 환란이 없는 것입니다.

지금 주군께서는 한번 연회를 열고서 다른 사람의 주군과 재상[39]에게 수치를 주었고, 또 대비하지도 않으며, '감히 재난을 일으키지 않을 것이다.'라고 말하는데, 안 될 수 없을 것입니다! 바구미나 왕개미, 벌이나 전갈 같은 것도 모두 사람을 해칠 수 있는데 하물며 주군과 재상인 경우이겠습니까?"

듣지 않았다.

지백(智伯)이 한강자에게 땅을 요구하자 한강자는 땅을 주지 않으려고 하였다. 단규가 말하였다.

"지백은 이로운 것을 좋아하고 또 괴팍하니, 주지 않으면 장차 우리를 칠 것이므로 그에게 주느니만 못합니다. 저 사람은 땅을 얻는 일에 맛 들여서 반드시 다른 사람에게도 요청할 것이고, 다른 사람이 주지 않으면 반드시 군사로 그에게로 향할 것이니, 그런 다음에 우리는 환난에서 면할 수 있고 일의 변화를 기다릴 수 있습니다."

한강자는 말하였다.

"훌륭하오."

사신을 시켜서 1만 가구의 읍[40]을 지백에게 보내주었다. 지백은 기뻐하였다.

또다시 위환자에게도 땅을 요구하였더니 위환자는 주려고 하지 않았다. 임장(任章)[41]이 말하였다.

---

38 《서경(書經)》의 하서(夏書) 오자지가(五子之歌)에 나오는 말이다.

39 한강자와 단규를 말한다. 단규는 한강자의 재상이다.

40 읍은 도읍을 말한다. 네 개의 우물이 있는 곳이 읍이고 네 개의 읍이 구(丘)인데, 읍은 사방 2리이고 구는 사방 4리이다. 가읍(家邑)이란 대부의 채지(采地)를 말한다.

41 위씨(魏氏) 집안의 가신이다.

"어떠한 연고로 안 주십니까?"

위환자가 말하였다.

"아무 까닭 없이 땅을 요구하니 그런 까닭에 안 주는 것이오."

임장이 말하였다.

"아무 연고 없이 땅을 요구하니 여러 대부들은 반드시 그를 두려워할 것이고, 우리가 그에게 땅을 주면, 지백은 반드시 교만해질 것입니다. 저 사람이 교만해지고 적을 가벼이 생각하는데, 이쪽에서는 두려움에 떨어 서로 가까워질 것이고, 서로 가까워진 사람들의 군사를 가지고 적을 가벼이 보는 사람을 상대한다면 지백의 운명은 반드시 길게 가지 못할 것입니다.

〈주서(周書)〉에서는 '장차 적을 패퇴시키려고 한다면 반드시 억지로라도 그를 도와주어야 한다. 장차 이를 빼앗으려고 한다면 반드시 억지로라도 그에게 주어야 한다.'[42]고 하였습니다. 주군께서는 그에게 주어서 지백을 교만하게 만들고, 그런 다음에 교제할 사람을 골라서 지백을 도모함만 못한데, 어찌 홀로 우리를 지백의 먹잇감으로 만들려고 하십니까?"

위환자가 말하였다.

"훌륭하오."

다시 1만 호의 읍 하나를 그에게 주었다.

지백은 또 조양자(趙襄子)에게 채(蔡)[43]와 고랑(皐狼, 산서성 離石縣 서북쪽)을 요구하였는데, 조양자는 주지 않았다. 지백은 화가 나서 한씨와 위씨의 갑병을 인솔하여[44] 조씨를 공격하였다.

조양자가 장차 떠나려고[45] 하면서 말하였다.

---

42 《서경(書經)》 주서(周書)의 일서(逸書)에 나오는 말이다.

43 여러 가지 역사적 사실로 보아 채(蔡)는 인(藺)으로 보이는데, 호삼성도 채는 인의잘못이라고 하였으며, 인은 지금의 산서성 이석현(離石縣) 서쪽이다.

44 지백의 압력에 의하여 한씨와 조씨 집안의 갑병까지 동원한 것이다.

"내가 어디로 갈고?"

따르는 사람이 말하였다.

"장자(長子, 산서성 장자현)[46]가 가깝고 또 성도 두렵고 완벽합니다."

조양자는 말하였다.

"백성들의 피곤한 힘으로 그것을 완성하였겠는데, 또 죽음을 무릅쓰고 그것을 지키라고 한다면 그 누가 나와 더불어 하겠소?"

따르는 사람이 말하였다.

"한단(邯鄲, 지금의 하북성 邯鄲市)의 창고가 알찹니다."

조양자가 말하였다.

"백성들의 기름을 긁어서 그것을 알차게 했을 터이고, 또 그로 인하여 그들을 죽였을 것인데, 그 누가 나와 더불어 하겠소! 그렇다면 진양(晉陽, 산서성 태원시)은 돌아가신 주군이 부탁하였고, 윤탁은 관대한 사람이니 백성들이 반드시 화합할 것이다."

마침내 진양으로 도망갔다.

세 집안은 국인(國人)을 가지고 그곳을 포위하고 그곳에 물을 댔는데[47] 성에서 잠기지 않은 것은 3판(版)[48]이었고, 부엌은 물에 잠기고 개구리가 알을 낳았지만 백성들은 배반할 생각을 하지 않았다.

지백이 물 위에서 순행하는데, 위환자는 몰고 한강자는 참승(驂乘)[49]

---

45 조양자의 도읍지는 신전(新田, 산서성 후마시)이었는데, 지백의 공격을 받아서 이곳을 떠나려고 한 것이다.

46 지금의 조의 도읍지에서는 170㎞ 정도 떨어져 있는 곳이다.

47 세 집안이란 지씨의 집안과 지씨에게 억지로 땅을 빼앗긴 한강자와 위환자의 집안을 말하며, 이때 진양성으로 물을 댄 것은 그 근처에 흐르는 분수(汾水)를 터서 진양성으로 흐르게 한 것이다.

48 높이가 2척(尺)이 1판이므로 3판은 6척이다. 대체로 성을 쌓을 때 한 번에 흙을 넣어 쌓는 높이가 1판이다.

49 주군을 모시고 옆에 타고 있는 사람이다.

하였다. 지백(智伯)이 말하였다.

"나는 마침내 오늘에야 물이라는 것이 다른 나라를 망칠 수도 있다는 것을 알았소."

위환자는 팔꿈치로 한강자를 툭 쳤고 한강자도 위환자의 신발을 밟았는데, 분수(汾水)로 안읍(安邑, 산서성 夏縣)에 물을 쏟아 부을 수도 있고, 강수(絳水)로 평양(平陽, 지금의 산서성 汾縣)[50]에 쏟아 부을 수도 있기 때문이었다.

치자(絺疵)[51]가 지백에게 말하였다.

"저 한(韓)·위(魏)[52]는 반드시 배반할 것입니다."

지백이 말하였다.

"그대는 어떻게 그럴 것을 아는가?"

치자가 말하였다.

"사람의 일을 보고 압니다. 무릇 한·위의 군사를 좇게 하여 조(趙)를 공격하는데, 조가 망하면 환난은 반드시 한·위에 이를 것입니다. 이제 조를 이긴 다음에 그 땅을 셋으로 나누어 갖자고 약속을 하였고, 지금 성(城, 晉陽城)은 물에 잠기지 않은 것이 3판(版)이며, 사람과 말이 서로 잡아먹고 있어서 성(城, 晉陽城)이 항복하는 것은 며칠 남았지만 그러나 두 사람에게는 기뻐하는 뜻이 없고 걱정하는 기색만 보이니, 이것이 배반하는 것이 아니고 무엇이겠습니까?'

다음날, 지백이 치자의 말을 두 사람[한강자와 위환자]에게 말하였더니, 두 사람이 말하였다.

"이는 무릇 참람한 말을 하는 사람이 조씨(趙氏)[53]를 위하여 치자에게

---

50 안읍은 위의 근거지이고, 평양은 한의 근거지이다.

51 지백의 모신(謀臣)이다.

52 한강자와 위환자, 또는 한씨 집안과 위씨 집안을 말한다.

53 조간자 또는 조씨 집안을 말한다.

유세하여 주군[지백]으로 하여금 우리 두 집안을 의심케 하여 조씨에 대한 공격을 게을리 하게 하려는 것입니다. 그렇지 않다면 우리 두 집안이 어찌하여 조석 간에 조씨의 전지(田地)를 나누어 갖는 것을 이롭게 여기지 않고, 위험하고 어려워서 이룰 수 없는 일을 하려고 하겠습니까?"

두 사람이 나가고, 치자가 들어가서 말하였다.

"주군께서는 어찌하여 신(臣)의 이야기를 두 사람[한강자와 위환자]에게 알렸습니까?"

지백이 말하였다.

"그대는 그것을 어떻게 아오?"

대답하였다.

"신(臣)은 그들이 신의 모습을 보자 곧장 빠르게 나가는 것을 보았는데, 신이 그들의 마음을 알고 있다는 것을 아는 연고입니다."

지백은 고치지 않았다. 치자가 제(齊)에 사신으로 가겠다고 요청하였다.[54]

조양자[55]는 장맹담(張孟談)으로 하여금 몰래 성(城, 진양성)을 빠져나가 두 사람[56]을 만나보고 말하게 하였다.

"신이 듣건대, 입술이 없어지면 이가 시리다고 합니다. 지금 지백이 한·위를 인솔하여 우리 조(趙)를 공격하고 있는데, 우리 조가 망한다면 한·위는 다음 차례일 것입니다."

두 사람이 말하였다.

"우리도 마음속으로는 그러할 것을 알고 있지만 일이 끝나기 전에 모

---

54 지백의 모사인 치자는 이미 그 후에 나타날 상황을 짐작하여 어려운 일이 있을 때 현장을 피하여 있을 생각으로 진(晉)을 떠나서 제(齊)로 가고자 한 것이다.

55 진양성으로 피난한 대부 조양자는 대부인 한·위·지씨의 연합군의 공격을 받으면서 진양성에 갇혀 있었다.

56 한강자와 위환자를 말한다.

의한 것이 누설되어 화가 바로 닥칠까봐 두려워하는 것이오."

장맹담이 말하였다.

"모의한 것이 두 분 주군의 입에서 나와서 신의 귀로 들어왔을 뿐인데, 어찌 상처를 입겠습니까?"

두 사람은 마침내 몰래 장맹담과 약조하고 이를 위하여 날짜를 정하고 그를 돌려보냈다.

조양자가 밤에 사람을 시켜서 제방을 지키는 관리를 죽이고 물고를 터서 지백의 군대로 물을 댔다. 지백의 군대가 물을 해결하려고 혼란스럽게 되자, 한·위는 양쪽 날개가 되어 그를 공격하고 조양자는 병졸을 거느리고 그 앞을 치고 나가서 지백의 무리를 대패시키고, 드디어 지백을 죽이고 지(智)씨 종족을 없애버렸다. 오직 보과(輔果, 智果)[57]만이 살아남았다.

❖ 신 사마광이 말씀드립니다.

지백이 망한 것은 재주가 덕(德)보다 많았던 것입니다. 대저 재주와 덕은 다른 것이지만 세속(世俗)에서는 구별할 수 없고, 통틀어서 뛰어나다고 생각하는데, 이것이 바로 사람을 잃는 이유입니다.

무릇 총명하게 살피고 굳건한 것을 재주라고 하고, 올바르고 곧고 치우치지 않으며 화합하는 것을 덕이라고 합니다. 재주란 덕의 밑천이고, 덕이라는 것은 재주를 이끄는 것입니다.

운몽(雲夢)[58]에서 나는 대나무는 천하에서도 단단하지만, 그러나 부드럽게 고쳐서 깃털을 끼지 않는다면 단단한 것을 뚫을 수 없습니

57 원래는 지씨였으나, 지백이 나라를 망칠 것이라고 지백의 아버지에게 건의했다가 받아들이지 않자 성을 보씨로 바꾸었다. 성이 달라서 화를 면할 수 있었다.

58 호북성 강릉(湖北省 江陵)에서 기춘 사이에 있는 큰 호수가 있는 지역이다.

다. 당계(棠谿, 하남성 郾城縣)에서 나는 쇠는 천하에서도 날카롭지만, 그러나 틀에 녹여 넣었다가 벼리지 않으면 강하게 칠 수 없습니다.

이러하기 때문에 재주와 덕을 온전히 다 갖춘 사람을 '성인'이라고 하며, 재주와 덕이 아울러 없는 사람을 '어리석은 사람[愚人]'이라고 하며 덕이 재주보다 많은 사람을 '군자'라고 하고, 재주가 덕보다 많은 사람을 '소인'이라고 합니다.

대체로 사람을 뽑는 술책이란 진실로 성인·군자를 얻어서 그와 더불어 할 수가 없다하여 소인을 찾아내서 이와 더불어 하는 것은 어리석은 사람을 얻는 것만 못합니다. 왜 그러합니까?

군자란 재주를 가지고 착한 일을 하고, 소인은 재주를 가지고 악한 일을 합니다. 재주를 가지고 착한 일을 하는 사람은 선한 일이 이르지 않는 곳이 없고, 재주를 가지고 나쁜 일을 하는 사람은 악도 역시 이르지 않는 곳이 없습니다.

어리석은 사람은 비록 나쁜 일을 하려고 한다 하여도 지혜가 두루 살필 수 없고 힘도 감당할 수 없는데, 비유컨대 젖먹이 강아지가 사람을 물려고 하여도 사람이 이를 제재할 수 있는 것과 같습니다. 소인의 지모는 충분히 그 간사한 짓을 완수할만하고, 용기도 그 포악한 짓을 결단할 수 있을만하니, 이는 호랑이에 날개가 달린 것인데 그 해로움이 어찌 많지 아니 하겠습니까?

대개 덕이란 것은 사람들이 존경[엄격]하는 것이고, 재주란 것은 사람들이 아끼는 것인데, 아끼는 것은 친해지기 쉽고 존경하는 것은 멀어지기 쉬우니, 이리하여서 살피는 사람은 대부분 재주 있는 사람에게 가려져서 덕 있는 사람을 남겨 두게 됩니다.

예로부터 나라 안에 있는 어지럽히는 신하[亂臣]와 집안을 망하게 하는 자식[敗子]이란 재주가 넉넉하지만 덕이 부족하여 뒤집어지게 되는 사람이 많았었는데, 어찌 단지 지백뿐이겠습니까? 그러므로 나라와 집안을 다스리려는 사람은 진실로 재주와 덕의 몫을 살필 줄 알아서 먼저 할 것과 뒤에 할 것을 안다면 또 어찌 사람을 얻지 못했다고 근심할만하겠습니까?

예양, 위문후 그리고 오기

3 세 집[59]에서 지씨의 전지(田地)를 나누었다. 조양자[조무휼]는 지백의 두개골에 옻칠을 하여 술잔으로 삼았다. 지백의 가신(家臣) 예양(豫讓)이 이 때문에 원수를 갚고자 하여 마침내 거짓으로 형인(刑人)[60]이 되어 비수(匕首)를 품에 품고 조양자의 궁에 있는 변소로 들어갔다. 조양자가 변소에 가려고 하다가 마음이 움직여서 이를 수색하게 하였고 예양을 붙잡았다. 주위 사람들이 그를 죽이려고 하였는데, 조양자가 말하였다.

"지백은 죽었고 후사도 없지만, 이 사람이 원수를 갚고자 하였으니 정말로 의로운 선비[義士]인데 내가 삼가면서 그를 피할 뿐이다."

마침내 그를 놓아주었다.

예양은 또다시 몸에 칠(漆)을 하여 부스럼 덩어리가 되고, 숯불을 삼켜서 스스로 벙어리가 되었다. 시장에서 걸식을 하며 다녔는데, 그의 처도 알아보지 못하였다. 지나다가 그의 친구를 보았는데, 그의 친구는 그를 알아보고 그를 위하여 울면서 말하였다.

"그대의 재주를 가지고 만약에 조맹(趙孟)[61]을 신하가 되어 섬긴다면,

59 지백을 연합하여 멸망시킨 한·위·조를 말한다.

60 형벌을 받은 사람인데, 이때 형벌 받은 사람은 신분적으로 대단히 낮고, 겉으로도 형벌 받은 사람의 표시가 되어 있었고 주로 심부름하는 일을 맡았다.

61 조맹이라는 말은 조씨 집안의 장자라는 뜻이므로 이는 예양의 입장에서 조양

반드시 가까이함을 받을 것이다. 그대는 마침내 하고자 하는 일을 하는 것이 돌아보면 쉽지 않겠는가? 어찌하여 이에 스스로 이렇게 고생을 하는가! 원수를 갚겠다고 하지만, 그 역시 어렵지 아니하겠는가!"

예양(豫讓)이 말하였다.

"이미 내 몸을 바쳐서 신하가 되고, 다시 이를 죽이려 함을 찾는다면, 이는 두 마음인 것이다. 무릇 내가 하려는 것은 지극히 어려울 뿐이다. 그러나 이것을 하려고 하는 까닭은 장차 천하의 후세에 다른 사람의 신하가 되어서 두 마음을 품을 사람들을 부끄럽게 하고자 함이다."

조양자가 나가는데, 예양이 다리 아래에 엎드려 숨었다. 조양자가 다리에 이르자 말이 놀라 뛰니 수색하여 예양을 잡아냈고, 마침내 그를 죽였다.

조양자는 조백로(趙伯魯)[62]가 세워지지 않아서 아들이 다섯이나 있었지만 그의 후사를 두려고 하지 않았다. 조백로의 아들을 대(代, 지금의 하북성 蔚縣)에 책봉하고 대성군(代成君)으로 하였는데, 일찍 죽자 그의 아들 조완(趙浣)을 세워서 조씨 집안의 후사로 하였다. 조양자가 죽자, 그의 동생 조환자(趙桓子)[63]가 조완을 축출하고 자립하였다가 1년 만에 죽었다.[64] 조씨 집안사람들이 말하였다.

'조환자가 세워진 것은 조양자(趙襄子)의 뜻이 아니다.'

마침내 함께 그의 아들을 죽이고, 다시 조완을 영접하여다가 그를 세우니 이 사람이 조헌자(趙獻子)가 되었다. 조헌자는 조적(趙籍)을 낳았는

자를 낮추어 한 말이다.

62 조간자는 장남 조백로를 후계로 삼지 않고, 어린 아들 조무휼을 후계로 삼았는데, 조무휼이 바로 조양자이다.

63 조양자인 조무휼의 동생인 조가(趙嘉)이다.

64 조양자는 기원전 425년에 죽고, 그의 동생인 조환자도 조씨 집안의 족장이 된 지 1년만인 기원전 424년에 죽었으므로 진(晉)이 셋으로 나뉘기 20여 년 전의 일이다.

데, 이 사람이 조열후(趙烈侯)[65]이다. 위사라는 사람은 위환자(魏桓子)의 손자인데, 이 사람이 위문후(魏文侯)[66]이다. 한강자(韓康子)는 아들 한무자(韓武子)를 낳았고, 한무자는 다시 아들 한건(韓虔)을 낳았으니, 이 사람이 한경후(韓景侯)[67]이다.

위문후(魏文侯, 위사)는 복자하(卜子夏)와 전자방(田子方)을 스승으로 삼았다. 단간목(段干木)의 여막(廬幕)을 지날 때면 반드시 의식을 차렸다.[68] 사방의 현명한 인사들이 많이 그에게 귀부하였다.

위문후가 여러 신하들과 술을 마시며 즐기는데, 하늘에서 비가 내리자 말을 타고 장차 들에 나가도록 명령하였다. 좌우 사람들이 말하였다.

"오늘은 술 마시고 즐기고 있으며 하늘에서는 또 비도 내리는데 주군께서는 장차 어디로 가시렵니까?"

위문후가 말하였다.

"내가 우인(虞人)[69]과 사냥을 하기로 약속하였으니, 비록 즐기고는 있지만 어찌 한 번 만나기로 한 약속을 없이할 수 있겠소?"

마침내 가서 몸소 스스로 이를 파기하였다.

한에서 위에게 군사를 빌어서 조를 치려고 하니 위문후가 말하였다.

---

65 이 사람이 한·위와 함께 진(晉)에서 세력을 길러 이를 셋이서 나누어 갖고 정식으로 위열왕으로부터 제후로 임명된 조나라의 첫째 제후이다.

66 위열왕으로부터 위나라의 제후로 책봉된 사람은 조양자와 한강자와 함께 지백을 쳐부순 위환자의 손자인 위사이다.

67 위환자는 위구(魏駒)이고, 한강자는 한호(韓虎)이며 그 아들 한무자는 한계장(韓啓章)이며, 그 아들 한건이 한경후(韓景侯)이다. 그러니까 위구의 손자인 위구와 한호의 손자인 한건, 그리고 앞에서 말한 조적이 함께 진(晉)을 나누어 갖고, 주 위열왕으로부터 제후로 임명받았다. 그러므로 진(晉)의 삼분은 정식으로 분열되기 20여 년 전에 시작된 것이다.

68 단간목은 당시에 도덕군자로 알려진 사람이고, 머리를 숙이고 지나간다는 말은 존경의 뜻을 표하는 것이었다.

69 산천을 관장하는 관리인인데, 직급이 낮다.

"과인(寡人)[70]과 조는 형제이니 감히 명령을 들어주지 못합니다."

조에서 위의 군사를 빌어서 한을 치려고 하자, 위문후가 그에게 대응한 것도 역시 그러하였다. 이 둘은 각각 모두 화가 나서 돌아갔다. 이미 그리하고서는 위문후가 자기들에 대하여 강화(講和)한 것을 알고 모두 위에 조회하였다. 위는 이에 삼진 가운데 비로소 크게 되었고, 제후들도 그와는 다툴 수 없게 되었다.

악양(樂羊)을 시켜서 중산(中山, 제후국, 하북성 靈壽至唐縣 일대)을 쳐서 이기고 그의 아들 위격(魏擊)을 책봉하였다. 위문후가 여러 신하들에게 물었다.

"나는 어떤 주군이오?"

모두 말하였다.

"인자(仁慈)한 주군입니다."

임좌(任座)가 말하였다.

"주군께서 중산을 얻자 주군의 동생을 책봉하지 않고 주군의 아들을 책봉하였으니, 어찌 어진 주군이라고 하겠습니까!"

위문후가 화를 내자, 임좌는 재빠르게 나가버렸다. 그 다음으로 적황(翟璜)에게 물었더니 대답하였다.

"어진 주군입니다."

위문후가 말하였다.

"어떻게 그것을 아시오?"

대답하였다.

"신이 듣기로 주군이 어질면 신하는 곧다고 합니다. 좀전에 임좌가 직언하였으니, 신은 이것으로 압니다."

위문후는 기뻐하여 적황으로 하여금 임좌를 불러 돌아오게 하고 친

70 임금이 스스로를 말할 때 자기는 덕이 적은 사람이라는 뜻으로 겸손의 말이다.

히 당(堂)에서 내려가서 그를 영접하고 상객(上客)[71]으로 삼았다.

위문후가 전자방(田子方)과 술을 마시다가 위문후가 말하였다.

"종(鐘, 악기의 일종) 소리가 고르지가 않은가? 왼쪽이 높군."[72]

전자방이 웃었다. 위문후가 말하였다.

"왜 웃소?"

전자방이 말하였다.

"신이 듣기로는, 주군이란 악관(樂官, 음악을 관장하는 관리)을 뽑는데는 밝고, 음악 소리에는 밝지 않다고 하였습니다. 지금 주군께서 음을 살피는 일을 하시니 신은 그것을 관장하는 관리[樂官]을 뽑는 일에는 귀머거리가 될까 걱정이 됩니다."[73]

위문후가 말하였다.

"훌륭하오."

자격(子擊)[74]이 길을 가다가 전자방을 만나자 수레에서 내려 엎드려서 배알하였다. 전자방은 예의를 차리지 않았다. 자격(子擊)이 노하여 전자방에게 말하였다.

"부귀한 사람이 다른 사람에게 교만합니까? 빈천한 사람이 다른 사람에게 교만합니까?"[75]

---

71 윗사람으로 섬기는 손님을 말한다.

72 고대에는 종으로 음악을 연주하였는데 이를 편종(編鐘)이라고 하고 이를 걸어놓고 쳐서 소리를 내어 음악을 연주하였다. 술자리가 열렸으므로 음악을 연주하였고 위문후는 이를 듣고 말한 것이다.

73 악관을 보는데 밝다는 말은 그 악관이 재주가 있는지 없는지를 안다는 말이며, 다섯 가지 소리가 합하여 조화를 이룬 다음에야 음악이 완성되는 것이다.

74 위문후의 아들은 위격이며, 그 앞에 붙인 자(子)는 남자에게 붙이는 존칭이어서 고대에는 이름의 앞에 자(子)자를 붙인 경우를 많이 볼 수 있다.

75 위격은 제후의 아들이므로 부귀한 사람이고, 전자방은 그에 비하여 빈천한 사람이다. 당연히 부귀한 사람은 교만할 수 있지만 빈천한 사람은 교만하지 않을 것이라고 생각한 것이다.

전자방이 말하였다.

"역시 빈천한 사람이 다른 사람에게 교만할 뿐인데, 부귀한 사람이 어찌 감히 다른 사람에게 교만하겠습니까? 나라의 주군이 교만하면 그 나라를 잃을 것이고, 대부가 다른 사람에게 교만하면 그 집안을 잃을 것입니다. 그 나라를 잃은 사람에게 나라를 가지고 기다려 줄 사람이 있다는 이야기를 들어보지 못하였고, 그 집안을 잃어버린 사람에게 집안을 가지고 기다려 줄 사람이 있다는 이야기를 못 들었습니다. 대체로 선비란 빈천한 사람이니 말을 하여 채용되지 않고, 행동하는 것이 합당하지 아니하면 신발을 신고 떠나버릴 뿐이니 선비가 어디엘 간들 빈천하지 않을 수 있겠습니까?"

자격이 마침내 사과하였다.

위문후가 이극(李克)[76]에게 말하였다.

"선생께서 일찍이 '집안이 가난하면 양처(良妻)를 생각하게 되고, 나라가 어지러우면 양상(良相)을 생각하게 된다.'고 하였는데, 지금 내가 둘 바는 위성(魏成)이 아니면 적황(翟璜)일 것이니,[77] 이 두 사람은 어떠하오?"

대답하였다.

"낮은 사람은 높은 사람의 일에 꾀를 내지 않고, 먼 사람은 가까운 사람의 일에 꾀를 내지 않습니다. 신은 대궐 밖에 있으니 감히 명령하신 것을 감당하지 못합니다."

위문후가 말하였다.

---

76 이극을 이괴(李悝)라고 하는 설도 있다. 이씨는 전욱(顓頊)의 증손자 고요(皐陶)에서 나왔다고 한다. 이 사람이 요임금 때 대리(大理) 벼슬을 하였는데, 이로 인하여 이(理)씨라고 하였다. 은나라 주임금 때 그의 후손 이정(利貞)이 주왕에게 쫓겨 도망하다가 나무열매[木子]를 먹고 살아났다. 그래서 성을 이(李)씨라고 고쳤다.

77 나라가 어려우면 훌륭한 재상을 생각하게 된다는 말에 이어서 한 말이므로 재상을 임명하는 문제를 상의한 것이고, 위성은 위문후의 동생이다.

"선생은 일을 만났으니 사양하지 마시오."

이극이 말하였다.

"주군께서 살펴보지 않은 연고입니다. 살면서 그가 친했던 것을 보고, 부유하였을 때 그가 주었던 것을 보시고, 현달(顯達)하였을 때 그가 천거했던 것을 보고, 어려웠을 때 그가 하지 않았던 것을 보고, 가난했을 때 취하지 않았던 것을 보는 것이니, 이 다섯 가지면 그것을 충분히 확정할 수 있을 것인데, 왜 저 이극의 말을 기다리십니까?"

위문후가 말하였다.

"선생이 숙소로 돌아가면 나의 재상감은 확정될 것이오."

이극이 밖으로 나가서 적황을 만났다. 적황이 말하였다.

"이제 듣건대 주군이 선생을 불러서 재상감을 점쳤다 하니 과연 누가 되겠소?"

이극(李克)이 말하였다.

"위성입니다."

적황이 분하여 낯을 붉히면서 말하였다.

"서하(西河, 지금의 황하의 서편, 섬서성의 동부)를 지키는 오기(吳起)는 내가 올려주었고, 주군이 업(鄴, 지금 하남성의 臨漳縣)으로 인하여 걱정하자 내가 서문표(西門豹)를 올려주었소. 주군이 중산(中山, 唐昌縣의 동북 31리)을 정벌하려 하자 내가 악양(樂羊)을 올렸습니다. 중산(中山)이 뽑혀 졌으나[78] 이를 지킬 수 없게 되자 신은 선생을 올렸소. 주군의 아들에게 선생이 없자 신은 굴후부(屈侯鮒)를 올렸소. 귀와 눈으로 보고 기억하는 것을 가지고 말한다 하더라도 신이 어찌하여 위성에게 지겠소?"

---

78 전투에서 그 전투의 형태에 따라서 표현이 다르다. 예컨대 아무런 저항 없이 입성하는 경우는 입(入, 들어가다)으로 쓰고, 저항이 심했으나 이긴 경우에는 극(克, 이겼다)이라고 쓰며, 근본을 다 뽑아버렸을 경우에는 발(拔, 뽑아버리다)이라는 용어를 사용하는데, 이 경우는 발(拔)이었다.

이극이 말하였다.

"그대가 나 이극을 그대의 주군에게 말한 것이 어찌 장차 같은 패거리로서 높은 관직을 구한 것이었겠소? 주군께서 나 이극에게 재상감을 물으니 나 이극의 대답은 이러이러하였소. 임금이 반드시 위성을 재상으로 할 것이라는 것을 알았던 까닭은 위성은 그의 녹봉 천종(千鍾, 1鍾은 64斗)을 먹고 살지만 열에 아홉은 바깥의 일에, 열에 하나는 집안에 들여놓고 있으니, 그리하여 동쪽으로는 복자하(卜子夏)·전자방(田子方)·단간목(段干木)을 찾아냈소. 이 세 사람은 주군이 모두 스승으로 생각하고 있는데, 그대가 올린 다섯 명은 주군이 모두 신하로 여기고 있소. 그대가 어찌 위성과 비교할 수 있단 말이오."

적황은 뒷걸음질치고 두 번 절하고 말하였다.

"나 적황은 비루한 사람이어서 실수하여 대답하였으니 바라건대 끝까지 제자로 삼아주시오."

오기(吳起)라는 사람은 위인(衛人)인데 노(魯)에서 벼슬을 하였다. 제인(齊人)들이 노를 치자 노인(魯人)들이 장수로 삼고자 하였으나, 오기가 제 출신 여자를 처로 삼았으므로 노나라 사람들이 그를 의심하였고, 오기는 그의 처를 죽이고 장수가 되기를 요구하여 제(齊)의 군사를 대파하였다. 어떤 사람이 노후(魯侯)에게 그를 참소하였다.

"오기는 처음에 증삼(曾參)[79]을 섬겼었는데, 그의 어머니가 죽었는데도 분상(奔喪)[80]을 아니하자 증삼이 그를 끊어버렸고, 이번에 또 처를 죽이고 주군에게 장수가 되기를 요구하였습니다. 오기는 잔인하고 야박하게 행동하는 사람입니다. 또 우리 노같이 작은 나라로서 적을 이겼다는

79 공자의 제자이다. 호삼성은 參은 소금(所金)의 번(翻)이라고 하였으므로 소의 초성 'ㅅ'과 금의 중성·종성을 합치면 '슴'이 되지만 우리 발음으로 이에 가까운 '삼'으로 하였다.

80 부모상을 당하면 모든 일을 젖혀놓고 상례를 치르러 달려가는 것을 말한다.

이름을 얻게 되었으니 제후들이 노를 치려고 도모할 것입니다."[81]

오기는 죄를 얻을까 두려워하고, 위문후가 현명하다는 말을 듣고 마침내 가서 그에게 귀부하였다. 위문후가 이극에게 이를 물었더니, 이극이 말하였다.

"오기는 탐욕스럽고 색(色)을 좋아하나, 그러나 용병(用兵)에서는 사마양저(司馬穰苴)[82]도 그를 못 당할 것입니다."

이에 위문후는 오기를 장수로 삼아서 진(秦)을 공격하여 다섯 개의 성을 뽑았다.

오기가 장수가 되어 사졸 가운데 가장 아랫사람과 같이 입고 먹으며 잠자면서 잠자리를 펴지 아니하고 다닐 때도 말을 타지 아니하고 또 친히 양식도 싸가지고 다니면서 사졸과 노고를 같이 하였다. 졸병 가운데 종기가 난 사람이 있었는데 오기가 그것을 빨았다.[83] 졸병의 어머니가 이를 듣고 통곡하였다. 다른 사람이 말하였다.

"아들이 졸병이지만 장군이 스스로 그의 종기를 빨아주었는데 어찌하여서 곡을 하시요?"

어머니는 말하였다.

"그렇지 않소. 옛날에 오공(吳公)이 그의 아버지(자기의 남편)의 종기를 빨아주었는데, 그의 아버지는 뒤돌아서지 않다가 마침내 적에게 죽었습니다. 오공이 이제 그 아들의 종기를 빨아주어 첩(妾)은 그가 죽는 곳을 모르게 되었으니, 내가 이를 통곡하는 것이오."

---

81 노나라는 원래 작은 나라였으나 오기를 동원하여 강한 나라를 이겼으니 다른 여러 제후국들이 노나라가 강한 나라가 되었다고 인식하였을 것이므로 경계하거나 칠 것이라는 뜻이다.

82 옛날 제(齊)나라 경공(景公) 때의 훌륭한 장수였다.

83 종기를 치료하는 방법의 하나로 종기에 있는 고름을 입으로 빨아서 고름을 다 뽑아내면 새살이 돋고 종기는 치료된다.

4 연(燕)에서는 민공(湣公)이 죽고, 그의 아들 희공(僖公)[84]이 세워졌다.

84 연은 소공석이 북연에 책봉을 받으면서 시작되었으며, 민공은 32세이고 희공은 연의 35대 제후이다.

피살과 암살로 점철되는 상황

• 위열왕 24년(己卯, 기원전 402년)[85]

1 왕이 죽고, 그의 아들인 안왕(安王) 희교(姬驕)가 세워졌다.[86]

2 도적들이 초(楚)의 성왕(聲王)을 죽이니 그 나라 사람들이 그의 아들 도왕(悼王)을 세웠다.[87]

• 안왕 원년(庚辰, 기원전 401년)[88]

85 이 해는 진(晉) 열공 20년, 노(魯) 목공 8년, 위(魏) 문후 45년, 진(秦) 간공 13년, 한(韓) 경후 7년, 정(鄭) 수공 21년, 조(趙) 열후 7년, 송(宋) 도공 2년, 연(燕) 희공 원년, 초(楚) 성왕 6년, 위(衛) 신공 13년, 제(齊) 강공 3년이다.

86 이 해에 위열왕 희오(姬午)가 죽고 그의 아들이 뒤를 이어 왕이 되었지만, 기년(紀年)은 이 해의 말일까지 위열왕의 기년을 사용하는 것이다. 당시 왕은 천자에 해당하는 주왕에게만 붙이는 호칭이었다. 주의 왕은 성이 희(姬)씨이다. 또 천자의 죽음은 붕(崩)으로 기록하는데, 위열왕의 죽음도 붕으로 기록하였다.

87 당시 왕을 칭하는 것은 주(周)뿐이어야 했지만 남부지역인 초(楚)에서 다른 제후국들보다 먼저 칭왕을 하였다. 《자치통감》에서는 칭왕한 그대로를 쓰고 있는데, 성왕은 초나라 16대 왕 미당(羋當)이고, 도왕은 17대 왕 미의(羋疑)이다.

88 이 해는 진(晉) 열공 21년, 노(魯) 목공 9년, 위(魏) 문후 46년, 진(秦) 간공 14년,

1 진(秦)이 위(魏)를 치며 양호(陽孤, 지금의 산서성 新絳縣)에 이르렀다.

• 안왕 2년(辛巳, 기원전 400년)[89]

1 위·한·조가 초(楚)를 치며 상구(桑丘, 산동성 자양현)[90]에 이르렀다.

2 정(鄭)이 한의 양적(陽翟, 한의 도읍지, 하남성 禹縣)을 포위하였다.

3 한의 경후(景侯, 한건)가 죽고, 그의 아들인 열후(烈侯) 한취(韓取)가 세워졌다.

4 조의 열후(烈侯, 조적)가 죽었는데, 그 나라 사람들이 그의 동생 무후(武侯)를 세웠다.

5 진(秦)의 간공(簡公, 嬴悼子)이 죽고, 그의 아들 혜공(惠公)[91]이 세워졌다.

한(韓) 경후 8년, 정(鄭) 수공 22년, 조(趙) 열후 8년, 송(宋) 도공 3년, 연(燕) 희공 2년, 초(楚) 도왕 원년, 위(衛) 신공 14년, 제(齊) 강공 4년이다.

89 이 해는 진(晉) 열공 22년, 노(魯) 목공 10년, 위(魏) 문후 47년, 진(秦) 간공 15년, 한(韓) 경후 9년, 정(鄭) 수공 23년, 조(趙) 열후 9년, 송(宋) 도공 4년, 연(燕) 희공 3년, 초(楚) 도왕 2년, 위(衛) 신공 15년, 제(齊) 강공 5년이다.

90 《사기(史記)》에서는 승구(乘丘)라고 기록하였다.

91 그의 이름은 알려지지 않았고, 시법을 보면 혜(惠)란 백성을 아끼고 주기를 좋아하는 경우에 붙인다고 되어 있다.

• 안왕 3년(壬午, 기원전 399년)[92]

1 왕자 희정(姬定)이 진(晉)으로 달아났다.

2 괵산(虢山, 河南省 俠縣)이 무너져서 황하가 막혔다.

• 안왕 4년(癸未, 기원전 398)[93]

1 초가 정(鄭, 도읍은 新鄭, 하남성 신정현)을 포위하였다. 정(鄭)나라 사람들이 그들의 재상 사자양(駟子陽)[94]을 죽였다.

• 안왕 5년(甲申, 기원전 397년)[95]

1 일식(日食)이 있었다.

---

92 이 해는 진(晉) 열공 23년, 노(魯) 목공 11년, 위(魏) 문후 48년, 진(秦) 혜공 원년, 한(韓) 열후 원년, 정(鄭) 수공 24년, 조(趙) 무후 원년, 송(宋) 도공 5년, 연(燕) 희공 4년, 초(楚) 도왕 3년, 위(衛) 신공 16년, 제(齊) 강공 6년이다.

93 이 해는 진(晉) 열공 24년, 노(魯) 목공 12년, 위(魏) 문후 49년, 진(秦) 혜공 2년, 한(韓) 열후 2년, 정(鄭) 수공 25년, 조(趙) 무후 2년, 송(宋) 도공 6년, 연(燕) 희공 5년, 초(楚) 도왕 4년, 위(衛) 신공 17년, 제(齊) 강공 7년이다

94 정(鄭) 목공(穆公)의 아들 정비(鄭騑)의 자는 자사(子駟)이다. 옛날에는 왕인 아버지의 자를 성씨로 사용하였으며, 자양(子陽)은 그의 후손이다.

95 이 해는 진(晉) 열공 25년, 노(魯) 목공 13년, 위(魏) 문후 50년, 진(秦) 혜공 3년, 한(韓) 열후 3년, 정(鄭) 수공 26년 조(趙) 무후 3년, 송(宋) 도공 7년, 연(燕) 희공 6년, 초(楚) 도왕 5년, 위(衛) 신공 18년, 제(齊) 강공 8년이다.

2 3월에 도적들이 한의 재상 협루(俠累)를 죽였다. 협루와 복양(濮陽, 하남성 滑縣) 사람 엄중자(嚴仲子)에게는 미워함이 있었다. 엄중자가 지(軹, 하남성 濟源縣의 동남으로 7㎞ 떨어진 곳) 사람 섭정(聶政)이 용맹하다는 말을 듣고 황금 100일(溢)[96]을 가지고 섭정의 어머니에게 축수하는 의미로 보내면서, 이를 이용하여 원수를 갚게 하였다.

섭정은 받지 않고 말하였다.

"노모가 살아 계시니, 나 섭정 자신은 감히 다른 사람의 뜻에 허락할 수 없소."

노모가 죽자, 엄중자는 마침내 섭정으로 하여금 협루를 찌르게 하였다. 협루가 바야흐로 부(府, 재상부)에 앉아 있는데 병사의 호위가 대단히 많았지만 섭정은 곧바로 계단을 올라가서 협루를 칼로 찔러 죽이고 이어서 스스로 얼굴을 긁고 눈을 도려내고 스스로 찔러서 내장이 나오게 하였다.

한인(韓人)들이 그의 시체를 저자에 내어놓고 상금을 걸고 물었으나 알 수 없었다. 그의 누이 섭앵(聶嫈)이 소식을 듣고 가서 통곡하면서 말하였다.

'이 사람은 지의 심정리(深井里, 지읍에서 15㎞ 떨어진 곳)에 사는 섭정(聶政)입니다. 첩(妾)이 아직 살고 있는 까닭에 거듭하여 스스로에게 형벌을 내려서 종적을 끊었군요. 첩이 어찌 자신이 죽는 것을 두려워하여 끝내 나의 현명한 동생의 이름이 없어지게 하겠습니까?'

드디어 섭정의 시체 옆에서 죽었다.

• 안왕 6년(乙酉, 기원전 396년)[97]

96 중량의 단위인데, 황금 1일은 24량이므로 100일은 2천400량이다.

1　정(鄭)의 사자양(駟子陽)[98]의 패거리들이 수공(繻公, 姬駘, 정나라 27대 제후)을 시해하고, 그의 동생 희을(姬乙)을 옹립하니 이 사람이 강공(康公, 정나라 28대 제후)이다.

2　송(宋)에서는 도공(悼公, 宋購, 31대 제후)이 죽고, 그의 아들인 휴공(休公, 32대 제후) 송전(宋田)이 섰다.

• 안왕 8년(丁亥, 기원전 394년)[99]

1　제(齊, 도읍은 산동성 淄博縣)가 노(魯, 도읍은 曲阜)를 쳐서 최(最, 곡부의 동쪽)를 빼앗았다.

2　정의 부칠성(負黍城)이 배반하여[100] 다시 한(韓)으로 귀부하였다.

• 안왕 9년(戊子, 기원전 393년)[101]

---

97 이 해는 진(晉) 열공 26년, 노(魯) 목공 14년, 위(魏) 무후 원년, 진(秦) 혜공 4년, 한(韓) 열후 4년, 정(鄭) 수공 27년, 조(趙) 무후 4년, 송(宋) 도공 8년, 연(燕) 희공 7년, 초(楚) 도왕 6년, 위(衛) 신공 19년, 제(齊) 강공 9년이다

98 정의 재상이었다가 초가 쳐들어오자 사람들이 그를 죽였다.

99 《자치통감》에서는 안왕 7년(기원전 395년)에 일어난 기사를 하나도 기록하지 않았다. 이 해는 진(晉) 열공 28년, 노(魯) 목공 16년, 위(魏) 무후 3년, 진(秦) 혜공 6년, 한(韓) 열후 6년, 정(鄭) 강공 2년, 조(趙) 무후 6년, 송(宋) 휴공 원년, 연(燕) 희공 9년, 초(楚) 도왕 8년, 위(衛) 신공 21년, 제(齊) 강공 11년이다

100 기원전 407년에 정이 한(韓)을 공격하여 한에 소속되었던 부칠성을 점령했다. 그러므로 부칠성은 13년 만에 다시 한의 소속이 된 것이다.

1 위(魏)가 정(鄭)을 쳤다.

2 진(晉)의 열공(烈公, 姬止, 38대 제후)이 죽고, 그의 아들인 효공(孝公, 39대 제후) 희경(姬傾)이 섰다.[102]

---

101 이 해는 진(晉) 열공 29년, 노(魯) 목공 17년, 위(魏) 무후 4년, 진(秦) 혜공 7년, 한(韓) 열후 7년, 정(鄭) 강공 3년, 조(趙) 무후 7년, 송(宋) 휴공 2년, 연(燕) 희공 10년, 초(楚) 도왕 9년, 위(衛) 신공 22년, 제(齊) 강공 12년이다.

102 진(晉)나라는 그 대부였던 한·위·조(韓·魏·趙)가 영지의 대부분을 삼분하여 가졌으나 여전히 작은 땅을 갖고 제후의 명칭을 유지하고 있었다.

제후가 된 전화와 모함 받은 오기

• 안왕 11년(庚寅, 기원전 391년)[103]

1　진(秦)이 한(韓)의 의양(宜陽, 한남성 宜陽縣)을 치고 6개의 읍을 빼앗았다.

2　애초에, 전상(田常)[104]이 양자(襄子) 전반(田盤)을 낳았고, 전반이 장자(莊子) 전백(田白)을 낳았으며, 전백이 태공(太公) 전화(田和)[105]를 낳았다.

---

103 《자치통감》에서는 주 안왕 10년(기원전 392년)에 일어난 일은 하나도 기록하지 않았다. 이 해(안왕 11년)는 진(晉) 효공 2년, 노(魯) 목공 19년, 위(魏) 무후 6년, 진(秦) 혜공 9년, 한(韓) 열후 9년, 정(鄭) 강공 5년, 조(趙) 무후 9년, 송(宋) 휴공 4년, 연(燕) 희공 12년, 초(楚) 도왕 11년, 위(衛) 신공 24년, 제(齊) 강공 14년이다.

104 원래의 이름은 전항(田恒)인데, 사마광이 《자치통감》을 쓸 때가 송(宋)나라 때였으므로 송의 인종(仁宗)의 이름이 항(恒)이므로 이 이름자를 피하기 위하여 항(恒)을 같은 뜻인 상(常)으로 고쳐서 기록하였다. 이를 피휘법(避諱法)이라고 한다. 전항은 진(陳)의 공자(公子)로 제(齊)로 도망하였다가 5세(世)에 전상에 이르러 정권을 얻었다.

105 이 사람이 전(田)씨 집안에서는 처음으로 제후의 명칭을 쓴 사람이다. 앞의 양자, 장자는 존칭이다.

이 해에 제(齊)의 전화(田和, 太公)는 제의 강공(康公)[106]을 바다가 있는 곳으로 옮기고,[107] 성(城) 하나를 식읍으로 하고 제의 선조들에게 제사를 지내게 하였다.

• 안왕 12년(辛卯, 기원전 390년)[108]

1 진(秦)과 진(晉)[109]이 무성(武城, 섬서성 大荔縣)에서 싸웠다.

2 제가 위를 쳐서 양양(襄陽, 지금의 산서성 臨汾縣)을 빼앗았다.

3 노(魯)가 평륙(平陸, 산동성 汶上縣)에서 제(齊)의 군사를 패배시켰다.

• 안왕 13년(壬辰, 기원전 389년)[110]

---

106 제나라의 32대 제후이며 강(姜)씨이다. 전(田)씨 집안에서 제나라의 제후를 이어받았으므로 성이 다르더라도 당연히 모셔야 하는 것이 예법이다.

107 원래는 제나라의 수도인 임치(臨淄, 지금의 산동성 淄博市)에 사당을 짓고 제사를 지냈었다.

108 이 해는 진(晉) 효공 3년, 노(魯) 목공 20년, 위(魏) 무후 7년, 진(秦) 혜공 10년, 한(韓) 열후 10년, 정(鄭) 강공 6년, 조(趙) 무후 10년, 송(宋) 휴공 5년, 연(燕) 희공 13년, 초(楚) 도왕 12년, 위(衛) 신공 25년, 제(齊) 강공 15년이다.

109 이때 이미 진(晉)은 대부분 한·위·조(韓·魏·趙)로 나뉘고 그 명맥만 유지하고 있었으므로(晉 孝公 때) 전쟁을 할만한 힘이 없었다. 따라서 여기서 진이라고 한 것은 진을 나누어 가졌던 세 나라 가운데 위와 한이 비교적 무성에 가까이 위치하였으므로 이 두 나라 가운데 하나였을 것으로 보인다.

110 이 해는 제(齊) 태공 24년, 진(晉) 효공 4년, 노(魯) 목공 21년, 위(魏) 무후 8년,

1 진(秦)이 진(晉)을 침공하였다.[111]

2 제의 전화(田和, 원래 大夫)는 위문후(魏 文侯)·초(楚)나라 사람·위(衛)나라 사람들과 탁택(濁澤, 하남성 臨穎縣)에서 회담하고 제후로 삼아 줄 것을 요청하였다. 위문후가 그를 위하여 왕과 제후들에게 이를 요청하였고, 왕이 이를 허락하였다.[112]

• 안왕 15년(甲午, 기원전 387년)[113]

1 진(秦)이 촉(蜀, 사천성 成都市)을 쳐서 남정(南鄭, 蜀의 영토, 섬서성 남정현)을 빼앗았다.

2 위문후가 죽고, 태자 위격(魏擊)이 세워졌는데, 이 사람이 위 무후(魏 武侯)이다.

진(秦) 혜공 11년, 한(韓) 열후 11년, 정(鄭) 강공 7년, 조(趙) 무후 11년, 송(宋) 휴공 6년, 연(燕) 희공 14년, 초(楚) 도왕 13년, 위(衛) 신공 26년, 제(齊) 강공 16년이다.

111 이 당시 진(晉)은 명목상으로는 존재했지만 실질적으로 침공할 만큼의 땅이 없었으므로 진(晉)나라를 침공한 것이 아니고 진(晉)의 땅을 나누어 가졌던 삼진(三晉) 가운데 아마도 한(韓)나라나 아니면 위(魏)나라를 침공했을 것이다.

112 대부였던 전화가 제에서 실권을 잡고, 국제회의를 소집하여 제후가 된 사건이다. 이때 제후가 된 전화는 바로 제(齊)의 태공(太公)이고 이를 허락한 사람은 주의 안왕이다.

113 《자치통감》에서는 안왕 14년(기원전 388년)에 한 건의 기사도 싣지 않았다. 이 해(안왕 15년)는 제(齊) 전염 원년, 노(魯) 목공 21년, 진(晉) 효공 6년, 진(秦) 혜공 13년, 위(魏) 무후 10년, 정(鄭) 강공 9년, 한(韓) 열후 13년, 송(宋) 휴공 9년, 조(趙) 무후 13년, 초(楚) 도왕 15년, 연(燕) 희공 16년, 제(齊) 강공 18년, 위(衛) 신공 28년이다.

위 무후가 서하(西河)[114]에 배를 띄웠는데, 중간쯤 내려오다가 오기(吳起)를 돌아보며 말하였다.

"아름답도다! 산과 강의 굳건함이여! 이것은 우리 위(魏)의 보배로다."

대답하였다.

"덕(德)을 닦는데 있는 것이지 땅이 험준함에 있지 아니합니다.[115] 옛날에 삼묘씨(三苗氏)는 왼편으로는 동정호(洞庭湖)가 있고, 오른쪽에는 팽려호(彭蠡湖, 鄱陽湖)가 있었지만 덕과 의(義)를 닦지 않으니, 우(禹, 夏를 세운 임금)가 이를 멸망시켰습니다.

하(夏)의 걸(桀)[116]이 사는 곳은 왼편으로 황하(黃河)와 제수(濟水, 지금은 없어짐)가 있고, 오른 편으로는 태화산(泰華山, 섬서성 華陰縣)이 있으며, 이궐(伊闕, 하남성 낙양시 南龍門)이 그 남쪽에 있고, 양장판(羊腸阪)[117]이 그 북쪽에 있지만, 정치를 어질게 하지 못하였으므로 탕(湯, 殷의 시조)임금이 이를 추방했습니다.

상(商, 殷으로도 불림)의 주(紂, 마지막 임금)가 다스린 나라는 왼편으로는 맹문(孟門, 하남성 淇縣의 서북쪽)이 있고, 오른 편에는 태행산(太行山)이 있으며, 상산(常山)[118]이 그 북쪽에 있고, 황하(黃河)가 그 남쪽을 거쳐 가고 있지만 정치를 하는 것이 덕스럽지 못하여 무왕(武王, 주의 임금)이 이를 죽였던 것입니다.

---

114 우공에서 말하는 용문서하(龍門西河)로 황하의 서부를 말한다.

115 험준하다는 말은 지리적으로 험준한 것을 말하는 것이며, 무후가 산하의 자연환경이 국방하기에 알맞도록 견고하다는 말에 대한 대답이다.

116 하의 마지막 임금으로 안읍(安邑, 지금의 산서성 하현)에 살았는데, 안읍은 이 당시 위나라의 수도였다.

117 산서성 호관현 접경지대에 있는데, 길이 마치 양의 창자 같이 구불구불하여 공격하기가 어려운 지형이다.

118 원래는 항산(恒山)인데, 사마광이 피휘(避諱)하기 위하여 항(恒)을 같은 뜻의 상(常)으로 고친 것이다.

이러한 것으로 볼 때 덕치(德治)에 있지 험난한데 있지 않습니다. 만약에 주군께서 덕을 몸소 닦지 않으신다면 이 배 안에 있는 사람은 모두 적국 사람일 것입니다."

위 무후가 말하였다.

"훌륭하다."

위에 재상(宰相)을 두었는데 전문(田文)[119]을 재상으로 하였다. 이에 오기는 기뻐하지 아니하며 전문에게 말하였다.

"청하건대, 그대와 더불어 공로를 논하고 싶은데 좋겠습니까?"

전문이 말하였다.

"좋습니다."

오기가 말하였다.

"삼군(三軍)을 거느리고 사졸로 하여금 즐겨 죽도록 하여, 적국이 감히 모의하지 못하게 한 것은 그대와 나 오기 중에 누구일까요?"

전문이 말하였다.

"그대만 못하지요."

오기가 말하였다.

"백관(百官)을 잘 다스리고 만백성들과 친하며 부고를 가득 채워놓은 점에서는 그대와 나 오기 가운데 누구인가요?"

전문이 말하였다.

"그대만 못하지요."

오기가 말하였다.

"서하(西河)를 지켜서 진(秦)의 군사가 감히 동쪽으로 향해 오지 못하게 하고, 한(韓)과 조(趙)가 손님처럼 우리를 좇게 한 점에서 그대와 나 가운데 누구이겠소?"[120]

---

119 이 사람은 제(齊)나라의 전문과는 다른 사람이다.

전문이 말하였다.

"그대만 못하오."

오기가 말하였다.

"이 세 가지에서 그대는 모두 나의 아래인데 지위는 나의 위에 있으니 왜 그렇소?"

전문이 말하였다.

"주군은 어리고 나라에서는 의심하고 있으며 높은 신하들은 아직도 귀부하지 않고 백성들은 믿지 못하고 있는데,[121] 바야흐로 이러한 때 그대에게 위촉하겠소? 나에게 위촉하겠소?"

오기가 잠자코 한참 있다가 말하였다.

"그대에게 위촉하겠군요."

오래 지나서 위의 재상 공숙(公叔)[122]이 공주를 모시고[123] 살았는데, 오기를 해롭게 생각하였다. 공숙의 노복이 말하였다.

"오기는 쉽게 제거됩니다. 오기의 사람됨은 강하고 굳센 것을 스스로 좋아합니다.

---

120 서하란 섬서성 합양현(郃陽縣)과 연천현(延川縣)을 끼고 있는 황하의 서쪽을 말하는데, 이 황하의 서쪽에 진(秦)이 있고, 진은 계속하여 동쪽으로 세력을 넓히려고 하고 있으므로 진의 세력 확장에서 제일 먼저 부딪쳐야 하는 나라가 위(魏)이고 한과 조였다.

121 위문후가 죽고 그의 아들 위격이 제후의 자리에 앉았지만 아직은 전체를 장악하지 못하여 혹 누가 배반할지를 모르는 상황에서 능력 있는 오기 같은 사람을 재상으로 삼을 경우에 다시 하극상이 일어날 수 있는 상황이라는 것이다.

122 전문을 재상으로 삼았다는 기사가 바로 위에 있는 것으로 보아, 위나라에는 재상을 1명 이상 두었던가 아니면 전문이 이미 죽었을 것이다.

123 보통 남자가 여자를 맞아 결혼하는 경우는 취(娶)라는 말을 사용하지만 신분이 높은 공주를 아내로 맞이하는 경우에는 상(尙)이라는 용어를 사용한다. 여기에서도 공숙이 위의 공주를 맞이하여 결혼하였으므로 상(尙)이라고 하였으며, 이를 '모시고 살다.'라고 번역하였다.

그대는 먼저 주군께 말하십시오. '오기는 현명한 사람이지만 그러나 주군의 나라는 작아서 신(臣)은 오기가 머물러 있을 마음이 없을까 걱정입니다. 주군께서 어찌 시험 삼아 딸을 그에게 보내지 않으십니까? 오기가 머물러 살 마음이 없다면 반드시 이를 사양할 것입니다.'

그대는 이어서 오기와 더불어 귀가하면서 공주로 하여금 그대에게 욕을 하게 하시어, 오기는 공주가 그대를 천대하는 것을 보게 하면 반드시 사양할 것이며,[124] 그대의 계책에 떨어집니다."

공숙이 이를 좇았고, 오기는 과연 공주를 사양하였다.

위 무후는 그를 의심하여 신임하지 않았고, 오기는 죽임을 당할까 두려워하여 마침내 초(楚)로 도망하였다.

초의 도왕(悼王, 17대 羋疑)[125]은 일찍이 그가 현명하다는 말을 듣고 도착하자 그에게 재상을 맡겼다. 오기는 법령을 밝히고 심사하여 긴요하지 않은 관리를 덜어내고, 공족(公族)[126] 가운데 소원한 사람을 폐출(廢黜)하고, 전투하는 전사들을 어루만지고 길러주었는데, 요컨대 군대를 강하게 하려는데 있었으므로 유세하며 종횡(從橫)[127]하는 말을 하는 사람을 깨

124 무후의 제의를 거절하는 것을 말한다.

125 이 당시 중국의 황하를 중심으로 한 지역에서는 아직까지도 주(周)나라만이 왕(王)의 칭호를 쓰던 전통이 남아 있어서 비록 주(周) 왕실보다 더 강력한 힘을 가진 제후라고 하더라도 계속하여 공(公)이라는 칭호를 쓰고 있었다. 그러나 양자강 유역에 위치하여 주(周)의 전통이 깊지 아니한 초(楚)지역에서는 주(周) 왕실이 쓰고 있는 왕(王)의 칭호를 사용하고 있었다.

126 왕과 같은 성을 가진 왕족이다.

127 이익을 따라서 합치는 것을 종(從)이라고 하고 힘으로 협박하는 것을 횡(橫)이라고 한다. 또 다른 뜻으로는 남북으로 연합하는 것을 종(從)이라고 하는데, 이는 남북의 여러 나라들이 연합하여 서쪽에 있는 진(秦)나라를 물리치자는 것이며, 동서로 외교 관계를 맺는 것을 횡(橫)이라고 하여 서쪽에 있는 강대국 진(秦)과 동쪽에 있는 나라[6국]가 외교 관계를 맺음으로 자국의 안전을 도모하는 정책을 말한다.

버렸다.

이에 남쪽으로 백월(百越)[128]을 평정하고 북으로 삼진(三晉, 한·위·조)을 물리치고, 서쪽으로 진(秦)을 치니 제후들이 모두 초가 강해진 것을 근심하였고, 초의 귀한 친척[129]과 대신들 가운데 오기를 원망하는 사람이 많아졌다.

3 진(秦)의 혜공(惠公, 22대 제후)이 죽고, 아들 출공(出公, 23대 제후)이 섰다.

4 조(趙)의 무후(武侯, 2대 제후)가 죽자, 그 나라 사람들이 다시 열후(烈侯)의 태자 조장(趙章)을 세우니, 이 사람이 경후(敬侯, 조나라 3대 제후)이다.

5 한(韓)의 열후(烈侯, 2대 제후)가 죽고, 아들 문후(文侯, 3대 제후)가 섰다.

• 안왕 16년(乙未, 기원전 386년)[130]

---

128 지금의 절강성·복건성을 포괄하는 지역이다. 월(越) 지방에는 백 개의 읍(邑)이 있다고 한다.

129 소원한 사람이라든지 귀한 친척이라든지 하는 말은 모두 제후왕과의 관계에서 나오는데, 제후왕과 소원한 사람 혹은 제후왕의 귀한 친척이라는 말이다.

130 이 해는 제(齊) 전염 2년, 노(魯) 목공 24년, 진(晉) 효공 7년, 진(秦) 출공 원년, 위(魏) 무후 11년, 정(鄭) 강공 10년, 한(韓) 문후 원년, 송(宋) 휴공 10년, 조(趙) 경후 원년, 초(楚) 도왕 16년, 연(燕) 희공 17년, 제(齊) 강공 19년, 위(衛) 신공 29년이다.

1 처음으로 제(齊)의 대부인 전화(田和)를 제후로 삼았다.[131]

2 조의 공자(公子) 조조(趙朝)가 난을 일으켰다가 위로 도망하였고, 위와 더불어 한단(邯鄲, 지금의 하북성 한단시)을 습격하였으나 이기지 못하였다.[132]

• 안왕 17년(丙申, 기원전 385년)[133]

1 진(秦)의 서장(庶長)[134] 개(改)가 하서(河西, 감숙성 중부)에서 헌공(獻公, 24대 제후)을 맞이하여 그를 세우고, 출자(出子, 出公, 23대 제후)와 그의 어머니를 죽여서 연못 옆에 집어넣었다.[135]

---

131 이것은 안왕이 전화의 하극상을 공인한 것이다. 주 안왕 11년(기원전 391년)에 제나라의 대부 전화가 제의 32대 제후 강공을 바다로 쫓아냈고, 다시 안왕 13년(기원전 389년)에는 전화가 위문후 등에게 청탁하여, 위문후 등으로 하여금 자기를 제후로 삼아달라고 안왕에게 청하게 하여 이때 안왕은 이미 전화를 제의 제후로 삼았는데, 이 사람이 제의 태공이다. 전화는 안왕 14년(기원전 388년)에 죽었고, 그의 아들 전염(田剡)이 바로 계위하였으며, 이 해에는 전염이 제후위에 오른 지 2년이 되는 해이다. 그러므로 이 기사는 잘못된 것이다. 전염을 제후로 삼은 것으로 보인다.

132 한단은 조의 도읍이며, 이기지 못하였다는 것은 치열한 전투를 했지만 못 이겼다는 뜻이 내포된 불극(不克)의 해석이다.

133 이 해는 제(齊) 전염 3년, 노(魯) 목공 25년, 진(晉) 효공 8년, 진(秦) 출공 2년, 위(魏) 무후 12년, 정(鄭) 강공 11년, 한(韓) 문후 2년, 송(宋) 휴공 11년, 조(趙) 경후 2년, 초(楚) 도왕 17년, 연(燕) 희공 18년, 제(齊) 강공 20년, 위(衛) 신공 30년이다.

134 진(秦)나라의 작위법은 20등급이 있는데 1급이 공사(公士)이고, 10급이 좌서장(左庶長), 11급이 우서장(右庶長)이며, 20급이 철후(徹侯)였다.

135 이 사건은 일종의 원수를 갚는 정변이다. 29년 전인 기원전 415년에 진의 20대

2 제(齊)가 노(魯)를 쳤다.

3 한(韓)이 정(鄭)을 치고 양성(陽城, 하남성 登封縣 告城鎭)을 빼앗았고, 송(宋)을 쳐서 송공(宋公, 休公, 32대 제후)을 붙잡았다.

4 제(齊)의 태공(太公, 田和)이 죽고, 그의 아들인 환공(桓公) 전오(田午)가 섰다.[136]

• 안왕 19년(戊戌, 기원전 383년)[137]

1 위(魏)가 조의 군사를 토태(兎臺, 하북)에서 패배시켰다.

제후인 영공(靈公)이 죽자 영공의 숙부인 간공(簡公)이 21대 제후로 계위하고 영공의 아들인 헌공이 제후가 되지 못하고 하서에 가서 살았다. 기원전 400년에 간공이 죽자 그의 아들 혜공(惠公)이 22대 제후에 올랐으며, 기원전 387년에 혜공이 죽자 그의 아들 출자가 23대 제후에 올랐으니 이 사람이 출공(出公)인데, 이 해에 정변을 통하여 헌공이 제후에 오른 것이다.

136 제(齊)나라의 태공은 이름이 전화(田和)인데 이 사람이 대부로서 제후가 된 사람이다. 그런데 태공은 이미 주(周) 안왕 14년(기원전 388년)에 죽었고, 그의 아들인 전염(田剡)이 계위하였다. 그 뒤를 이은 사람이 환공(桓公)이므로 환공은 전화 태공의 손자이지 아들이 아니므로 이 기사는 잘못된 것이다. 또 전염의 아들 환공은 기원전 387년에 즉위하여 기원전 358년까지 재위하였다. 이 부분에 관하여 사마광은 전염이 제후위에 있었던 기간도 태공이 재위한 것으로 기록하였고, 전염이 제후위에 오른 기록을 누락시킴으로써 손자를 아들로 기록한 오류를 범하였다.

137 《자치통감》에는 안왕 18년에 아무 기사도 올리지 않았다. 이 해(안왕 19년)는 제(齊) 전염 5년, 노(魯) 목공 27년, 진(晉) 효공 10년, 진(秦) 헌공 2년, 위(魏) 무후 14년, 정(鄭) 강공 13년, 한(韓) 문후 4년, 송(宋) 휴공 13년, 조(趙) 경후 4년, 초(楚) 도왕 19년, 연(燕) 희공 20년, 제(齊) 강공 22년, 위(衛) 신공 32년이다.

• 안왕 20년(己亥, 기원전 382년)[138]

1 일식이 있었는데, 개기식(皆既食)이었다.

• 안왕 21년(庚子, 기원전 381년)[139]

1 초의 도왕(悼王, 芈疑, 17대 제후)이 죽었다. 귀한 친척과 대신들이 난을 일으켜서 오기를 공격하니,[140] 오기가 왕[悼王]의 시신이 있는 곳으로 도망하여 엎드렸다. 오기를 공격하던 무리들이 이어서 오기를 활로 쏘고 칼로 찔렀는데, 나란히 왕의 시체에도 명중되었다.

이미 장사지내고 나자 숙왕(肅王, 도왕의 아들 芈藏)이 즉위하여 영윤(令尹)[141]으로 하여금 난을 일으킨 무리를 모두 주살하게 하니, 오기의 사건에 연루되어 죽은 종족 사람이 70여 가호(家戶)였다.

---

138 이 해는 제(齊) 전염 6년, 노(魯) 목공 28년, 진(晉) 효공 11년, 진(秦) 헌공 3년, 위(魏) 무후 15년, 정(鄭) 강공 14년, 한(韓) 문후 5년, 송(宋) 휴공 14년, 조(趙) 경후 5년, 초(楚) 도왕 20년, 연(燕) 희공 21년, 제(齊) 강공 23년, 위(衛) 신공 33년이다.

139 이 해는 제(齊) 전염 7년, 노(魯) 목공 29년, 진(晉) 효공 12년, 진(秦) 헌공 4년, 위(魏) 무후 16년, 정(鄭) 강공 15년, 한(韓) 문후 6년, 송(宋) 휴공 15년, 조(趙) 경후 6년, 초(楚) 도왕 21년, 연(燕) 희공 22년, 제(齊) 강공 24년, 위(衛) 신공 34년이다.

140 도왕의 비호 하에 오기는 여러 대신들을 쫓아냈었다.

141 관직으로 초의 재상에 해당하는 직책이다.

멸망하는 제후국과 기사회생하는 위 혜왕

- 안왕 22년(辛丑, 기원전 380년)[142]

1 제가 연을 쳐서 상구(桑丘, 지금의 하북성 徐水縣)을 빼앗았다. 위·한·조가 제를 치려고 상구에 이르렀다.

- 안왕 23년(壬寅, 기원전 379년)[143]

1 조가 위(衛)[144]를 습격하였으나 이기지 못하였다.

---

142 이 해는 제(齊) 전염 8년, 노(魯) 목공 30년, 진(晉) 효공 13년, 진(秦) 헌공 5년, 위(魏) 무후 17년, 정(鄭) 강공 16년, 한(韓) 문후 7년, 송(宋) 휴공 16년, 조(趙) 경후 7년, 초(楚) 숙왕 원년, 연(燕) 희공 23년, 제(齊) 강공 25년, 위(衛) 신공 35년이다.

143 이 해는 제(齊) 전염 9년, 노(魯) 목공 31년, 진(晉) 효공 14년, 진(秦) 헌공 6년, 위(魏) 무후 18년, 정(鄭) 강공 17년, 한(韓) 문후 8년, 송(宋) 휴공 17년, 조(趙) 경후 8년, 초(楚) 숙왕 2년, 연(燕) 희공 24년, 제(齊) 강공 26년, 위(衛) 신공 36년이다.

144 주나라의 성왕이 강숙공(康叔公)을 황하와 기수(淇水) 사이에 있는 위(衛)지역, 즉 옛날의 은나라 터의 제후로 봉했었다.

2 제의 강공(康公, 이름은 姜貸)[145]이 죽었으나 아들이 없으니, 전(田)씨가 드디어 제를 겸병하여 이를 가졌다.[146]

이 해에 제의 환공(桓公, 田午, 3대)도 역시 죽고, 아들인 위왕(威王) 전인제(田因齊)가 섰다.[147]

• 안왕 24년(癸卯, 기원전 378년)[148]

1 적(狄, 산서성 북부에 거주)이 회(澮, 산서성 翼城縣)에서 위의 군사를 패배시켰다.

2 위·한·조가 제를 쳐서 영구(靈丘, 산동성 高唐縣)에 이르렀다.

3 진(晉)[149]의 효공이 죽고, 그의 아들인 정공(靖公, 40대 제후) 희구주

145 전에 당시 대부(大夫)였던 전화(田和)에게 쫓겨났던 제(齊)나라의 제후로 후사가 없이 죽자 그가 갖고 있던 땅을 모두 차지한 것이다. 강씨의 제후국은 기원전 1122년부터 기원전 379년까지 744년간 존재하였다.

146 그동안 명목상 제후의 이름을 갖고 있던 강(姜)씨는 완전히 멸망하였다. 그리고 강(姜)씨가 갖고 있던 제(齊)나라 영토도 전씨의 제나라로 합병되었다.

147 이 부분의 기록도 잘못되었다. 전화의 아들 전염(田剡)이 다음해 즉 기원전 378년에 죽고, 그의 아들 전오(田午, 환공)가 이 해에 제후를 계승하였고, 그의 아들인 위왕(威王)은 22년 뒤인 기원전 356년에 이르러서야 계승하고 있다. 앞에서도 지적한 대로 사마광이 전염의 재위기간을 기록하지 못하여 계속 오류를 범하고 있다.

148 이 해는 진(晉) 효공 15년, 노(魯) 목공 32년, 위(魏) 무후 19년, 진(秦) 헌공 7년, 한(韓) 문후 9년, 정(鄭) 강공 18년, 조(趙) 경후 9년, 송(宋) 휴공 18년, 연(燕) 희공 25년, 초(楚) 숙왕 3년, 위(衛) 신공 37년, 제(齊) 강공 27년, 제(齊) 전염 10년이다.

149 진(晉)이 한·위·조(韓·魏·趙)로 3분된 후에도 명목은 남아 있었다.

(姬俱酒)가 섰다.

• 안왕 25년(甲辰, 기원전 377년)[150]

1 촉(蜀, 四川省 성도시)이 초를 쳐서 자방(玆方, 四川省 奉節縣)을 빼앗았다.

2 자사(子思, 孔伋, 孔子의 손자)가 위후(衛侯, 41대 愼公)에게 구변(苟變)에 대해 말하였다.

"그의 재주는 500량의 전차(戰車)[151]를 거느릴 수 있습니다."

공(公, 신공)이 말하였다.

"나는 그가 그렇게 거느릴 수 있다는 것을 알지만 그러나 구변은 일찍이 관리노릇을 하면서 백성에게 세금을 부과하다가 달걀 2개를 먹었으니, 그러므로 그를 등용하지 않는 것이오."

자사가 말하였다.

"무릇 성인이 사람들에게 관직을 주는 것은 마치 목수가 나무를 사용하는 것과 같아서 그것 가운데 장점을 취하고 그 중 단점은 버리는 것이니, 그러므로 기재(杞梓)[152]가 몇 아름이나 되면 몇 자 썩은 것이 있어도

---

150 이 해는 진(晉) 정공 원년, 노(魯) 목공 33년, 위(魏) 무후 20년, 진(秦) 헌공 8년, 한(韓) 문후 10년, 정(鄭) 강공 19년, 조(趙) 경후 10년, 송(宋) 휴공 19년, 연(燕) 희공 26년, 초(楚) 숙왕 4년, 위(衛) 신공 38년, 제(齊) 강공 28년, 제(齊) 환공 원년이다.

151 고대에 전차는 한 대에 갑사(甲士) 3인이 타고 보병(步兵) 72명이 딸리게 되어 있으므로 500대면 3만7천5백 명의 병사가 딸리게 되어 있다.

152 기(杞)는 구기자나무이고, 재(梓)는 가래나무인데, 이 나무들은 단단하여서 건축하는데 좋은 재목으로 꼽히고 있다.

훌륭한 기술자는 버리지 않습니다. 지금 주군께서는 나라들이 싸우는 시대에 사시니 조아(爪牙)[153] 같은 인사를 선발하여야 하는데, 달걀 두 개로써 방패나 성 같은 장수를 버린다면 이것은 이웃 나라에 알려지지 않게 하십시오."

공[愼公]이 두 번 절하고 말하였다.

"삼가 가르침을 받아들이겠습니다."

위후가 계책의 옳고 그름을 말하였는데, 여러 신하들이 화답하는 소리가 마치 한 입에서 나오는 것 같았다. 자사가 말하였다.

"내가 위(衛)를 살펴보니 이른바 '임금은 임금답지 않고 신하는 신하답지 않다.'[154]는 것이오."

공구의자(公丘懿子)가 말하였다.

"어찌하여 그와 같단 말이오?"

자사가 말하였다.

"인주(人主)가 스스로 잘한다고 생각하니, 많은 사람들이 꾀를 내지 않고 있소. 일한 것이 옳아도 이를 잘했다고 하면 오히려 여러 사람의 꾀를 물리치게 되는데, 하물며 옳지 않을 것에도 화답 소리를 내면 악(惡)을 키우는 것이겠지요!

무릇 일의 옳고 그름을 살피지 않고, 다른 사람이 자기를 칭찬해 주는 것을 기뻐하니 아둔함이 막심하고, 이치 있는 곳을 헤아리지 않고 아유구용(阿諛苟容)하니 아첨하는 것이 막심하오.

주군은 아둔하고 신하는 아첨하면서 백성들의 위에 있으니 백성들이 함께 하지 않을 것이오. 만약 이러한 일을 그치지 아니하면 나라 같은 것

---

153 조아는 손톱이나 이빨을 말한다. 이것은 아주 가까이 있을 때 무기로 돌변할 수 있으며, 아주 사납게 싸울 때 사용하는 것이다. 따라서 조아란 주군 가까이에서 주군을 지켜주는 병사를 말한다.

154 《논어》에 실린 말이다.

은 없을 것이오."

자사가 위후에게 말하였다.

"그대의 나라는 장차 날로 잘못될 것이오."

공[愼公]이 말하였다.

"어떤 연고요?"

대답하였다.

"연유가 있지요. 주군은 말을 하고서 스스로 옳다고 여기니 경·대부가 감히 그 잘못을 고치지 못하고, 경·대부는 말을 하고서 또한 스스로 옳다고 여기니 사·서인이 감히 그 잘못된 것을 고치지 못합니다.

임금과 신하가 이미 스스로 현명하다고 하고, 많은 아랫사람들이 같은 소리로 그것을 현명하다고 하는데, 현명하다고 말하면 복을 받게 되고, 이를 고쳐주면 도리어 화를 입으니, 이와 같이 하면 좋은 일은 어디에서부터 생겨나겠습니까?

《시경(詩經)》[155]에서 말하기를 '모두가 나는 성인이라고 말하는구나. 누가 까마귀의 암수를 알 수 있을까?'라고 하였습니다. 아! 또한 주군의 임금과 신하와 비슷하군요!"

3 노(魯)의 목공(穆公, 姬顯, 31대)이 죽고, 아들인 공공(共公) 희분(姬奮)이 섰다.

4 한의 문후(文侯, 3대 제후)가 죽고, 아들 애후(哀侯)가 섰다.

---

155 《시경》 정월(正月)에 나오는 말이다. 여기서 모두란 군신 모두를 말하는 것이며, 암수를 가린다는 말은 현우(賢愚)를 가린다는 말이다. 즉 모든 군신들이 스스로 자기가 성인이라고 하지만 현명한 사람과 어리석은 사람이 함께 있는 것이 마치 암수가 섞여 있는 새와 같은데 누가 이들의 다른 것을 구별하겠는가라는 내용이다.

• 안왕 26년(乙巳, 기원전 376년)[156]

1 왕[安王, 39대]이 죽고, 아들인 열왕(烈王, 40대) 희희(姬喜)가 섰다.

2 위·한·조가 함께 진(晉)의 정공(靖公, 40대)을 폐위시켜서 가인(家人)으로 만들고 그 땅을 나누어 가졌다.[157]

• 열왕 원년(丙午, 기원전 375년)[158]

1 일식(日食)이 있었다.

2 한이 정(鄭)을 멸망시키고, 이어서 이사하여 그곳에 도읍하였다.[159]

3 조의 경후(敬侯, 趙章 3대)가 죽고, 아들인 성후(成侯) 조종(趙種)이 섰다.

---

156 이 해는 진(晉) 정공 2년, 노(魯) 공공 원년, 위(魏) 무후 21년, 진(秦) 헌공 9년, 한(韓) 애후 원년, 정(鄭) 강공 20년, 조(趙) 경후 11년, 송(宋) 휴공 20년, 연(燕) 희공 27년, 초(楚) 숙왕 5년, 위(衛) 신공 39년, 제(齊) 환공 2년이다.

157 가인은 평민과 같은 말이다. 진을 한·위·조 셋이 나누어 가진 것이 기원전 403년이고, 진(晉)이 처음으로 조로부터 책봉 받은 것이 기원전 1112년이므로 입국한 지 737년이고 대부들에게 찢긴지 27년 만에 명목조차도 없게 되었다.

158 이 해는 제(齊) 환공 3년, 노(魯) 공공 2년, 위(魏) 무후 22년, 진(秦) 헌공 10년, 한(韓) 애후 2년, 정(鄭) 강공 21년, 조(趙) 경후 12년, 송(宋) 휴공 21년, 연(燕) 희공 28년, 초(楚) 숙왕 6년, 위(衛) 신공 40년이다.

159 정(鄭)은 기원전 806년부터 기원전 375년까지 432년간 유지되었다. 한(韓)의 도읍은 양적(陽翟, 지금의 河南省 禹縣)이었는데, 이때 정의 도읍지였던 신정(新鄭)으로 옮겼다.

• 열왕 3년(戊申, 기원전 373년)[160]

1 연이 임호(林狐, 불명)에서 제의 군사를 패배시켰다.

노가 제를 치고 양관(陽關, 산동성 泰安縣)에 들어갔다.[161]

위가 제를 치고 박능(博陵, 산동성 博平縣)에 이르렀다.

2 연의 희공(僖公, 35대 제후)이 죽고, 아들 환공(桓公)이 섰다.

3 송의 휴공(休公, 宋田, 32대)이 죽고 아들 피공(辟公, 宋辟)이 섰다.

4 위(衛)의 신공(愼公, 衛頹, 41대)이 죽고, 아들인 성공(聲公) 위훈(衛訓)이 섰다.

• 열왕 4년(己酉, 기원전 372년)[162]

1 조가 위(衛, 도읍은 帝丘, 하남성 濮陽縣)를 쳐서 도비(都鄙)[163] 73개

---

160 《자치통감》에는 열왕 2년(기원전 374년)의 사건은 기록하지 않았다. 이 해(기원전 373년)는 위(魏) 무후 24년, 노(魯) 공공 4년, 한(韓) 애후 4년, 진(秦) 헌공 12년, 조(趙) 성후 2년, 송(宋) 휴공 23년, 연(燕) 희공 30년, 초(楚) 숙왕 8년, 위(衛) 신공 42년, 제(齊) 환공 5년이다.

161 《자치통감》에서는 전쟁에서 승리한 상황을 전투 상황에 따라서 여러 가지로 표현하는데, 큰 저항 없이 입성하는 경우 입(入, 들어가다)으로 표현하였다.

162 이 해는 위(魏) 무후 25년, 노(魯) 공공 5년, 한(韓) 애후 5년, 진(秦) 헌공 13년, 조(趙) 성후 3년, 송(宋) 피공 원년, 연(燕) 환공 원년, 초(楚) 숙왕 9년, 위(衛) 성공 원년, 제(齊) 환공 6년이다.

163 도비란 경대부의 채읍이다. 주(周)의 제도를 보면 4개 현을 도(都)라고 하고, 사방 40리에 1천6백 개의 우물이 있고, 1만4천4백 명의 정부(丁夫)가 있으며, 5개

를 빼앗았다.

2 위(魏)가 북린(北藺, 산서성 離石縣)에서 조의 군사를 패배시켰다.

• 열왕 5년(庚戌, 기원전 371년)[164]

1 위(魏)가 초를 쳐서 노양(魯陽, 하남성 魯山縣)을 빼앗았다.

2 한의 엄수(嚴遂)[165]가 애후(哀侯, 4대)를 시해(弑害)하니, 그 나라 사람들이 그의 아들 의후(懿侯, 韓若山, 5대)를 세웠다.

애초에, 애후는 한외(韓廆)를 재상으로 삼고는 엄수를 아끼니 두 사람이 서로를 해롭게 하였다. 엄수가 사람을 시켜서 조당에서 한외를 칼로 찌르게 하자 한외가 애후에게로 달아났고, 애후가 그를 껴안았다. 그 사람이 한외를 찔렀는데, 아울러[166] 애후에까지 이르렀다.

3 위(魏)의 무후가 죽었는데, 태자를 세우지 않아서 아들 위앵(魏罃)과 공중완(公中緩)이 다투며 서자 나라 안은 혼란하였다.

의 찬(酇)을 비(鄙)라고 하며, 비에는 500집이 있다.

164 이 해는 위(魏) 무후 26년, 노(魯) 공공 6년, 한(韓) 애후 6년, 진(秦) 헌공 14년, 조(趙) 성후 4년, 송(宋) 피공 2년, 연(燕) 환공 2년, 초(楚) 숙왕 10년, 위(衛) 성공 2년, 제(齊) 환공 7년이다.

165 한나라의 대부이다.

166 한외를 찌른 칼이 애후까지 겹쳐서 찌르게 되었다는 뜻이다.

• 열왕 6년(辛亥, 기원전 370년)[167]

1 제의 위왕(威王, 田因齊, 4대)이 와서 조현(朝見)하였다.[168] 이 당시 주 왕실이 미약하여 제후들은 조현하지 아니하였는데, 제만 홀로 그에게 조현하니 천하에서는 이 일로 위왕(威王)을 더욱 현명하다고 하였다.

2 조가 제를 치고 견(鄄, 산동성 濮縣)에 이르렀다.

3 위(魏)가 조의 군대를 회(懷, 하남성 武陟縣)에서 패배시켰다.

4 제의 위왕이 즉묵(卽墨, 산동성의 平度縣) 대부(大夫)를 불러서 그에게 말하였다.

"그대가 즉묵에 살면서부터 헐뜯는 말들이 매일 같이 도착하고 있었소. 그러나 내가 사람을 시켜서 즉묵을 살피게 하였더니 전야(田野)는 개간되었고 인민들은 넉넉하며 관부에는 일이 없어서 동부지역이 편안하게 하였는데, 이는 그대가 내 좌우 사람들을 섬기면서 도와달라고 하지 않았던 것이오!"

그를 1만 호(萬戶)로 책봉하였다.

아(阿, 산동성 陽谷縣) 대부를 불러서 그에게 말하였다.

"그대가 아(阿)를 지키면서부터 칭찬하는 말이 매일 같이 도착하였

167 이 해는 위(魏) 혜왕 원년, 노(魯) 공공 7년, 한(韓) 의후 원년, 진(秦) 헌공 15년, 조(趙) 성후 5년, 송(宋) 피공 3년, 연(燕) 환공 3년, 초(楚) 숙왕 11년, 위(衛) 성공 3년, 제(齊) 환공 8년이다.

168 《자치통감》의 기년은 아직 주를 중심으로 쓰고 있으므로 온다는 말은 바로 주 왕실로 온다는 뜻이다. 이 당시에 제나라는 여전히 제3대 환공(桓公)이 재위하고 있었다. 따라서 이 기록은 잘못된 것이다.

소. 내가 사람을 시켜서 아를 둘러보게 하니 전야는 개간되지 않고 인민은 가난하고 주려 있었소.

지난날에 조가 견(鄄)을 공격했는데 그대는 구원하지 아니하였고, 위(衛)가 설릉(薛陵, 산동성 陽谷縣의 동북에 위치하며 阿邑에서 가까움)을 빼앗았는데 그대는 알지도 못하였으니, 이는 그대가 많은 폐물로 내 주변에 있는 사람을 섬기면서 좋은 말을 해주기를 요구한 것이오."

이날로 아의 대부와 좌우에서 일찍이 칭찬했던 사람들을 팽(烹)[169]하였다. 이에 많은 신하들이 아주 두려워하면서 감히 수식하여 속이지 못하고 힘써서 그 마음을 다하니 제나라는 크게 잘 다스려졌고 천하에서 강하게 되었다.

5 초의 숙왕(肅王, 芈藏, 18대)이 죽었는데 아들이 없어서 그의 동생 미량부(芈良夫)를 세우니 이 사람이 선왕(宣王)이다.

6 송의 피공(辟公, 宋辟兵, 33대 제후)이 죽고, 그의 아들 송척성(宋剔成)이 섰다.

• 열왕 7년(壬子, 기원전 369년)[170]

1 일식이 있었다.

---

169 좌우란 위왕 주변에 있던 사람을 말하며, 팽이란 사형의 한 가지로 죄인을 솥에 넣고 삶아 죽이는 것이다.

170 이 해는 위(魏) 혜왕 2년, 노(魯) 공공 8년, 한(韓) 의후 2년, 진(秦) 헌공 16년, 조(趙) 성후 6년, 송(宋) 척성 원년, 연(燕) 환공 4년, 초(楚) 선왕 원년, 위(衛) 성공 4년, 제(齊) 환공 9년이다.

2 왕[烈王, 姬喜]이 죽고, 동생 희편(姬扁)이 섰는데, 이 사람이 현왕(顯王, 41대)이다.

3 위의 대부 왕착(王錯)이 나아가 한으로 달아났다. 공손기(公孫頎)[171]가 한(韓)의 의후(懿侯)에게 말하였다.

"위(魏)가 혼란하니, 빼앗을 수 있습니다."

의후는 마침내 조의 성후(成侯)와 군사를 합하여 위를 치는데, 탁택(濁澤, 산서성 夏縣 부근)에서 싸워서 이를 대패시키고 드디어 위(수도는 安邑, 산서성 夏縣)를 포위하였다.

성후가 말하였다.

"위앵(魏罃)[172]을 죽이고, 공중완(公中緩, 魏緩)을 세워놓고 땅을 나누어 가지고 물러가면 우리 두 나라[173]에 이익입니다."

의후가 말하였다.

"옳지 않소. 위(魏)의 주군을 살해하는 것은 폭행이며, 땅을 나누고 물러나는 것은 탐욕이오. 둘로 나누는 것만 못합니다.[174] 위가 나뉘어 둘이 되면 송과 위(衛)보다도 강하지 아니할 것이니, 우리는 끝내 위(魏)에 대한 근심은 없을 것이오."

조(趙)나라 사람들이 듣지 아니하였다.

의후는 기쁘지 아니하여 그 군대를 데리고 밤에 떠났다. 조의 성후도 역시 떠났다. 위앵(魏罃)이 공중완을 죽이고 섰다. 이 사람이 혜왕(惠王)

---

171 한(韓)나라의 대부이다.

172 위(魏)나라에서 제후 자리를 두고 싸우는 두 사람 가운데 하나인 죽은 무후의 아들이다.

173 한을 친 위와 조를 말한다.

174 위의 영토를 둘로 나누어 위앵(魏罃)과 공중완(公中緩, 魏緩) 두 사람에게 주자는 말이다.

이다.

❖ 태사공(太史公)[175]이 말하였습니다.

위(魏)의 혜왕(惠王)이 자신도 죽지 않고 나라도 나누어지지 않은 까닭은 두 나라[176]의 모의가 화합하지 않은 때문이다. 만약 어느 한 집안이 모의한 것을 좇았다면, 위는 반드시 나누어졌을 것이다. 그러므로 이르기를 '임금이 죽으면서 적자(嫡子)가 없으면 그 나라는 망할 수 있다.'[177]라고 하였던 것이다.*

175 《사기(史記)》를 쓴 사마천(司馬遷)이다.

176 위를 공경했던 조와 한을 말한다.

177 위 무후가 죽었는데 적자(嫡子)가 없어서 후계자를 세우지 않았다가 위앵과 공중완[위완]의 내란을 만나게 되고 이를 틈탄 조·한의 공격이 있었던 것을 지적한 말이다.

권002

주기2

중원을 둘러싼 각국의 각축전

진 효공과 위앙

- 현왕 원년(癸丑, 기원전 368년)[1]

1 제(齊)가 위(魏)를 쳐서 관진(觀津, 산동성 觀城縣)을 빼앗았다.

2 조(趙)가 제를 침략하여 장성(長城, 산동성 長淸縣 변경 지대)을 빼앗았다.

- 현왕 3년(乙卯, 기원전 366년)[2]

1 위와 한(韓)이 택양(宅陽, 하남성 滎陽縣의 부근)에서 회합하였다.

---

1 이 해는 위(魏) 혜왕 3년, 노(魯) 공왕 9년, 한(韓) 의후 3년, 진(秦) 헌공 17년, 조(趙) 성후 7년, 송(宋) 척성 2년, 연(燕) 환공 5년, 초(楚) 선왕 2년, 위(衛) 성공 5년, 제(齊) 환공 10년이다.

2 《자치통감》에는 현왕 2년(기원전 367년)의 기사는 실리지 않았다. 이 해(기원전 366년)는 위(魏) 혜왕 5년, 노(魯) 공왕 11년, 한(韓) 의후 5년, 진(秦) 헌공 19년, 조(趙) 성후 9년, 송(宋) 척성 4년, 연(燕) 환공 7년, 초(楚) 선왕 4년, 위(衛) 성공 7년, 제(齊) 환공 12년이다.

2 진(秦)이 위의 군사와 한의 군사를 낙양(洛陽)에서 패배시켰다.

• 현왕 4년(丙辰, 기원전 365년)[3]

1 위가 송(宋, 도읍은 하남성 商丘市)을 쳤다.

• 현왕 5년(丁巳, 기원전 364년)[4]

1 진의 헌공(獻公, 24대 제후)이 삼진(三晉, 한·위·조)의 군대를 석문(石門, 섬서성 三原縣)에서 패배시키었는데 참수한 것이 6만 명이었다. 왕[현왕]이 보불(黼黻)의 복장을 하사하였다.[5]

• 현왕 7년(己未, 기원전 362년)[6]

---

3 이 해는 위(魏) 혜왕 6년, 노(魯) 공왕 12년, 한(韓) 의후 6년, 진(秦) 헌공 20년, 조(趙) 성후 10년, 송(宋) 척성 5년, 연(燕) 환공 8년, 초(楚) 선왕 5년, 위(衛) 성공 8년, 제(齊) 환공 13년이다.

4 이 해는 위(魏) 혜왕 7년, 노(魯) 공왕 13년, 한(韓) 의후 7년, 진(秦) 헌공 21년, 조(趙) 성후 11년, 송(宋) 척성 6년, 연(燕) 환공 9년, 초(楚) 선왕 6년, 위(衛) 성공 9년, 제(齊) 환공 14년이다.

5 보불은 흰 실·검은 실·푸른 실로 도끼모양과 두 개의 己자를 수놓은 의복으로 고귀한 신분을 상징하는데, 이는 현왕이 강한 진에게 환심을 사려 한 것이다.

6 《자치통감》에는 현왕 6년(기원전 363년)의 기사가 실리지 않았다. 이 해(기원전 362년)는 위(魏) 혜왕 9년, 노(魯) 공왕 15년, 한(韓) 의후 9년, 진(秦) 헌공 23년, 조(趙) 성후 13년, 송(宋) 척성 8년, 연(燕) 환공 11년, 초(楚) 선왕 8년, 위(衛) 성공 11년, 제(齊) 환공 16년이다.

1 위(魏)가 한의 군사와 조의 군사를 회수(澮水, 산서성 翼城縣 경계를 흘러감)에서 패배시켰다.

2 진(秦)과 위(魏)가 소량(小梁, 섬서성 韓城縣)에서 싸웠는데, 위의 군사가 패배한 것이 누적되어 위의 공손좌(公孫痤)를 붙잡았다.[7]

3 위(衛)의 성공(聲公, 衛訓, 42대)이 죽고, 아들인 성후(成侯, 43대) 위속(衛速)이 섰다.

4 연(燕)의 환공(桓公, 36대)이 죽고, 그의 아들 문공(文公)이 섰다.

5 진(秦)의 헌공(獻公, 嬴師隰, 24대)이 죽고 아들 효공(孝公, 嬴渠梁)이 섰다. 효공이 탄생하고 21년이 되었다. 이때 하[黃河]와 산[崤山]의 동쪽에는 강력한 나라가 여섯이고 회(淮, 淮水)와 사(泗, 泗水)의 사이에는 작은 나라가 10여 개였으며,[8] 초(楚)와 위(魏)는 진(秦)과 경계를 맞대고 있었다.

위(魏)는 장성(長城)을 쌓았는데, 정(鄭縣, 섬서성 華縣)에서부터 낙수(洛水)[9]에 다다라서 북쪽으로 가니 상군(上郡, 섬서성 綏德縣)에 이르렀고, 초(楚)는 한중(漢中, 섬서성 南鄭縣)에서부터 시작하여 남쪽으로 파(巴城,

---

7 공손좌는 위의 재상이었고, 소량은 위의 도읍이었다. 공손좌(?~기원전 360)는 전국시대의 위의 상국(相國)이었는데, 이 사람은 공숙좌(公叔座)로 기록 된 곳도 있다.

8 큰 나라 여섯이란 제(齊)·한(韓)·조(趙)·위(魏)·연(燕)·초(楚)를 말하고, 작은 나라 10여 개국이란 송(宋)·조(魯)·추(鄒)·등(滕)·설(薛)·예(郳) 등을 말하는데, 제(齊) 위왕(威王)이 사상(泗上) 12개국이라는 말을 한 일이 있는데, 이를 두고 한 말이다.

9 섬서성 북부를 가로질러서 섬서성 화음현(華陰縣)의 북쪽에서 위수로 들어간다.

사천성 重慶市)와 검중(黔中, 호남성 沅陵縣)을 소유하였는데, 모두 진(秦)을 이적으로 대우하면서 이를 배척하니, 중국(中國)과 회맹(會盟)[10]할 수가 없었다. 이에 효공이 분한 마음을 드러내고 덕을 베풀며 정치를 닦으며 진을 강하게 하고자 하였다.

• 현왕 8년(庚申, 기원전 361년)[11]

1 진의 효공이 그 나라에 명령을 내려서 말하였다.

"옛날 우리의 목공(穆公, 嬴任好, 9대)은 기(岐山, 섬서성 기산현 근처)와 옹(雍水, 섬서성 鳳翔縣 근처) 사이에서 덕을 닦고 무력을 행사하여 동쪽으로는 진(晉)의 내란을 평정하여 하[黃河]를 경계로 삼았고, 서쪽으로는 융적(戎翟, 戎狄)에 대하여 패권을 잡아 땅을 천리나 더 넓히니 천자가 백(伯)[12]의 벼슬을 내리고 제후들이 모두 경하를 마쳤으며 후세를 위하여 기업(基業)을 연 것이 대단히 빛나고 아름답다.

마침 과거에 여공(厲公, 嬴剌, 17대)·조공(躁公, 18대)·간공(簡公, 嬴悼子, 21대)과 출자(出子, 23대)[13]가 편안하지 못하여 국가는 안으로 근심하

---

10 중국이란 국호가 아니고 중원지역에 있는 나라, 즉 중심부에 있는 나라라는 뜻이며, 회맹이란 제후국들이 모여서 회합을 하거나 공동 관심사에 공동으로 대처하기로 약조를 맺는 것을 말한다.

11 이 해는 위(魏) 혜왕 10년, 노(魯) 공왕 16년, 한(韓) 의후 10년, 진(秦) 효공 원년, 조(趙) 성후 14년, 송(宋) 척성 9년, 연(燕) 문공 원년, 초(楚) 선왕 9년, 위(衛) 성후 원년, 제(齊) 환공 17년이다.

12 이때의 천자는 주(周)의 왕을 말한다. 《주례(周禮)》의 〈구명작백(九命作伯)〉을 보면, 옛날에는 9주(州)가 있었는데, 그 가운데 1은 왕기(王畿)이고, 8주에는 각기 백(伯)이 있어서, 각기 그 지방의 제후들이 주관하게 하였다고 되어있다. 진(秦)나라가 방백(方伯)의 나라가 된 것은 목공 때부터이다. 제후란 여러 후작(侯爵)을 가진 사람을 말한다.

여 밖의 일을 아직 돌볼 겨를이 없었다.

삼진(三晉, 한·위·조)이 우리의 먼저 돌아가신 주군의 하서(河西)[14]를 공격하여 탈취하니 기분 나쁨이 막대하다. 헌공이 즉위하여 변경을 눌러 어루만지고 치소(治所)[15]를 역양(櫟陽, 섬서성 臨潼縣)으로 옮기고 또 동방으로 나가서 목공(穆公)의 옛 터전을 회복하고 목공 시절의 정치명령을 닦고자 하였다.

과인(寡人)은 먼저 가신 주군들의 뜻을 생각하면 항상 마음이 아프다. 빈객과 여러 신하들 가운데 기이한 계책을 내서 우리 진을 강하게 할 수 있는 사람이 있다면 내가 또한 관직을 높여줄 것이며, 땅을 나누어 그에게 줄 것이다."

이에 위(衛)의 공손앙(公孫鞅)[16]이 이 명령이 내린 소식을 듣고 마침내 서쪽으로 가서 진(秦)으로 들어갔다.

공손앙이라는 사람은 위(衛)의 서손(庶孫)인데 형명학(刑名學)[17]을 좋아하였다. 위(魏)의 재상 공숙좌(公叔痤)[18]를 섬겼는데 공숙좌는 그가 현

---

13 공(公)과 자(子)는 작위를 표시하는 것이다. 따라서 여공·조공·간공은 공작의 작위를 갖고 있었고, 출자는 자작의 작위를 가진 것이다.

14 지금의 섬서성 연천현(延川縣)으로 합양현(郃陽縣)을 중심으로 하는 황하의 서쪽지대로 바로 위(魏)나라의 장성이 있는 곳을 말한다.

15 통치자가 머물러 있는 곳, 그 청사(廳舍)가 있는 곳을 말한다.

16 공손(公孫)이란 본래 성이 아니었으나 후에 성으로 변하였다. 공손앙의 선조는 위(衛)나라에서 살았었는데, 위(衛)의 제후가 그의 아버지를 공자(公子)라고 불렀고, 그의 할아버지를 공손(公孫)이라고 불렀다. 또한 위(衛)나라에서 살았었기 때문에 위앙(衛鞅)이라고도 불려진다.

17 서손이란 제후의 서자의 아들을 말하며, 형명학이란 이름에 따라서 실질적인 책임을 묻는다는 것으로 임금을 높이고 신하를 낮추며 윗사람을 숭상하고 아랫사람을 억누르는 것이 6경에 합치된다고 하는 학파이다. 어떤 이는 형은 형가(刑家)이고 명은 명가(名家)라고 하지만 맞지 않는 말이다. 대체적으로 법률을 연구하는 학파이다.

18 앞에서는 공손좌라고 하였는데, 여기서는 공숙좌라고 하였다. 공손이나 공숙이

명하다는 것을 알았지만 아직은 올려주는데 이르지 아니하였다. 마침 병이 들자 위(魏) 혜왕(惠王)이 가서 그에게 물었다.

"공숙(公叔)이 병이 들었으니, 만약에 꺼리지 않고 말한다면[19] 장차 사직을 어떻게 해야 하오?"

공숙[公叔痤]이 말하였다.

"저 공숙좌의 중서자(中庶子)[20]인 위앙(衛鞅)은 나이가 비록 어리지만 기이한 재주를 가졌으니 바라건대 주군께서는 온 나라의 일을 들어서 그에게 들으십시오."

왕[惠王]은 잠자코 있었다.

공숙이 말하였다.

"주군께서 위앙을 채용하라는 것을 듣지 않으시려면 바로 반드시 그를 죽여서 경내를 나가지 못하게 하십시오."

왕이 허락하고 갔다.

공숙은 위앙을 불러서 사과하며 말하였다.

"나는 주군을 먼저 생각하고 신하를 뒤에 생각하니 그러므로 먼저 주군을 위하여 모의하고[21] 뒤에 그대에게 알린다. 그대는 반드시 속히 떠나라!"

위앙이 말하였다.

"주군이 그대의 말을 채용하여 신(臣)에게 맡길 수 없는데, 또한 어찌 그대의 말을 채택하여 나를 죽일 수 있겠습니까?"

성(姓)이 아니므로 공(公)의 손자인 ○○ 혹은 공(公)의 숙부인 ○○라는 뜻으로 보인다. 그러므로 경우에 따라서 달리 쓰인 것이다.

19 불휘(不諱)를 말한다. 죽는다는 말 대신에 꺼리지 않는다는 표현을 사용하는데, 죽음을 뜻한다.

20 전국시대 이래로 대부의 집에는 중서자라는 사람을 두고 있었는데, 대체로 수종관에 해당하는 직책이다.

21 위앙을 채용하든가 아니면 죽이라고 한 사실을 말한다.

끝내 떠나지 않았다.

왕이 나오면서 좌우 사람들에게 말하였다.

"공숙의 병이 심하여 슬픈데 과인에게 나라의 문제를 위앙에게 듣도록 하라는 구나! 이미 그리하고서 또 과인에게 그를 죽이라고 하니 어찌 도리에 어긋나지 아니한가!"

위앙이 진(秦)에 도착하고서, 폐신(嬖臣)[22]인 경감(景監)을 통하여 효공을 알현하기를 청하였고 부국강병(富國强兵)의 방책을 유세하니, 공[孝公]이 크게 기뻐하여 더불어 국가의 일을 의논하였다.

• 현왕 10년(壬戌, 기원전 359년)[23]

1 위앙이 법률을 바꾸려고 하였으나 진인(秦人)들이 기뻐하지 않았다. 위앙이 진 효공에게 말하였다.

"무릇 백성이란 시작하면서 더불어 생각할 수는 없고 이룩한 것을 더불어 즐길 수는 있습니다. 지극히 덕이 많은 사람이란 세속적인 것과 화합하지 않는 사람이고, 큰 공을 세우는 사람이란 무리들과 모의하지 않습니다. 이리하여서 성인은 진실로 나라를 강하게 할 수 있지만 그 옛 것을 본받지 않는 것입니다."

감룡(甘龍)이 말하였다.

"그렇지 아니하니, 법에 따라서 다스리는 것을 관리들은 익히 알고,

---

22 군주가 사랑하여 측근에 두고 있는 신하이다.

23 《자치통감》에서는 현왕 9년조에서는 사건을 기록하지 않았다. 이 해(기원전 359년)는 위(魏) 혜왕 12년, 노(魯) 공왕 18년, 한(韓) 의후 12년, 진(秦) 효공 3년, 조(趙) 성후 16년, 송(宋) 척성 11년, 연(燕) 문공 3년, 초(楚) 선왕 11년, 위(衛) 성후 3년, 제(齊) 환공 19년이다.

백성도 이를 편안하다 합니다."

위앙이 말하였다.

"보통사람은 옛 풍속을 편안하게 생각하고, 학자들은 들은 것에 빠져들고 있으니, 이 둘을 가지고 관직에 있게 하고 법을 지키도록 하는 것은 괜찮을 것이지만 더불어 법 밖의 일들을 의논하지는 못합니다. 지혜로운 사람은 법을 만들고, 어리석은 사람은 이를 가지고 통제하며, 현명한 사람은 예(禮)를 바꾸지만 불초한 사람은 얽매이게 됩니다."

공[孝公]이 말하였다.

"훌륭하다."

위앙을 좌서장(左書長)[24]으로 삼았다.

갑자기 변법(變法)의 명령을 확정하였다. 백성들을 십오(什伍)로 편성하여 서로 고발하고 연좌하도록 하면서,[25] 또 간사한 자를 고발하는 자에게는 적의 머리를 벤 것과 같은 상을 주게 하고, 간사한 자를 고발하지 않은 사람에게는 적에게 항복한 사람과 같은 벌을 내리도록 하였다.

군공(軍功)을 세운 사람은 일률적으로 높은 작위(爵位)를 받도록 하였지만 사사롭게 싸운 사람은 각기 그 경중에 따라서 크고 작은 형을 받게 하였다. 본업(本業)에 죽을힘을 다하게 하고, 밭 갈고 옷감을 짜서 곡식과 비단을 많이 쌓아놓은 자에게는 그 몸을 면제하여[26] 주었고, 말업(末業)[27]

---

24 진나라에는 20등으로 나눈 작위가 있었는데, 10등작(爵)이 좌서장이었으니, 중급 관리라고 할 수 있다.

25 5인을 오(伍)라고 하고 10인을 십(什)이라고 하는데, 이 5명 또는 10명씩을 한 조로 편성하여 서로 감시감독하게 할 뿐만 아니라, 그 가운데 한 사람이 잘못하면 해당 조에 속한 모든 사람을 처벌하는 연좌제를 썼다.

26 복(復)이라는 용어를 사용했는데, 한대(漢代)에는 부(賦)·세(稅)·역(役)을 없애 주는 것을 말한다.

27 고대에 직업을 사·농·공·상(士·農·工·商)으로 나누었는데, 생산직에 속하는 직업 가운데 농업(農業)을 본업이라고 하고, 상업을 말업이라고 하였다.

의 이익에 종사하는 사람과 게을러 가난한 사람은 들어내어 잡아들여 노비로 삼게 하였다.

종실에 속한 사람이라도 군공을 가지고 말하는 경우가 아니면 속적(屬籍)[28]을 얻지 못하게 하였다. 높고 낮은 작위의 등급을 밝혀 각기 차례로 차등이 있게 하니, 전택(田宅)·신첩(臣妾)·의복을 등록하게 하였다. 공로를 세운 사람은 영화로움을 밖으로 드러나게 하고, 공로가 없는 사람은 비록 부유하더라도 빛날 수가 없었다.

법령이 이미 구체화되었으나 공포하지 아니하였는데, 백성들이 믿지 않을까 걱정을 하게 되어 마침내 세 길[丈] 되는 나무를 국도(國都)에 있는 저자의 남쪽 문에 세워놓고, 북쪽에 있는 문으로 옮길 사람을 모집하며 10금(金)[29]을 주겠다고 하였다. 백성들이 이를 이상하게 생각하고 감히 옮기는 사람이 없었다.

다시 말하였다.

"옮길 수 있는 사람은 50금을 준다!"

어떤 한 사람이 이를 옮기니 갑자기 50금을 주었다. 마침내 명령을 내렸다.

법령이 시행되고 1년이 되니, 진의 백성들 가운데 국도(國都, 櫟陽, 섬서성 臨潼縣)에 갔다가 새로운 법령이 편하지 않다는 말을 하는 사람이 1천여 명으로 헤아려졌다. 이에 태자가 법을 어겼다. 위앙이 말하였다.

"법령이 시행되지 않으니, 위에서부터 이를 위반하였습니다. 태자는 주군의 후계자이니 형벌을 내릴 수는 없습니다."

그의 부(傅)인 공자건(公子虔)에게 의형(劓刑)을 내리고 그의 사(師)인

---

28 한 종족의 소속원임을 증명하기 위하여서는 소속하는 장부에 기록되어야 하는데, 이를 속적이라고 하였다.

29 금(金)은 금의 단위이다. 사방으로 한 치가 되고 무게는 한 근인 것을 1금이라고 한다는 설이 있고, 20량(兩)이 1금인데 1일(鎰)이라고 한다는 설도 있다.

공손가(公孫賈)에게 경형(黥刑)[30]을 내렸다.

다음 날로 진인(秦人)들은 모두 법령을 좇았다. 이를 시행하여 10년이 되니, 진국(秦國)의 도로에서는 떨어진 물건을 줍는 이가 없었고, 산에는 도적이 없었으며, 백성들은 전장에서 용감하였지만 사사롭게 싸우는 일에 있어서는 겁을 먹게 되어 향읍(鄉邑)이 크게 잘 다스려졌다. 진(秦)의 백성들은 처음에 법령이 불편하다고 말했지만 얼마 후에는 법령이 편하다고 말하였다. 위앙이 말하였다.

"이[31]는 모두 법령을 어지럽히는 백성이다."

이들을 다 변방 지역으로 옮겼다. 그 후에 백성들은 감히 법령에 관하여 논의하는 사람이 없었다.

❖ 신 사마광이 말씀드립니다.

무릇 믿음이라고 하는 것은 임금이 갖추어야 할 커다란 보배입니다. 나라는 백성에게서 보위되며 백성은 믿음에서 보위되니, 믿음이 아니면 백성들을 부릴 수 없고, 백성이 아니면 나라를 지킬 수 없습니다.

이러한 연고로 옛날의 제왕이라는 사람은 사해(四海)를 속이지 않았고, 패권(霸權)을 가진 사람도 사린(四隣)[32]을 속이지 않았으니, 나라를 잘 다스리는 사람은 그 백성을 속이지 않았고, 집안을 잘 다스리

---

30 사와 부는 모두 왕실 스승을 말하는데, 보통 부는 태부(太傅)이고 사는 태사(太師)이다. 의형은 코를 베는 형벌이고 경형은 얼굴에 먹을 뜨는 형벌이다.

31 찬성하는 사람과 반대하는 사람 등 법령에 대해 의견을 제시하는 사람이다.

32 사해는 사방으로 바다가 있는 곳까지의 넓은 지역, 즉 천하를 말하고, 사린은 동서남북의 사방에 있는 이웃을 말한다. 사해를 다스리는 것을 천자라고 하고, 사린을 통제하는 것을 패자라고 한다.

는 사람은 그 친한 사람을 속이지 않았습니다. 잘하지 못하는 사람은 이에 반대되었으니 이웃 나라를 속이고, 그 백성들을 속였으며, 심한 사람은 그 형제를 속이고 그 부자를 속였습니다.

윗사람이 아랫사람을 믿지 못하고 아랫사람은 윗사람을 믿지 못하게 되면, 윗사람과 아랫사람이 서로 마음이 흩어져서 실패하기에 이릅니다. 이로운 바는 다친 것을 치료하는 약이 될 수 없고, 얻은 것은 없어진 것을 보충할 수 없으니, 어찌 슬프지 않겠습니까?

옛날 제의 환공(桓公, 16대)은 조말(曹沫)과의 맹약[33]을 배반하지 않았고, 진의 문공(文公, 24대)은 원(原城, 하남성 濟源縣)을 차지하는 이익에 욕심 내지 않았으며,[34] 위(魏)의 문후(文侯, 1대)는 우인(虞人)과의 기약을 버리지 않았고,[35] 진(秦)의 효공은 나무를 옮긴 사람에게 상(賞)을 주는 것을 없이하지 않았습니다.

---

33 제(齊)나라 환공이 노(魯)나라를 쳐들어갔는데 노나라의 장공(莊公)이 평화를 청하여 제 환공이 이를 허락하고 드디어 두 나라가 가(柯)라는 곳에서 맹약(盟約)을 맺기로 하였다. 맹약을 맺으려는 시점에 조말이라는 사람이 비수를 들고 단상에 있는 제 환공에게 달려들었다. 그리고 노나라를 침략하여 얻은 땅을 돌려 달라고 하니 환공은 할 수 없이 이를 허락하였고 조말은 비수를 거둬들이고 신하의 자리에 돌아가서 앉았다. 이때 제 환공은 돌려주겠다고 말한 것을 후회하고 조말을 죽이고자 하였다. 그러자 제나라 관중(管仲)이 그렇게 약속을 어겨서는 안 된다고 하였고, 드디어 노나라를 침략하여 뺏은 땅도 돌려주었다. 제후들이 이 말을 듣고 모두 제나라를 신임하고 제나라에 귀부하였다.

34 진(晉)나라의 문공(文公)이 원성을 포위하고 3일치의 양식만을 주라고 명하였다. 그런데도 원성이 항복을 하지 않자 진 문공이 포위를 풀고 돌아가자고 명하였다. 이때 성 안에 들어갔던 첩자가 나와서 말하기를, "원성은 장차 항복할 것입니다."라고 하자, 군리(軍吏)들이 "기다리시지요."라고 하였다. 이 말을 들은 문공(文公)이 말하기를, "원성을 얻고서 신의(信義)를 잃는 것보다 신의를 잃음으로 인하여 잃는 것이 더 많다."라고 하였다. 그리고 물러났더니 오히려 원성이 항복하였다.

35 이 사건은 이 책의 위열왕 23년조에 이미 나와 있다.

이 네 군주 된 사람은 비록 도(道)에서는 아주 순수하지는 않았고, 또 상군(商君, 위앙, 상앙)은 더욱 각박한 사람이라고 불리기는 하지만 또한 싸우고 공격하는 시대에 살면서 천하가 속이는 힘을 좇고 있는데도 오히려 또 감히 믿음을 잊지 않고 백성들을 길렀는데, 하물며 사해를 고르게 잘 다스리는 정치를 하려는 사람에게 있어서야!

2 **한(韓)의 의후(懿侯, 5대)가 죽고, 아들 소후(昭侯)가 섰다.**

보배, 병법의 대가, 그리고 신불해

- 현왕 11년(癸亥, 기원전 358년)[36]

1 진(秦)이 서산(西山)[37]에서 한(韓)의 군사를 패배시켰다.

- 현왕 12년(甲子, 기원전 357년)[38]

1 위(魏)와 한(韓)이 호(鄗城, 지금의 하북성 柏鄉縣)에서 회합하였다.

---

36 이 해는 위(魏) 혜왕 13년, 노(魯) 공왕 19년, 한(韓) 소후 원년, 진(秦) 효공 4년, 조(趙) 성후 17년, 송(宋) 척성 12년, 연(燕) 문공 4년, 초(楚) 선왕 12년, 위(衛) 성후 4년, 제(齊) 위왕 원년이다.

37 황하의 서쪽 섬서성의 동쪽을 하서(河西) 혹은 서하(西河)라고 부른다. 하남성의 의양현(宜陽縣) 경계에 웅이산(熊耳山)이 있고, 이 웅이산 서쪽을 서산이라고 부르는데, 여기에 나오는 서산은 한의 영토였다. 여기서 주의할 것은 서산은 산서가 아니며, 산서란 태행산의 서쪽이다.

38 이 해는 위(魏) 혜왕 14년, 노(魯) 공왕 20년, 한(韓) 소후 2년, 진(秦) 효공 5년, 조(趙) 성후 18년, 송(宋) 척성 13년, 연(燕) 문공 5년, 초(楚) 선왕 13년, 위(衛) 성후 5년, 제(齊) 위왕 2년이다.

• 현왕 13년(乙丑, 기원전 356년)[39]

1 조(趙)와 연(燕)이 아(阿城, 지금의 陽谷縣)에서 회합하였다.

2 조(趙)·제(齊)·송(宋)이 평육(平陸, 지금의 산동성 汶上縣)에서 회합하였다.

• 현왕 14년(丙寅, 기원전 355년)[40]

1 제(齊)의 위왕(威王, 전인제, 4대)·위(魏)의 혜왕(惠王, 위앵, 3대)이 교외에서 모여서 사냥을 하였다. 혜왕이 말하였다.

"제(齊)에도 역시 보배가 있겠지요?"

위왕이 말하였다.

"없습니다."

혜왕이 말하였다.

"과인[41]의 나라는 비록 작은데도 오히려 직경이 1치[寸] 되는 구슬이 있고, 수레의 앞뒤로 12량(輛)을 비추는 것이 10개 있습니다. 어찌 제(齊)는 큰 나라인데 보배가 없단 말입니까?"

---

39 이 해는 위(魏) 혜왕 15년, 노(魯) 공왕 21년, 한(韓) 소후 3년, 진(秦) 효공 6년, 조(趙) 성후 17년, 송(宋) 척성 12년, 연(燕) 문공 6년, 초(楚) 선왕 14년, 위(衛) 성후 6년, 제(齊) 위왕 3년이다.

40 이 해는 위(魏) 혜왕 16년, 노(魯) 공왕 22년, 한(韓) 소후 4년, 진(秦) 효공 7년, 조(趙) 성후 20년, 송(宋) 척성 15년, 연(燕) 문공 7년, 초(楚) 선왕 15년, 위(衛) 성후 7년, 제(齊) 위왕 4년이다.

41 제왕이 자기 자신을 낮추어 부르는 말로 이는 과덕지인(寡德之人), 즉 덕이 적은 사람이라는 뜻이다.

위왕이 말하였다.

“과인이 보배라고 여기는 것은 왕[혜왕]과는 다릅니다. 나의 신하 가운데 단자(檀子)라는 사람이 있는데, 남성(南城)을 지키게 하니 초(楚)나라 사람들이 감히 노략질을 못하고, 사수(泗水)에 있는 12명의 제후들이 모두 와서 조현하였습니다. 또 나의 신하 가운데 반자(盼子)라는 사람이 있는데, 고당(高唐, 산동성 禹城縣)을 지키게 하니, 조(趙)나라 사람들이 감히 동쪽으로 와서 황하에서 고기잡이를 못합니다.

나의 관리 가운데 검부(黔夫)라는 사람이 있는데, 서주(徐州, 산동성 滕縣)를 지키게 하였더니, 연(燕)나라 사람들이 북문에 와서 제사를 올리고, 조(趙)나라 사람들이 서문에 와서 제사를 올리면서[42] 이사하며 좇는 사람이 7천여 가구가 되었습니다. 나의 신하 가운데 종수(種首)라는 사람이 있는데, 도적을 막게 했더니 길에서 떨어진 물건을 줍는 사람이 없어졌소. 이 네 신하는 장차 천리를 비출 것인데 어찌 단지 12량뿐이겠습니까?”

혜왕이 부끄러운 기색을 띠었다.

2 진(秦)의 효공(孝公, 嬴渠梁)·위(魏)의 혜왕이 두평(杜平, 섬서성 澄城縣)에서 회합하였다.

3 노(魯)의 공공(共公, 姬奮, 32대)이 죽고, 아들인 강공(康公) 희모(姬毛)가 섰다.

• 현왕 15년(丁卯, 기원전 354년)[43]

42 연은 제의 북쪽에 있고, 조는 제의 서쪽에 있다.

43 이 해는 위(魏) 혜왕 17년, 노(魯) 강공 원년, 한(韓) 소후 5년, 진(秦) 효공 8년, 조(趙) 성후 21년, 송(宋) 척성 16년, 연(燕) 문공 8년, 초(楚) 선왕 16년, 위(衛)

1 진(秦)이 위(魏)의 군사를 원리(元里, 澄城縣의 경계 지역)에서 패배시키고 참수(斬首)한 것이 7천 급(級)[44]이며, 소량(少梁, 섬서성 韓城縣)을 빼앗았다.

2 위(魏)의 혜왕이 조(趙)를 치는데 한단(邯鄲, 조의 도읍, 하북성 한단시)을 포위하였다. 초왕(楚王, 羋良夫, 宣王)이 경사(景舍)[45]로 하여금 조를 구하게 하였다.

• 현왕 16년(戊辰, 기원전 353년)[46]

1 제의 위왕이 전기(田忌)로 하여금 조(趙)를 구하게 하였다.

애초에, 손빈(孫臏)과 방연(龐涓)[47]이 함께 병법을 배웠는데, 방연은 위를 섬겨서 장군이 되었지만 스스로 손빈을 따라갈 수 없다고 생각하다가 마침내 손빈을 불렀고, 도착하자 법을 가지고 그의 두 발을 자르고 경형(黥刑)을 내려 그를 종신토록 폐기되도록 하였다.

제의 사신이 위에 도착하였는데 손빈은 형도(刑徒)[48]이어서 몰래 제

성후 8년, 제(齊) 위왕 5년이다.

44 참수란 목을 베는 것이고, 참수한 숫자를 셀 때에는 급(級)이라는 용어를 사용하는데, 이는 전투에 나가서 적병 1명을 베면 1급을 진급시키는데서 나왔다.

45 초나라의 강한 족속은 소(昭)·굴(屈)·경(景)씨였다.

46 이 해는 위(魏) 혜왕 18년, 노(魯) 강공 2년, 한(韓) 소후 6년, 진(秦) 효공 9년, 조(趙) 성후 22년, 송(宋) 척성 17년, 연(燕) 문공 9년, 초(楚) 선왕 17년, 위(衛) 성후 9년, 제(齊) 위왕 6년이다.

47 손빈은 제(齊)나라 사람이고, 방연은 위(魏)나라 사람이다.

48 경형은 죄인의 얼굴에 죄지은 사실을 먹으로 새기는 형벌이고, 형도란 형벌을 받은 사람이다.

의 사자(使者)를 만나서 그에게 유세하였고, 제의 사자는 그를 몰래 수레에 싣고 함께 제로 갔다. 전기(田忌)는 그를 잘 대우해 주고 손님으로 대접하고 위왕에게 천거하였다. 위왕이 병법에 관하여 물어보고는 드디어 그를 스승으로 삼았다.

이에 위왕이 조를 구해주려고 도모하며, 손빈을 장수로 삼으려 하였더니, 손빈이 형을 받은 사람이므로 할 수 없다고 사양하여, 마침내 전기를 장수로 삼고 손자(孫子, 손빈)를 군사(軍師)로 삼고 치거(輜車) 가운데에 있으면서 앉아서 계획하고 꾀를 냈다.[49]

전기가 군사를 이끌고 조로 가려고 하였다. 손자가 말하였다.

"대개 이리저리 섞여서 어지럽고 분규 하는 것을 풀어놓으려고 하는 사람은 그들을 주먹으로 하지 않고, 또 싸우는 사람을 구해주려는 사람은 치고받지 않고, 맞붙어서 있을 때 빈틈을 공격하면 형세가 바로잡혀 못하게 되니 스스로 풀어질 뿐입니다.

지금은 양(梁, 위의 도읍, 하남성 개봉시)과 조가 서로 공격하며 싸우니, 가볍게 몸을 놀리는 정예의 병졸은 반드시 다 밖에다 배치하였을 것이고, 늙고 약한 사람은 안에서 피로해 있을 것인데, 그대는 군사를 이끌고 위의 도읍으로 빨리 달려가서 그 가로를 점거하고 그 나라의 빈곳에 충격을 주면 저들은 반드시 조를 풀어주고 스스로를 구하려 할 것이니, 이는 우리가 한 번에 조의 포위를 풀어주고 위의 피폐함을 거둬들이는 것입니다."

전기가 이 말을 좇았다.

10월에, 한단(邯鄲, 조의 도읍, 하북성 한단시)이 위에 항복하였다. 위의 군대가 돌아오다가 제와 계릉(桂陵, 산동성 荷澤縣 동북으로 10㎞)에서 싸웠

49 손자는 손빈을 높여 부른 말이고, 군사는 군사에 관한 모의를 하는 책임자이며, 치거는 전쟁에서 무거운 물건을 실어 나르는 수레이다. 손빈은 두 다리가 없기 때문에 걷지를 못해서 전쟁 물자를 실은 수레에 앉아 전장으로 나간 것이다.

는데 위의 군대가 대패하였다.

2 한이 동주(東周)[50]를 쳐서 능관(陵觀)과 늠구(廩丘)[51]를 빼앗았다.

3 초는 소해휼(昭奚恤)을 재상으로 삼았다. 강을(江乙)이 초왕[楚 宣王]에게 말하였다.

"어떤 사람이 그의 개를 아꼈는데, 개가 일찍이 우물에 오줌을 누자, 이웃 사람들이 보고 들어가서 이를 말하려고 하자, 그 개가 문 앞에서 그를 물었습니다. 지금 소해휼이 항상 신을 나쁘게 보는 것이 또한 이와 같습니다.

또한 어떤 사람이 있는데, 다른 사람의 선량함을 칭찬하기를 좋아하면 왕께서는 '이 사람은 군자다.'라고 말하면서 이를 가까이 합니다. 또 다른 사람의 악한 것을 드러내기 좋아하는 사람이라면 왕께서는 '이 사람은 소인이다.'라고 말하면서 그를 멀리합니다.

그러하니 또한 아들이 그 아버지를 죽이고, 신하가 그 임금을 죽이는 일이 있어도 왕께서는 죽을 때까지 모릅니다. 왜 입니까? 왕께서는 다른 사람의 아름다운 것을 듣기 좋아하고, 다른 사람의 나쁜 것을 듣기 싫어하시기 때문입니다."

왕이 말하였다.

"훌륭하오. 과인이 바라건대, 양쪽으로 이야기를 들어보도록 하겠소."

---

50 주(周)는 호경에 도읍을 하고 있던 시대를 서주라고 하고, 그 후 낙읍으로 도읍을 옮겼을 때를 동주라고 한다. 이때에도 명목상으로는 동주는 공주(共主), 즉 천하의 모든 나라들이 천자의 나라였지만 실제로 주나라 왕실은 쇠퇴하여 겨우 7읍만을 갖고 있었다.

51 능관이 현재 어디인지 분명하지 않지만, 늠구는 《사기》에서 형구(邢丘)라고 하여 오늘날의 산동성 범현(范縣)의 동남쪽이므로, 능관도 그 부근으로 보인다.

• 현왕 17년(己巳, 기원전 352년)[52]

1 진(秦)의 대량조(大良造)[53]가 위를 쳤다.

2 제후들이 위의 양능(襄陵, 산서성 臨汾縣의 동남쪽)을 포위하였다.

• 현왕 18년(庚午, 기원전 351년)[54]

1 진의 위앙이 위의 고양(固陽, 內蒙古 包頭市 부근)을 포위하고, 이를 항복시켰다.

2 위인(魏人)이 한단(邯鄲)을 조로 돌려보냈다.[55] 조와 장수(漳水)[56]에서 맹약하였다.

3 한의 소후(昭侯)가 신불해(申不害)를 재상으로 삼았다.

---

52 이 해는 위(魏) 혜왕 19년, 노(魯) 강공 3년, 한(韓) 소후 7년, 진(秦) 효공 10년, 조(趙) 성후 23년, 송(宋) 척성 18년, 연(燕) 문공 10년, 초(楚) 선왕 18년, 위(衛) 성후 10년, 제(齊) 위왕 7년이다.

53 진나라의 20개 관등 가운데 16등에 해당되는 고급 작위의 이름이다. 효공 10년에 위앙이 대량조가 되었으므로 이때의 대량조는 위앙이었다.

54 이 해는 위(魏) 혜왕 20년, 노(魯) 강공 4년, 한(韓) 소후 8년, 진(秦) 효공 11년, 조(趙) 성후 24년, 송(宋) 척성 19년, 연(燕) 문공 11년, 초(楚) 선왕 19년, 위(衛) 성후 11년, 제(齊) 위왕 8년이다.

55 2년 전 10월에 위나라는 조나라의 도읍인 한단을 함락시켰는데, 이제 와서 이를 반환한 것이다.

56 산서성 장자성(長子縣)에서 시작하여 업성(鄴城)을 거쳐서 흐르는 강이다.

신불해라는 사람은 정(鄭)[57]의 하급 관리였는데, 황·노·형명(黃·老·刑名)[58]을 배워서 소후(昭侯)에게 직접 왔다. 소후가 채용하여 재상으로 삼았는데, 안으로는 정치와 교육[政敎]을 잘 닦고 밖으로는 제후들에게 대응하여 15년 동안, 신자(申子)[59] 자신이 끝맺을 때까지 나라는 잘 다스려지고 군대는 강하게 되었다.

신자는 일찍이 그의 4촌 형에게 벼슬을 하도록 해달라고 요청하였는데, 소후가 이를 허락하지 않으니, 신자는 원망하는 기색을 띠었다. 소후가 말하였다.

"그대에게 배우는 것은 나라를 잘 다스리려는 것이요. 지금 곧 그대의 요청을 들어주어 그대의 정치술(政治術)을 버릴 것인가? 아니면 그대의 정치술을 시행하고 그대의 청을 버릴 것인가? 그대는 일찍이 과인에게 공로를 닦으라고 하고 또 차례를 살피라고 가르쳤는데, 이제 사사롭게 구하는 것이 있으니, 내가 장차 어떻게 들어야 하오?"

신자가 이 말을 듣고 청사를 떠나서 죄 받기를 청하면서 말하였다.

"주군께서는 진짜로 그러한 분입니다."

소후가 낡은 바지 하나를 갖고 있었는데 이를 두라고 명령하였다. 시종이 말하였다.

"주군께서는 인자하지 않은 분이시니, 옆에 있는 사람에게 하사하지 않고 이를 보관하라고 하시다니!"

소후가 말하였다.

"내가 듣기로는 밝은 주군은 얼굴 한 번 찡그리는 것이나 한 번 웃는

---

57 주의 제후국 가운데 하나로 신정에 도읍하였는데, 열왕 원년(기원전 375년)에 한(韓)에게 멸망하였다.

58 황은 황제 희헌원이고, 노는 이이(李耳)로 《도덕경》을 썼다. 형명은 형벌, 즉 법률을 말한다.

59 자(子)는 남자의 존칭으로 신불해를 높여 부른 말이다.

것도 아껴야 된다고 하였으니, 한 번 찡그리게 되면 찡그리는 일이 있게 되고, 한 번 웃으면 웃을 일이 있는 것이다. 이제 바지 하나가 어찌 단지 웃고 찡그리는 것뿐이겠는가! 나는 반드시 공로를 세우는 사람을 기다렸다 줄 것이니라."

강해지는 진과 방연의 죽음

• 현왕 19년(辛未, 기원전 350년)[60]

1 진의 상앙(商鞅, 위앙)[61]이 함양(咸陽, 섬서성 西安市 서북쪽)에 기궐(冀闕)[62]과 궁정을 쌓고서 이곳으로 이사하여 도읍하였다.[63] 백성들에게 명령하여 아버지와 아들, 형제가 같은 방에서 머무는 것을 금지하였다.[64] 아울러 여러 개의 작은 향(鄕)을 모아서 하나의 현(縣)을 만들고, 현에는 현령(縣令)과 현승(縣丞)을 두었는데, 무릇 31개의 현이었다.

정전(井田)을 폐지하고, 천맥(阡陌)을 개척하였다.[65] 두(斗)·용(桶)·

---

60 이 해는 위(魏) 혜왕 21년, 노(魯) 강공 5년, 한(韓) 소후 9년, 진(秦) 효공 12년, 조(趙) 성후 25년, 송(宋) 척성 20년, 연(燕) 문공 12년, 초(楚) 선왕 20년, 위(衛) 성후 12년, 제(齊) 위왕 9년이다.

61 위앙은 후에 공로를 세워 상읍(商邑)에 책봉을 받아서 상앙으로 불렸다.

62 궁궐제도의 하나이다. 옛날에 궁궐을 지을 때는 문 밖 양쪽에 두 개의 대(臺)를 세우고 그 대 위에 다시 누관(樓觀)을 짓고 그 아래는 문으로 삼았는데, 누관과 누관 사이를 비워두어 이를 통로로 삼았다. 그리고 벽 사이에는 교령을 적어놓았다. 그러므로 기궐은 교령을 적어놓는 궐이라는 뜻으로 붙여진 이름이다. 여기서 '冀'는 '記'와 같은 뜻으로 쓰였다.

63 진은 역양(櫟陽)에서 함양(咸陽)으로 도읍을 옮긴 것이다.

64 진나라지역은 춥기 때문에 온 식구가 모두 한 방에서 자는 습관이 있었다. 따라서 이러한 조치는 중국 습관을 익히게 하는 조치라고 해설하고 있다.

권(權)·형(衡)·장(丈)·척(尺)[66]을 고르게 하였다.

2　진(秦)과 위가 동(肜, 섬서성 華縣 경계 지역)에서 만났다.

3　조의 성후(成侯, 趙種)가 죽고, 공자(公子) 조설(趙緤)과 태자가 서는 것을 가지고 다투었는데, 조설이 패하여 한으로 달아났다.

• 현왕 21년(癸酉, 기원전 248년)[67]

1　진에서는 상앙이 다시 부세법(賦稅法)[68]을 만들어 이를 시행하였다.

• 현왕 22년(甲戌, 기원전 347년)[69]

---

65 정전은 주대의 토지제도로 토지를 정(井)처럼 100무(畝)씩 9개로 나누고 주변의 8가(家)가 공동으로 중앙의 하나를 경작하고 그 산물을 공가(公家)에 보내는 노역지대제도였다. 천맥은 천은 경작지의 경계인 두렁인데 이를 더 넓히도록 하여 경작지를 넓히도록 한 것이다.

66 두(斗)·용(桶)은 들이의 도구인데 용은 6되가 들어가는 네모 통이고, 권(權)과 형(衡)은 무게를 재는 저울이며, 장(丈)과 척(尺)은 길이를 재는 자이다.

67 《자치통감》에서 현왕 20년(기원전 349년)의 기사를 싣지 않았다. 이 해(기원전 348년)는 위(魏) 혜왕 23년, 노(魯) 강공 7년, 한(韓) 소후 11년, 진(秦) 효공 14년, 조(趙) 성후 27년, 송(宋) 척성 22년, 연(燕) 문공 14년, 초(楚) 선왕 22년, 위(衛) 성후 14년, 제(齊) 위왕 11년이다.

68 주나라에서 쓰던 정전제를 진나라에서는 폐지했으므로 주대에 쓰던 10분의 1세는 쓸 필요가 없어서 진에서는 세법을 고쳐 농지(農地)의 면적에 따라 세금을 부과하는 새로운 제도를 사용하였다.

1 조의 공자인 조범(趙范)이 한단(邯鄲)을 습격하였으나, 이기지 못하고 죽었다.

• 현왕 23년(乙亥, 기원전 346년)[70]

1 제에서는 그 나라의 대부 전모(田牟)를 살해하였다.

2 노에서는 강공(康公, 姬毛, 33대)이 죽고 아들인 경공(景公) 희언(姬偃)이 섰다.

3 위(衛)는 칭호를 깎아 후(侯)로 하고[71] 삼진(三晉, 한·위·조)에 복속하였다.

• 현왕 25년(丁丑, 기원전 344년)[72]

---

69 이 해는 위(魏) 혜왕 24년, 노(魯) 강공 8년, 한(韓) 소후 12년, 진(秦) 효공 15년, 조(趙) 성후 28년, 송(宋) 척성 23년, 연(燕) 문공 15년, 초(楚) 선왕 23년, 위(衛) 성후 15년, 제(齊) 위왕 12년이다.

70 이 해는 위(魏) 혜왕 25년, 노(魯) 강공 9년, 한(韓) 소후 13년, 진(秦) 효공 16년, 조(趙) 성후 29년, 송(宋) 척성 24년, 연(燕) 문공 16년, 초(楚) 선왕 24년, 위(衛) 성후 16년, 제(齊) 위왕 13년이다.

71 주의 성왕은 원래 강숙(康叔)을 위후(衛侯)로 봉하였고, 그 후세에 공작(公爵)으로 올렸다가 지금에 와서 나라가 약소국이 되어 스스로 작위를 낮추어 후작(侯爵)으로 하였다. 이는 국력이 약해지자 스스로 작위를 깎아내리며 안전을 도모한 조치이다.

72 《자치통감》은 현왕 24년(기원전 345년)의 기사를 기록하지 않았다. 이 해(기원전 344년)는 위(魏) 혜왕 27년, 노(魯) 경공 2년, 한(韓) 소후 15년, 진(秦) 효공

1 제후들이 경사(京師, 낙양)에서 회합하였다.

• 현왕 26년(戊寅, 기원전 343년)[73]

1 왕[顯王, 姬扁, 41대]이 진에게 백(伯)[74]을 주니 제후들이 모두 진(秦)에게 축하하였다. 진의 효공(孝公)이 공자 영소관(嬴少官)으로 하여금 군사를 거느리고 제후들을 봉택(逢澤)[75]에서 모아 왕에게 조현하게 하였다.

• 현왕 28년(庚辰, 기원전 341년)[76]

1 위의 방연이 한을 쳤다. 한이 제에 구원하여주기를 요청하였다. 제의 위왕(威王, 田因齊, 4대)이 대신들을 소집하여 모의하여 말하였다.

18년, 조(趙) 성후 31년, 송(宋) 척성 26년, 연(燕) 문공 18년, 초(楚) 선왕 26년, 위(衛) 성후 18년, 제(齊) 위왕 15년이다.

73 이 해는 위(魏) 혜왕 28년, 노(魯) 경공 3년, 한(韓) 소후 16년, 진(秦) 효공 19년, 조(趙) 성후 32년, 송(宋) 척성 27년, 연(燕) 문공 19년, 초(楚) 선왕 27년, 위(衛) 성후 19년, 제(齊) 위왕 16년이다.

74 백은 여러 제후들 간에 맹약을 하게 되면 그 수장이 되는 직위이다.

75 지도에서 보면 형택은 현재의 하남성 형양(滎陽) 개봉현(開封縣) 동북쪽으로 되어 있으나, 그렇게 되면 주나라의 왕경인 낙양을 지나가야되므로 지나치게 진나라에서 멀리 떨어져 있다고 보인다. 따라서 실제로는 낙양의 서쪽으로 보아야 합리적일 것이다.

76 《자치통감》은 현왕 27년(기원전 342년)의 기사를 기록하지 않았다. 이 해(기원전 341년)는 위(魏) 혜왕 30년, 노(魯) 경공 5년, 한(韓) 소후 18년, 진(秦) 효공 21년, 조(趙) 성후 34년, 송(宋) 척성 29년, 연(燕) 문공 21년, 초(楚) 선왕 29년, 위(衛) 성후 21년, 제(齊) 위왕 18년이다.

"일찍 구원하는 것이 늦게 구원하는 것과는 어떻소?"

성후(成侯)가 말하였다.

"구해주지 않는 것만 못합니다."

전기(田忌)가 말하였다.

"구원해주지 않으면 한은 또한 꺾이어 위로 들어가게 되니, 일찍 구원해 줌만 못합니다."[77]

손빈(孫臏)이 말하였다.

"대저 한과 위의 군사가 아직은 피폐하지 않은데 이를 구원하면 이는 우리 제나라가 한을 대신하여 위의 군대를 맞닥뜨리는 것이니, 도리어 한에게 명령을 듣는 것입니다. 또 위는 나라를 깨뜨릴 생각을 갖고 있을 것이니, 한에서는 망할 것이 보이면 반드시 동쪽을 돌아보면서 우리 제에게 호소할 것입니다. 우리는 이어서 한과 친화를 깊게 맺고, 위가 피폐한 것을 뒤늦게 이어받는다면 무거운 이익을 받고, 높은 명성도 얻을 수 있습니다."

왕[威王]이 말하였다.

"좋은 말씀이오."

마침내 몰래 한의 사자에게 이를 보내겠다고 허락하였다. 한에서는 이어서 제를 믿고 다섯 번 싸웠으나 이기지 못하자 동쪽으로 제에게 나라를 위탁하였다.

제는 이어서 전기(田忌)·전영(田嬰)·전반(田盼)으로 하여금 이들을 거느리게 하고, 손자를 군사(軍師)로 삼아서 한을 구원하는데, 곧바로 위의 도읍[大梁, 하남성 개봉시]으로 달려갔다.

방연(龐涓)이 이 소식을 듣고, 한을 떠나서 돌아갔다. 위나라 사람들

77 성후의 이름은 추기인데, 이는 제나라의 재상이므로 군대를 발동하기를 반대하는 입장이었고, 전기는 대장이어서 군대를 발동하고자 하였다.

이 군대를 크게 발동하였는데, 태자 위신(魏申)을 장수로 삼고서 제의 군사를 막게 했다.

손자가 전기에게 말하였다.

"저들 삼진의 병사[78]들은 평소 사납고 용감하여 우리 제를 가볍게 보고 있으며 제를 겁쟁이라고 호칭합니다. 싸움 잘하는 사람은 그 형세를 이용하여 이를 이롭게 이끕니다. 《병법》에서는 '100리의 속도로 이익을 쫓아가는 자는 상장(上將)을 잃을 것이고, 50리의 속도로 이익을 좇는 자는 군사는 반에 이를 것이다.'고 하였습니다."

마침내 제의 군사들로 하여금 위의 땅으로 들어가서 10만 개의 아궁이[79]를 만들어놓게 하고, 다음날에는 5만개의 아궁이를 만들어놓게 하며, 또 그 다음날에는 2만개의 아궁이를 만들어놓게 하였다. 방연은 3일을 행군하고서 크게 기뻐하면서 말하였다.

"나는 원래 제의 군사들이 겁쟁이라는 것을 알고 있었지만 우리 땅에 들어온 지 3일 만에 도망간 사졸들이 반을 넘었구나!"

마침내 위의 보군을 내버려두고, 그의 날쌘 정예의 군사와 더불어 배의 속도로 나란히 행군하여 그들을 쫓았다.

손자(孫子)가 그들의 행군상황을 헤아리고 저녁이면 마땅히 마릉(馬陵)에 이를 것으로 보았는데, 마릉은 길이 좁고 주변에는 장애물이 많아서 군사를 숨길만하여 마침내 큰 나무를 찍어 희게 만들어놓고 그 위에 글씨를 썼다.

"방연은 이 나무 아래에서 죽는다."

이에 제의 군사 가운데 활 잘 쏘는 사람으로 1만 개의 노(弩)를 길을 끼고 매복하게 하고, 해가 지고 불빛이 보이거든 함께 발사하기로 약속

---

78 위나라는 삼진 가운데 하나이며, 제나라는 이 삼진의 동쪽에 위치하였다.

79 밥을 지어 먹는 아궁이인데, 군대가 머물면 그들이 밥을 먹기 위하여 임시로 아궁이를 만들게 되어 있다.

해두었다.

방연이 과연 밤에 도착하여 나무를 찍어놓은 곳의 아래에 이르렀고, 흰 곳에 쓴 글씨를 보고 횃불로 이를 비추고 읽기를 다 마치기도 전에 만 개의 노(弩)가 함께 발사되니, 위의 군사는 크게 혼란하여 서로서로 잃어버렸다. 방연은 스스로 자기의 지혜는 끝이 나고 군사는 패배하였다는 것을 알고서 마침내 스스로 목을 베면서 말하였다.

"드디어 어린 녀석의 이름을 날리게 되었구나!"[80]

제는 이어서 이긴 기세를 타고 위의 군사를 대패시키고 그 태자 위신(魏申)을 포로로 잡았다.

2 성후(成侯) 추기(鄒忌, 제의 재상)가 전기(田忌)를 미워하여 사람을 시켜서 10금(金)을 부리며 저자거리에 가서 점을 치게 하며 말하였다.

"나는 전기의 사람이다. 내가 장차 세 번 싸워서 세 번 승리하고서 큰 일을 실행하려고 하는데,[81] 가능하겠소?"

점치는 사람이 나갔고 이어서 사람을 시켜서 그를 잡았다. 전기는 스스로 해명할 길이 없어서 그 무리를 거느리고 임치(臨淄, 산동성 淄博市)를 공격하여 성후를 달라고 요구하였으나, 이기지 못하고 초로 도망하였다.

---

80 1972년 산동성 임기(臨沂)의 은작산(銀雀山)에서 출토된 《손빈병법(孫臏兵法)》 〈금방연(擒龐涓)〉편에 보면 방연은 기원전 353년에 계릉전(桂陵戰)에서 포로가 되었다고 되어 있다. 이로 보면 이 기사보다 12년 전에 포로가 된 셈인데, 어느 기록이 정확한지 분명하지 않다. 어린 녀석이란 손빈을 가리킨다.

81 이것은 전기가 큰 공로를 세우고 나서 더 나아가서 제후가 될 수 있는가를 물은 것이다. 따라서 전기는 반란할 의사가 있음을 말하는 것이다.

상앙·오고대부·맹자의 정치철학

• 현왕 29년(辛巳, 기원전 340년)[82]

1 위앙이 진 효공(孝公)에게 말하였다.

"진(秦)에 있어서 위(魏)는 비유로 말하자면 사람이 갖고 있는 뱃속의 병과 같으니, 위가 진를 병탄하지 않으면 진이 위를 합병할 것입니다. 왜 그럴까요? 위는 산 고개와 험준한 곳의 서쪽에 자리하고 있고, 안읍(安邑, 산서성 夏縣)에 도읍하고 있으며 우리 진과 황하를 경계로 하고 있고, 산[崤山] 동쪽에 있는 이로움을 오로지하고 있으며, 이로우면 서쪽으로 우리 진을 침범하고, 병통이 있으면 동쪽으로 땅을 거두어들입니다.

이제 주군의 현명하고 성스러움으로 우리나라가 의지하여 번성하고 있지만 위는 지난해에 제에게 대파되었고, 제후들도 그를 배반하고 있으니, 이러한 때를 이용하여 위를 칠 수 있습니다. 위는 우리 진을 지탱할 수 없어서 반드시 동쪽으로 옮길 것이니, 그런 다음에 진은 황하와 산의 굳건함을 점거하면 동쪽으로는 제후들을 통제할 수 있게 되고, 이것이 제왕의 대업입니다."

---

82 이 해는 위(魏) 혜왕 31년, 노(魯) 경공 6년, 한(韓) 소후 19년, 진(秦) 효공 22년, 조(趙) 성후 35년, 송(宋) 척성 30년, 연(燕) 문공 22년, 초(楚) 선왕 30년, 위(衛) 성후 22년, 제(齊) 위왕 19년이다.

공[孝公]이 이 말을 좇아서 위앙으로 하여금 군사를 거느리고 위를 치게 하였다. 위는 공자(公子) 위앙(魏卬)으로 하여금 이를 막게 하였다.

군대가 이미 상당한 거리를 두고 대치하고 있는데, 위앙(衛鞅)이 위의 공자 위앙(魏卬)에게 편지를 보내어 말하였다.

"나는 처음에 공자와는 서로 환영하는 사이였는데,[83] 이제는 모두 두 나라의 장수가 되어 차마 서로 공격하지 못하고 있으니, 공자와 얼굴을 맞대고 맹약을 맺고 즐겁게 마시고 군사를 물려서 진과 위의 백성을 편안하게 할 수 있습니다."

공자 위앙은 그렇다고 생각하고, 마침내 서로 더불어 모여서 맹약을 맺고 나서 술을 마셨지만 위앙(衛鞅)은 갑사(甲士, 갑옷을 입은 군사)를 매복시켜놓고 있다가 공자 위앙(魏卬)을 습격하여 포로로 잡고 이어서 위의 군사를 공격하여 대파하였다.

위의 혜왕은 두려워서 사신을 진에 보내서 하서의 땅을 진에 헌납하고 화의하였다. 이어서 안읍(安邑, 도읍, 산서성 夏縣)을 떠나 도읍을 대량(大梁, 하남성 開封市)으로 옮겼다. 마침내 한탄하여 말하였다.

"내가 공숙[公叔痤]의 말[84]을 채용하지 않은 것을 한스러워 하노라!"

진은 위앙을 상어(商於, 섬서성 商縣과 하남성 內鄉縣 일대)의 15개 읍에 봉하고 상군[85]이라고 불렀다.

2 제와 조가 위를 쳤다.

---

83 위앙(衛鞅)은 처음에는 위(魏)나라에 있었다가 진나라로 도망하였다.

84 주나라 현왕 8년, 즉 21년 전에 공숙좌가 죽으면서 위앙을 채용하라고 권고하였었으나, 결국 위앙은 위나라를 떠나서 진나라로 갔다.

85 위앙이 상어(商於)라는 읍에 책봉되면서부터 상군(商君)이 되니, 그 후로 상앙이라고 불리게 되었다.

3 초의 선왕(宣王, 芈良夫, 19대)이 죽고 아들인 위왕(威王, 20대) 미상(芈商)이 섰다.

• 현왕 31년(癸未, 기원전 338년)[86]

1 진의 효공(孝公, 嬴渠梁)이 죽고, 아들 혜문왕(惠文王, 嬴駟, 26대)이 섰다. 공자 영건(嬴虔)의 무리들이 상군(商君, 상앙)이 반란을 일으키려 한다고 고하니 관리들을 풀어서 그를 잡고자 했다. 상군은 도망하여 위로 갔으나 위인(魏人)이 받아들이지 않아서 다시 보내어 진으로 들어갔다.

상군은 마침내 그의 무리들과 함께 상어(商於, 섬서성 상현과 하남성 내향현 일대)에 가서 군사를 내어서 북쪽으로 정(鄭, 섬서성 華縣)을 공격하였다. 진인(秦人)들이 상군(商君, 衛鞅)을 공격하여 그를 죽였는데, 거열(車裂)[87]하여 조리 돌리고, 그 집안사람도 모두 없앴다.

애초에, 상군이 진에서 재상 노릇을 하면서, 법을 사용하는 것이 엄격하고 혹독하였는데, 일찍이 위(渭, 위수)에서 죄수를 재판하니, 위수가 다 붉어졌다.[88] 재상 노릇 10년에 사람들이 대부분 그를 원망하였다.

조량(趙良, 상앙의 친구)이 상군을 만났더니, 상군이 물었다.

---

86 《자치통감》에서는 현왕 30년(기원전 339년)의 기사를 싣지 않았다. 이 해(기원전 338년)는 위(魏) 혜왕 33년, 노(魯) 경공 8년, 한(韓) 소후 21년, 진(秦) 효공 24년, 조(趙) 소후 12년, 송(宋) 척성 32년, 연(燕) 문공 24년, 초(楚) 위왕 2년, 위(衛) 성후 24년, 제(齊) 위왕 21년이다.

87 진나라에는 사형을 집행하는 방법이 여러 가지가 있었는데, 거열은 사람의 팔다리를 묶어서 사방에서 수레로 끌어서 몸을 찢어 죽이는 방법으로 사형수 가운데서도 가장 죄가 무거운 사람에게 시행했다.

88 사형을 집행하는데, 그 수가 많아서 그 피가 위수로 흘러 들어가서 위수의 물이 붉어졌다는 말이다.

"그대는 내가 진을 다스리는 것을 보았으니, 오고대부(五羖大夫)[89]와는 누가 현명하오?"

조량이 말하였다.

"1천 명의 사람들이 '좋다 좋다' 하는 것이 한 선비가 악악(諤諤)[90]을 하는 것만 못합니다. 제가 청컨대 해가 질 때까지 바른 말을 하여도 죽이지 않기를 바라는데 가능하겠습니까?"

상군이 말하였다.

"허락하오."

조량이 말하였다.

"오고대부는 형(荊, 초나라지역의 다른 이름)의 시골 사람인데 목공(穆公, 嬴任好, 진의 9대 군주)은 소먹이를 주는 자리에서 들어내서 그를 백성들의 윗자리에 앉혔더니 진국(秦國)에서는 그를 넘겨다볼 사람이 없었습니다.

진의 재상을 6~7년 하였는데, 동으로는 정(鄭, 新鄭縣)을 치고, 진(晉)의 주군 셋[91]을 세웠으며, 한 번 형(荊)의 화를 구하여주었습니다. 그는 재상이 되어서는 피로하여도 앉는 수레를 타지 않았고 더워도 덮개를 덮지 않았습니다. 나라 안을 다닐 때에도 수레가 좇지 못하게 하고, 방패와 창을 휘두르지도 않았습니다. 오고대부가 죽자 진 나라의 남자·여자는 눈

---

89 오고대부는 백리해(百里奚)의 별칭이다. 백리해는 기원전 7세기에 우(虞)나라(산서성 平陸縣) 사람인데, 진(晉)나라가 우나라를 멸망시키자 백리해는 진나라의 포로가 되었다. 그 후 진(晉)나라 헌공의 딸을 진(秦)나라의 목공에게 시집을 보내게 되었는데, 이때 백리해는 그녀의 시종으로 따라갔다. 백리해는 그곳에서의 굴욕적인 대우를 참지 못하고 도망하여 초(楚)나라의 완성(城宛, 하남성 南陽市)에 갔는데 그곳에서 수렵하는 사람에게 붙잡혀서 소를 기르며 살았다. 진나라의 목공은 백리해를 좋아하여 다섯 장의 검은 양가죽을 주고 백리해를 교환하여 와서는 그를 대부로 삼았다. 그리하여 진나라 사람들은 그를 오고대부(五羖大夫)라고 불렀다.

90 곧은 말을 기탄없이 하는 것을 말한다.

91 진(晉)의 22대부터 24대까지 혜공·회공·문공을 말한다.

물을 흘렸으며 아이들은 노래를 부르지 않고, 절구질하는 사람도 서로 공이질을 하지 않았습니다.

이제 그대의 경우를 보면 폐인(嬖人)[92] 경감(景監)을 이용하여 주군으로 하였고, 정치를 함에서는 공족들을 능멸하였으며 백성들을 죽이고 다치게 하였습니다. 공자인 영건(嬴虔)이 문을 닫아건 지 8년이었습니다. 그대는 또 축환(祝驩)을 죽였고, 공손가(公孫賈)에게 경형(黥刑)을 내렸습니다. 《시경(詩經)》에는 '사람을 얻은 자는 일어나고, 사람을 잃은 자는 무너진다.'[93] 고 하였는데, 이 몇 가지 일은 사람을 얻는 바가 되지 못합니다.

그대가 나오면 뒤따르는 수레에는 갑병(甲兵)을 실었고, 힘이 많고 병협(駢脅)하는 사람들이 참승(驂乘)[94]하고, 창을 잡고 무기를 휘두르는 사람이 수레 옆을 좇고 있습니다. 이런 것 가운데 어느 한 가지라도 갖추지 않으면, 그대는 정말로 나오지 않습니다.

《서경(書經)》에는 '덕(德)을 믿는 사람은 번창하고 힘을 믿는 사람은 망하리라.'[95] 고 하였는데 지금 이 몇 가지는 덕을 믿는 것이 아닙니다. 그대가 위험하기로는 마치 아침의 이슬과 같은데 오히려 상어의 부유함만을 탐하고 있으며, 진의 정치로 총애를 받으려고 하지만 백성들의 원망을 쌓고 있습니다.

진왕(秦王)이 어느 날 아침에 빈객(賓客)의 자리에서 덜어내서[96] 조회(朝會)하는 마당에도 서지 못하게 되면 진국에서 그대를 잡아들이려는

92 상앙은 진(秦)나라 주군이 아끼는 사람인 경감(景監)을 통하여 진의 주군에게 접근하였다. 이 일은 현왕 8년에 일어났다.

93 일시(逸詩)이다.

94 수레를 탈 때 높은 사람을 모시고 타는 사람을 말한다.

95 일서(逸書)이다.

96 상앙은 결국 진의 빈객으로 재상이 된 것이며, 그가 모시는 주군이 죽는 경우에는 그 근거를 잃게 된다.

사람이 어찌 적겠습니까?"

상군은 좇지 않았다. 5개월을 살다가 어려움이 일어났다.

• 현왕 32년(甲申, 기원전 337년)[97]

1 한(韓)의 신불해(申不害, 재상)가 죽었다.

• 현왕 33년(乙酉, 기원전 336년)[98]

1 송(宋)의 태구(太丘, 하남성 永城縣)에 있는 사직단(社稷壇)이 없어졌다.

2 추(鄒)나라 사람 맹가(孟軻, 맹자)가 위(魏)의 혜왕(惠王)을 뵈었는데, 왕이 말하였다.

"영감님께서 천리를 멀다 하지 아니하시고 오셨으니, 또한 우리나라를 이롭게 할 것이 있겠지요?"

맹자(孟子)가 말하였다.

"군주께서는 왜 반드시 이로움[利]를 말하는지요? 인의(仁義)일 뿐입니다. 군주는 어떻게 하여 우리나라를 이롭게 할까를 이야기하고, 대부(大

---

97 이 해는 위(魏) 혜왕 34년, 노(魯) 경공 9년, 한(韓) 소후 22년, 진(秦) 혜왕 원년, 조(趙) 소후 13년, 송(宋) 척성 33년, 연(燕) 문공 25년, 초(楚) 위왕 3년, 위(衛) 성후 25년, 제(齊) 위왕 22년이다.

98 이 해는 위(魏) 혜왕 35년, 노(魯) 경공 10년, 한(韓) 소후 23년, 진(秦) 혜왕 2년, 조(趙) 소후 14년, 송(宋) 척성 34년, 연(燕) 문공 26년, 초(楚) 위왕 4년, 위(衛) 성후 26년, 제(齊) 위왕 23년이다.

夫)는 어떻게 하여 우리 집안을 이롭게 할까를 이야기하며, 사·서인(士·庶人)은 어떻게 하여 내 몸을 이롭게 할까를 이야기하니, 윗사람과 아랫사람이 서로 이로움을 손에 넣으려 하면 나라는 위태롭습니다. 인(仁, 어짊)을 갖고 있으면서도 그 부모를 버리는 사람은 아직 없었고, 의(義)로움을 갖고 있으면서 그 군주를 뒤로 생각하는 사람은 아직 없습니다."

왕이 말하였다.

"훌륭합니다."

애초에, 맹자는 자사(子思)[99]를 스승으로 하였는데, 일찍이 '목민(牧民)의 도(道)' 가운데 어느 것이 우선이냐고 물었다. 자사가 말하였다.

"먼저 그를 이롭게 하라."

맹자가 말하였다.

"군자(君子)가 백성들을 가르치는 까닭은 역시 인의(仁義)일 뿐인데, 왜 반드시 이로움이어야 합니까?"

자사가 말하였다.

"인의는 사람들을 이롭게 하기 위함이다. 위에서 어질지 않으면 아래에서는 그들이 있어야 할 곳을 얻지 못하고, 위에서 의롭지 아니하면 아래에서는 즐겨 속이는데, 이것이 이롭지 않은 것이 크다. 그러므로《주역(周易)》[100]에서 말하기를 '이(利)란 의로움이 고르게 된 것이다.'라고 하였고, 또한 말하기를 '이롭게 쓰고 몸을 편안히 하여서 덕을 높인다.'고 하였으니 이것은 모두 이로움의 큰 것이다."

❖ 신 사마광이 말씀드립니다.

---

99 공자의 손자이다. 자사는 공자의 제자인 증자에게서 공부하였고, 맹자는 자사에게서 공부했으므로 맹자는 공자의 3전(傳) 제자인 셈이다.

100 이 말들은 각기《주역》의 건괘(乾卦) 문언(文言)과 역대전(易大傳)에 나온다.

자사와 맹자의 말은 같은 한 가지입니다. 무릇 오직 어진 사람은 인의가 이롭게 한다는 것을 알 뿐이며, 어질지 못한 사람은 이것을 모르는 것입니다. 그러므로 맹자가 양왕(梁王)[101]에게 곧바로 인의를 가지고 말하고 이로움까지는 거론하지 않은 것은 더불어 말하는 사람이 다르기 때문입니다.

• 현왕 34년(丙戌, 기원전 335년)[102]

1 **진(秦)이 한(韓)을 쳐서 의양(宜陽, 지금의 하남성 의양현)을 뽑았다.**

• 현왕 35년(丙戌, 기원전 334년)[103]

1 **제왕(齊王)과 위왕(魏王)이 서주(徐州, 산동성 滕縣)에서 만나서 서로 왕으로 하자고 하였다.**[104]

---

101 《맹자》에도 양혜왕이라고 나온다. 그러나 실상은 위(魏)의 혜왕을 지칭하는 것인데, 여기서 양(梁)이란 위의 도읍지가 대량(大梁)이어서 습관적으로 양에 있는 왕이라는 뜻으로 부른 것이다.

102 이 해는 위(魏) 혜왕 36년, 노(魯) 경공 11년, 한(韓) 소후 24년, 진(秦) 혜왕 3년, 조(趙) 소후 15년, 송(宋) 척성 35년, 연(燕) 문공 27년, 초(楚) 위왕 5년, 위(衛) 성후 27년, 제(齊) 위왕 24년이다.

103 이 해는 위(魏) 혜왕 후원 원년, 노(魯) 경공 12년, 한(韓) 소후 25년, 진(秦) 혜왕 4년, 조(趙) 소후 16년, 송(宋) 척성 36년, 연(燕) 문공 28년, 초(楚) 위왕 6년, 위(衛) 성후 28년, 제(齊) 위왕 25년이다.

104 제의 위왕(4대, 전인제)과 위의 혜왕(3대 위앵)이 만난 것이다. 주(周)나라의 전통에 따르면 천하가 임금으로 섬기는 주나라의 임금은 왕(王)이라고 하고 제후국의 임금은 공(公)이라고 하였다. 그러나 주나라의 왕실이 쇠퇴하고 미약해지

2　한(韓)의 소후(昭侯, 6대)가 높은 문[105]을 만들었다. 굴의구(屈宜臼)[106]가 말하였다.

"군주께서는 반드시 이 문으로 밖으로 나가지 아니할 것입니다. 왜냐고요? 때가 아닙니다. 내가 말하는 때라고 하는 것은 날짜를 말하는 것이 아닙니다. 무릇 사람에게는 정말로 유리할 때와 불리할 때가 있습니다. 과거에 군주께서는 일찍이 유리하였지만 높다란 문을 만들지 아니하였습니다. 지난해에 진(秦)이 의양을 뽑았고, 금년에는 가뭄이 들었는데, 군주는 이때 백성들을 구휼하는 급한 일을 하지 않고 도리어 사치한 일을 더한 것이니, 이러한 것을 '시굴거영(時詘擧贏)'[107]이라고 하며 그러므로 때가 아니라고 말한 것입니다."

3　월왕(越王)[108] 무강(無彊)이 제(齊)를 쳤다. 제왕(齊王)은 사람을 시켜서 월왕에게 유세하여, 제를 치는 것이 초(楚)나라를 치는 이로움만 못하다고 하였다. 월왕이 드디어 초를 쳤다.

초인(楚人)들이 이들을 대패시키고 승리하는 기세를 타고 오(吳)의 옛 땅을 다 빼앗아서 동쪽으로 절강(浙江)에 이르렀다. 월(越)은 이 일로 인하여 흩어졌고, 여러 공족(公族)들이 다투어 서서 혹은 왕이 되고 혹은

자 힘이 있는 제후국들은 그들의 호칭을 왕(王)으로 높여 부르기 시작했고, 대체적으로 전국시대 이후로는 이러한 현상이 두드러지게 나타나고 있다. 제일 먼저 왕이라고 칭한 나라는 주나라의 전통이 그리 깊지 않은 초나라에서부터 시작했지만 이제 주나라의 전통이 깊었던 제나라와 위나라에서도 각기 칭왕(稱王)하기 시작한 것이다.

105 구체적으로 어떤 것인지 분명하지 않다. 다만 국력을 과시하거나 혹은 왕의 권위를 높이려고 대단히 큰 건축물을 세운 것으로 보인다.

106 초의 고급관리로 당시 한에 와 있었다.

107 때는 쇠잔(衰殘)해 있는데, 남은 것이 있는 것처럼 허영에 들떠 있는 형국이다.

108 도읍지는 고소(姑蘇)이고, 지금의 강소성 소주시이다.

군(君)이 되어 해변에 살면서 초에 조복(朝服)하였다.[109]

• 현왕 36년(戊子, 기원전 333년)[110]

1 초왕이 제(齊)를 쳐서 서주(徐州, 산동성의 滕縣)를 포위하였다.

2 한(韓)나라의 높은 문이 완성되었다.[111] 소후(昭侯, 6대)는 죽었으며, 아들 선혜왕(宣惠王)이 섰다.

---

109 조복은 신하로 조회에 참여하며 복종하는 것을 말한다. 월은 사구천(姒勾踐)이 칭왕(稱王)한 후 164년 만에 망했는데, 이로부터 초의 영토는 넓어져서 동쪽으로 바다에 이르게 되었다.

110 이 해는 위(魏) 혜왕 후원 2년, 노(魯) 경공 13년, 한(韓) 소후 26년, 진(秦) 혜왕 5년, 조(趙) 소후 17년, 송(宋) 척성 37년, 연(燕) 문공 29년, 초(楚) 위왕 7년, 위(衛) 성후 29년, 제(齊) 위왕 26년이다.

111 앞의 해에 짓기 시작한 문을 말하며 굴의구의 말대로 소후는 이 문으로 나가지 못하게 된 셈이다.

소진의 합종책 전말

3　처음에, 낙양(洛陽) 사람 소진(蘇秦)이 진왕(秦, 惠文王, 26대)을 만나서 천하를 아울러 가질 수 있는 술책을 가지고 유세하였는데 진왕이 그의 말을 채용하지 아니하였다.

소진은 마침내 진을 떠나서 연문공(燕文公)에게 유세하였다.

"연(燕)나라가 갑옷 입은 병사들에게 노략질을 당하지 않는 까닭은 조(趙)가 그 남쪽을 가려주고 있기 때문입니다. 또 진이 연을 공격하게 되면 싸움은 천리 밖에서 이루어질 것이고, 조가 연을 공격하게 되면 백리 안에서 싸우게 될 것입니다. 무릇 백리 안에서의 근심을 걱정하지 않고 천리 밖의 것을 중히 여기고 있으니, 계책으로 본다면 이보다 더 지나친 것은 없습니다. 바라건대 대왕께서는 조와 종친(從親)하면 천하가 하나가 된다 하여도 연에는 반드시 아무런 걱정이 없을 것입니다."[112]

문공은 이 말을 좇고[113] 소진에게 수레와 말을 주었고, 조숙후(趙肅侯,

112 진(秦)은 서쪽에 있고, 연은 동쪽에 있으며, 조는 그 중간에 위치한다. 연은 당시 가장 강한 진과는 그만큼 멀리 떨어져 있으므로 가까운 나라와 외교관계를 맺으라는 권고이다. 종친은 남북으로 놓인 나라들이 외교관계를 맺는 것인데, 합종(合從)을 말한다.

113 《전국책》에는 연나라 문공이 말하기를 "우리나라는 대단히 적고 서쪽으로는 강대한 진나라가 있고, 남으로는 제나라와 조나라가 있는데 이들 역시 강국입니다. 이제 그대의 말을 들으니 남북 간에 합종맹약을 맺어서 우리 연나라의 안

조의 5대 군주)에게 유세하였다.

"오늘의 시절에는 산[崤山]의 동쪽에서 나라를 세운 것 가운데 조보다 강한 것은 없으니, 진(秦)이 해치고자 하는 것은 또 조만한 것은 없습니다. 그러나 진이 감히 군사를 들어서 조를 치지 못하는 것은 한과 위가 그 배후에 관하여 논의할 것을 두려워하는 것입니다.

진이 한·위를 공격한다면 이름난 산이나 큰 강으로 한계를 짓지 않아서 조금씩 잠식하다가 끝내는 나라의 도읍에 이르러서야 그칠 것입니다. 한·위가 진을 지탱하지 못하면 반드시 진의 신하로 들어가게 될 것인데, 진은 한·위의 규제가 없어지고 나면 화(禍)는 조에 떨어질 것입니다.

신(臣)이 천하의 지도를 가지고 생각해보니 제후들의 땅은 진의 5배이고, 제후들의 군졸을 헤아려보니 진의 10배입니다. 여섯 나라[114]가 하나가 되어 힘을 합쳐서 서쪽으로 향하여 진을 공격한다면 진은 반드시 격파될 것입니다.

무릇 연형책(連衡策)[115]을 주장하는 사람은 모두 제후들의 땅을 베어내서 진에 주려는 것인데, 진이 성공하게 되면 그 자체가 부유하고 영광스럽지만 다른 나라들은 진의 걱정거리를 받지만 그 근심을 더불어 하지 않을 것이니, 이로써 연형책을 주장하는 사람은 밤낮으로 진의 권위를 가지고 제후들을 공갈하면서 땅을 나누어주라고 요구합니다.

그러므로 바라건대 대왕께서는 이를 깊이 살피십시오. 가만히 생각해보건대, 대왕을 위하여 계책을 세운다면 한(韓)·위(魏)·제(齊)·초(楚)·연(燕)·조(趙)를 하나로 하여 종친(從親)하여 진을 반대하는 것만 못하

전을 보장 받는다면 필요한 조치를 취하겠습니다."라고 하였다고 되어 있다.

114 초·연·제·한·위·조(楚·燕·齊·韓·魏·趙)를 말한다.

115 연횡책이라고도 한다. 이는 전국시대 동쪽에 있는 여섯 나라가 자기 나라를 보존하기 위해서는 각기 당시에 가장 강한 서쪽에 있는 진(秦)과 외교관계를 가져야 한다는 주장이다.

니, 천하의 장군과 재상들로 하여금 원수(洹水)[116]에서 모임을 갖고 인질을 교환하고 맹약을 맺게 하는데, 그 맹약에는 '진이 어느 한 나라를 공격하면 다섯 나라가 각기 정예의 군대를 내어서 혹은 진을 약하게 하거나 혹은 이를 구원한다. 맹약과 같이 하지 않는 나라가 있다면 다섯 나라가 함께 이를 친다.'라고 하여, 제후들이 종친(從親)하여 진을 물리치면 진의 갑병은 감히 함곡관(函谷關, 하남성 靈寶縣)을 나와서 산[崤山]의 동쪽을 해치지 아니할 것입니다."

숙후[趙肅侯]가 크게 기뻐하여 소진을 후대하고 그를 높이 받들어 총애하고 노자를 내려주어서 제후들과 맹약을 맺게 하였다.

마침 진은 서수(犀首)를 시켜서 위를 치게 하니, 그 군사 4만여 명을 대패시키고, 장수 용가(龍賈)를 포로로 잡고 조음(雕陰, 섬서성 鄜縣)을 빼앗고서 또 동쪽으로 진격하고자 하였다. 소진은 진의 군대가 조에 이르러서 종약(從約)[117]을 파괴할까 걱정하고, 진에서 사용될 수 없게 하려고 생각하여 마침내 장의(張儀)에게 화를 나게 하여 진으로 들어가게 하였다.

장의라는 사람은 위인(魏人)으로 소진과 함께 귀곡(鬼谷) 선생[118]을 섬기면서 종횡(縱橫)의 술책을 배웠는데, 소진은 스스로 따라잡지 못한다고 생각하였다.

장의가 제후들과 교유하면서 대우받는 바가 없었는데, 초에서 곤욕을 치르자 소진이 고의로 그를 불러서 모욕하였다. 장의는 화가 나서[119] 제후들 가운데 오직 진만이 조를 고통에 넣을 수 있을 것[120]이라고 생각하

116 하남성 임장현(臨漳縣)과 내황현(內黃縣)을 거쳐서 흐른다.

117 6국이 남북으로 연합하기로 한 약속을 말한다.

118 전국시대의 종횡가인데, 귀곡에 살았기 때문에 귀곡자라고도 불린다.

119 원문에는 공(恐)으로 되어 있어서 당연히 '두려워하여'라고 번역해야 하지만, 《사기(史記)》에는 노(怒)로 되어 있는 것도 있는데, 이를 번역하면 '화가 나서'이다. 공(恐)과 노(怒)는 필사과정에서 잘못 쓰일 가능성이 많은 글자이며, 앞뒤의 내용으로 본다면 노(怒)가 더 나을 것 같다.

고 드디어 진으로 들어갔다. 소진은 몰래 그의 사인(舍人)[121]을 파견하여 금폐(金幣)를 싸가지고 가서 장의에게 보태주니 장의는 진왕을 만날 수 있었다.

진왕은 이를 기뻐하여 객경(客卿)[122]으로 생각했다.

사인이 인사하고 떠나며 말하였다.

"소군(蘇君, 蘇秦을 높인 말)은 진이 조를 쳐서 합종의 맹약이 무너질까 걱정하고, 그대가 아니면 진의 칼자루를 쥘 사람이 없다고 여겼으니 그러므로 그대를 화나게 하였고, 신(臣)으로 하여금 몰래 그대에게 물자를 받들어주게 하였는데, 모두 소군의 계략이며 꾀입니다."

장의가 말하였다.

"아! 이는 내가 술수에 말려들었는데도 이를 깨닫지 못했다는 말이니, 내가 소군의 밝음에 미치지 못하였구나. 나를 위하여 소군에게 감사하다는 말을 전해주고, 소군의 시대이니 나 장의가 어찌 감히 말을 하겠는가?"

이에 소진이 한의 선혜왕(宣惠王)에게 유세하였다.

"한의 땅은 사방으로 900여 리이고 갑옷을 두른 군사도 수십만이며, 천하의 강궁(强弓)과 경노(勁弩), 그리고 예리한 칼들은 모두 한에서 산출됩니다. 한의 졸병은 달리면서 활을 쏘는데 백발을 쏘는데 그칠 겨를이 없습니다. 한의 졸병들의 용감함에다 굳은 갑옷을 입고 경노(勁弩)를 밟고 날카로운 칼을 갖고 있으니, 한 사람이 백 명을 대적한다는 것도 충분히 다 말한 것은 아닙니다.

---

120 장의는 자기를 모욕한 소진이 조(趙)를 돕고 있고, 소진을 곤란하게 하려면 조를 곤란하게 해야 할 것으로 생각한 것이다.

121 주인집에서 작은 업무를 맡은 관직 이름이다.

122 진(秦)에는 객경이라는 관직이 있었는데, 제후에게서 온 사람으로 대접했고, 그 지위는 경이고 객례(客禮)로 대우했다.

대왕께서 진을 섬기면 진은 반드시 의양(宜陽, 하남성 의양현)과 성고(成皐, 하남성 滎陽汜水)를 요구할 것이고, 지금은 이것으로 효과를 보겠지만 내년에도 또 땅을 베어내라고 요구할 것입니다. 주다 보면 줄 땅이 없게 되고 주지 않으면 앞서 공들인 것을 버리는 것이어서 뒤에 닥칠 화(禍)를 입게 됩니다.

또 대왕의 땅은 없어지는 일이 있지만, 진의 요구는 그침이 없을 것이니 다함이 있는 땅을 갖고서 끝없는 요구를 맞아하는 것이고, 이것이 이른바 '원망(怨望)을 바꾸어서 화를 맺는다[市怨結禍]'이고, 싸우지 않으면 땅은 벌써 잘려나갈 것입니다. 속담(俗談)에 이르기를 '차라리 닭의 머리가 될지언정 소의 꼬리가 되지 마라.'라고 하였는데, 무릇 대왕의 현명하심과 강한 한의 군대를 갖고서도 소의 꼬리라는 이름을 갖게 된다면 신은 대왕을 위하여 이것이 수치스럽습니다."

한왕[宣惠王]이 그의 말을 좇았다.

소진이 위왕[魏惠王]에게 유세하였다.

"대왕의 땅은 사방으로 천리인데, 땅이 명목상으로는 비록 작지만 그러나 전사여무(田舍廬廡)가 빽빽함은 일찍이 꼴을 먹일 곳이 없습니다.[123] 인민은 많고, 수레와 말이 많아서 밤낮으로 다니는 사람이 끊이지 않으며 횡횡(輷輷)하는 소리가 많이 들려서 마치 삼군(三軍)이 다니는 것 같습니다. 신이 가만히 대왕의 나라를 헤아려보니 초의 밑에 들지 않을 것입니다.

이제 가만히 듣건대 대왕의 졸병은 무사가 20만 명이고 창두(蒼頭, 노예군)가 20만 명이며 분격(奮擊)이 20만 명이고 사도(廝徒)[124]가 10만 명

---

123 전사여무는 농사철에 전지에 간단한 움막 같은 것을 마련해 두는 것인데, 농사짓는 사람이 많아서 그 움막이 빽빽하여 가축에게 풀을 먹일 곳조차 없다는 뜻이다.

124 창두는 머리에 푸른 띠를 두른 노예 신분에 해당하는 사람으로 구성된 군대이

이고, 전차가 600승(乘)이고 기마(騎馬)가 5천 필인데 마침내 여러 신하들의 말을 들으니, 진을 신하로 섬긴다고 합니다. 그러므로 폐읍(敝邑)의 조왕이 신을 시켜서 어리석은 계책이 효과를 보게 밝은 맹약을 받들고자 하니, 대왕의 조서에 이를 써 넣으십시오."

위왕이 이를 들어주었다.

소진이 제왕(齊王)에게 유세하였다.

"제는 사방으로 요새가 있는 나라이고, 땅은 사방으로 2천여 리나 되고 갑옷을 입은 군사도 수십만이며 곡식도 언덕이나 산처럼 쌓여 있습니다. 삼군(三軍)[125]의 훌륭함과 오가(五家)[126]의 병사는 진격하면 화살처럼 빠르며 전투하면 우레와 같고, 흩어질 때는 바람이나 비와 같은데, 설혹 전쟁이 있다 하여도 태산(泰山, 산동성 泰山郡 博縣)을 등지거나 청하(淸河, 齊의 북쪽 경계 지역을 흐름)를 끊거나 발해를 건너는 일은 아직 없었습니다.

임치(臨淄, 제의 도읍, 산동성 淄博市)에 있는 7만 호(戶)는 신이 가만히 헤아려보니 호당(戶當) 남자가 세 명 이하로 내려가지는 않으니, 먼 곳의 현(縣)에서 징발하는 것을 기다리지 않고서도 임치에 있는 병졸이 21만 명입니다. 임치는 아주 부유하고 알차서 그 백성들은 닭싸움[鬪雞]·개 달리기[走狗]·육박놀이[六博]·공치기 놀이[蹹鞠]를 하지 않는 사람[127]이 없

고, 분격은 군대에서 가려 뽑은 용사로 구성된 부대로 분발하여 적군을 치는 군대이며, 사도는 땔감을 채취하는 군대이다.

125 삼군은 상군·중군·하군이다.

126 오가는 관중(管仲)이 창립한 군제이다. 5가(5인)가 1궤(軌)가 되고, 10궤는 1리(里)가 되며, 10리는 1연(連)이 되고 10연은 1향(鄕)이 되며, 3향이 1사(師)가 된다. 그러므로 1사는 1만5천 명의 군대를 말한다.

127 육박은 옥으로 만든 젓가락을 각기 6개를 던져서 6기(棋)를 가게 하는 놀이이고, 탑국(蹹鞠)은 가죽으로 만들어서 속은 실을 넣어서 만든 공을 가지고 놀거나 군사 훈련용으로 쓰였다.

습니다. 임치의 길에는 수레바퀴가 부딪치며, 사람들의 어깨가 부딪치고, 옷자락이 이어져서 마치 휘장을 이루고, 흘리는 땀을 뿌리는 것이 마치 비같이 됩니다.[128]

대개 한·위가 진을 아주 두려워하는 까닭은 진과 접경하고 있는 땅 때문입니다. 군사가 출동하여 서로 맞게 되면 열흘이 안 가서 싸우게 되고 이기고 지며[129] 살아남고 망하는 것이 결정 납니다. 한·위가 싸워서 진을 이긴다고 하여도 병졸의 반은 꺾이게 될 것이고 사방의 경계는 지켜지지 않으며 싸워서 이기지 못하면 나라는 이미 위태하여져서 망하는 일이 그 뒤를 따를 것이니, 이러한 연고로 한·위는 진과 싸우는 것을 무겁게 생각하고 신하 노릇을 하는 것을 가볍게 생각합니다.

이제 진이 제를 공격하면 그렇지 않으니, 한·위의 땅을 등 뒤로 하고, 위(衛)의 양진(陽晉, 산동성 鄆城縣 경계 지역)으로 가는 길을 지나서, 항보(亢父, 산동성 濟寧縣 경계 지역)의 험한 길을 거치게 되어 수레는 제대로 된 궤적을 얻을 수가 없고, 말을 탄다고 하여도 즐비하게 갈 수가 없으며, 백 명이 이 험요한 곳을 지킨다면 천 명이라도 감히 넘을 수 없습니다.

진이 비록 깊이 들어오고 싶으나 낭고(狼顧)[130]하여 한·위가 그들의 후방을 논의하는 것을 두려워 하니, 이러한 연고로 두렵게 하고 의심하게 하며 헛되이 공갈만 하고, 교만하게 자랑하면서도 감히 앞으로 진격해 나오지 못하니, 진이 제를 해칠 수 없는 것은 분명합니다.

무릇 진이 제를 어떻게 할 수 없음을 깊이 생각하지 않고 서쪽을 향하여 이를 섬기려고 하니 이는 여러 신하들의 계책의 허물입니다. 이제 진

---

128 사람이 많이 산다는 것을 형용한 것이다.

129 원문에는 승(勝)자만 하나 있는데, 호삼성은 승(勝) 밑에 마땅히 부(負)가 있어야 한다고 하였고, 문맥으로 보아서도 승부(勝負)로 하는 것이 맞을 것 같다.

130 이리가 의심하며 뒤를 돌아보는 모습인데, 여기서는 군대가 지나가면서 보급로를 걱정하는 모습을 말한다.

을 신하로 섬긴다는 말을 없애시고 강국으로서의 실제를 갖는데, 신은 이러한 연고로 바라건대 대왕께서 조금 유의하시어 이를 헤아리십시오."

제왕이 이를 허락하였다.

이에 서남쪽으로 가서 초의 위왕(威王)에게 유세(遊說)하였다.

"초는 천하의 강국이어서 땅은 사방으로 6천 리이고 갑옷을 갖춘 병사가 100만이며 전차도 1천 승(乘)이고 말도 1만 필(匹)이며, 곡식은 10년을 지탱할 것이니, 이는 패왕(霸王)이 될 밑천입니다. 진이 해할 것은 초 만한 것이 없으니, 초가 강해지면 진이 약해지고, 진이 강해지면 초가 약해져서 이 세력은 양립하지 못합니다. 그러므로 대왕을 위하여 계책을 세운다면 종친(從親)하여 진을 고립시키는 것 만한 것이 없습니다.

신이 청컨대 산동(山東)에 있는 나라들에게 사계절로 헌물을 바치게 하고 대왕의 밝은 조칙을 따르게 하도록 하며 사직을 위탁하고 종묘를 받들며 군사를 훈련시키고 무기를 다듬어 대왕이 계신 곳에서 쓰이도록 하십시오. 그러므로 종친을 한다면 제후들이 땅을 베어서 초를 섬길 것이지만 가로로 합해진다면[131] 초는 땅을 베어서 진을 섬기게 될 것이니, 이 두 가지의 정책은 서로의 차이가 많은데, 대왕께서는 어느 편에 계실 것입니까?"

초왕도 역시 이를 허락하였다.

이에 소진은 종약장(從約長)이 되었고, 6국의 상국(相國)을 아울러 차지하게 되자,[132] 북쪽으로 조에 보고하려고 가는데, 거기(車騎)와 치중(輜

---

131 연형(連衡)인데, 전국시대의 여러 산동지역의 나라들이 진(秦)과 연합하는 것을 말한다. 지리적 위치로 보아 진과 연합하는 것은 동서간의 연합이므로 가로로 합한다고 하였다.

132 6국이란 전국시대의 강한 일곱 나라 가운데, 진(秦)나라를 뺀 나머지 여섯 나라를 말한다. 즉, 초·연·제·한·위·조(楚·燕·齊·韓·魏·趙)이다. 그런데 소진은 혼자 이 여섯 나라의 재상을 겸하여 담당하였다.

重)[133]이 왕의 행차를 본떴다.

4 제의 위왕(威王, 1대 田因濟)이 죽고, 아들 전벽강(田辟疆, 2대 선왕)이 섰고, 성후(成侯)가 전기(田忌)를 팔아버린 것[134]을 알고 마침내 그를 불러서 회복시켰다.

5 연의 문공(文公)이 죽고, 아들 역왕(易王, 38대)이 섰다.

6 위(衛)의 성후(成侯, 43대 衛遬)가 죽고, 아들 평후(平侯, 44대)가 섰다.

• 현왕 37년(己丑, 기원전 332년)[135]

1 진의 혜왕(惠王, 26대, 嬴駟)이 서수(犀首)로 하여금 제·위를 속여서 함께 조를 치고 종약(約縱)을 파기하게 하였다. 조의 숙후(肅侯, 5대, 趙語)가 소진을 책망하자 소진은 두려워서 연에 사신으로 가서 반드시 이들 나라에 보복하게 해달라고 청하였다. 소진이 조를 떠나니, 종약(縱約)은 모두 해체되었다. 조인(趙人)들이 황하의 물을 터서 제·위의 군사진지로 쏟아 부으니 제·위의 군대가 마침내 철수하였다.

---

133 거기는 행차를 좇는 수레와 말의 행렬이며, 치중은 무거운 짐을 나르는 수레이다.

134 이 사건은 주 현왕 28년(기원전 341년)의 두 번째 기사에 실려 있다.

135 이 해는 위(魏) 혜왕 후원 3년, 노(魯) 경공 14년, 한(韓) 위후 원년, 진(秦) 혜왕 6년, 조(趙) 소후 18년, 송(宋) 척성 38년, 연(燕) 역왕 원년, 초(楚) 위왕 8년, 위(衛) 평후 원년, 제(齊) 위왕 27년이다

2 위에서 몰래 음진(陰晉, 섬서성 華陰縣)을 가지고 진에 화해하자고 하였는데, 실제로는 화음(華陰)[136]이다.

3 제왕이 연을 쳐서 10개의 성(城)을 빼앗았는데, 이미 그리하고서 다시 회복시켜주었다.

• 현왕 39년(辛卯, 기원전 330년)[137]

1 진이 위를 쳐서 초(焦城, 하남성 陝縣)와 곡옥(曲沃, 산서성 聞喜縣)을 포위하였다. 위는 소량(少梁, 섬서성 韓城縣)·하서(河西)의 땅을 진에 넣어 주었다.

• 현왕 40년(壬辰, 기원전 329년)[138]

1 진이 위를 쳤는데, 황하를 건너서 분음(汾陰, 산서성 榮河縣)과 피지

136 화음은 옛날의 음진이었다. 진(秦)나라 혜문왕 5년에 연진(寧秦)으로 이름을 고쳤다가 한 고조 때 화음현으로 고쳐서 경조에 소속시켰다. 그 땅은 화산의 북쪽에 있었는데, 이곳은 진(秦)과 진(晉)의 경계에 있는 곳이다.

137 현왕 38년(기원전 331년)의 기사는 없다. 이 해(기원전 330년)는 위(魏) 혜왕 후원 5년, 노(魯) 경공 16년, 한(韓) 위후 3년, 진(秦) 혜왕 8년, 조(趙) 소후 20년, 송(宋) 척성 40년, 연(燕) 역왕 3년, 초(楚) 위왕 10년, 위(衛) 평후 3년, 제(齊) 위왕 29년이다.

138 이 해는 위(魏) 혜왕 후원 6년, 노(魯) 경공 17년, 한(韓) 위후 4년, 진(秦) 혜왕 9년, 조(趙) 숙후 21년, 송(宋) 척성 41년, 연(燕) 역왕 4년, 초(楚) 위왕 11년, 위(衛) 평후 4년, 제(齊) 위왕 30년이다.

(皮氏, 산서성 河津縣)를 빼앗고, 초성(焦城)을 뽑아버렸다.

2　초의 위왕(威王, 20대, 芈商)이 죽고, 아들 미회(芈槐, 懷王, 21대)[139]가 섰다.

3　송공(宋公) 송척성(宋剔成, 34대)의 동생 송언(宋偃)이 송척성을 습격하자 송척성은 제로 도망하였고 송언이 스스로 서서 군주가 되었다.

• 현왕 41년(癸巳, 기원전 328년)[140]

1　진의 공자(公子)인 영화(嬴華)·장의(張儀)가 군사를 거느리고 위의 포양(蒲陽, 산서성 永濟縣)을 포위하고 이를 빼앗았다. 장의는 진왕에게 말하여 포양을 다시 위에 주고 공자 영요(嬴繇)를 위에 인질로 보내라고 청하였다.

장의는 이어서 위왕(魏王, 1대, 魏罃)에게 유세하였다.

"진이 위를 대우하는 것이 대단히 후하니, 위는 진에 대하여 무례(無禮)할 수 없습니다."

이로 인하여 위는 상군(上郡, 섬서성 楡林縣)에 속한 15개의 현(縣)을 다 들여보내 감사해 하였다. 장의는 돌아와서 진의 재상이 되었다.

---

139 槐를 호삼성은 호괴(乎乖) 또는 호괴(乎瑰)의 번자라고 하였으므로 회라고 발음하는 것이 맞다.

140 이 해는 위(魏) 혜왕 후원 7년, 노(魯) 경공 18년, 한(韓) 위후 5년, 진(秦) 혜왕 10년, 조(趙) 숙후 22년, 송(宋) 강왕 원년, 연(燕) 역왕 5년, 초(楚) 회왕 원년, 위(衛) 평후 5년, 제(齊) 위왕 31년이다.

장의의 활약과 맹상군의 사람됨

• 현왕 42년(甲午, 기원전 327년)[141]

1 진이 의거(義渠)[142]를 현(縣)으로 만들고 그 군주를 신하로 만들었다.

2 진이 초성(焦城)·곡옥(曲沃)을 위에 돌려주었다.[143]

• 현왕 43년(乙未, 기원전 326년)[144]

1 조의 숙후(肅侯, 5대 趙語)가 죽고 아들 무령왕(武靈王, 6대)이 섰는

141 이 해는 위(魏) 혜왕 후원 8년, 노(魯) 경공 19년, 한(韓) 위후 6년, 진(秦) 혜왕 11년, 조(趙) 숙후 23년, 송(宋) 강왕 2년, 연(燕) 역왕 6년, 초(楚) 회왕 2년, 위(衛) 평후 6년, 제(齊) 위왕 32년이다

142 서융(西戎)들의 국가이다.

143 3년 전 주 현왕 39년(330년)에 위나라가 진나라에 헌상(獻上)한 땅이다.

144 이 해는 위(魏) 혜왕 후원 9년, 노(魯) 경공 20년, 한(韓) 위후 7년, 진(秦) 혜왕 12년, 조(趙) 숙후 24년, 송(宋) 강왕 3년, 연(燕) 역왕 7년, 초(楚) 회왕 3년, 위(衛) 평후 7년, 제(齊) 위왕 37년이다.

데, 박문사(博聞師)를 세 명 두었으며 좌·우사과(左·右司過)[145]를 세 명 두고, 먼저 선군(先君, 숙후)이 귀히 여겼던 신하 비의(肥義)에게 물어보고 그의 관질(官秩)을 덧붙여주었다.

• 현왕 44년(丙申, 기원전 325년)[146]

1 여름, 4월 무오일(4일)에 진에서 처음으로 칭왕(稱王)하였다.[147]

2 위(衛)의 평후(平侯, 44대)가 죽고 아들 위사군(衛嗣君)이 섰다. 위에는 서미(胥靡)[148]가 있었는데, 도망하여 위(魏)로 갔고, 이로 인하여 위(魏) 왕후의 병을 치료하였다. 위사군은 이 말을 듣고 50금(金)을 가지고 이를 구매하겠다고 청하였다. 다섯 번이나 돌려보내고[149] 위(魏)에서는 주지 아니하자 마침내 좌지(左氏, 위치불명)를 가지고 그를 바꾸었다.

주위 사람들이 간하였다.

"무릇 하나의 도읍을 가지고 하나의 서미(胥靡)를 교환한다니 옳습니

145 박문사란 말은 널리 듣는 것이 많은 스승이라는 말이므로 왕의 고급 고문에 해당하는 직책이고, 사과는 감찰직이다.

146 이 해는 위(魏) 혜왕 후원 10년, 노(魯) 경공 21년, 한(韓) 위후 8년, 진(秦) 혜왕 13년, 조(趙) 무령왕 원년, 송(宋) 강왕 4년, 연(燕) 역왕 8년, 초(楚) 회왕 4년, 위(衛) 평후 8년, 제(齊) 위왕 34년이다.

147 이때 진에서는 25대 효공이 죽고(기원전 338년) 그의 아들인 영사가 제후의 자리를 계승하였는데, 그 13년이 되는 이 해에 칭왕을 하였다. 칭왕의 의미는 춘추시대까지 명목으로라도 주 왕실이 천하의 공주로 여겼던 것을 부정하고 스스로 천하의 공주와 동등함을 표시하는 것이다. 진(秦)나라에서 처음으로 칭왕을 한 군주는 26대 혜문왕이다.

148 가벼운 죄에 연좌되었을 경우에 이를 서미라고 하였다.

149 금을 돌려보낸 것이다.

까?"

위사군이 말하였다.

"그대들이 알 바가 아니다! 무릇 잘 다스리는 데는 작은 것이란 없는 것이고 혼란이 일어나는 데는 크다는 것이 없다. 법이 세워지지 않고 주살하는 것이 반드시 집행되지 않으면 비록 열 개의 좌지(左氏)를 갖고 있다고 하더라도 아무런 이익이 없을 것이다. 법이 세워지고 주살하는 것이 반드시 시행되면 열 개의 좌지를 잃어도 해로울 것이 없다."

위(魏)왕이 이 소식을 듣고 말하였다.

"인주(人主)가 바라는 것이니 이를 들어주지 않으면 상서롭지 않겠다."

이어서 실어서 가게 하자 다만 이것을 바쳤다.

• 현왕 45년(丁酉, 기원전 324년)[150]

1 진의 장의가 군사를 거느리고 위(魏)를 치고 섬(陜, 하남성 陜縣)을 빼앗았다.

2 소진이 연의 문공(文公, 37대, 기원전 333년에 사망)의 부인[151]과 정을 통하였는데, 역왕(易王, 38대)이 이를 알았다. 소진은 두려워서 마침내 역왕에게 유세하였다.

"신이 연에 머물면 연을 무겁게 할 수는 없지만 제에 있게 된다면 연

150 이 해는 위(魏) 혜왕 후원 11년, 노(魯) 경공 22년, 한(韓) 위후 9년, 진(秦) 혜왕 원년, 조(趙) 무령왕 2년, 송(宋) 강왕 5년, 연(燕) 역왕 9년, 초(楚) 회왕 5년, 위(衛) 평후 9년, 제(齊) 위왕 35년이다.

151 소진과 통정했다는 문공의 부인이란 역왕의 친어머니는 아닐 것이고, 서모일 가능성이 있다.

을 중요하게 할 수 있습니다."

역왕이 이를 허락하였다.

마침내 거짓으로 연에서 죄를 지어 가지고 제로 도망하자 제의 선왕(宣王)이 객경(客卿)으로 삼았다. 소진이 제왕에게 유세하여 궁실(宮室)을 높이 짓고, 원유(苑囿, 임금의 정원)를 크게 하여 뜻하는 것을 얻었음을 밝혀서 제를 피폐하게 하여 연을 위하고자 하였다.

• 현왕 46년(戊戌, 기원전 323년)[152]

1 진의 장의가 제·초의 재상과 열상(齧桑, 강소성 沛縣)에서 회합하였다.

2 한·연이 모두 칭왕(稱王)하였다. 조의 무령왕(武靈王)이 홀로 이를 인정하지 않고 말하였다.

"그 알맹이를 갖고 있지 않으면서 감히 이름으로 산단 말인가?"

나라 사람에게 명령하여 자기를 '군(君)'이라고 부르게 하였다.[153]

• 현왕 47년(己亥, 기원전 322년)[154]

---

152 이 해는 위(魏) 혜왕 후원 12년, 노(魯) 경공 23년, 한(韓) 위후 10년, 진(秦) 혜왕 2년, 조(趙) 무령왕 3년, 송(宋) 강왕 6년, 연(燕) 역왕 10년, 초(楚) 회왕 6년, 위(衛) 사군 2년, 제(齊) 위왕 36년이다.

153 조나라의 무령왕은 주나라와 군신관계를 지키려고 칭왕을 하지 않은 것이 아니라 스스로 겸손한 척 한 것이다. 그 자신은 더 큰 것을 바라지만 현재의 힘으로 보아서 그렇게 할 수 없었던 것이다. 그리하여 오히려 한 단계 낮은 군(君)으로 자칭하려 한 것이다.

1 진의 장의가 설상(齧桑, 강소성 沛縣)에서 돌아오자 재상에서 면직되고 위(魏)의 재상이 되었는데, 위(魏)로 하여금 먼저 진을 섬기게 하여 제후들이 이를 본받게 하려고 하였으나 위왕이 듣지를 않았다.

진왕이 위(魏)를 쳐서 곡옥(曲沃, 산서성 聞喜縣)·평주(平周, 산서성 介休縣)를 빼앗고, 다시 몰래 장의를 두텁게 해주는 것이 더욱 심하였다.

• 현왕 48년(庚子, 기원전 321년)[155]

1 왕[顯王]이 죽고, 그의 아들 신정왕(愼靚王, 42대) 희정(姬定)이 섰다.

2 연의 역왕(易王)이 죽고, 아들 희쾌(姬噲)가 섰다.

3 제왕이 전영(田嬰)을 설(薛, 서주라고도 함. 지금의 산동성 滕縣)에 책봉[156]하고 정곽군(靖郭君)이라고 불렀다. 정곽군이 제왕에게 말하였다.

"오관(五官, 다섯 명의 大夫)의 계책을 매일 듣고 자주 살펴보지 않으면 안 됩니다."

왕은 이 말을 따랐지만 이미 그리하고 나서는 이것에 염증을 느껴서 모두 정곽군(靖郭君)에게 위탁하였다. 정곽군은 이로 말미암아서 제의

---

154 이 해는 위(魏) 혜왕 후원 13년, 노(魯) 경공 24년, 한(韓) 위후 11년, 진(秦) 혜왕 3년, 조(趙) 무령왕 4년, 송(宋) 강왕 7년, 연(燕) 역왕 11년, 초(楚) 회왕 7년, 위(衛) 사군 3년, 제(齊) 위왕 37년이다.

155 이 해는 위(魏) 혜왕 후원 14년, 노(魯) 경공 25년, 한(韓) 위후 12년, 진(秦) 혜왕 4년, 조(趙) 무령왕 5년, 송(宋) 강왕 8년, 연(燕) 역왕 12년, 초(楚) 회왕 8년, 위(衛) 사군 4년, 제(齊) 위왕 38년이다.

156 식읍을 주었다는 말이다.

권력을 오로지할 수 있었다.

정곽군이 설(薛)에 성을 쌓고자 하였는데, 객(客)이 정곽군에게 말하였다.

"그대는 바다에 큰 물고기가 있다는 말을 듣지 못하였습니까? 그물로 붙잡아둘 수 없고 낚시로 끌어당길 수 없지만, 싹 쓸어버려서 물을 잃어버리게 하면 땅강아지나 개미도 통제할 수 있습니다. 지금 무릇 제는 또한 그대의 물입니다. 군장(君長)께서는 제를 갖고 계신데 어찌하여 설(薛)을 가지려고 합니까! 만약에 제를 잃으면 비록 설의 성을 높이 쌓아 하늘에 닿은들 늘 믿을만하겠습니까?"

마침내 성을 만들지 않았다.

정곽군은 아들이 40명이 있었고, 그 천첩의 아들이 있었는데 전문(田文)이라고 하였다. 전문은 통달하고 뛰어났으며, 지략에도 여유가 있었는데, 정곽군에게 유세하여 재산을 흩어서 선비들을 기르게 하였다.

정곽군은 전문으로 하여금 집안에서 빈객을 대접하는 일을 주관하게 하니 빈객(賓客)들이 다투어 그의 멋있음을 칭찬하면서 모두 정곽군에게 전문을 후사로 삼으라고 청하였다. 정곽군이 죽자 전문이 뒤를 이어 설공(薛公)이 되니, 호칭하여 맹상군(孟嘗君)이라고 하였다.

맹상군은 제후들의 유사(游士)와 죄를 짓고 도망치는 사람까지 불러모으고, 모두 집과 직업을 갖게 하며, 이들을 후하게 대우하였는데, 그들의 친척까지 구하여주는 일이 있으니 식객(食客)은 늘 수천 명이나 되었고, 각기 스스로 맹상군이 자기와 친하다고 생각하니, 이로 말미암아서 맹상군의 이름이 온 천하에서 중시되었다.

❖ 신 사마광이 말씀드립니다.

군자가 선비를 기르는 것은 백성들을 위한 것입니다. 《주역》에서 말하기를 '성인이 현명한 사람을 기르면 만민에 미친다.'[157] 고 하였습니다. 무릇 현명하다는 것은 그 덕이 올바른 풍속을 충분히 두텁게 만들 수 있어야 하고, 그 재주는 기강을 정돈하여 충분히 떨쳐야 하고 그 밝기로는 충분히 먼지도 비추어 알고, 먼 곳의 일도 고려하여야 하며, 그의 강함은 충분히 인(仁)과 의(義)를 단단히 하여야 하는데, 그것이 크다면 천하를 이롭게 하고, 적다하여도 한 나라를 이롭게 합니다.

이리하여 군자에게는 풍성한 녹봉으로 그를 부유하게 하고 작위를 높여서 그 사람을 높이는 것이며, 한 사람을 길러 만 사람에게 미치게 하는 것이 현명한 사람을 기르는 길입니다.

이제 맹상군이 선비들을 기르는 데는 지혜롭거나 어리석음을 가리지 않고, 선한지 아닌지를 고르지 않으면서 그 임금의 녹봉만 도적질하여 사사로운 무리를 세워서 빈 칭찬만을 늘리고 있으니 위로는 그의 임금을 모욕하는 것이고, 아래로는 그의 백성들을 좀 먹은 것이니, 이는 간사한 사람의 영웅이지, 어찌 충분히 숭상할만하겠습니까! 《서경(書經)》에 이르기를 '수(受)[158]는 천하의 모든 도적놈들의 주군이고 모이는 연못이거나 숲이다.'[159]라고 하였으니, 이런 것을 말하는 것입니다.

4　맹상군이 초에 보빙(報聘)[160]하였는데 초왕이 맹상군에게 상아로 만든 침대를 주었다. 등도직(登徒直)이 이를 운송(運送)하게 되자 이를 시

157 《주역》의 이괘(頤卦) 단사(彖辭)에 나오는 말이다.

158 은나라 31대 마지막 왕으로 주신(紂辛)을 말한다. 폭군으로 알려졌으며 주나라의 무왕에게 망하였다.

159 《위고문상서(僞古文尚書)》에 나오는 말이다.

160 사신이 온 데 대하여 답례로 가는 사신이다.

행하고 싶지가 않아서 맹상군의 문인 공손술(公孫戌)[161]에게 말하였다.

"상아 침대의 값은 천금인데 만약에 그것을 머리카락만큼이라도 상처를 입히면 처자식을 다 팔아도 이를 갚지 못할 것이오. 족하(足下)[162]가 저로 하여금 운송하지 않게 한다면 선대부터 내려오는 보검(寶劍)이 있는데, 바라건대 내가 이를 바치고 싶습니다."

공손술이 허락하고 들어가서 맹상군을 보고 말하였다.

"작은 나라들이 모두 그대에게 재상의 도장을 보내오는 것[163]은 그대가 빈궁한 것을 떨쳐 통달할 수 있고, 망한 것을 살리고 끊어진 것을 이어주기 때문이니, 그러므로 그대의 의로움을 좋아하지 않는 사람이 없고, 그대의 청렴함을 흠모하는 것입니다. 이제 처음으로 초에 왔는데, 상아 침대를 받는다면 아직 가지 않은 나라에서는 무엇을 가지고 그대를 대접해야 합니까?"

맹상군이 말하였다.

"좋소."

드디어 받지 않았다.

공손술이 잰걸음으로 밖으로 나가는데, 아직 가운데 있는 문에 이르지 못하였을 때 맹상군이 그를 불러서 돌아오게 하고 말하였다.

"그대는 어떻게 하여서 발걸음이 높이 들고, 뜻도 펄펄 나는 것이오?"

공손술이 사실대로 말하였다. 이 말을 듣고 맹상군이 문판(門版, 문의 양옆에 있는 판자)에다 써놓았다.

"나 전문(田文)의 이름을 날릴 수 있는 사람과 나 전문의 허물을 그치게 할 수 있는 사람, 그리고 밖에서 사사로이 보물을 얻은 사람이 있으면

---

161 호삼성의 음주에는 戌의 음을 恤이라고 하였으므로 공손휼로 해야 하지 않을까 생각하지만 일반적인 발음을 그대로 따른다.

162 동급 사이에서 대화하는 중에 상대를 높여 부르는 말이다.

163 작은 제후국들이 맹상군에게 재상이 되어 달라고 하는 것을 말한다.

빨리 들어와서 나에게 간하라."

❖ 신 사마광이 말씀드립니다.

맹상군은 간하는 말을 채용할 수 있었다고 할 수 있습니다. 만약에 그 말이 옳다고 하면 비록 남을 속이려는 마음을 품고 있었다고 하더라도 오히려 이를 채용하였는데 하물며 충성을 다하고 사사로움이 없이 그 윗사람을 섬기려는데 있어서야! 《시경(詩經)》[164]에서 이르기를 '무 잎을 따고 비(菲)나물을 따자. 그 밑의 뿌리는 상관할 것 없다.'라고 하였는데 바로 맹상군이 그러하였습니다.

5 한의 선혜왕(宣惠王)이 공중(公仲)·공숙(公叔) 두 사람을 임용하여 정치를 하게 하려고 하고서 무류(繆留)에게 물었다. 대답하였다.

"안 됩니다. 진(晉)에서는 여섯 명의 경(卿)을 임용하였다가 나라가 나뉘었고,[165] 또 제의 간공(簡公)은 진성자(陳成子, 전항)와 감지(闞止)를 채용했다가 피살되었으며,[166] 위(魏)에서는 서수(犀首)와 장의를 채용하였다가 서하(西河, 황하의 서쪽) 밖의 땅이 없어졌습니다.[167]

이제 주군께서 두 사람을 함께 채용하신다면 힘 있는 사람은 안으로는 무리를 모아 당을 만들 것이며, 그 힘이 적은 사람은 밖에 있는 권력에

---

164 이는 《시경(詩經)》 북풍의 곡풍에 나오는 말이다.

165 진(晉)나라는 원래 범(范)씨·중행(中行)씨·지(智)씨·조(趙)씨·위(魏)씨·한(韓)씨 등 6대부를 두었다가 후에 조·위·한 등 세 집안만 남아 있다가 결국 진나라를 3분하여 나누어 가졌다.

166 전항(田恒)은 감지를 살해한 후에 간공조차도 죽이고 정부를 장악했다.

167 서수와 장의는 모두 위나라의 재상을 맡았었지만, 외국과 몰래 통해 위나라의 일을 방해했다.

의지할 것입니다. 많은 신하들이 안으로 당을 만들어서 그들의 주인을 교만하게 하며 또 밖으로는 교섭하며 땅을 베어줄 것인데, 주군의 나라는 위태로워집니다."*

권003

주기3

진의 세력 확장

진과 제의 정벌과 맹자의 논리

- 신정왕 원년(辛丑, 기원전 320년)[1]

1 위(衛)가 다시 호칭을 깎아내려 군(君)이라고 하였다.[2]

- 신정왕 2년(壬寅, 기원전 319년)[3]

1 진(秦)이 한(韓)을 쳐서 언(鄢, 하남성 鄢陵縣)을 빼앗았다.

2 위(魏)의 혜왕(惠王, 1대, 魏罃)이 죽고, 아들 양왕(襄王, 魏嗣 2대)이

---

1 이 해는 위(魏) 혜왕 후원 15년, 노(魯) 경왕 26년, 한(韓) 선혜왕 13년, 진(秦) 혜왕 5년, 조(趙) 무령왕 6년, 송(宋) 강왕 9년, 연(燕) 희쾌 원년, 초(楚) 회왕 9년, 위(衛) 사군 5년, 제(齊) 위왕 39년이다.

2 주 현왕(周顯王) 23년(기원전 344년), 즉 23년 전에 위(衛)나라는 이미 그 임금을 후(侯)로 낮추어 불렀는데, 진(秦)나라와 위(魏)나라 사이에 끼어서 국력이 날로 쇠약해져 이 해에 다시 그 임금을 낮추어 군(君)으로 불렀다.

3 이 해는 위(魏) 혜왕 후원 16년, 노(魯) 경왕 27년, 한(韓) 선혜왕 14년, 진(秦) 혜왕 6년, 조(趙) 무령왕 7년, 송(宋) 강왕 10년, 연(燕) 희쾌 2년, 초(楚) 회왕 10년, 위(衛) 사군 6년, 제(齊) 선왕 원년이다.

셨다. 맹자(孟子)가 들어가서 알현하고 나와서 사람들에게 말하였다.

"그를 바라보니 임금 같지가 않았고, 그에게 다가가니 두려워할 바가 보이지 않더라. 갑자기 묻기를 '천하는 장차 어떻게 평정되겠소?'라고 하기에, 내가 대답하였다. '하나로 평정됩니다.' '누가 하나로 할 수 있겠소?' 대답하였다. '살인을 즐기지 않는 사람이 이를 하나로 할 수 있습니다.' '누가 그와 더불어 할 수 있겠소?' 대답하였다. '천하에는 더불어 하지 않는 사람이 없을 것입니다. 왕께서는 무릇 묘(苗, 싹)를 아십니까? 7~8월 사이에 가물면 묘는 마릅니다. 하늘에서 구름이 뭉게뭉게 일어나서 좍좍 비를 내리면 묘는 불끈 일어납니다. 그것이 이와 같은데 누가 이를 막을 수가 있습니까?'"

• 신정왕 3년(癸卯, 기원전 318년)[4]

1 초(楚)·조(趙)·위(魏)·한(韓)·연(燕)이 같이 진(秦)을 치는데, 함곡관(函谷關, 하남성 靈寶縣 경계 지역)을 공격하였다. 진인(秦人)들이 군사를 내서 이를 맞아 싸우니 다섯 나라의 군사들이 모두 패하여 도망갔다.[5]

---

4 이 해는 위(魏) 양왕 원년, 노(魯) 경왕 28년, 한(韓) 선혜왕 15년, 진(秦) 혜왕 7년, 조(趙) 무령왕 8년, 송(宋) 강왕 11년, 연(燕) 희쾌 3년, 초(楚) 회왕 11년, 위(衛) 사군 7년, 제(齊) 선왕 2년이다.

5 이때 여러 나라들은 끊임없이 좌절을 맛본 다음에 다시금 소진이 제창하여 조직했으나 중간에 와해해버려서 합종연합을 다시 조직하여 초의 회왕이 맹주가 되어 다섯 나라를 초청하여 함께 진나라를 공격하였다. 제나라의 맹상군의 모략을 채용하여 출병하겠다고 대답을 하고는 원정군을 늦게 보내면 늦게 보낼수록 좋다고 생각하였다. 그러므로 함곡관에는 다섯 나라의 군대만 도착하였던 것이다. 여기에 모인 다섯 나라도 각기 자기들의 병력은 손해 보지 않으려고 생각하였으므로 먼저 공격하려고 하지 않았다. 며칠 후에 진나라에서는 재빨리 기습 부대를 출동시켜 초나라의 양도를 끊어버리니 초나라 군사는 기아에 허덕

2 송(宋)에서 처음으로 칭왕(稱王, 강왕, 35대)하였다.

• 신정왕 4년(甲辰, 기원전 317년)[6]

1 진이 한의 군사를 수어(脩魚, 하남성 原武縣)에서 패배시켰는데, 참수(斬首)한 것이 8만 급(級)[7]이고, 그들의 장수인 수(鯁)와 신차(申差)를 탁택(濁澤)[8]에서 포로로 잡았다. 제후들이 떨고 두려워하였다.

2 제의 대부(大夫)가 소진(蘇秦)과 총애를 받으려고 다투다가 사람을 시켜서 소진을 찔러서 죽였다.

3 장의(張儀, 위의 재상)가 위의 양왕(襄王, 魏嗣, 2대)에게 유세하였다.

"양(梁)[9]의 영토는 사방으로 1천 리에도 이르지 못하고, 병졸은 30만 명에 지나지 않으며, 땅은 사방으로 평평하고 이름난 산이나 큰 강으로 경계를 이룬 곳이 없어서 병졸들이 초(楚)·한(韓)·제(齊)·조(趙)의 경계에서 수(戍)자리를 서고, 정(亭)과 장(障)[10]을 지키는 사람은 10만 명에 지

이게 되어 먼저 철퇴하였고, 나머지 네 나라도 철수하고 말았다.

6 이 해는 위(魏) 양왕 2년, 노(魯) 경왕 29년, 한(韓) 선혜왕 16년, 진(秦) 혜왕 8년, 조(趙) 무령왕 9년, 송(宋) 강왕 12년, 연(燕) 희쾌 4년, 초(楚) 회왕 12년, 위(衛) 사군 8년, 제(齊) 선왕 3년이다.

7 참수란 목을 베는 것이고, 급이란 목 벤 사람의 수를 세는 단위이다.

8 탁택은 현재 하남성 임영현에 있다. 그런데 이곳은 싸운 장소와는 140㎞나 떨어져 있고 또한 중간에는 황하가 있으며 또 한(韓)나라의 도읍지인 신정의 바로 옆이다. 그런데 《사기》에는 관택(觀澤)으로 되어 있다. 관택은 위주 돈구현의 동쪽으로 80리에 있으므로 관택이 지리적 위치로 보아 합리적인 장소이다.

9 위나라의 도읍지가 양이므로 여기서 양이라고 하여도 결국 위나라를 말한다.

나지 않으니 양의 지세는 정말로 전쟁터입니다.

무릇 제후들이 약종(約從, 합종하기로 한 맹약)은 원수(洹水)에서 맹세하여서[11] 결합하여 형제관계로 하기로 서로 굳게 하였습니다. 지금은 친형제로 부모를 같이 하여도 오히려 돈이나 재물을 가지고 싸우며 서로 살상하는데, 이랬다저랬다 하는 소진의 남은 꾀를 믿고자 하지만 그것이 이루어질 수 없는 것 또한 분명합니다. 대왕께서 진을 섬기지 않으면 진이 군사를 내려보내서 하외(河外, 황하 이남)를 공격할 것이니, 권연(卷衍, 하남성 原武縣의 북쪽)과 산조(酸棗, 하남성 延津縣)를 점거하여 위(衛)를 겁주고 양진(陽晉, 산동성 鄆城縣)을 빼앗는다면, 조는 남쪽으로 내려오지 않을 것이고, 조가 남쪽으로 내려오지 않으면 양(梁, 위나라)도 북쪽으로 가지 않을 것인데, 양이 북쪽으로 가지 않는다면 합종(合從)하는 도리는 끊어져버릴 것이며, 합종의 도리가 끊어져버리면 대왕의 나라는 위험을 없애려 하여도 얻을 수가 없을 것입니다. 그러므로 바라건대 대왕께서는 계책을 정하는 논의를 살펴보시며 또 해골(骸骨)[12]하도록 허락해주십시오."

위 왕은 마침내 종약(從約, 合從의 盟約)을 배반하고, 장의를 통하여 진에게 이루어지기를 요청하였다. 장의가 돌아가서 다시 진의 재상이 되었다.[13]

---

10 정은 백성들이 편안히 쉴 수 있도록 도로에 만들어진 숙소이며, 장은 보루로 막힌 곳이다.

11 원수는 하남성의 안양현의 경계 지역을 지나서 흐르는 강이며, 약종은 현왕 26년(기원전 343년)에 이루어졌고, 《자치통감》 권2에 실려 있다.

12 관리가 관직을 물러나는 것을 말한다.

13 합종을 깨는 것이 성공되도록 해달라고 요청한 것이며, 장의가 진의 재상을 그만두고 위의 재상인 된 것은 현왕 47년(기원전 322년)의 일로, 《자치통감》 권2에 실려 있다.

4 노(魯)의 경공(景公, 姬偃)이 죽고, 아들인 평공(平公, 35대) 희려(姬旅)가 섰다.

• 신정왕 5년(乙巳, 기원전 316년)[14]

1 파(巴, 사천성 重慶市)·촉(蜀, 사천성 成都市)이 서로 공격하다가 모두 진(秦)에 급하다고 알렸다. 진 혜왕은 촉을 치고 싶었지만 길이 험준하여 가기가 어려웠으며, 그리고 또한 한이 침범해 올 것이라고 여겨서 미적거리며 아직 결정할 수 없었다. 사마착(司馬錯)[15]이 촉을 치라고 요청하였다.

장의가 말하였다.

"한을 치는 것만 못합니다."

왕[惠王]이 말하였다.

"청컨대 그렇게 말하는 것을 들려주시오."

장의가 말하였다.

"위(魏)와 친히 지내고, 초(楚)에게 잘 대하면서 군대를 삼천(三川)으로 내려보내서 신성(新城)과 의양(宜陽)을 공격하고[16] 두 주(周)[17]의 교외

---

14 이 해는 위(魏) 양왕 3년, 노(魯) 평왕 원년, 한(韓) 선혜왕 17년, 진(秦) 혜왕 9년, 조(趙) 무령왕 10년, 송(宋) 강왕 13년, 연(燕) 희쾌 5년, 초(楚) 회왕 13년, 위(衛) 사군 9년, 제(齊) 선왕 4년이다.

15 사마착은 진 혜문왕 때의 장군으로 역사가 사마천의 8세조이다. 사마착은 종횡가에 속하며 장의와 논쟁을 벌인 것으로 유명한데, 이 부분이 그 논쟁한 부분이다.

16 삼천은 이수·낙수·황하(伊水·洛水·黃河)가 만나는 곳으로 낙양지역을 말하며, 신성은 하남성 낙양현 남용문이며 의양은 하남성 의양현이다.

17 종주국인 주(周)나라는 동·서로 나뉘어 있으므로 두 주라고 하였다. 주(周)왕

까지 가서 구정(九鼎)[18]을 점거하고 도서(圖書)와 호적을 살피고 천자를 끼고 천하를 호령하면 천하에서 감히 듣지 않는 나라가 없을 것이니 이것이 바로 왕업(王業)입니다.

신이 듣건대 이름 내기를 다투는 사람은 조정에 있고, 이익을 다투는 사람은 저자에 있다고 합니다. 지금 삼천과 주 왕실은 천하의 조정이며 저자입니다. 왕께서 다투시지 않는다면 도리어 융적(戎狄)[19]과 다투게 되어 왕업으로부터는 멀어질 것입니다."

사마착이 말하였다.

"그렇지 않습니다. 신이 듣건대 나라를 부유하게 하려는 사람은 그 땅을 넓히는데 힘쓰고, 군대를 강하게 하고 싶은 사람은 그 백성을 부유하게 하는데 힘쓴다고 하며, 왕 노릇을 하려는 사람은 그의 덕을 넓히기에 힘쓴다는데, 이 세 가지 밑천이 갖추어지면 왕 노릇 하는 것은 좇아옵니다.

지금 왕의 땅은 작고 백성은 가난하니, 그러므로 신은 먼저 쉬운 곳에

조는 처음에 호경에 도읍하였는데, 후에 낙양으로 도읍을 옮기면서 호경에 있던 것을 서주(西周)라 하고, 낙양으로 옮긴 이후를 동주(東周)라고 한다. 그런데 동주 고왕(考王) 원년(기원전 440년)에 그 동생 게(揭)를 하남(河南)에 책봉하는데 이 사람이 서주국(西周國)의 환공(桓公)이고, 이것이 주조가 제일 마지막으로 분봉한 것이며 주 천자도 이 나라에 기거하였다. 다시 기원전 367년에 주 혜공(惠公)이 그의 작은 아들을 공(鞏)에 책봉하여 동주국(東周國)이 비로소 성립되었으며, 주 난왕(기원전 315년)에 서주국으로 천도하였다. 서주군(西周君, 기원전 440년~기원전 256)의 세계는 환공(게)-위공(조, 灶)-혜공(조, 朝)-무공(공지)-문공(구)이고, 동주군(東周君, 기원전 367~기원전 249)의 세계는 혜공(반)-문공(소)-무공(근)-정공(걸)이다. 여기서는 동주군과 서주군을 말하는 것이다.

18 정(鼎)은 원래 고대의 발이 세 개 달린 솥을 말하는데, 하나라의 우(禹)임금이 쇠 9매(枚)를 들여서 이 정을 주조하였다. 그 후 하·은·주 세 왕조는 이 정을 통치자의 권위로 생각하고 보물로 여겼다.

19 원문에서는 적(翟)으로 썼으나 같은 의미이다.

서부터 일을 시작하기를 원하였습니다. 대개 촉은 서쪽으로 치우쳐 있는 나라이며 융적(戎狄)들의 수장인데, 걸(桀)·주(紂) 시절 같은 혼란이 있으니, 우리 진이 그들을 공격하면 비유컨대 시랑(豺狼)으로 하여금 뭇 양(羊)을 쫓게 하는 것과 같아서 그 나라의 땅을 얻게 되면 나라를 충분히 넓힐만하고 그들의 재물을 취하면 백성들을 충분히 부유하게 만들만하며, 무기를 잘 수선하면 많은 사람을 죽이지 않고도 저들은 복속될 것입니다.

하나의 나라를 뽑아버렸는데도 천하에서는 포학하다고 여기지 않고, 사해(四海)[20]의 이익을 다 차지하여도 천하에서는 우리가 탐욕스럽다 여기지 않을 것이니, 이것은 우리가 하나를 들어내 가지고 명예와 실리를 다 따라오게 하는 것이며, 또한 포학을 금하고 어지러움을 그치게 하였다는 명예를 갖게 되는 것입니다.

이제 한을 공격하고 천자를 겁준다고 한다면 이름을 악하게 하는 것이니 반드시 이로운 것만은 아니고, 또한 옳지 않다는 이름을 갖게 되며, 천하가 바라지 않는 바를 공격하면 위태합니다.

신이 청컨대 그 연고를 논(論)하게 해주십시오. 주는 천하의 종실입니다. 제는 한의 여국(與國)[21]입니다. 주가 스스로 구정을 잃을 것을 알고, 한이 스스로 삼천을 잃을 것을 안다면 곧 두 나라가 힘을 합치고 꾀를 합치고서 제(齊)·조(趙)를 통하여 다시 초(楚)·위(魏)에게 화해할 것을 구하면서 정(鼎)은 초에 주고 땅은 위에 준다고 해도 왕께서는 막을 수가

20 다른 판본에는 四가 西로 되어 있다. 만약에 西海라는 지역은 없지만, 혹 촉(蜀)지역이 서쪽지역을 가리키는 말로 볼 수 있다. 따라서 四海 보다는 작은 범위일 것이고, 따라서 그러한 정도면 다른 제후들이 진나라가 욕심을 냈다고 여기지 않는다는 말과는 의미가 통할 수도 있다. 다만 西海라는 지명이 촉(蜀)지역에 없다는 것이 이 해석의 문제이다.

21 이웃 나라로 서로 친목하는 것을 말한다.

없습니다. 이것이 신이 말하는 위태함입니다. 촉을 쳐서 온전히 갖는 것만 못합니다."

왕은 사마착의 계책을 좇아서 군대를 일으켜서 촉을 쳤는데, 10개월 만에 이를 빼앗았다. 촉왕을 깎아내려 칭호를 바꾸어 후(侯)로 하였으며, 진장(陳莊)으로 하여금 촉의 재상이 되게 하였다. 촉이 이미 진에 복속하니 진이 더욱 강하고 부유해져서 제후들을 가볍게 보았다.

2 소진(蘇秦)이 이미 죽고 나자,[22] 소진의 동생인 소대(蘇代)와 소려(蘇厲)가 역시 유세하는 것으로 제후들에게 드러났다. 연(燕)의 재상 자지(子之)가 소대와 혼인관계를 맺고, 연의 권력을 얻으려고 하였다. 소대가 제에 사신으로 갔다가 돌아왔는데 연왕 희쾌(姬噲)가 물었다.

"제왕은 그가 패권을 잡으려 할 것 같은가?"

대답하였다.

"할 수 없습니다."

왕[燕王]이 말하였다.

"어떤 연고인가?"

대답하였다.

"그의 신하를 믿지 않습니다."

이에 연왕은 오로지 자지에게만 일을 맡겼다.

녹모수(鹿毛壽)가 연왕에게 말하였다.

"사람들이 요(堯)를 현명한 사람이라고 말하는 것은 그가 천하를 다른 사람에게 양보할 수 있어서입니다. 이제 왕께서 나라를 자지에게 양보한다면, 이는 왕께서는 요와 같은 명성을 갖게 되는 것입니다."

연왕은 이로 인하여 나라를 자지에게 위촉하니 자지의 힘은 커지고

22 소진은 신정왕 3년(기원전 319년)에 제(齊)에서 죽었다.

중요해졌다.

어떤 사람이 말하였다.

"우(禹)는 익(益)을 천거하였으나, 계(啓)[23]의 사람들을 관리로 하였더니 늙게 되자 계로는 천하를 맡기기에 부족하다고 하고 이를 익에게 전하였습니다. 계는 왕래하는 무리와 익을 공격하여 이를 빼앗았는데, 천하의 사람들은 우는 명목상으로는 천하를 익에게 전했지만 실제로는 계로 하여금 이를 스스로 빼앗게 하였다고 생각하였습니다.

이제 왕께서는 나라를 자지에게 위촉한다고 말하였으나, 관리는 태자의 사람이 아닌 사람이 없으니 이는 명목으로는 자지에게 맡겼지만 실제로는 태자가 용사(用事)[24]하고 있는 것입니다."

왕은 이로 인하여 인수(印綬)[25]를 거둬들여서 삼백석리(三百石吏)[26] 이상부터는 자지를 본받도록 하였다.

자지는 남면(南面)[27]하여 왕의 일을 처리하니,[28] 희쾌는 늙어서 정치

---

23 우(禹)임금의 아들이다. 우는 순(舜)에게서 선양을 받고나서 하(夏) 왕조를 세운 사람이다.

24 일을 주도적으로 처리하는 것을 말한다.

25 이는 오늘날의 도장과 같은 것인데, 수(綬)란 옥을 패용하는데 필요한 끈으로 한대에는 관리들의 수레에 이를 달았다. 도장은 제왕 이하로 직위의 차이에 따라서 금·은·동(金·銀·銅)으로 차이를 두어 만들고, 수도 적·자·청·흑·황(赤·紫·靑·黑·黃)의 색깔로 차이를 두었다.

26 삼백석은 관리의 명칭이다. 전국시대에 경은 그 식록(食祿)이 만종(萬鐘)이었고, 그 차이도 많았다. 한대에는 삼공은 만석이고 16등에 해당하는 두식좌리(斗食佐吏)까지 차이가 있었다. 삼백석리는 10등급의 관리이다.

27 남면이라는 것은 남쪽을 향하여 앉는다는 말인데, 왕조의 의식에서 남쪽을 향하여 앉을 수 있는 사람은 제왕 밖에 없다. 따라서 남면은 바로 제왕이나 할 수 있는 것이고 신하들은 제왕을 향하여 북쪽을 향하여 서야 하는 것이다.

28 정식으로 왕위를 가진 것은 아니다. 원문은 '행왕사(行王事)'라고 하여 왕의 업무를 수행했다고 할 수 있는데, 후대에 행(行)은 대리할 경우에 붙여주는 관명이다.

에 관하여서는 보고를 받지 않았으므로 도리어 신하가 되었고, 나라의 일은 모두 자지에게서 결정되었다.

• 신정왕 6년(丙午, 기원전 315년)[29]

1 왕[愼靚王, 42대]이 죽고, 아들인 난왕(赧王) 희연(姬延)이 섰다.

• 난왕 원년(丁未, 기원전 314년)[30]

1 진인(秦人)들이 의거(義渠, 감숙성 寧縣)를 침략하여 25개의 성을 얻었다.[31]

2 위인(魏人)들이 진을 배반하였다. 진인(秦人)들은 위를 치고 곡옥(曲沃, 산서성 聞喜)을 빼앗고, 그 사람들을 돌려보냈다. 또 한(韓)을 안문(岸門, 산서성 河津縣)에서 패퇴시키니, 한의 태자 한창(韓倉)이 인질로 진

29 이 해는 위(魏) 양왕 4년, 노(魯) 평왕 2년, 한(韓) 선혜왕 18년, 진(秦) 혜왕 10년, 조(趙) 무령왕 11년, 송(宋) 강왕 14년, 연(燕) 자지 원년, 초(楚) 회왕 14년, 위(衛) 사군 10년, 제(齊) 선왕 5년이다.

30 이 해는 위(魏) 양왕 5년, 노(魯) 평왕 3년, 한(韓) 선혜왕 19년, 진(秦) 혜왕 11년, 조(趙) 무령왕 12년, 송(宋) 강왕 15년, 연(燕) 자지 2년, 초(楚) 회왕 15년, 위(衛) 사군 11년, 제(齊) 선왕 6년이다.

31 의거국은 이미 주 현왕 42년(기원전 327년), 즉 13년 전에 이미 진나라에서 의거국을 현(縣)으로 삼았는데, 여기서 다시 진나라가 이를 쳤다는 것은 그 당시에 의거를 모두 진의 영토로 하지 않아서 의거가 아직도 남아 있었을 가능성과 혹은 이 해에 의거가 반란을 일으켰을 가능성이 있다.

에 들어가서 화해하였다.

3 연의 자지가 왕이 된 지 3년이 되어 나라 안이 크게 혼란하였다. 장군 시피(市被)가 태자 희평(姬平)과 모의하여 자지를 공격하였다. 제왕(齊王)이 사람을 시켜서 태자에게 말하였다.

"과인이 듣건대, 태자께서는 장차 군신의 의를 닦고, 부자의 자리를 밝히려고 한다고 하니, 과인의 나라는 오직 태자께서 명령하는 바가 될 것입니다."[32]

태자는 이 때문에 당(黨)을 만들고 무리들을 모아 시피로 하여금 자지를 공격하게 하였으나 이기지 못하였다. 시피가 도리어 태자를 공격하였다.[33] 얽혀버린 어려움이 몇 달 되니 죽은 사람이 수만 명이고 백성들은 고통스럽고 두려워하였다.

제왕이 장자(章子)로 하여금 다섯 도시의 군사를 거느리게 하고, 이어서 또 북방지역의 많은 사람을 통하여 연을 쳤다. 연의 사졸(士卒)들은 싸우지 않고 성문은 닫히지 않았다. 제인(齊人)들이 자지를 잡아서 그를 젓 담그고, 끝내 연왕 희쾌를 죽였다.

제왕이 맹자(孟子)에게 물었다.

"어떤 사람은 과인에게 연을 빼앗지 말라고 말하고 어떤 사람은 과인에게 이를 빼앗으라고 합니다. 만승의 나라가 만승의 나라를 쳐서 50일에 이를 들어버렸으니 사람의 힘으로 여기까지는 이르지 못하는 것이어서 빼앗지 않으면 반드시 하늘의 재앙이 있을 것이니,[34] 이를 빼앗는 것

---

32 태자가 명령을 내리는 것을 실행하기 위하여 기다리고 있다는 뜻으로 전형적인 외교 언사이다.

33 시피의 태도가 왜 이렇게 갑자기 돌변하였는지는 아무런 기록이 없고, 추측한다면 매수되었을 가능성은 있다.

34 승(乘)이란 전차를 말하며, 만승은 곧 만대의 전차를 말하며 만승의 나라란 만

이 어떻겠소?"

맹자가 대답하였다.

"이를 빼앗아서 연의 백성들이 기뻐한다면 그것을 빼앗을 것이니, 옛날 사람 가운데 이를 실행한 사람이 있는데, 무왕(武王)이 그런 분입니다. 이를 빼앗아서 연의 백성들이 기뻐하지 않으면 빼앗지 마는데, 옛날 사람 가운데 이를 실행한 사람이 있으니, 문왕(文王)이 바로 이런 분입니다.

만승의 나라가 만승의 나라를 치는데, 단사호장(簞食壺漿)[35]으로 왕의 군대를 영접한다면, 어찌 다른 이유가 있겠습니까? 물이나 불을 피하고자 함입니다. 만약에 물은 더 깊어지고, 불은 더욱 뜨거워진다면 또한 돌아설 뿐입니다."

제후들이 연을 구원하려고 장차 모의하려고 하였다. 제왕이 맹자에게 말하였다.

"제후들 대부분이 과인을 치자고 모의하는 사람인데, 무엇으로 이를 맞이할까요?"

대답하였다.

"신이 듣건대, 70리의 땅으로 천하에서 정치를 하였다는 사람은 탕(湯)임금 이분이신데, 천리의 땅을 가지고 다른 사람을 두려워하였다는 사람은 아직 듣지 못하였습니다.《서경(書經)》에 이르기를 '우리의 임금님

대의 전차를 갖고 있는 대국을 말한다. 원래 천자의 나라는 만승의 나라이고, 제후의 나라는 천승의 나라로 되어 있었으나, 전국시대에는 많은 제후국들이 부국강병책을 통하여 커다란 군사 강국으로 변해 있었으며, 이 경우에는 연나라와 제나라를 모두 만승의 나라로 본 것이다. 만승의 나라인 제가 만승의 나라인 연을 50일 만에 쳐서 들어버렸으니 하늘의 뜻이 아니고는 할 수 없는 것이고, 하늘의 뜻에 따라서 연을 병탄하겠다는 뜻이다.

35 단과 사는 대나무 그릇인데 네모난 것은 단이고 원형인 것은 사인데 주로 밥을 담는 용기이다. 사(食)는 익은 음식이며, 장은 국 또는 반찬을 말하는 것으로 집 밖으로 음식을 가지고 나갈 때 쓰는 것인데 여기서는 왕의 군대가 오는 것을 환영하기 위하여 음식을 싸가지고 나가서 그들에게 주는 것을 말한다.

을 기다리노니, 임금님이 오시면 우리는 살아날 것이다.'[36]고 하였습니다.

이제 연에서는 그 백성들을 학대하였고 왕께서는 가서 이를 정벌하였는데, 백성들은 장차 자기들을 물이나 불 속에서 구해 줄 것이라고 생각하면서 단사호장으로 왕의 군사를 영접했던 것입니다. 만약에 그들의 아버지나 형을 죽이고 그들의 자제를 붙잡아 얽어매고 그들의 종묘를 훼손하며 그들이 중히 여기는 보물을 옮긴다면 어떻게 가능하다고 하겠습니까?

천하에서는 진실로 제(齊)가 강한 것을 두려워하였는데, 지금 또 그 땅을 배로 늘렸으면서 어진 정치를 시행하지 않으니 이것이 천하의 군사를 움직이게 한 것입니다. 왕께서는 속히 명령을 내리시어 그들의 늙은이와 어린아이들을 돌려보내고, 그들의 보물 옮기는 일을 그치고, 연의 무리들과 의논하여 임금을 세워놓은 다음에 그곳을 떠나면 오히려 그치게 될 것입니다."

제왕은 듣지 않았다.

이미 이리 하였는데, 연인(燕人)들이 반란을 일으켰다. 왕[齊王]이 말하였다.

"내가 맹자에게 창피하구나."

진가(陳賈)가 말하였다.

"왕이시여, 걱정할 것이 없습니다."

마침내 맹자를 만나서 말하였다.

"주공(周公)[37]은 어떤 사람입니까?"

말하였다.

"옛날의 성인이지요."

---

36 《위고문상서(僞古文尙書)》에서 나온 말이다.

37 주나라 때의 성인으로 알려졌다. 무왕의 동생으로 조카인 성왕을 도와서 좋은 정치를 하였다고 한다.

진가가 말하였다.

"주공이 관숙(管叔)으로 하여금 상(商, 은지역)을 감독하도록 하였는데, 관숙은 이 상을 가지고 반란을 일으켰습니다.[38] 주공은 그가 장차 반란을 일으킬 것을 알고서 그로 하여금 그것을 시켰을까요?"

말하였다.

"몰랐습니다."

진가가 말하였다.

"그렇다면 성인도 역시 허물이 있습니까?"[39]

말하였다.

"주공은 동생이고 관숙은 형이니 주공의 허물은 또한 마땅하지 않겠소! 또 옛날의 군자는 허물이 있으면 고쳤지만, 오늘날의 군자는 허물이 있어도 그냥 따라가기만 하오. 옛날의 군자는 그가 허물을 갖게 되면 일식·월식과 같아서 백성들이 모두 이를 보니 그것을 고치게 되는 것이고, 백성들이 모두 이를 우러러보는 것이오. 오늘날의 군자는 어찌 헛되이 그것을 그대로 순종하고 또 좇아서 이 때문에 변명하지요."

4 이 해에 제(齊) 선왕(宣王, 전벽강, 2대)이 죽고, 그의 아들인 민왕(湣王) 전지(田地)가 섰다.

38 이른바 삼감(三監)의 난을 말한다.

39 성인이면 모든 것을 다 알아서 장차 반란할 가능성이 있다면 책임을 맡기지 말아야 할 것인데, 이를 미리 몰랐다면 성인으로서는 허물이 된다는 뜻이다.

장의의 연형책과 대활약

• 난왕 2년(戊申, 기원전 313년)[40]

1 진의 우경(右更)[41] 영질(嬴疾)이 조(趙)를 쳐서 인(藺, 산서성 離石縣)을 뽑고 그 장수인 장표(莊豹)를 포로로 잡았다.

2 진왕(秦王)이 제(齊)를 치고자 하나 제·초가 종친(從親)[42]한 것을 걱정하여 마침내 장의로 하여금 초에 가게 하여, 초왕에게 유세하였다.

"대왕(大王, 초왕)께서 진실로 신(臣)의 말을 듣고, 제에 대하여 관문(關門, 제로 통하는 관문)을 닫고, 종약(從約, 합종의 맹약)을 끊어버릴 수 있다면, 신이 청컨대 상어(商於, 陝西省 商縣에서 河南省 內鄕 일대)의 땅 600리를 헌납하고, 진의 여자로 하여금 대왕을 위하여 쓸고 닦는 첩이 되게 하고, 진·초가 서로 딸을 시집보내고 며느리를 받아들여서 오랫동안 형

---

40 이 해는 위(魏) 양왕 6년, 노(魯) 평왕 4년, 한(韓) 선혜왕 20년, 진(秦) 혜왕 12년, 조(趙) 무령왕 13년, 송(宋) 강왕 16년, 연(燕) 자지 3년, 초(楚) 회왕 16년, 위(衛) 사군 12년, 제(齊) 선왕 7년이다.

41 우경은 진나라 14번째의 관직이다.

42 남쪽에 있는 나라와 북쪽에 있는 나라가 서로 합하기로 맹약한 합종(合從)을 말한다. 진(秦)은 서쪽에 있는데, 초는 남쪽에 있고 제는 북쪽에 있으면서 합종하는 것이 걱정된 것이다.

제의 나라가 되게 하겠습니다."

초왕이 기뻐하고 이를 허락하였다.

여러 신하들이 모두 축하하였으나, 진진(陳軫)이 홀로 서러워하였다. 왕이 노하여 말하였다.

"과인이 군사를 일으키지 않고도 600리의 땅을 얻는데 어찌하여 서러워하는가?"

대답하였다.

"그렇지 않습니다. 신이 이를 보니, 상어의 땅은 얻을 수도 없겠거니와 제와 진이 연합할 것이고, 진·제가 연합하면 걱정거리가 반드시 닥칩니다."

왕이 말하였다.

"설명하겠는가?"

대답하였다.

"대개 진이 우리 초를 중시하는 까닭은 제가 있음으로 해서입니다. 이제 제에 대하여 관문을 폐쇄하고 종약(從約)을 끊어버리면 초는 고립되는데, 진이 어찌 외로운 나라를 중시하여 상어의 땅 600리를 주겠습니까? 장의가 진에 가면 반드시 왕을 등질 것입니다.

이는 왕께서는 북쪽으로는 제와의 외교관계를 끊고, 서쪽으로는 진에서 새로운 걱정거리를 만들어서 두 나라의 군사가 반드시 함께 닥칠 것입니다. 왕을 위한 계책은 제에게 속으로는 합하면서 겉으로 끊어버리고 사람을 시켜서 장의를 수행하여 가게 하여 진실로 우리에게 땅을 주면 제와 절교해도 늦지 않습니다."

왕이 말하였다.

"바라건대 그대 진자(陳子, 陳軫을 높여 부르는 말)는 입을 다물고 다시 말을 하지 말고, 과인이 땅을 얻는 것을 기다리시오."

마침내 재상의 인새를 장의에게 주고,[43] 그에게 두텁게 하사하였다.

마침내 제에게는 관문을 닫고 종약(從約)을 끊고 한 명의 장군으로 하여금 장의를 따라서 진에 가게 하였다.

장의가 진으로 돌아가서 거짓으로 수레에서 떨어져서 석 달 동안 조회에 나가지 않았다. 초왕이 소식을 듣고 말하였다.

"장의는 과인이 제와 절교한 것이 아직 진실하지 않다는 것일까?"

마침내 용사 송유(宋遺)로 하여금 송의 부절(符節)를 빌려서 북으로 가서 제왕을 욕하게 하였다. 제왕은 크게 노하여 부절을 꺾고 진을 섬겨서 제·진이 교환하며 연합하였다.

장의가 마침내 조현하고 초의 사자(使者)를 보고 말하였다.

"그대는 어찌하여 땅을 받지 않았소? 모소(某所)에서 모소까지는 너비와 길이가 6리요."[44]

사자는 화가 나서 돌아가 초왕에게 보고하였다.

초왕은 크게 노하여 군대를 발동하여 진을 공격하려고 하였다. 진진이 말하였다.

"저 진진이 입을 떼어 말할 수 있습니까? 그를 공격하는 것이 이 기회에 하나의 이름난 도시를 그들에게 뇌물로 주어 그와 힘을 합쳐서 제를 공격하는 것만 못하니 이것이 우리가 진에 잃은 땅을 제에서 빼앗아서 보상받는 것입니다. 이제 왕께서는 이미 제와 절교를 하였는데, 진에게 속인 책임을 지운다면, 이것은 우리가 제·진이 교제하도록 합쳐주어 천하의 군대가 몰려오게 하는 것이니 우리나라는 반드시 크게 상할 것입니다."

초왕은 듣지 않고 굴개(屈匃)로 하여금 군사를 이끌고 진을 치게 하였다.

---

43 장의를 초의 재상으로 임명한 것이다.

44 모소는 특정한 지역의 명칭을 구체적으로 들지 않는 경우에 쓰는데, 실제로는 지명을 말했겠지만 농조로 한 것이어서 믿을 것이 못되어 모소로 기록한 것으로 보인다.

진도 역시 군대를 내서 서장(庶長)[45]인 위장(魏章)으로 하여금 이를 치게 하였다.

• 난왕 3년(己酉, 기원전 312년)[46]

1 봄에 진의 군대가 초와 단양(丹陽, 하남성 淅川縣 경계 지역, 즉 丹水의 북쪽)에서 싸웠는데, 초의 군사가 대패하자, 참수(斬首)한 것이 갑사(甲士) 8만이었고, 굴개와 열후 그리고 집규(執珪)[47] 등 70여 명을 포로로 잡고 드디어 한중군(漢中郡, 서쪽으로는 섬서성 南鄭縣에 이르고 동쪽으로는 호북성 鄖縣과 均縣)을 빼앗았다.

초왕은 국내에 있던 군사를 다 내어서 다시 진을 습격하여 남전(藍田, 섬서성 남전현)에서 싸웠지만, 초의 군대는 대패하였다. 한·위는 초가 곤란하게 된 것을 듣고 남쪽으로 가서 초를 습격하여 등(鄧, 河南省 鄧縣)에 이르렀다. 초인(楚人)들이 이 소식을 듣고 군대를 이끌고 돌아왔으며, 두 개의 성을 잘라내어서 진에 화평하기를 청했다.

2 연인(燕人)들이 공동으로 태자 희평(姬平)을 세웠는데, 이 사람이 소왕(昭王, 4대)이다. 소왕은 연이 파괴된 뒤여서 죽은 사람들에게 조문하고 고아가 된 사람들에게 위문하며 백성들과 고락(苦樂)을 함께 하고 자기 자신을 낮추고 많은 선물을 가지고 현명한 사람을 초청하였다.

---

45 진의 관직명으로 10~11급의 직급이다.

46 이 해는 위(魏) 양왕 7년, 노(魯) 평왕 5년, 한(韓) 선혜왕 21년, 진(秦) 혜왕 13년, 조(趙) 무령왕 14년, 송(宋) 강왕 17년, 연(燕) 소왕 원년, 초(楚) 회왕 17년, 위(衛) 사군 13년, 제(齊) 선왕 8년이다.

47 초나라의 작위 이름이다.

곽외(郭隗)[48]에게 말하였다.

"제는 고(孤, 자신을 낮추어 부른 말)의 나라가 혼란한 것을 이용하여 우리 연을 습격하여 파괴하였는데, 고는 우리 연이 작고 힘도 적어서 보복하기에는 부족하다는 것을 잘 알고 있지만, 그러나 진실로 현명한 선비를 얻어 나라를 함께 하여서 선왕(先王, 희쾌)의 수치를 설욕하는 것을 고의 소원으로 하고 있소. 선생이 그렇게 할 수 있는 사람을 보면 반드시 몸소 그를 섬길 것이오."

곽외가 말하였다.

"옛날의 임금 가운데 천금(千金)을 가지고 연인(涓人)[49]으로 하여금 천리마를 구하게 한 사람이 있었는데, 천리마가 이미 죽어버리자 그 머리를 500금에 사 가지고서 돌아왔습니다. 임금이 크게 화를 냈는데, 연인이 말하였습니다. '죽은 말도 또 이를 사는데, 하물며 산 것이야! 말이 이제 곧 도착할 것입니다.' 1년이 안되어서 도착한 천리마가 3필이나 됐습니다.

이제 왕께서 반드시 선비를 오게 하고 싶다면 먼저 저 곽외에서부터 시작하시면 하물며 저 곽외보다 현명한 사람이야 어찌 천리가 멀다고 하겠습니까?"

이에 소왕이 곽외를 위하여 궁실을 고쳐 지어주고 스승으로 섬겼다. 이에 선비들이 다투어 연으로 나아갔는데, 악의(樂毅)는 위로부터 갔고, 극신(劇辛)은 조로부터 갔다. 소왕은 악의를 아경(亞卿, 부재상)으로 삼고 국정을 맡겼다.

3 한(韓)에서는 선혜왕(宣惠王)이 죽고, 아들인 양왕(襄王, 2대) 한창(韓倉)이 섰다.

---

48 연의 재상이다.

49 항상 데리고 다니는 사람이다.

• 난왕 4년(庚戌, 기원전 311년)[50]

1　　촉의 재상이 촉후(蜀侯)를 살해하였다.[51]

2　　진의 혜왕(惠王)이 사람을 시켜서 초 회왕(懷王, 22대)에게 말하여, 무관(武關, 섬서성 丹鳳縣의 동남쪽) 밖에 있는 것을 가지고 검중(黔中, 호남성 서부와 귀주성 북부)의 땅으로 바꾸자고 하였다.

초왕이 말하였다.

"땅을 바꾸기를 원치 않지만 바라건대 장의[52]를 얻게 된다면 검중의 땅을 바치겠소."

장의가 이를 듣고 가게 해달라고 청하였다. 왕[惠王]이 말하였다.

"초는 장차 그대에게 감심(甘心)[53]을 갖고 있는데 어떻게 간단 말이오?"[54]

장의가 말하였다.

"진은 강하고 초는 약하며 대왕께서 건재하신데, 초에서 의당 감히 신을 빼앗지 못합니다. 또한 신이 그의 가까운 신하인 근상(靳尙)에게 잘 해 두었는데, 근상은 총애하는 애첩 정수(鄭袖)를 잘 섬기고 있으며, 정수의 말이면 왕은 들어주지 않는 것이 없습니다."

---

50 이 해는 위(魏) 양왕 8년, 노(魯) 평왕 6년, 한(韓) 양왕 원년, 진(秦) 혜왕 14년, 조(趙) 무령왕 15년, 송(宋) 강왕 18년, 연(燕) 소왕 2년, 초(楚) 회왕 18년, 위(衛) 사군 14년, 제(齊) 선왕 9년이다.

51 이때 촉의 재상은 진나라에서 세웠던 진장(陳莊)이었고, 촉후는 진에서 세운 영통(嬴通)이므로 진장이 진에 대하여 반기를 든 것이다.

52 회왕(懷王)은 장의(張儀)에게 속아서 땅을 빼앗겼었다.

53 마음으로 달가워하는 것인데, 여기서는 더 나아가서 마음속에 벼르고 있다는 뜻이다.

54 장의는 이미 초나라를 속였었다.

드디어 갔다.

초왕이 가두고 장차 그를 죽이려고 하였다. 근상이 정수에게 말하였다.

"진왕이 장의를 아주 아껴서 장차 상용(上庸)에 있는 여섯 현(縣)과 미녀를 가지고서 그를 대속(代贖)해달라고 할 것입니다. 왕은 땅을 중히 여기지만 진을 높이고 있으니, 진의 여인은 반드시 귀할 것이니, 부인이 물리치시오."

이에 정수가 밤낮으로 울면서 초왕에게 말하였다.

"신하는 각기 그의 주인을 위할 뿐입니다. 지금 장의를 죽이면 진에서는 반드시 크게 노할 것입니다. 첩(妾)이 청컨대 아들과 어미 모두를 강남으로 옮겨 주셔서 진의 어육(魚肉)이 되지 말게 하여 주십시오."

왕[楚王]은 마침내 장의를 사면해주고 후하게 예우하였다.

장의는 이를 이용하여 초왕에게 유세하였다.

"대개 종약(從約)이라는 것은 많은 양떼를 몰아서 맹호를 공격하게 하는 것과 다름이 없어서 감당하지 못할 것이 분명합니다. 이제 왕께서는 진을 섬기지 않으면 진은 한을 겁주고 양(梁, 위의 도읍)을 몰아 초를 공격할 것이니 초는 위험합니다. 진은 서쪽으로 파(巴, 사천성 중경시)와 촉(蜀, 四川省 성도시)을 소유하고 있으니, 배를 잘 다듬고 곡식을 쌓아 가지고 민강(岷江)[55]에서 배를 띄워 아래로 내려오면 하루에 500여 리(里)를 달리게 되니 10일이 못되어 한관(扞關, 사천성 奉節縣)을 마주하게 됩니다.

한관에서 놀라면[56] 경계선을 좇아서 그 동쪽으로는 모두 성을 지켜야 되는데 검중(黔中, 호남성 沅陵縣)과 무군(巫郡, 사천성 巫山縣)은 왕의 소유가 안 됩니다.

진이 갑옷을 갖춘 병사를 들어서 무관(武關, 섬서성 丹鳳縣의 경계 지역)

---

55 사천성 경계 지역에서 양자강으로 흐른다.

56 전쟁을 말한다.

에서 내보낸다면 북쪽 땅은 끊어집니다. 진의 군사가 초를 공격하면 위태롭고 어려움은 석 달 안에 나타나고, 초가 제후들의 구원을 기다리는 데는 반년이 넘게 걸리니, 무릇 약한 나라가 구원해 줄 것을 기다리며 강한 진의 화(禍)를 잊어버리려고 한다면, 이는 신이 대왕을 위하여 걱정하는 바입니다.

대왕께서 진실로 신의 말을 들으실 수 있다면 신이 청컨대 진과 초로 하여금 오랫동안 형제의 나라가 되게 하여 서로 공격하거나 치지 않게 하십시오."

초왕은 이미 장의를 얻었으므로[57] 검중의 땅을 내주기 어려웠지만 마침내 이를 허락하였다.

장의가 드디어 한(韓)으로 가서 한왕에게 유세하였다.

"한의 땅은 험악한 산에 자리 잡고 있어서 오곡으로 나는 것은 콩이 아니면 밀이니, 나라에는 2년 먹을 식량이 없고 현재의 군졸도 20만에 지나지 않습니다. 진은 갑옷을 입은 사람이 1백만 명입니다.

산(山, 효산)의 동쪽에 있는 병사[58]들은 갑옷을 입고 투구를 쓰고서 만나 전투를 하고, 진인(秦人)들은 갑옷을 벗어버리고 빈 몸으로 적을 쫓는데, 왼쪽 겨드랑이에는 사람의 머리를 끼고 오른 쪽에는 살아 있는 포로를 끼고 있습니다. 무릇 싸우는데 맹분(孟賁)·오획(烏獲)[59] 같은 군사들로 복종하지 않는 약한 나라를 공격하는 것은 마치 천균(千鈞)의 무게를 새의 알 위에 놓는 것과 다름이 없으니 반드시 요행은 없습니다.

대왕께서 진을 섬기지 않으면 진은 갑병을 내려보내 의양(宜陽, 하남성 의양현)을 점거하고 성고(成皐, 하남성 滎陽 汜水)에 요새를 만들면 왕의 나

57 진에 대하여 장의를 보내달라고 하였고, 그 요구에 따라서 장의가 초에 왔으므로 장의를 얻은 것이다.

58 주로 진(秦)나라와 맞서는 나라로 중국의 동부에 있던 나라를 말한다.

59 맹분·오획은 옛날의 용사 이름이다.

라는 나누어지고, 홍대(鴻臺)의 궁궐과 상림(桑林)의 정원은 왕의 소유가 아닙니다. 대왕을 위하여 계책을 세운다면 진을 섬기며 초를 공격하는 것만 못하고, 진을 섬겨 화(禍)를 돌려서 진을 즐겁게 하는 것만 못하니, 계책 가운데 이보다 편한 것은 없습니다."

한왕이 이를 허락하였다.

장의가 진으로 돌아와서 보고하니, 진왕은 여섯 읍을 가지고서 책봉하여 무신군(武信君)[60]이라고 불렀다. 다시 동쪽으로 가게 하여 제왕에게 유세하게 하였다.

"합종을 주장하는 사람으로 대왕에게 반드시 말했을 것입니다. '제(齊)는 삼진(三晉, 한·위·조)으로 가려 있는데 땅은 넓고 백성들은 많으며 무기는 강하고 병사는 용맹하니, 비록 1백 개의 진이 있다고 하여도 장차 제(齊)를 어찌 하겠습니까?' 대왕께서는 그 유세를 현명하다고 생각하시고 그 실제를 계산하지 않았습니다.

지금 진·초는 딸을 출가시키고, 며느리를 맞아들이면서 형제의 나라가 되었고, 한은 의양을 바쳤으며, 양(梁)[61]은 하외(河外, 황하의 이남)로 모범을 보였으며, 조왕은 들어와 조현하고 하간(河間, 황하와 漳河의 사이)을 베어 내서 진을 섬기고 있습니다.

대왕께서 진을 섬기지 않으면 진은 한·양을 몰아서 제의 남쪽을 공격

---

60 군은 작위이다. 춘추전국시대에는 주나라 왕이 봉한 봉국의 임금에게 내리는 작위는 공·후·백·자·남(公·侯·伯·子·男)이었다. 그런데 일반적으로 제후는 공(公)으로 불렸고, 그 이하는 모두 군(君)으로 불렸다. 그런데 전국시대가 되면서 봉국이 왕국으로 바뀌면서 그 부하에 대해서도 공·후·백·자·남으로 불렀지만 원래의 관습대로 그냥 군(君)으로 부르고 조금 후에는 후(侯)로 봉하게 된다. 이러던 것이 한대에 이르러 남성들에게 내리는 작위는 공·후·백·자·남으로 하고 여성에게 작위를 줄 때는 군(君)에 봉하였다.

61 양(梁)은 나라 이름이 아니고 위(魏)를 가리키는데, 위의 도읍이 대량이기 때문에 위를 양으로 호칭하게 된 경우가 있다.

하고 또 조의 군사를 다 동원하여 청하(淸河, 산동성 북방에 있는 하천)를 건너서 박관(博關, 산동성 博興縣 경계 지역)을 겨냥하면 임치(臨淄, 산동성 淄博市)와 즉묵(卽墨, 산동성 平度縣)은 왕의 소유가 아닙니다. 나라가 어느 날 이러한 공격을 만나면 비록 진을 섬기고 싶어도 할 수 없게 될 것입니다."

제왕이 장의에게 허락하였다.

장의가 떠나서 서쪽으로 가서 조왕에게 유세하였다.

"대왕께서 천하를 거두어 잘 통솔하시어 진을 막으시니 진의 군사가 감히 함곡관(函谷關)을 나오지 못한 지 15년입니다. 대왕의 위엄은 산[崤山]의 동쪽에서 드날렸으며 폐읍(敝邑)[62]도 두려워했는데 갑옷을 수선하고, 무기를 벼리며 힘써 밭갈이 하여 곡식을 쌓아놓고서 벌벌 떠는 곳에서 근심하며 살면서 감히 동요하지 않는 것은 오직 대왕께서 마음속으로 감독하는 것이 지나치기 때문입니다.

지금 대왕의 힘을 가지고 파·촉(巴·蜀)을 들어내고[63] 한중(漢中, 섬서성 남부, 호북성의 서북부)을 합병하고 양주(兩周)[64]를 포위하며 백마진(白馬津, 하남성 滑縣)을 지키고 있습니다.

진은 비록 벽지(僻地)의 먼 곳에 있지만 그러나 마음에 분함을 갖고 화가 난 지 오래 되었습니다. 이제 진이 헌 갑옷과 무딘 무기로 면지(澠池, 하남성 면지현)에 진을 치고, 황하를 건너고 장수(漳水)를 넘고 반오(番吾, 하북성 磁縣)를 점거하고 한단(邯鄲, 하북성 한단시, 조의 도읍)의 아래에서 만나기를 원하며, 갑사들로 만나 싸우기를 원하니, 바로 은(殷)나라의

---

62 말하는 사람이 자기 나라를 낮추어 겸손한 말로 표현한 것인데, 여기서는 장의가 진을 폐읍이라고 한 것이다.

63 파·촉을 들어낸 사실은 신정왕 5년(기원전 316년)에 일어났고, 한중을 합병한 사실은 난왕 2년(기원전 313년)에 있었다.

64 난왕 원년(기원전 314년)에 한(韓)·위(魏)를 복종시켰으므로 두 개의 주를 포괄하게 된 것이다.

주(紂) 임금의 일[65]입니다. 삼가 사신들로 하여금 먼저 좌우에서 소식을 들어보도록 하십시오.

이제 진과 초는 형제의 나라가 되었으며, 한·양은 동쪽에 있는 울타리[東藩]라는 신하로 불리며, 제는 어염(漁鹽)의 땅[66]을 바쳤으니, 이것은 조의 오른쪽 어깨를 자른 것입니다. 대개 오른쪽 어깨를 잘리고 다른 사람과 싸우면서 그 무리를 잃고 외로움에 처하게 되었다면 위험에 처하지 말기를 바라지만 가능하겠습니까?

이제 진은 세 장군을 출동시켰는데, 그 한 군(軍)은 오도(午道)[67]를 막고 제에 이야기하여 청하(淸河)를 건너게 하여 한단의 동쪽에 진을 치게 하고, 한 군(軍)은 성고(成皐, 하남성 滎陽縣)에 진을 치며 한·양을 몰아서 하외(河外, 장수 이남)에 진을 치고, 한 군은 면지에 진을 치는데, 네 나라를 묶어서 하나로 만들어 조를 공격한다면 조는 항복하게 되고 반드시 그 땅이 네 조각으로 나누어질 것입니다.

신이 가만히 대왕을 위하여 계책을 세운다면 진왕과 얼굴을 맞대고 서로 맹약하고 말로 서로 맺어서 항상 형제의 나라가 되는 것 만한 것이 없습니다."

조왕이 이를 허락하였다.

장의가 마침내 북으로 가서 연에 갔고, 연왕에게 유세하였다.

"이제 조왕이 이미 들어와 조현하고 하간(河間)을 본보기로 하여 진을 섬깁니다. 대왕께서 진을 섬기지 않으시면 진이 군사를 운중(雲中, 내몽골 托克托縣)과 구원(九原, 내몽골 包頭市)으로 내려보내고 조를 몰아서 연을

65 주 무왕이 은나라의 주를 친 일을 말한다.

66 바닷가의 물고기와 소금이 나는 땅을 말하는데, 막대한 경제적 이익이 거둘 수 있었다. 이 당시 제는 아직 이를 바치지 않았지만 장의가 조를 두렵게 하려고 한 말이다.

67 자세하지는 않으나 제(齊)와 조(趙)의 변경일 것이다.

공격하게 한다면 역수(易水)와 장성(長城)[68]은 대왕의 소유가 아닐 것입니다.

또 지금의 시점에서 제와 조란 진에게 있어서는 오히려 군현(郡縣) 같이 되어 버렸는데, 감히 망령되게 군사를 들어서 진을 치지 않을 것입니다. 이제 왕께서 진을 섬기시면 오랫동안 제와 조의 걱정을 없이 할 것입니다."

연왕이 상산(常山, 하북 正定 이북)[69]의 끝에 있는 다섯 성을 바치면서 화의하였다.

장의가 보고하려고 돌아가면서 함양(咸陽)에 아직 도착하지 못하였는데, 혜왕이 죽었고 아들 무왕(武王)이 섰다. 무왕은 태자가 되었을 때부터 장의를 좋아하지 않아서 즉위하게 되자 여러 신하들은 대부분 그를 단점으로 헐뜯었다. 제후들이 장의와 진왕이 틈이 생겼다는 말을 듣고 모두 연형(連衡)을 배반하고 다시 합종(合從)하였다.

• 난왕 5년(辛亥, 기원전 310년)[70]

1 장의가 진 무왕에게 유세하였다.

"왕을 위한 계책이라는 것은 동쪽에서 변란이 있고 그런 다음에야 왕께서는 토지를 많이 잘라서 얻을 수 있는 것입니다. 신(臣)이 듣건대 제

---

68 역수는 하북성 역현을 거쳐서 연나라의 남쪽으로 흐르는 강이고, 장성은 연나라의 장성을 말한다.

69 이 산은 원래 항산(恒山)인데, 한나라 문제의 휘가 항(恒)이기 때문에 피휘법에 의하여 항과 같은 뜻의 상(常)으로 바꾸어 써서 상산이라고 한 것이다.

70 이 해는 위(魏) 양왕 9년, 노(魯) 평왕 7년, 한(韓) 양왕 2년, 진(秦) 무왕 원년, 조(趙) 무령왕 16년, 송(宋) 강왕 19년, 연(燕) 소왕 3년, 초(楚) 회왕 19년, 위(衛) 사군 15년, 제(齊) 선왕 10년이다.

왕(齊王)은 신을 무척 미워한다고 하니, 신이 있는 곳은 제(齊)가 반드시 이를 칠 것입니다.

신이 원하여 빌건대 이 불초한 몸으로 양(梁, 위의 도읍)에 가게 하여주시면 제는 반드시 양을 칠 것이고, 제와 양이 교전하면 서로 물러날 수 없으니 왕께서는 그 사이에 한을 쳐서 삼천(三川)[71]으로 들어가시고 천자를 끼고 도서(圖書)와 호적(戶籍)을 살피는데 이것이 왕업(王業)입니다."

왕이 이를 허락하였다. 제왕이 과연 양을 치니 양왕은 두려워했다.

장의가 말하였다.

"왕이시여, 걱정할 것 없습니다. 청컨대 제나라로 하여금 군사를 철수하도록 하게 해주십시오."

마침내 장의는 그의 사인(舍人)으로 하여금 초에 가게 하여 사자를 빌려서 제왕에게 말하게[72] 하였다.

"심하십니다. 왕께서 장의를 진에 부탁하시다니요."

제왕이 말하였다.

"어떠한 연고요?"

초의 사자가 말하였다.

"장의가 진을 떠난 것은 진실로 진왕과 모의를 한 것이고, 제와 양이 서로 공격하게 하고 진으로 하여금 삼천(三川, 낙양지구)을 빼앗게 하려는 것입니다. 이제 과연 양을 치면 이는 왕이 안으로는 나라를 피로하게 하고, 밖으로는 동맹국을 치는 것이니, 진왕에게 장의를 신임하게 하는 것입니다."

제왕은 마침내 군사를 풀고 돌아갔다. 장의는 위의 재상이 되었다가 1년 만에 죽었다.

---

71 이수(伊水)·낙수(洛水)·황하가 모이는 곳이다.

72 장의의 사인이 초에 들어가서 초로 하여금 사신을 내어 제로 보내서 말하게 한 것이다.

장의와 소진은 모두 종횡가(縱橫家)의 술수를 가지고 제후들에게 유세하여 자리를 차지하고 부귀를 얻으니, 천하의 모든 사람들이 다투어 흠모하여 이를 본받았다. 또 위나라 사람 중에 공손연(公孫衍)이라는 사람이 있어서 호를 서수(犀首)라고 하였는데, 역시 말 재주로 이름이 드러났다.

그 나머지로서는 소대(蘇代)·소려(蘇厲)·주최(周最)·누완(樓緩)의 무리가 천하에 두루 퍼져서 분분하게 움직이면서 변설로 속이는 것으로 서로 높고자 힘썼던 것은 이루 기록할 수가 없는데, 장의·소진·공손연이 제일 저명하였다.

❖ 맹자(孟子)가 이를 평론하였습니다.

어떤 사람이 말하였다.

"공손연·장의가 어찌 대장부가 아닌가? 한 번 화를 내면 제후들이 두려워하였고, 그들이 편안히 있으면 천하는 종식(終熄)되었지요?"

맹자가 말하였다.[73]

"이들이 어찌 충분히 대장부라고 할 수 있겠는가? 군자는 천하의 올바른 자리에 서고 천하의 올바른 도리를 행하는데, 뜻을 얻으면 백성들과 더불어 이를 말미암고 뜻을 얻지 못하면 홀로 그 도리를 실천하는 것뿐이고, 또한 부귀하더라도 음란하지 않고, 빈천하다 하더라도 바꾸지 않으며, 위엄과 무력이 굴복시킬 수 없는데, 이런 사람을 대장부라고 하는 것이다."[74]

---

73 맹자의 대답이다. 사실 옛날의 글 쓰는 방법은 자문자답하는 형식을 채용했는데, 어떤 사람이 말하였다는 것은 자문(自問)인 셈이다.

74 이는 《맹자(孟子)》 〈등문공(藤文公)〉 하에 실려 있는 것이다.

❖ 양자(揚子)의 《법언(法言)》에서 말하였습니다.

어떤 사람이 물었다.

"장의와 소진은 귀곡자(鬼谷子)의 술수를 배우고 종횡(縱橫)하는 말을 익혀서 중국(中國)[75]을 편안하게 한 것이 각기 10여 년이라고 하는데 그러합니까?"

말하였다.

"사람을 속인 것이니 성인은 그를 미워하였다."

말하였다.

"공자의 말씀은 읽히지만, 장의와 소진은 실천하였다는데 어떠합니까?"

말하였다.

"심하도다. 봉황은 울지만 독수리는 날갯짓을 하는구나!"

"그렇다 하여도 자공(子貢)[76]은 행하지 않았습니까?"

말하였다.

"어지러워졌는데 해결하지 못하면 자공은 이를 부끄러워하였다. 유세하고도 부귀하지 않으면 장의와 소진은 이를 부끄러워했느니라."

어떤 사람이 말하였다.

"장의와 소진이 가진 재주에 있어서 그 족적은 아직 밟아보지 않은 것이지요?"

말하였다.

"옛날에 아첨하는 사람이 있었는데, 황제가 이를 거절하였다. 재

---

75 국호는 아니고 다만 중원지역 또는 중원지역에 있는 나라라는 일반 명사이다.

76 공자의 제자로 기원전 484년에 제(齊)가 공자의 나라인 노(魯)를 치자 공자는 자공을 초에 파견하여 원병을 청했고, 노나라는 제를 대파하였다.

주를 가지고 한 것이 아닌가? 재주, 재주라고 하지만 우리 문도들이 말하는 재주는 아니다!"[77]

77 이 《법언》 역시 자문자답하는 형식으로 자기의 생각을 밝혔다.

무령왕과 선태후, 맹상군과 평원군 그리고 추연

2 진왕이 감무(甘茂)를 시켜서 촉의 재상 진장(陳莊)을 주살하였다.[78]

3 진왕과 위왕이 임진(臨晉, 산서성 임진현)에서 회합[79]을 가졌다.

4 조의 무령왕(武靈王)이 오광(吳廣)의 딸 맹요(孟姚)를 맞이하여 총애하였는데, 이 사람이 혜후(惠后)이며, 아들 조하(趙何)를 낳았다.

• 난왕 6년(壬子, 기원전 309년)[80]

1 진에서 처음으로 승상(丞相)[81]을 두었는데, 저리질(樗里疾)을 우승

78 지난해 즉, 난왕 4년(기원전 309년)에 촉의 재상이 촉후(蜀侯)를 살해하였다. 그런고로 이 해에 촉의 재상을 주살한 것이다.

79 이 당시의 국제관계는 회의를 하면 회(會)라고 하고, 만나서 맹약을 하면 맹(盟)이라고 하여 이를 회맹(會盟)이라고 한다.

80 이 해는 위(魏) 양왕 10년, 노(魯) 평왕 8년, 한(韓) 양왕 3년, 진(秦) 무왕 2년, 조(趙) 무령왕 17년, 송(宋) 강왕 20년, 연(燕) 소왕 4년, 초(楚) 회왕 20년, 위(衛) 사군 16년, 제(齊) 선왕 11년이다.

81 승(丞)은 잇는다는 뜻이고 상(相)은 돕는다는 뜻이다. 그러므로 승상은 제왕의

상으로 삼았다.

• 난왕 7년(癸丑, 기원전 308년)[82]

1 진과 위가 응(應, 하남성 魯山縣)에서 회합하였다.

2 진왕이 감무로 하여금 위와 맹약을 하여 한(韓)을 치게 하였는데, 향수(向壽)로 하여금 보필하며 가게 했다. 감무는 향수로 하여금 돌아가게 하고 왕에게 말하였다.

"위는 신의 말을 듣지만 그러나 바라건대 왕께서는 치지 마십시오."

왕은 감무를 식양(息壤, 현재의 지명은 모름)에서 영접하고, 그 연고를 물었다.

대답하였다.

"의양(宜陽, 하남성 의양현, 한의 영역)은 커다란 현(縣)이어서 실제로는 군(郡)입니다. 이제 왕께서 수많은 험악한 지세를 등지고 천리를 가서 그 곳을 공격하기가 어렵습니다. 노인(魯人) 가운데 증삼(曾參)[83]과 같은 이름을 가진 사람이 사람을 죽인 일이 있자 어떤 사람이 그의 어머니에게 알렸더니, 그의 어머니가 길쌈하는 것이 태연자약하였습니다. 세 사람이나 와서 이를 알리게 되자 그의 어머니는 길쌈하는 베틀을 버려두고 담을 넘어서 도주하였습니다.

뜻을 이어받아서 그것을 돕는 직책인 것이다.

82 이 해는 위(魏) 양왕 11년, 노(魯) 평왕 9년, 한(韓) 양왕 4년, 진(秦) 무왕 3년, 조(趙) 무령왕 18년, 송(宋) 강왕 21년, 연(燕) 소왕 5년, 초(楚) 회왕 21년, 위(衛) 사군 17년, 제(齊) 선왕 12년이다.

83 공자의 제자 가운데 한 사람이다.

신(臣)의 현명함은 증삼만은 못하고 왕께서 저를 믿으시는 것 또한 그의 어머니만 못하며, 신을 의심하는 사람이 다만 세 사람뿐만이 아닐 터인데, 신은 대왕께서 길쌈하는 베틀을 놓아 버릴까 두려워합니다.

위의 문후(文侯)는 악양(樂羊)으로 하여금 군사를 거느리고 중산(中山, 하북성 靈手에서 唐縣에 이르는 일대)을 공격하게 하여 3년이 되어서 이를 뽑아버렸습니다.[84] 돌아오자 공로를 평가하는데, 문후는 그에게 그를 비방하는 편지 한 궤짝을 보여주었습니다. 악양이 두 번 절하고 머리를 조아리며 말하였습니다. '이것은 신의 공이 아니고 주군의 공입니다.' 이제 신은 기려(羈旅)의 신하이고 저리자와 공손석(公孫奭)[85]이 한을 끼고서 이를 논의하니, 왕께서는 반드시 이 말을 듣게 될 것인데, 이는 왕께서 위왕을 속이나, 신은 공중치(公仲侈)[86]의 원망을 받을 것입니다."

왕이 말하였다.

"과인은 못 들었지만 청컨대 그대와 맹약[87]하겠소!"

마침내 식양에서 맹약하였다. 가을에 감무와 서장(庶長)[88] 영봉(嬴封)이 군사를 거느리고 의양을 쳤다.

• 난왕 8년(甲寅, 기원전 307년)[89]

---

84 이 사실은 주 위열왕 23년(기원전 403년)에 있었고, 《자치통감》 권1에 실려 있다.

85 기려는 여행객이라는 말인데, 감무는 초의 하채인으로 진에 와 있으므로 나그네이며, 저리자는 우승상이고, 공손석은 좌승상이다.

86 공중치는 감무의 옛 친구이며 한(韓)나라의 재상이다. 따라서 감무는 친구와 개인적으로 연락할 것이라는 모함을 받을 수 있다.

87 맹약은 하늘을 향해 맹서하는 의식이다.

88 진의 관직명으로 10~11급의 관직이다.

89 이 해는 위(魏) 양왕 12년, 노(魯) 평왕 10년, 한(韓) 양왕 5년, 진(秦) 무왕 4년, 조(趙) 무령왕 19년, 송(宋) 강왕 22년, 연(燕) 소왕 6년, 초(楚) 회왕 22년, 위

1 감무가 의양을 공격하여 5개월이 되어도 뽑지 못하였다. 저리자와 공손석이 과연 이것으로 다투었다. 진왕은 감무를 불러서 군사를 철폐하려고 하였다. 감무가 말하였다.

"식양이 저기 있습니다."

왕이 말하였다.

"있지."

이어서 크게 모든 군사를 일으켜서 감무를 도우니, 참수(斬首)한 것이 6만이고 드디어 의양을 뽑아버렸다. 한의 공중치가 진에 들어가서 사죄하고 화의를 청하였다.

2 진의 무왕은 힘쓰는 놀이를 좋아하여, 역사(力士)인 임비(任鄙)·오획(烏獲)·맹열(孟說)이 높은 관직에 올랐다. 8월에 왕이 맹열과 함께 솥[鼎][90] 들기를 하다가 맥이 끊어져서 죽으니, 맹열은 멸족(滅族)되었다.

무왕에게는 아들이 없었고, 이복동생 영직(嬴稷)이 연에 인질로 가 있었는데, 그 나라 사람들이 그를 맞이하여 세우니, 이 사람이 소양왕(昭襄王)이다. 소양왕의 어머니인 미팔자(芈八子)는 초나라의 여인인데, 실은 선태후(宣太后)이다.

3 조에서는 무령왕이 북쪽으로 중산(中山, 하북성 靈壽에서 唐縣 일대)의 땅을 경략하여 방자(房子, 하북성 臨城縣)에 이르렀다가 드디어 대(代, 하북성 蔚縣)에 이르고, 북쪽으로 무궁(無窮)[91]에 이르렀다가 서쪽으로 황

(衛) 사군 18년, 제(齊) 선왕 13년이다.

90 진 무왕이 정을 들다가 죽은 것은 진나라에서의 일이 아니다. 《사기(史記)》에 의하면 감무가 의양을 점령하자 진나라 무왕이 낙양에 도착하여 주왕을 배알하고 여기서 주의 9정을 들다가 죽은 것이다.

91 지금의 지명은 분명치 않다. 다만 무궁이 아니라 무종(無終)이라면 이곳은 하북

하에 갔다가 황화산(黃華山)의 위에 올랐다.

비의(肥義)와 더불어 호족(胡族)들의 복장[92]을 입고 말 타며 활 쏘는 것을 백성에게 가르칠 것을 도모하며 말하였다.

"어리석은 사람이 비웃는 바라도 현명한 사람이 잘 살펴본다. 비록 세상을 몰아붙여서 나를 비웃더라도 호(胡)지역의 중산(中山)은 내가 반드시 이를 소유하겠다."

호복(胡服)을 하였다.

그 나라 사람들이 모두 원치 않는데, 공자(公子) 조성(趙成)[93]은 아프다고 하면서 조회에 나오지 않았다. 왕이 사람을 시켜서 그를 청하면서 말하였다.

"집에서는 부모의 말을 듣고, 나라에서는 임금의 말을 듣는 것입니다. 이제 과인이 복장을 바꿀 것을 가르치고자 하는데, 공숙(公叔, 조성)[94]이 복종하지 않으면 나는 천하에서 이를 그치게 했다고 논의할까 걱정입니다. 나라를 통제하는 데는 변함없는 것이 있는데 백성을 이롭게 하는 것이 그 근본이고 정치에 종사하는 데는 경륜이 있는데 명령을 실천하는 것을 그 제일 위로 칩니다.

덕을 밝히는 것은 천(賤)한 사람의 입장에서 논해야 하고, 정치를 좇게 하는 것은 먼저 귀한 사람들에게서 믿겨져야 하니, 그러므로 바라건대 공숙을 사모하는 뜻으로 호복(胡服)을 입힌 공로를 성공(成功)시키고

성 옥전(玉田)의 서쪽에 있다.

92 전국시대의 중국 사람들의 복장은 치마가 넓고 소매도 넓어서 자원의 낭비뿐만 아니라 행동도 불편하고 더욱이 전투에 참여할 경우에는 불편하기 그지없었다. 그에 비해 호(胡)지역 사람들의 옷은 짧고 소매가 짧아서 활동하기가 아주 쉬웠다.

93 무령왕 조옹(趙雍)의 숙부이다.

94 공자(公子)이신 숙부라는 말로 조성을 말한다.

자 합니다."[95]

공자 조성이 두 번 절하고 머리를 조아리며 말하였다.

"신이 듣기로는 중국이라는 것은 성현들이 가르친 곳이며, 예악(禮樂)이 쓰이는 곳이어서 먼 곳에 있는 나라들이 와서 보는 곳이고, 만이(蠻夷)들이 본받으려는 곳입니다. 이제 왕께서는 이것을 버리고 먼 곳의 복장을 이어받으려고 하니, 옛날의 도리를 변화시키는 것이고, 인심에 어긋나는 것이어서 신이 바라건대 왕께서 심사숙고하여 이를 도모하시기 바랍니다."

사자(使者)가 보고하였다. 왕이 스스로 가서 그에게 청하며 말하였다.

"우리나라는 동으로는 제(齊, 도읍은 임치)와 중산(中山, 도읍은 고성)이 있고, 북쪽으로는 연(燕, 도읍은 계성)과 동호(東胡, 도읍은 내몽골 요하 상류)가 있으며, 서쪽으로는 누번(樓煩, 산서성 북부)과 진(秦)과 한의 변경에 있습니다. 이제 말 타고 활 쏘는 준비가 없다면 어떻게 이를 지키겠습니까?

과거시대에 중산은 제의 강한 군사를 등에 업고 우리의 땅을 침략하여 폭행하고, 우리의 백성을 잡아가며, 물을 끌어들여서 호(鄗, 하북성 柏鄉縣)를 포위하여 사직의 신령을 쇠미하게 하니 호는 거의 지키지 못하게 되었습니다.

먼저 가신 임금께서 이를 부끄럽게 여겼으니, 그러므로 과인이 복장을 바꾸고 말 타고 활쏘기 좋도록 하여 사방의 경계선에서의 어려움을 대비하고자 하며, 중산에 대한 원한에 보복하고자 합니다. 숙부께서는 중국의 풍속에 순응하시고 복장을 바꾼다는 명분을 싫어하여서 호에서 일어났던 부끄러움을 잊는 것이니, 과인이 바라는 바가 아닙니다."

---

95 공숙은 야만인의 복장을 입는 것을 반대했는데, 반대로 모든 사람이 흠모하는 공숙 조성이 야만인의 복장을 입는다면 그곳의 사람들이 모두 야만인의 복장을 입을 것이기 때문에 모든 사람이 야만인의 복장을 입을 수 있게 된 공로는 공숙 조성에게 있게 된다는 의미이다.

공자 조성이 명령을 들으니 마침내 호복을 하사하였고, 다음날 입고 조회에 나왔다. 이에 비로소 '호복(胡服)하라는 명령'을 내고, 말 타고 활 쏘는 사람을 초청하였다.

• 난왕 9년(乙卯, 기원전 306년)[96]

1 진의 소왕(昭王, 3대)이 향수(向壽)으로 하여금 의양(宜陽)을 평정하게 하고, 저리자·감무로 하여금 위를 치게 하였다. 감무가 왕에게 말하기를 무수(武遂)[97]를 다시 한에 돌려주라고 하였다.

향수·공손석은 이것을 가지고 다투었지만 달성할 수 없었고, 이로 인하여 그는 감무를 원망하고 참소하였다. 감무는 두려워서 위의 포판(蒲阪, 산서성 永濟縣)을 치는 것을 접어두고 도망하여 갔다. 저리자와 위는 강화하고 군사를 철수하였다. 감무는 다시 제(齊)로 도망하였다.

2 조왕(趙王)이 중산(中山)의 땅을 경략하여 영가(寧葭, 하북성 宣化縣)에 이르렀고, 서쪽으로 호(胡)의 땅을 경략하여 유중(楡中, 내몽골지역 황하의 북쪽)에 이르렀다. 임호왕(林胡王)이 말을 헌납하였다.

돌아와서 누완(樓緩)을 진에 사신으로 보내고, 구액(仇液)을 한에 보냈으며, 왕분(王賁)을 초로 보내고, 부정(富丁)을 위로 보냈으며, 조작(趙

96 이 해는 위(魏) 양왕 13년, 노(魯) 평왕 11년, 한(韓) 양왕 6년, 진(秦) 소양왕 원년, 조(趙) 무령왕 20년, 송(宋) 강왕 23년, 연(燕) 소왕 7년, 초(楚) 회왕 23년, 위(衛) 사군 19년, 제(齊) 선왕 14년이다.

97 무수는 본래 한나라에 속한 땅이었으며, 평양은 그곳에서 70여 리 정도 밖에 떨어지지 않은 가까운 곳이다. 그런데 한나라 선왕들의 묘가 평양에 있었으며, 지난해에 진나라에서 함락시킨 의양에서 황하를 건너면 바로 그곳에 있다.

爵)을 제로 보냈는데, 대(代, 하북성 蔚縣)의 재상인 조고(趙固)가 야만인[胡]을 주관하여 그 병사를 이르게 하였다.

3 초왕이 제·한과 더불어 합종하였다.

• 난왕 10년(丙辰, 기원전 305년)[98]

1 혜성(彗星)이 보였다.

2 조왕이 중산을 치고 단구(丹丘, 하북성 곡양현)·상양(桑陽, 하북성 내원현의 남쪽)·홍지새(鴻之塞, 하북성 定縣의 서부)를 빼앗고, 또 호(鄗, 하북성 栢鄉縣)·석읍(石邑, 하북성 獲鹿縣)·봉용(封龍, 獲鹿縣 남쪽)·동원(東垣, 하북성 正定縣)을 빼앗았다. 중산(中山)은 네 개의 읍을 바쳐서 화의하였다.

3 진의 선태후(宣太后)[99]에게는 이부(異父)의 동생[100]이 있었는데, 양후(穰侯) 위염(魏冉)이라고 하였고, 동부(同父)의 동생[101]은 화양군(華陽君) 미융(芈戎)이라고 하였고, 왕의 동모(同母) 동생[102]은 고릉군(高陵君)·경양군(涇陽君)이라고 하였다. 위염이 제일 똑똑하여 혜왕(惠王, 1대)·무왕

---

98 이 해는 위(魏) 양왕 14년, 노(魯) 평왕 12년, 한(韓) 양왕 7년, 진(秦) 소양왕 2년, 조(趙) 무령왕 21년, 송(宋) 강왕 24년, 연(燕) 소왕 8년, 초(楚) 회왕 24년, 위(衛) 사군 20년, 제(齊) 선왕 15년이다.

99 진나라 소양자의 어머니인데, 그녀는 초나라 사람으로 미팔자(芈八子)이다. 기원전 308년에 그의 아들이 죽은 무왕을 이어서 진나라의 왕이 되었다.

100 어머니는 같지만 아버지가 다른 경우를 말한다.

101 아버지는 같지만 어머니가 다른 경우이다.

102 어머니가 같고 아버지가 다른 경우이다.

(武王, 2대) 때부터 직책을 맡아서 일을 전횡하였다.

무왕이 죽자 여러 동생들이 다투어 섰지만 오직 위염만은 힘으로 현재의 소왕(昭王)을 세울 수 있었다. 소왕이 즉위하자 위염을 장군으로 삼아 함양(咸陽)을 호위하게 하였다.

이 해에 서장(庶長)[103]인 영장(嬴壯)이 대신·여러 공자(公子)들과 더불어 난을 일으키기로 모의하자 위염이 이들을 주살하였는데, 혜문후(惠文后)[104]에 이르러서도 모두 잘 죽지 못하기에 이르렀고, 도무왕후(悼武王后, 2대 武王의 妃)는 위에서 살았고,[105] 왕(王)의 형제 가운데 착하지 못한 사람은 위염이 다 없앴다. 왕이 어려서 선태후가 스스로 일을 처리하면서 위염에게 정치를 하도록 맡기니 위엄은 진나라를 떨게 했다.

• 난왕 11년(丁巳, 기원전 304년)[106]

1 진왕·초왕이 황극(黃棘, 하남성 新野縣)에서 동맹을 맺고, 진은 다시 상용(上庸, 호북성 竹山縣)을 초에 주었다.[107]

• 난왕 12년(戊午, 기원전 303년)[108]

103 진의 관직으로 10~11급이다.

104 혜문후는 소양왕(昭襄王)의 적모(嫡母)이다.

105 도무황후는 위에서 시집간 사람이어서 친정나라로 도망한 것이다.

106 이 해는 위(魏) 양왕 15년, 노(魯) 평왕 13년, 한(韓) 양왕 8년, 진(秦) 소양왕 3년, 조(趙) 무령왕 22년, 송(宋) 강왕 25년, 연(燕) 소왕 9년, 초(楚) 회왕 25년, 위(衛) 사군 21년, 제(齊) 선왕 16년이다.

107 난왕 3년(기원전 312년)에 진이 초의 군대를 패배시키고 초의 상용을 빼앗았는데 이를 돌려준 것이다.

1 혜성이 나타났다.

2 진이 위의 포판(蒲阪, 산서성 永濟縣)·진양(晉陽, 永濟縣의 동쪽)·봉릉(封陵, 산서성 永濟縣 封陵)을 빼앗고, 또 한의 무수(武遂, 산서성 垣曲縣 경계 지역)도 빼앗았다.

3 제·한·위는 초가 그들 합종의 맹약[109]을 배반하였기 때문에 군사를 합하여 초를 쳤다. 초왕은 태자 미횡(芈橫)으로 하여금 진에 인질로 가게하며 구원해주기를 요청하였다. 진의 객경(客卿)[110]인 통(通)이 군사를 거느리고 초를 구원하니, 세 나라는 군사를 이끌고 갔다.

• 난왕 13년(己未, 기원전 302년)[111]

1 진왕·위왕·한의 태자 한영(韓嬰)이 임진(臨晉, 섬서성 大荔縣)에서 회합하고, 한의 태자가 함양(咸陽, 진의 도읍, 섬서성 서안시)에 갔다가 돌아왔는데, 진은 다시 포판(蒲阪, 산서성 永濟縣)을 위에 돌려주었다.[112]

---

108 이 해는 위(魏) 양왕 16년, 노(魯) 평왕 14년, 한(韓) 양왕 9년, 진(秦) 소양왕 4년, 조(趙) 무령왕 23년, 송(宋) 강왕 26년, 연(燕) 소왕 10년, 초(楚) 회왕 26년, 위(衛) 사군 22년, 제(齊) 선왕 17년이다.

109 주 난왕 9년(기원전 306년)에 초는 제·한과 합종하였다.

110 다른 지역 출신의 손님으로 경의 대접을 하는 사람이다.

111 이 해는 위(魏) 양왕 17년, 노(魯) 평왕 15년, 한(韓) 양왕 10년, 진(秦) 소양왕 5년, 조(趙) 무령왕 24년, 송(宋) 강왕 27년, 연(燕) 소왕 11년, 초(楚) 회왕 27년, 위(衛) 사군 23년, 제(齊) 선왕 18년이다.

112 지난해(기원전 303년)에 진이 위의 포판을 빼앗았었다.

2 진의 대부 가운데 사사로이 초의 태자와 싸운 사람이 있었는데, 태자가 그를 죽이고 도망하여 돌아갔다.[113]

• 난왕 14년(庚申, 기원전 301년)[114]

1 일식이 있었는데 개기식(皆旣食)이었다.

2 진인(秦人)들이 한의 양(穰, 한남성 鄧縣)을 빼앗았다.

3 촉(蜀, 진의 소유)의 군수 영휘(嬴煇)가 진을 배반하자 진의 사마착(司馬錯)이 가서 그를 주살하였다.

4 진의 서장 영환(嬴奐)이 한·위·제의 군사를 모아 가지고 초(楚)를 치는데[115] 중구(重丘, 하남성 泌陽)에서 그 군사를 패퇴시키고, 그 장수 당매(唐昧)를 죽이고, 드디어 중구를 빼앗았다.

5 조왕이 중산을 치니, 중산군(中山君)이 제로 달아났다.[116]

---

113 초의 태자가 진나라에서 대부를 죽이고 자기 나라인 초로 도망한 것이다.

114 이 해는 위(魏) 양왕 18년, 노(魯) 평왕 16년, 한(韓) 양왕 11년, 진(秦) 소양왕 6년, 조(趙) 무령왕 25년, 송(宋) 강왕 28년, 연(燕) 소왕 12년, 초(楚) 회왕 28년, 위(衛) 사군 24년, 제(齊) 선왕 19년이다.

115 초의 태자가 진의 대부를 죽이고 도망한 것에 대한 보복이다.

116 중산국이 제의 힘을 빌어 조를 쳤던 일 이후로 조는 계속하여 중산국을 공격하였고, 중산국의 주군은 직위가 군(君)이었다.

• 난왕 15년(辛酉, 기원전 300년)[117]

1 진의 경양군(涇陽君)[118]이 제(齊)의 인질이 되었다.

2 진의 화양군(華陽君)이 초를 쳐서 초의 군사를 대파하고 참수(斬首)한 것이 3만이었으며, 그 장수 경결(更缺)을 죽이고 초의 양성(襄城, 하남성 양성현)을 빼앗았다. 초왕이 두려워서 태자로 하여금 제의 인질이 되게 하여서 화평하기를 청하였다.

3 진의 저리질(樗里疾)[119]이 죽었는데, 조인(趙人)인 누완(樓緩)을 승상으로 삼았다.

4 조의 무령왕(武靈王, 6대)이 어린 아들 조하(趙何)를 사랑하여 그가 살아있을 때 이를 세우고자 하였다.

• 난왕 16년(壬戌, 기원전 299년)[120]

1 5월 무신(戊申)일[121]에 동궁(東宮)에서 큰 조회를 하고 조하에게 나

117 이 해는 위(魏) 양왕 19년, 노(魯) 평왕 17년, 한(韓) 양왕 12년, 진(秦) 소양왕 7년, 조(趙) 무령왕 26년, 송(宋) 강왕 29년, 연(燕) 소왕 13년, 초(楚) 회왕 29년, 위(衛) 사군 25년, 제(齊) 민왕 원년이다.

118 진나라 소양왕의 동생인 연괴(嬴悝)이다.

119 진의 승상이었다.

120 이 해는 위(魏) 양왕 20년, 노(魯) 평왕 18년, 한(韓) 양왕 13년, 진(秦) 소양왕 8년, 조(趙) 무령왕 27년, 송(宋) 강왕 30년, 연(燕) 소왕 14년, 초(楚) 회왕 30년, 위(衛) 사군 26년, 제(齊) 민왕 2년이다.

라를 전하였다.[122] 왕이 종묘(宗廟)에서 예를 마친 후에 나와서 조회에 임석하였고 대부들은 모두 신하가 되었다. 비의(肥義)가 재상이 되고, 아울러 부왕(傅王)이 되었다.

무령왕은 스스로 '주부(主父)'[123]라고 호칭하게 하였다. 주부가 아들로 하여금 나라를 다스리게 하려고 몸소 호복(胡服)을 입고, 사대부를 거느리고 서북쪽으로 가서 호지(胡地, 흉노 땅)를 경략하였다. 장차 운중(雲中, 내몽골 탁극탁)·구원(九原, 내몽골 包頭市)에서 남쪽으로 가서 함양(咸陽, 진의 도읍)을 습격하려고 하여 이에 속여서 스스로 사자(使者)라고 하고 진에 들어가서 진의 지형과 진왕의 사람됨을 관찰하고자 하였다.

진왕은 몰랐는데 이미 그렇게 하고, 다만 그의 모습이 아주 위엄이 있고 신하와 같은 풍도가 아님을 이상하게 생각하고 사람을 시켜서 그를 쫓아버렸고, 주부가 떠나서 이미 관문을 벗어나고서야 그에 관하여 살펴 물어보니 마침내 주부였다. 진인(秦人)들이 크게 놀랐다.

2 제왕·위왕이 한(韓)에서 회합하였다.

3 진인(秦人)이 초를 쳐서 여덟 개의 성을 빼앗았다. 진왕이 초왕에게 편지를 보내서 말하였다.

"처음에 과인은 왕과 약속하여 형제가 되었으며, 황극(黃棘, 하남서 新野縣)에서 맹약(盟約)[124]을 하였고 태자가 들어와서 인질이 되니[125] 지극

---

121 이 해 5월 1일이 갑인일이므로 5월에는 무신일이 없다.

122 조(趙)에 있었던 사건이다.

123 나라의 주군의 아버지라는 뜻이다. 다른 뜻으로는 아들이 나라의 주군이며 자기는 아버지라고 말한 것이다.

124 주 난왕 11년(기원전 304년)의 일로, 《자치통감》 권2에 실려 있다.

125 인질이 되어 태자가 들어간 일은 주 난왕 12년(기원전 303년)에 있었다.

히 화락하였습니다. 태자가 과인의 중신(重臣)을 죽이고서 사과도 안 하고 도망하였습니다.[126] 과인은 진실로 화를 이기지 못하고 군사들로 하여금 군왕의 변경을 침입하게 하였습니다.

이제 듣건대, 군왕께서 마침내 태자로 하여금 제에 인질로 가서 화평을 구하게 하였다[127] 합니다. 과인과 초는 경계를 맞대고 있으며 혼인으로 서로 친한데 이제 진·초가 화락하지 못하면 제후들을 호령할 수 없습니다. 과인이 바라건대 군왕과 더불어 무관(武關, 섬서성 丹鳳縣 부근)에서 만나서 얼굴을 맞대고 서로 약속하고 맹약을 맺고 돌아가려는 것이 과인이 바라는 것입니다."

초왕이 이를 걱정하였는데, 가고자 하나 속이는 일이 나타날까 두렵고, 가지 않으려고 하니 진이 더욱 노할 것을 두려워하였다. 소휴(昭睢, 초의 재상)가 말하였다.

"가지 말고 군사를 내서 스스로 지킬 뿐입니다. 진은 호랑이나 승냥이의 마음이어서 제후들을 병탄하고자 하는 마음을 갖고 있으니 믿을 수가 없습니다."

회왕(懷王)의 아들 미란(芈蘭)[128]이 왕에게 가도록 권고하니 왕은 마침내 진에 들어갔다.

진왕은 한 장군으로 하여금 거짓으로 진왕으로 꾸미게 하고 군사를 무관(武關)에 매복시켰다가 초왕이 도착하자 관문을 닫고 그를 겁탈하여 가지고 함께 서쪽으로 가서 함양(咸陽, 진의 도읍)에 이르렀다. 장대(章臺)[129]에서 조회에 참여하게 하고 번신(藩臣)의 예를 하게 하고 무(巫, 사천성 巫山縣)·검중군(黔中郡, 호남성 沅陵縣)을 잘라서 내놓으라고 요구하

126 이 일은 주 난왕 13년(기원전 302년)에 있었다.

127 이 일은 주 난왕 15년(기원전 300년)에 있었다.

128 미란은 진나라 왕실의 여인을 아내로 맞이해서 이를 믿었던 것으로 보인다.

129 장대궁은 위수(渭水)에 남쪽에 있다.

였다.

초왕이 맹약을 맺자고 하였으나, 진왕이 먼저 땅을 얻으려 하였다. 초왕이 노하여 말하였다.

"진이 나를 속이고 또한 나에게 땅을 강요하다니!"

이어서 다시 허락하지 않았다. 진인(秦人)들은 그를 머물러 있게 하였다.

초의 대신들이 이를 걱정하였고, 마침내 서로 모의하여 말하였다.

"우리 왕은 진에 있으면서 돌아 올 수 없는데 땅을 베어줄 것을 요구하고 있으며, 태자는 제에 인질이 되어 있으니, 제와 진이 함께 모의한다면 우리 초는 나라가 없어질 것이다."

왕자 가운데 나라 안에 있는 사람을 세우려고 하였다.

소휴가 말하였다.

"왕과 태자가 모두 제후들에게 곤욕을 치르는데, 이제 또다시 왕명을 어기고, 그 서자(庶子)를 왕으로 세우는 것은 마땅하지 않습니다."

마침내 거짓말[130]을 꾸며 가지고, 제에 들어갔다.

제의 민왕(湣王, 3대)이 여러 신하들을 소집하여 이를 모의하였는데, 어떤 사람이 말하였다.

"태자를 계속 머무르게 하면서 초의 회수(淮水)의 북쪽 땅을 요구함만 못합니다."

제의 재상이 말하였다.

"안 됩니다. 영중(郢中, 호북성 江陵縣, 초의 도읍지)에서 왕을 세운다면 이는 우리가 빈껍데기 인질을 부여안게 되는 것이며 천하에 옳지 못함을 시행하는 것입니다."

그 사람이 말하였다.

130 제(齊)나라에 대하여 '초(楚)나라 왕이 갑자기 죽었으므로 태자가 즉위해야 되니 인질인 태자를 돌려보내 달라.'라는 거짓말이다.

"그렇지 않으니, 영중(郢中)에서 왕을 세우고 이어서 그 새로 된 왕과 거래를 하여 말하기를 '우리에게 하동국(下東國, 회하의 이북)의 땅을 주면 우리가 왕을 위하여 태자를 죽이겠소. 그렇지 않으면 앞으로 세 나라와 더불어 이 사람을 세울 것이오.'라고 하지요."

제왕이 끝내 그 재상의 계책을 채용하여 초의 태자를 귀국시키니 초인(楚人)들이 그를 세웠다.

4 진왕은 맹상군(孟嘗君)이 똑똑하다는 말을 듣고 경양군(涇陽君)에게 제에 인질로 가게하고 맹상군을 초청하여 진에 들어오게 하고 진왕은 그를 승상으로 삼았다.

• 난왕 17년(癸亥, 기원전 298년)[131]

1 어떤 사람이 진왕에게 말하였다.

"맹상군이 진의 재상이 되었으니, 반드시 제를 우선으로 하고, 우리 진을 그 다음으로 할 것인데, 우리 진은 그러면 위험합니다."

진왕은 마침내 누완(樓緩)을 재상으로 삼고 맹상군은 가두고 그를 죽이려고 하였다.

맹상군이 사람을 시켜서 진왕이 총애하는 여자[幸姬]에게 풀어줄 것을 요구하였더니, 여자[姬妾]가 말하였다.

"바라건대 군[孟嘗君, 田文]의 호백구(狐白裘)[132]를 얻고자 합니다."

131 이 해는 위(魏) 양왕 21년, 노(魯) 평왕 19년, 한(韓) 양왕 14년, 진(秦) 소양왕 9년, 조(趙) 혜문왕 원년, 송(宋) 강왕 31년, 연(燕) 소왕 15년, 초(楚) 경양왕 원년, 위(衛) 사군 27년, 제(齊) 민왕 3년이다.

132 흰여우 털로 만든 겉옷으로 값이 천금이나 되는 것이었다.

맹상군은 호백구를 갖고 있었으나, 이미 이것을 진왕에게 헌납하였으므로 희첩이 구하는 것에 응할 수가 없었다.

객(客) 가운데는 도둑질을 잘하는 사람이 있어서 진의 창고에 들어가서 호백구를 훔쳐다가 희첩에게 바쳤다. 희첩은 마침내 그를 위하여 왕에게 말하여 그를 내보내주었다. 왕은 후회하고 그를 쫓도록 하였다.

맹상군이 관문에 이르렀는데, 관문(關門)을 열고 닫는 규칙에는 닭이 울면 객들을 내보내도록 되어 있었지만 그때가 아직 일렀고 뒤쫓아 오는 사람도 곧 도착하려 하자, 객 가운데 닭 울음소리를 잘 내는 사람이 있는데, 들의 닭들이 이 소리를 듣고 모두 울었다. 맹상군은 마침내 벗어나서 돌아올 수 있었다.

2 초인(楚人)이 진에 말하였다.

"사직에 계신 신령님들의 힘에 의지하여 우리 초에도 왕이 있다."[133]

진왕은 화가 나서 군대를 발동하여 무관으로 내보내 초를 쳐서 참수한 것이 5만이고, 16개성을 빼앗았다.

3 조왕이 그의 동생을 책봉하여 평원군(平原君)이라고 불렀다. 평원군은 선비들을 좋아하여 식객이 일찍이[134] 수천 명이었다. 공손룡(公孫龍)이라는 사람이 있었는데, 견백(堅白)과 동이(同異)의 변론[135]을 잘하여

---

133 초의 왕을 진에서 억류하고 있었으므로 다시 왕을 세웠다는 말이다.

134 다른 판본에는 상(嘗)이 상(常)으로 되어 있는 것도 있다. 그대로라면 식객이 늘 수천 명이었다고 해석해야 할 것이다.

135 공손룡은 명가(名家)로서 《수백론(守白論)》을 저술했는데 이것이 세상에 알려졌다. 견백은 바로 白(희다는 입장)을 굳게 지킨다는 것이다. 견백의 논리가 일어나면서 부터 토론자들이 그 옳고 그른 한쪽을 선택하고 다른 설을 이기지 못하게 하는 것이다. 또 공손룡은 많은 다른 것을 합하여 같다고 말할 수 있었기 때문에 이를 '동이'라고 하였다. 《진태강지기(晉太康地記)》에 '여남 서평현에 용연

서 평원군이 그를 객으로 하였다.

공천(孔穿)이 노(魯)에서부터 조에 와서 공손룡과 '노비는 세 개의 귀를 가졌다.[臧三耳]'[136] 를 가지고 논란을 하였는데, 공손룡은 아주 분석적이었다. 자고(子高, 孔穿의 字)는 응대도 하지 않고 조금 있다가 인사하고 나갔다가 다음날 다시 평원군을 알현하였다.

평원군이 말하였다.

"어제 저녁에 공손룡의 말은 변론을 믿을만하던데, 선생의 생각은 어떠하오?"

이에 공천(孔穿)이 대답하였다.

"그렇습니다. 거의 노예의 귀가 세 개로 하도록 할 수 있었습니다. 비록 그렇다고 하더라도 실제로 그렇기는 곤란합니다. 제가 바라건대 또 군[平原君]께 묻게 해주신다면, 이제 노비의 귀가 세 개이기는 대단히 곤란하고 실제로도 아니며 두 개의 귀라고 말한다면 아주 쉽고도 실제로도 맞는데 평원군께서는 쉽고 옳은 쪽을 좇으실 것인지, 어렵고 틀린 것을 좇으실 것인지 모르겠습니다."

평원군은 대응할 수 없었다.

다음날 공손룡에게 말하였다.

"공(公)은 다시 공자고(孔子高)와 어떤 일을 가지고 변론하지 마시오.

(龍淵)이 있었는데, 그 물에 도검(刀劍)을 담그면 칼이 아주 날카로워진다는 데서 나온 말이다. 이러한 학파에는 혜시(惠施)가 있었는데 그들은 '合同異[같고 다른 것을 합친다]'라는 명제를 제기했고, 이는 '하늘과 땅은 낮고, 산과 늪은 평평하다.'라는 명제를 가지고 이를 논증하려 하였다. 이에 대하여 공손룡 학파는 '흰말은 말이 아니다.'라는 명제를 가지고 논증을 진행했다. 혜시학파는 사물간의 동일성을 지나치게 강조하고 그 차별성을 강조했으며, 공손룡학파는 사물간의 차별성을 강조하고 동일성을 말살하는 논리를 폈다.

136 장(臧)은 장획(臧獲)이라고 쓸 때에 사용하는 의미로 보아야 하는데, 장획은 노비이다. 따라서 장삼이란 노비는 세 개의 귀를 가졌다는 말이다.

그 사람의 이치가 말솜씨를 앞섰고, 공은 말솜씨가 이치를 앞섰으니 끝내는 반드시 굴복하게 될 것이오."

추연(鄒衍)이 조를 지나가게 되어서 평원군이 공손룡과 더불어 '흰말은 말이 아니라는 설'을 토론하게 하였다. 추자(鄒子)가 말하였다.

"옳지 않습니다. 무릇 변론이라는 것은 종류를 구별하여 서로 다치지 않게 하여야 하고, 다른 단서를 늘어놓으면서도 서로 문란하지 않아야 합니다. 뜻을 펴도록 하게 하고 지적하는 것을 잘 통하게 하여 그 말하는 바를 밝히고, 사람들로 하여금 더불어 알 수 있게 하여 서로 미혹되는 것에 힘쓰지 않는 것입니다.

그러므로 이긴 사람은 그가 지키려는 바를 잃지 않고, 이기지 못한 사람도 그가 구하려는 이치를 얻는 것입니다. 이와 같으니 그러므로 변론은 할 수 있습니다. 번잡한 글자로서 서로 빌어다 쓰게 하고, 말을 수식하여 서로 몰아치며 교묘한 비유를 해가지고 서로 옮겨서 사람을 끌어서 그 뜻에 이르지 못하게 하는 경우에 이른다면 이와 같은 것은 커다란 도리를 해치게 됩니다.

무릇 이리저리 말꼬리를 돌리면서 말을 다투면서 달려간 다음에야 겨우 말을 그치게 되니, 군자를 해함이 없을 수가 없습니다. 저 추연(鄒衍)은 하지 않습니다."

자리에 있던 사람들이 모두 훌륭하다고 칭찬하였다. 공손룡은 이 사건으로 말미암아 드디어 꿀렸다.*

권004

주기4

난세의 영웅들

불행한 초의 회왕과 조의 주부, 무도한 진

• 난왕 18년(甲子, 기원전 297년)[1]

1 초의 회왕(懷王)[2]이 도망쳐서 돌아갔다. 진인(秦人)들이 이를 깨닫고 초로 가는 길을 차단하였다. 회왕은 샛길을 따라서 조로 갔다. 조의 주부(主父)는 대(代, 하북성 蔚縣)에 머물고 있었는데, 조인(趙人)들이 감히 받아들이지 못하였다. 회왕이 곧 위(魏)로 도망하려는데, 진인들이 그를 쫓아와 따라잡아서 돌아갔다.

2 노(魯)의 평공(平公, 35대)이 죽고, 아들인 민공(緡公, 36대)[3] 희가(姬賈)가 섰다.

---

1 이 해는 위(魏) 양왕 22년, 노(魯) 평왕 20년, 한(韓) 양왕 15년, 진(秦) 소양왕 10년, 조(趙) 혜문왕 2년, 송(宋) 강왕 32년, 연(燕) 소왕 16년, 초(楚) 경양왕 2년, 위(衛) 사군 28년, 제(齊) 민왕 4년이다.

2 2년 전인 주(周) 난왕 16년(기원전 299년)에 진(秦)나라와 동맹을 맺으러 갔다가 잡혀서 진나라 함양(咸陽)에 억류(抑留)되어 있었다.

3 《세본(世本)》에는 민공(湣公)으로 되어 있다.

• 난왕 19년(乙丑, 기원전 296년)[4]

1 초의 회왕이 병이 나서 진에서 죽으니 진인(秦人)들이 그의 영구(靈柩)를 돌려보냈다. 초인(楚人)들이 모두 이를 가련하게 생각하여 마치 친척처럼 슬퍼하였다. 제후들이 이로 말미암아서 진을 곧지 않다고 하였다.

2 제·한·위·조·송(宋)이 함께 진을 공격하여 염지(鹽氏, 산서성 安邑縣)에 이르렀다가 돌아왔다. 진은 무수(武遂, 산서성 垣曲縣)를 한에 주고, 봉릉(封陵, 산서성 永濟縣 鳳陵)을 위에 돌려주고서 화의하였다.[5]

3 조의 주부가 새로 빼앗은 땅[6]에 갔다가 마침내 대(代, 하북성 蔚縣)로 나와 서쪽으로 가다가 서하(西河, 동관 이북의 황하)에서 누번왕(樓煩王)[7]을 만나 그들의 군사들을 끌어 왔다.

4 위의 양왕(襄王, 2대)이 죽고, 아들 소왕(昭王, 3대)이 섰다.

5 한의 양왕(襄王, 2대)이 죽고, 아들인 이왕(釐王, 3대) 한구(韓咎)가 섰다.

---

4 이 해는 위(魏) 양왕 23년, 노(魯) 민공 원년, 한(韓) 양왕 16년, 진(秦) 소양왕 11년, 조(趙) 혜문왕 3년, 송(宋) 강왕 33년, 연(燕) 소왕 17년, 초(楚) 경양왕 3년, 위(衛) 사군 29년, 제(齊) 민왕 5년이다.

5 주 난왕 12년(기원전 303년)에 진은 위의 봉릉과 한의 무수를 빼앗았으며, 이 일은 《자치통감》 권3에 기록되어 있다.

6 조가 새로 빼앗은 땅은 중산(中山)이다.

7 누번은 산서성 북부의 관잠산(管涔山)에 근거를 둔 융족(戎族) 부족이다.

• 난왕 20년(丙寅, 기원전 295년)[8]

1 진의 위(尉)[9]인 사마착(司馬錯)이 위의 양성(襄城, 하남성 襄城縣)을 쳤다.

2 조의 주부가 제·연과 함께 중산(中山)을 멸망시키고, 그 왕을 부시(膚施, 섬서성 延安市)로 옮겼다. 돌아와서 상을 베풀고 대대적으로 사면하고, 술을 차려놓고 5일간이나 포(酺)[10]하게 하였다.

3 조의 주부가 그의 장자 조장(趙章)을 대(代)에 책봉하고 안양군(安陽君)이라고 불렀다.

안양군은 평소 사치하여 마음으로 그의 동생에게[11] 복종하지 않았다. 주부는 전불례(田不禮)에게 그를 돕도록 하였다. 이태(李兌)가 비의(肥義, 왕의 스승)에게 말하였다.

"공자(公子)인 조장(趙章)은 세고 씩씩하고 뜻이 교만하여 무리를 모아 크게 되고자 하며, 전불례는 잔인하게 죽이고 교만하여 두 사람이 서로 합치게 되면 반드시 음모를 꾸밀 것입니다. 무릇 소인이 욕심을 가져 가볍게 생각하고 잔꾀를 부리면, 헛되이 그 이익만 보고 그 해로움은 고려하지 아니하니, 어려운 일은 반드시 오래 걸리지 않을 것입니다.

---

8 이 해는 위(魏) 소왕 원년, 노(魯) 민공 2년, 한(韓) 이왕 원년, 진(秦) 소양왕 12년, 조(趙) 혜문왕 4년, 송(宋) 강왕 34년, 연(燕) 소왕 18년, 초(楚) 경양왕 4년, 위(衛) 사군 30년, 제(齊) 민왕 6년이다.

9 군사 책임자에 해당하는 관직이다.

10 왕의 덕을 천하에 선포하고 모여서 술을 마시고 음식을 먹는 것인데, 일종의 축제인 셈이다.

11 그의 동생인 조하(趙何)는 임술년(기원전 299년)에 그의 아버지인 무령왕에 의하여 왕위를 계승한 혜문왕이다.

그대는 책임이 무겁고 세력도 커서 어려움이 시작되는 곳이고 화가 몰리는 곳입니다. 그대는 어찌하여 병을 칭하고 나가지 말고 정권을 공자인 조성(趙成, 왕의 숙부)에게 전해 주어서 화의 사다리가 다가오지 못하게 아니하는 것이 또한 옳지 않습니까?"

비의가 말하였다.

"옛날에 주부께서 왕을 저 비의(肥義)에게 부탁하면서 말하기를 '너는 고치지 말고 헤아리고, 바꾸지 말고 생각하며, 한 마음을 굳게 지키면서 죽음으로 세상을 살라.'라고 하였소. 저 비의는 두 번 절하고 명령을 받아서 이를 기록하여 놓았소.

이제 전불례가 어렵게 하는 것을 두려워하여서 내가 기록한 것을 잊는 것이 변경하는 것과 어느 것이 더 크오? 속담에 이르기를 '죽은 자가 다시 살아난다 하여도 산 사람은 부끄럽지 않아야 한다.'[12]고 하였소. 나는 내가 한 말을 온전히 보존하려고 하니, 어찌 나의 몸을 보존할 수 있겠소? 그대가 내려준 것은 나에게 충성스럽소. 비록 그렇다고 하지만 내가 한 말은 이미 먼저 있었던 일이니 끝내 감히 잃어버리지 않을 것이오!"

이태가 말하였다.

"좋습니다. 그대는 힘쓰십시오. 내가 보건대 그대는 금년만으로 끝날 뿐입니다."

눈물을 흘리며 나갔다.

이태는 자주 공자 조성(趙成)에게 전불례를 대비하라고 하였다. 비의가 신기(信期, 조왕의 시종)에게 말하였다.

"공자 조장이 전불례와 더불어 하는 소리는 훌륭하지만 실제로는 악하며, 안으로는 주부의 마음을 얻고[13] 밖으로는 포학하여 명령을 바꾸어

---

12 이 말은 춘추시대인 기원전 650년에 진나라 대부인 순식(荀息)이 한 말이다. 그는 다른 사람의 부탁을 받은 이상 충성스러운 마음으로 마음을 바꾸지 않는다[受人托付 忠心不移]고 하였다.

서 어느 날 아침의 명령을 오로지 하는 일을 어렵지 않게 할 것입니다. 이제 내가 이것을 근심하여 밤에는 잠을 잊고, 주려도 먹는 것을 잊는데, 도적이 들락거리니 대비하지 않을 수 없습니다. 오늘부터 왕을 부르는 사람이 있으면 반드시 나를 면대해 보라고 하시고, 내가 앞으로는 몸소 먼저 살펴보고 아무런 사고가 없을 것으로 생각되면 그 다음에 왕에게 들여보내겠소."

신기가 말하였다.

"훌륭하십니다."

주부가 혜문왕으로 하여금 여러 신하들을 조회하게 하고 옆에서 이를 살펴보는데, 그의 장자(長子, 조장)를 보니 지친 모습이었는데도 도리어 북면(北面)하고 신하가 되어 그의 동생에게 굽히자 마음속으로 이를 가련하게 생각하고 이에 조를 나누어 공자 조장을 대(代, 하북성 蔚縣)에서 왕 노릇 하게 하려고 하였다. 계획은 결정하지 못하고 끝냈다.

주부와 왕이 사구(沙丘)[14]로 순시를 떠나서 두 사람이 궁을 달리하자, 공자 조장과 전불례가 그 무리들을 가지고 난을 일으켜서 거짓으로 주부의 명이라고 하며 왕을 불렀다. 비의가 먼저 들어가니 그들이 죽였다. 고신(高信, 信期)은 즉각 왕과 함께 싸웠다.

공자 조성(趙成)이 이태와 더불어 나라[한단][15]로부터 도착하니, 마침내 네 읍의 군사를 일으켜서 반란을 막아서 공자 조장과 전불례를 죽이고 그 무리들을 없앴다. 공자 조성은 재상이 되었는데 안평군(安平君)이라고 불렀으며, 이태는 사구(司寇)가 되었다. 이때 혜문왕은 아직 어려서 조성과 이태가 정치를 오로지하였다.

---

13 아버지인 주부에게 가련하게 보여서 그 마음을 얻는다는 뜻이다.

14 하북성 평향현, 이곳은 도읍지인 한단에서 약 80㎞ 정도의 거리에 있다.

15 여기에서 나라란 조의 도읍인 한단을 말한다.

공자 조장이 패하자 주부에게로 달려갔는데, 주부는 그에게 문을 열어 주었다. 조성과 이태가 이어서 주부를 포위하였다. 끝내 공자 조장이 죽으니, 조성과 이태는 모의하여 말하였다.[16]

"조장 때문에 주부를 포위하였지만, 바로 군사를 풀어버리면 우리들은 이멸(夷滅)될 것이다."

마침내 끝까지 이를 포위하고 명령하였다.

"궁(宮)에 있는 사람으로 늦게 밖으로 나오는 자는 죽일 것이다."

궁 안에 있던 사람이 다 나왔다. 주부는 나가려 해도 나갈 수가 없었고, 또한 먹을 수도 없어서 참새들을 찾아서 잡아먹다가 석 달이 지나서 사구궁(沙丘宮)에서 굶어죽었다. 주부가 확실히 죽자 마침내 상사(喪事)를 발표하고 제후들에게 보냈다.

주부는 처음에 장자인 조장을 태자로 삼았으나, 뒤에 오왜(吳娃)[17]를 얻고서 그녀를 사랑하여 밖에 나오지 않은 것이 여러 해였다. 아들 조하를 낳고 마침내 태자 조장을 폐하고 그를 세웠다. 오왜가 죽자 사랑도 시들해졌고, 옛날의 태자를 가련히 여겨서 두 사람을 왕으로 하려고 하였지만 오히려 미적거리며 결정하지 못하니 그런고로 난이 일어났다.

4 진에서 누완(樓緩)이 재상에서 면직되고 위염(魏冉)이 그를 대신하였다.

• 난왕 21년(丁卯, 기원전 294년)[18]

---

16 어쩔 수 없이 주부를 포위하게 되었으므로 이를 걱정한 것이다.

17 오광의 딸인 오맹요(吳孟姚)인데 이 일은 난왕 5년(기원전 310년)에 있었고, 《자치통감》 권3에 실려 있다. 오·초지역에서는 미녀를 왜(娃)라고 한다.

18 이 해는 위(魏) 소왕 2년, 노(魯) 민공 3년, 한(韓) 이왕 2년, 진(秦) 소양왕 13년,

1 진이 위의 군사를 해(解, 산서성 解縣)에서 패배시켰다.

• 난왕 22년(戊辰, 기원전 293년)[19]

1 한의 공손희(公孫喜)와 위인(魏人)이 진을 쳤다. 양후(穰侯)는 좌경(左更)[20] 백기(白起)를 진왕에게 추천하여 향수(向壽)를 대신하여 군사를 거느리게 하였는데, 위의 군사와 한의 군사를 이궐(伊闕, 하남성 洛陽市의 남쪽)에서 패퇴시키고 참수(斬首)한 것이 24만 급(級)[21]이며 공손희를 포로로 잡고 다섯 개의 성을 뽑아버렸다. 진왕은 백기를 국위(國尉)로 삼았다.

2 진왕이 초왕에게 편지를 보내서 말하였다.

"초는 우리 진을 배반하여서, 우리 진 또한 제후들을 거느리고 초를 치겠으니, 바라건대 왕께서는 사졸들을 다스리면 한 번 즐거운 싸움을 할 수 있을 것입니다."

초왕은 이를 걱정하다가 마침내 다시 진과 화친하였다.

조(趙) 혜문왕 5년, 송(宋) 강왕 35년, 연(燕) 소왕 19년, 초(楚) 경양왕 5년, 위(衛) 사군 31년, 제(齊) 민왕 7년이다.

19 이 해는 위(魏) 소왕 3년, 노(魯) 민공 4년, 한(韓) 이왕 3년, 진(秦) 소양왕 14년, 조(趙) 혜문왕 6년, 송(宋) 강왕 36년, 연(燕) 소왕 20년, 초(楚) 경양왕 6년, 위(衛) 사군 32년, 제(齊) 민왕 8년이다.

20 좌경은 진나라에서 군공 20등 가운데 12등급의 직위인데, 그 직위는 경에 상당한다.

21 전쟁에서 적병의 목을 벤 숫자를 세는 단위이다.

• 난왕 23년(己巳, 기원전 292년)[22]

1 **초의 양왕(襄王)이 진에서 부인[23]을 맞이하였다.**

❖ 신 사마광이 말씀드립니다.

심한 일입니다! 진의 무도함이! 그 아버지를 죽이고 그의 아들까지 겁주었습니다! 초가 다투지 못하니 그 아버지의 일을 참고 그 원수와 혼인하였습니다! 아! 초의 군주가 그 도를 얻고, 신하도 진실로 꼭 알맞은 사람을 얻었다면 진이 비록 강하다고는 하지만 어찌 그들을 능욕할 수가 있겠습니까?

훌륭합니다. 순경(荀卿)이 이를 평론하였습니다. '무릇 도라는 것은 이를 잘 사용하면 백리의 땅을 가지고도 독립할 수 있고, 이를 잘 사용하지 못하면 초처럼 6천 리를 가지고도 원수 놈의 심부름꾼이 된다.' 그러므로 임금이 도를 얻는 일에 힘쓰지 않고 그 세력을 넓히려고 하는 일이 있다면 이것이 위험해지는 까닭인 것입니다.

2 **진의 위염이 병으로 사직하자 면직되고, 객경(客卿)인 촉수(燭壽)를 승상으로 삼았다.**

---

22 이 해는 위(魏) 소왕 4년, 노(魯) 민공 5년, 한(韓) 이왕 4년, 진(秦) 소양왕 15년, 조(趙) 혜문왕 7년, 송(宋) 강왕 37년, 연(燕) 소왕 21년, 초(楚) 경양왕 7년, 위(衛) 사군 33년, 제(齊) 민왕 9년이다.

23 초나라 양왕(襄王)의 아버지인 회왕(懷王)은 주 난왕 16년(기원전 299년)에 진(秦)나라에 잡혀갔다가 2년 뒤에 도망하려고 하다가 다시 잡혀가서 난왕 19년(기원전 296년)에 결국 진나라에서 병들어 죽었다. 따라서 초나라의 양왕의 입장에서는 진나라는 아버지를 죽인 원수의 나라였다.

• 난왕 24년(庚午, 기원전 291년)[24]

1 진이 한을 치고 완(宛, 하남성 南陽市)을 뽑아버렸다.

진의 촉수가 면직되었다. 위염을 다시 승상으로 삼고, 양(穰, 하남성 鄧縣)과 도(陶, 산서성 永濟縣 城의 북쪽으로 15㎞에 있는 陶邑鄉)에 책봉하고 양후(穰侯)라고 불렀다. 또 공자 영시(嬴市)를 완(宛)에, 공자 영괴(嬴悝)를 등(鄧, 하남성 孟縣)에 책봉하였다.

• 난왕 25년(辛未, 기원전 290년)[25]

1 위가 하동(河東)의 땅 400리를, 한이 무수(武遂, 산서성 垣曲縣)의 땅 200리를 진에 편입시켰다.[26]

2 위의 망묘(芒卯)가 처음으로 속이는 것을 가지고 중시되었다.

• 난왕 26년(壬申, 기원전 289년)[27]

24 이 해는 위(魏) 소왕 5년, 노(魯) 민공 6년, 한(韓) 이왕 5년, 진(秦) 소양왕 16년, 조(趙) 혜문왕 8년, 송(宋) 강왕 38년, 연(燕) 소왕 22년, 초(楚) 경양왕 8년, 위(衛) 사군 34년, 제(齊) 민왕 10년이다.

25 이 해는 위(魏) 소왕 6년, 노(魯) 민공 7년, 한(韓) 이왕 6년, 진(秦) 소양왕 17년, 조(趙) 혜문왕 9년, 송(宋) 강왕 39년, 연(燕) 소왕 23년, 초(楚) 경양왕 9년, 위(衛) 사군 35년, 제(齊) 민왕 11년이다.

26 무수는 주 난왕 18년(기원전 297년)에 진이 한에게 돌려주었다.

27 이 해는 위(魏) 소왕 7년, 노(魯) 민공 8년, 한(韓) 이왕 7년, 진(秦) 소양왕 18년, 조(趙) 혜문왕 10년, 송(宋) 강왕 40년, 연(燕) 소왕 24년, 초(楚) 경양왕 10년,

주기4 • 난왕 26년(壬申, 기원전 289년)

1 진의 대량조(大良造)[28] 백기·객경 사마착이 위를 쳐서, 지(軹, 하남성 濟源縣의 남쪽)에 이르러서 성(城) 가운데 크고 작은 것 61개를 빼앗았다.

위(衛) 사군 36년, 제(齊) 민왕 12년이다.

28 대량조는 진나라 16위의 작위이다.

교만한 제왕들과 반성하는 백성들

• 난왕 27년(癸酉, 기원전 288년)[29]

1 겨울, 10월에 진왕이 서제(西帝)[30]를 칭하며, 사신을 파견하여 제왕(齊王)을 세워 동제(東帝)로 하며 맹약을 하고 함께 조를 치고자 하였다. 소대(蘇代)가 연으로부터 오니, 제왕(齊王)이 말하였다.

"진의 사신인 위염이 제(帝)의 자리에 나가라고 하는데 그대는 어떻게 생각하는가?"

대답하였다.

"바라건대 왕께서는 받기는 하되 부르지는 마십시오. 진이 이를 칭하고 천하가 이를 편안해 하면 왕께서도 마침내 이를 칭하여도 늦지 않습니다. 진이 이를 칭하였는데, 천하가 모두 그것을 싫어하면 왕께서는 이어서 칭하지 않았음으로 해서 천하 사람들을 거두어들이니 이것이 커다

29 이 해는 위(魏) 소왕 8년, 노(魯) 민공 9년, 한(韓) 이왕 8년, 진(秦) 소양왕 19년, 조(趙) 혜문왕 11년, 송(宋) 강왕 41년, 연(燕) 소왕 25년, 초(楚) 경양왕 11년, 위(衛) 사군 37년, 제(齊) 민왕 13년이다.

30 아직은 황제라는 칭호를 쓴 사람은 없었다. 서제(西帝)란 서쪽의 제왕이라는 의미이다. 이것은 당시 일반적으로 사용하던 왕이라는 칭호보다 한 단계 높은 의미를 지닌 것이다.

란 자본입니다.

또 조를 치는 것과 걸(桀) 같은 임금이 다스리는 송(宋)[31]을 치는 것에서 어느 것이 유리합니까? 이제 왕께서는 제라는 칭호를 벗어놓고 천하 사람들의 희망을 거두어들이고, 군사를 내서 걸 같은 임금이 다스리는 송을 치는 것만 못한데, 송을 들어내면 초·조·양·위가 모두 두려워 할 것입니다. 이는 내가 명목으로는 진(秦)나라를 높이지만 천하로 하여금 그를 증오하게 하는 것이니, 이른바 낮춤으로써 높이 되는 것입니다."

제왕은 이 말을 좇아서 제(帝)를 칭한 뒤 2일 만에 그것으로 복귀시켰다. 12월에, 여례(呂禮)가 제에서 진으로 들어갔다. 진왕도 제라는 칭호를 버리고 다시 왕이라고 칭하였다.

2 **진이 조를 공격하여 두양**(杜陽, 산서성 淸源縣)**을 뽑았다.**

• 난왕 28년(甲戌, 기원전 287년)[32]

3 **진이 조를 공격하여 신원**(新垣, 산서성 垣曲縣)**·곡양**(曲陽, 하남성 濟源縣 경계 지역)**을 뽑았다.**[33]

---

31 걸 같은 송나라에 대해서는 다음에 보이는 주 난왕 29년(기원전 286년)의 사건으로 알 수 있다.

32 이 해는 위(魏) 소왕 9년, 노(魯) 민공 10년, 한(韓) 이왕 9년, 진(秦) 소양왕 20년, 조(趙) 혜문왕 12년, 송(宋) 강왕 42년, 연(燕) 소왕 26년, 초(楚) 경양왕 12년, 위(衛) 사군 38년, 제(齊) 민왕 14년이다.

33 3번은 1로 해야 마땅할 것이다. 《자치통감》은 편년체의 역사서이므로 연도별로 사건을 기록하였다. 따라서 이 기록은 갑술년에 들어와서 기록된 첫 번째의 사건이므로 1번으로 기록해야 한다.

• 난왕 29년(乙亥, 기원전 286년)[34]

1 진의 사마착이 위의 하내(河內, 하남성 황하 이북)를 공격하였다. 위는 안읍(安邑, 산서성 안읍의 동북쪽에 있는 夏縣 경계 지역)을 바쳐서 화의하니, 진은 그 사람들을 내보내서 위로 돌아가게 하였다.[35]

2 진이 한의 군사를 하산(夏山, 현재의 지명불명)에서 패배시켰다.

3 송에서 참새가 성벽의 귀퉁이에다 매를 낳았다. 사(史)[36]가 이를 점치고 말하였다.

"길(吉)합니다. 작은 것이 큰 것을 낳았으니 반드시 천하를 제패할 것입니다."

송의 강왕(康王, 1대)이 기뻐하여 군사를 일으켜서 등(滕, 산동성 滕縣)을 멸망시키고, 설(薛, 산동성 등현의 동남쪽)을 쳤고, 다시 동쪽으로 가서는 제를 패퇴시키고 다섯 개의 성을 빼앗았으며, 남으로 가서 초를 패퇴시키고 300리의 땅을 빼앗고, 서쪽으로 가서는 위의 군대를 패퇴시키고, 제·위와 대적하게 되자, 마침내 스스로 그가 패권을 쥘 것을 더욱 믿었다.

패권을 빨리 성취하려고 하였던 고로 하늘에 화살을 쏘고, 땅을 매질하였으며 사직을 끊고 이를 태워 없애버리면서 위엄이 귀신을 복종시키는 것을 보였다.

---

34 이 해는 위(魏) 소왕 10년, 노(魯) 민공 1년, 한(韓) 이왕 10년, 진(秦) 소양왕 21년, 조(趙) 혜문왕 13년, 송(宋) 강왕 43년, 연(燕) 소왕 27년, 초(楚) 경양왕 13년, 위(衛) 사군 39년, 제(齊) 민왕 15년이다.

35 안읍에 사는 사람들은 원래 위나라 사람이었으므로 땅만 차지하고 그들을 위나라로 보낸 것이다.

36 태사에 속하며 복서(卜筮)를 관장하는 사람이다.

밤새도록 방안에서 술을 마시며 방안에 있던 사람들이 만세[37]를 부르니, 당상(堂上)에 있던 사람들이 이에 호응하였고, 당하(堂下)에 있던 사람들이 또 이에 호응하였고, 문 밖에 있는 사람들이 또 이에 호응하여서 나라 한 가운데에 이르자 감히 만세를 부르지 않는 사람이 없었다.

천하 사람들이 이를 가리켜서 '걸(桀) 같은 송'이라고 말하였다. 제의 민왕(湣王, 3대)이 군사를 일으켜서 이를 치니, 백성들은 흩어지고 성은 지켜지지 않았다. 송왕이 위로 도망하다가 온(溫, 하남성 溫縣)에서 죽었다.[38]

• 난왕 30년(丙子, 기원전 285년)[39]

1 진왕이 초왕과 완(宛, 하남성 南陽市)에서 회합하고, 다시 조왕을 중양(中陽, 산서성 中陽縣)에서 만났다.

2 진의 몽무(蒙武)[40]가 제를 쳐서 아홉 개의 성을 뽑았다.

3 제의 민왕(湣王, 3대)이 이미 송을 멸망시키고 교만하여져서 마침

---

37 만세란 천자에게 불리는 축수의 말이다. 제후에게는 천세를 부른다.

38 송나라는 여기에서 멸망하였다. 주나라로부터 봉국이 된 이후를 친다면 823년간(기원전 1112~기원전 286)이고 칭왕을 하면서부터는 44년 만에 망하였다. 송(宋)나라의 34대인 척성(剔成)이 후(侯)에 오른 지 41년 되던 기원전 329년에 척성의 동생인 언(偃)이 정변을 일으켜서 정권을 잡았고, 스스로 왕이라고 칭하였는데, 이 사람이 강왕이다.

39 이 해는 위(魏) 소왕 11년, 노(魯) 민공 2년, 한(韓) 이왕 11년, 진(秦) 소양왕 22년, 조(趙) 혜문왕 14년, 초(楚) 경양왕 14년, 연(燕) 소왕 28년, 위(衛) 사군 40년, 제(齊) 민왕 16년이다.

40 진의 장군이다.

내 남쪽으로 초를 침략하고 서쪽으로 삼진(三晉, 한·위·조)을 침범하며 두 개의 주(周)를 병탄하고 천자가 되고자 하였다. 호훤(狐咺)이 바른 논의를 하니 그를 단구(檀衢, 檀臺가 있는 길거리)에서 도끼로 빠개서 죽였다. 진거(陳擧)가 직언을 하니 동려(東閭)에서 그를 죽였다.

연의 소왕(昭王, 4대)이 밤낮으로 그 사람들은 어루만져주어서 더욱 부귀하게 하더니 마침내 악의(樂毅)와 더불어 제를 칠 것을 모의하였다. 악의가 말하였다.

"제는 패권을 가진 나라의 남은 대업[41]을 가졌으며 땅도 넓고 사람은 많아서 아직은 홀로 공격하기가 쉽지 않습니다. 왕께서 반드시 이를 치려고 하신다면 조와 초 그리고 위와 맹약을 하는 것 만한 계책이 없습니다."

이에 악의로 하여금 조와 맹약을 맺게 하고, 따로 사신으로 하여금 초·위와 연합하게 하고, 또 조로 하여금 진에게 제를 친 다음의 이익을 주겠다는 미끼를 주게 하였다. 제후들은 제왕의 교만과 횡포가 해롭다 하여 모두 다투어 함께 모의하고 연과 더불어 제를 쳤다.

• 난왕 31년(丁丑, 기원전 284년)[42]

1 연왕이 군사를 다 일으키고 악의를 상장군으로 삼았다. 진의 국위(國尉)인 사이(斯離)가 군사를 인솔하고 삼진(三晉, 한·위·조)의 군사와 더불어 모였다. 조왕은 상국(相國)의 도장을 악의에게 주니, 악의는 진·위·한·조의 군사를 합병하여 제를 쳤다. 제의 민왕은 나라 안의 무리를 모두

---

41 제는 춘추시대에 환공이 패권을 누렸으며, 그 뒤를 전(田)씨가 잇고 있는 것이다.

42 이 해는 위(魏) 소왕 12년, 노(魯) 민공 3년, 한(韓) 이왕 12년, 진(秦) 소양왕 23년, 조(趙) 혜문왕 15년, 초(楚) 경양왕 14년, 연(燕) 소왕 29년, 제(齊) 민왕 17년, 위(衛) 사군 41년이다.

가지고 이를 막는데 제수(濟水)의 서쪽에서 싸웠으나 제의 군사가 대패하였다.

악의가 진·한의 군사를 돌려보내고 위의 군사를 나누어 송의 땅[43]을 경략하고, 조의 군사들을 떼어내서 하간(河間, 산동성 高堂縣과 堂邑 일대)을 거두어들였다. 자신은 연의 군사만을 인솔하고 멀리 달려 북으로 쫓아갔다.[44]

극신(劇辛, 연의 장수)이 말하였다.

"제는 크고 연은 작지만 제후들의 도움에 의지하여서 그 군사를 깨뜨렸는데, 마땅히 때를 맞추어 그 변방에 있는 성을 공격하여 빼앗아서 스스로 이익을 챙겨야 할 것이니 이것이 멀리 내다보는 이익입니다. 이제 지나가면서 공격하지 않고 깊이 쳐들어가는 것으로 명성을 얻으려 하지만 제에는 손해될 것이 없고, 연에는 이익 될 것이 없으면서 깊은 원한만 맺게 되니 뒤에 반드시 이를 후회할 것입니다."

악의가 말하였다.

"제왕은 공로를 자랑하고 능력을 아끼면서 모의한 것은 아래로 내려가지 않고 똑똑하고 좋은 사람은 다 쫓아내고 아첨하는 사람을 믿고 맡기며 정치 명령은 가혹하여 백성들은 원망하고 있소. 이제 군대는 모두 깨져서 망했으니, 만약에 이어서 이를 이용한다면 그 나라의 백성들은 반드시 반란을 일으킬 것이고, 화란이 안에서 일어나면 제는 도모할 수 있을 것이오.

만약에 끝내 이때를 이용하지 아니하고, 저들이 예전의 잘못을 후회하고 허물을 고치고 아래 사람들을 불쌍히 여기고 그 백성들을 어루만져 주기를 기다린다면 생각하기도 어려울 것이오."

---

43 제나라가 송을 멸망시키고 빼앗을 땅을 말한다.

44 제의 도읍인 임치로 향한 것이다.

드디어 군대를 진격시켜서 깊이 들어갔다.

제인(齊人)들은 과연 크게 혼란하여 절도를 잃었고 민왕은 나와서 도망하였다. 악의가 임치(臨淄, 제의 도읍)에 들어가서 보물·제기(祭器)를 빼앗아서 연으로 실어 보냈다. 연왕은 친히 제수(濟水)에 이르러 군대를 위로하였으며 상을 베풀고 군사들에게 음식을 베풀었다. 악의를 창국군(昌國君)으로 책봉하고 드디어 그곳에 남게 하여 제의 성 가운데 아직 항복하지 않은 곳을 순행하도록 하였다.

제왕이 도망하여 위(衛, 하남성 濮陽 일대)로 갔는데, 위군(衛君)은 궁궐을 피하여주고 그를 살게 하며, 신하라고 칭하면서 모든 것을 갖추어 공급하였다. 제왕이 불손하자 위인(衛人)들이 그를 침해했다. 제왕이 떠나서 추(鄒, 산동성 鄒縣)·노(魯, 산동성 曲阜縣)로 도망하였으나 여전히 교만한 모습을 띠니, 추·노에서 받아들이지 않자 드디어 거(莒, 산동성 莒縣)로 달아났다.

초는 요치(淖齒)로 하여금 군사를 거느리고 제를 구하게 하고 이어서 제의 재상이 되었다. 요치는 연과 더불어 제의 땅을 나누고 싶어서 마침내 민왕을 잡아서 그 죄를 헤아리고 말하였다.

"천승(千乘, 산동성 高苑縣)·박창(博昌, 산동성 博興縣) 사이는 바야흐로 수백 리인데, 비 같이 내리는 피가 옷을 다 적셨는데, 왕은 이를 아시오?"

민왕이 말하였다.

"안다."

"영(嬴, 산동성 萊蕪縣)·박(博, 산동성 泰安縣) 사이에서 땅이 갈라져서 샘에까지 이르렀으니 왕은 이를 아시오?"

말하였다.

"안다."

"어떤 사람이 대궐 문에 이르러 곡한 일이 있었으나, 구하여도 얻지 못하고 그가 떠나가도 그 소리가 들렸는데, 왕은 이를 아시오?"

말하였다.

"안다."

요치가 말하였다.

"하늘이 피 같은 비를 내려서 옷을 적신 것은 하늘이 알린 것이고, 땅이 갈라져서 샘에 이른 것은 땅이 알린 것이며, 어떤 사람이 대궐에 이르러서 곡한 것은 사람이 말한 것이다. 하늘·땅·사람이 모두 알렸는데, 왕은 그 경고를 몰랐으니, 어찌 주살됨이 없겠는가!"

드디어 고리(鼓里, 莒縣 부근)에서 제왕을 시해(弑害)[45]하였다.

❖ 순자(荀子)[46]가 이를 평론하였습니다.

나라라고 하는 것은 천하의 이로운 형세이다. 도를 얻어서 이를 유지하면 크게 편안해지고 크게 영광스러워서 아름다움을 쌓아가는 원천이 된다. 도를 얻지 못하고 이를 유지한다면 크게 위태롭고 크게 피곤하게 되니 이를 갖고 있는 것이 이것이 없는 것만 못하며 그것이 극도에 이르면 필부가 되기를 구하여도 될 수 없는 것이다. 제의 민왕·송의 헌왕(獻王, 강왕)이 이러한 사람이다.

그러므로 나라를 다스리는 사람이 의로 서면 왕 노릇을 하고, 믿음으로 서면 패권을 잡으며, 권모술수로 서면 망한다.

나라를 가지고 예의를 부르짖으면 이를 해칠 사람이 없다. 한 번의 불의를 행하고, 한 명의 죄 없는 사람을 죽여서 천하를 얻는다 하여도 어진 사람은 이를 행하지 않는다. 떨어진 돌같이 단단하게 마음을 먹고 나라를 도와 유지하면 또한 이처럼 그것이 굳는다.

---

45 직위가 낮은 사람이 높은 사람을 죽이는 것인데, 재상인 요치가 왕인 민왕을 죽였으므로 시해라는 용어를 사용한 것이다.

46 전국시대의 사상가로 성악설을 주장한 것으로 유명하다.

그 더불어 하는 것이 그들을 위하는 사람이라면 의로운 선비를 추천할 것이다. 그 국가에 펼쳐 벌려 놓기 위한 형법이라면 의로운 것을 드러내는 법인 것이다. 주군이 그러한 일을 지극하게 하면서 여러 신하를 거느리고 먼저 지향해 가는 것은 의로운 뜻을 드러내는 것이다.

이와 같이 하면 아랫사람은 윗사람을 의로써 우러러보게 되니, 이것으로 바로 기초가 안정된다. 기초가 안정되면 나라가 안정되고 나라가 안정되면 천하가 안정된다. 그러므로 말하기를 '나라를 가지고 의를 살리면 하루만 하여도 분명해진다.'고 하였는데, 탕과 무왕이 이러한 분이다. 이것이 이른바 의(義)가 세워져서 왕 노릇한다는 것이다.

덕은 비록 아직 지극하지 못하고, 의는 아직 구제하지 못하다 하더라도 그러나 천하의 이치는 대략 효과를 보게 되고, 형벌을 주고 상을 주는 것에서도 이미 천하에서 신뢰를 받게 되니, 신하들은 확실히 알아서 모두 그가 요구하는 것을 안다.

정령이 이미 늘어 놓였으니 비록 이로움과 손해될 것을 보지만 그 백성들을 속이지 못하고, 맹약이 체결되어 이미 확정되면 비록 이로울 것과 손해될 것을 본다고 하여도 그들의 동맹자를 속이지는 아니하니, 이와 같이 하면 군사는 강해지고 성도 굳어서 적국들이 이를 두려워하게 된다. 나라는 한 번 기초가 밝혀지면 우방국들이 이를 믿어서, 비록 한쪽에 치우쳐 있는 약소국가라고 하더라도 위엄은 천하를 움직이니 오백(五伯)[47]은 이러한 사람들이다. 이것이 이른바 신의를 세워서 패권을 잡는다는 말이다.

나라를 지탱하는데 있어서 공로와 이익을 부르짖고, 그 의를 펴거

47 패권을 가진 다섯 나라를 말하는데, 여기에는 두 가지 설이 있다. 즉 그 하나는 하대의 곤오(昆吾), 상대의 대팽(大彭), 시위(豕韋), 주대의 제 환공(齊 桓公), 진 문공(晉 文公)이다. 다른 하나는 제 환공(齊 桓公), 진 문공(晉 文公), 송 양공(宋 襄公), 진 목공(秦穆公), 초 장왕(楚 莊王)이다.

나 그 믿음을 가지런히 하는 데는 힘쓰지 않고, 오직 이익을 추구하니, 안으로는 그 백성들을 속이고 작은 이익을 구하는 것을 꺼리지 않게 되고, 밖으로는 그 우방국을 속이면서 커다란 이익을 구하는 것을 꺼리지 아니한다.

안으로는 그가 있는 곳을 바르게 닦지 않는 일이 있지만 그러나 항상 다른 사람이 가진 것을 욕심내니, 이와 같이 하면 신하나 백성들은 속이는 마음을 가지고 그 윗사람을 대하지 않는 일이 없을 것이다.

윗사람이 그 아랫사람을 속이고 아랫사람은 그 윗사람을 속이니 위와 아래가 쪼개지는 것이다. 이와 같이 하면 적국들은 이를 가볍게 보고 우방국들은 그를 의심하며 권모술수만 나날이 나타나서 나라는 위태롭고 잘라짐을 면치 못하고 끝내는 망하는데 제의 민왕과 설공(薛公, 맹상군)[48]이 바로 이러한 사람이다.

그러므로 강한 제를 이용하고자 하면서 예의를 닦는 것으로 하지 않고, 정교를 근본으로 삼는 것으로 하지 않고, 천하를 하나로 하는 것으로 하지 않으니, 계속하여 항상 말을 달려 밖으로 나가 전쟁을 하려는데 힘썼다.

그러므로 강하기로 말하면 남쪽으로는 초를 충분히 깨뜨릴 수 있고, 서쪽으로는 진을 충분히 굴복시킬 수 있고, 북쪽으로도 연을 충분히 패퇴시킬 수 있으며, 중앙에서는 송을 충분히 들어낼 수 있었지만 연·조가 일어나서 그를 공격하게 되니 마치 고목나무를 흔들듯 하여 자신은 죽고 나라는 망하였고, 천하는 크게 살육되게 하였으니 후세에 악을 이야기하려면 반드시 상고할 것이다. 이러한 것은 다른 까닭이 아니라 오직 그가 예의에서 말미암지 않고, 권모술수로 말미암아서이다.

48 맹상군이 죽자 제가 제후들과 함께 설을 멸망시켰다.

이 세 가지[49]는 밝은 임금이 삼가서 선택해야 할 것이며 어진 사람이 힘써 알아야 될 것이다. 잘 선택하는 사람은 다른 사람을 통제하겠지만 잘 선택하지 못한 사람은 다른 사람에게 제압 된다.

2 악의가 화읍(畫邑, 산동성 臨淄縣 서북쪽 30리 지점) 사람 왕촉(王蠋)이 현명하다는 말을 듣고 군중(軍中)에 명령하여 화읍에서 포위하고 30리에는 들어가지 말라고 하였다. 사람을 시켜서 왕촉을 초청하였으나 왕촉이 감사하고 가지 않았다.

연인(燕人)들이 말하였다.

"오지 않으면 우리가 또 화읍을 도륙(屠戮)할 것이오!"

왕촉이 말하였다.

"충신은 두 임금을 섬기지 않으며 열녀는 두 지아비를 바꾸지 않습니다. 나라는 깨지고 임금은 죽었으니, 나는 살아 있을 수 없는데 또 군사로 이를 겁탈하려고 하니, 내가 그 옳지 못함과 더불어 사는 것은 죽는 것만도 못합니다."

드디어 나뭇가지에 목매고 스스로 분연히 나무에 부딪쳐서 목을 부러뜨려 죽었다. 연의 군사가 이긴 기세를 타고 멀리까지 달려가니 제의 성은 모두 풍문만 듣고도 달아나고 궤멸되었다. 악의는 연의 군사를 잘 가다듬고 침해하여 약탈하는 것을 금지시키며, 제의 일민(逸民)을 찾아내어 들어내서 이들을 예로 대우하였다. 그 부렴을 너그러이 하고, 그 포악한 정령을 없애고 그들의 옛 정치제도를 닦자 제의 백성들이 기뻐하였다.

이에 좌군(左軍)을 파견하여 교동(膠東)·동래(東萊)[50]로 건너갔고, 전군은 태산(泰山)을 돌아서 동쪽으로 가서 바다에 이르고 낭야(琅邪, 산동

49 예의와 정교와 천하통일을 말한다.

50 교수는 낭사 검추현 교산에서 나와서 북으로 흘러 교동과 하밀을 거치고 또한 북으로 동래 당리현을 지나서 바다로 들어간다.

성 膠南縣 남쪽 琅邪山)를 경략하였고, 우군(右軍)은 황하(黃河)·제수(濟水)를 돌아서 아(阿, 산동성 東阿縣)·견(鄄, 산동성 濮縣)에 주둔하고 위의 군사와 연접하였고, 후군(後軍)은 북해(北海)를 옆으로 끼고서 천승(千乘, 산동성 高苑縣)을 어루만지고, 중군(中軍)은 임치(臨淄, 산동성 임치현)를 점거하고 제의 도읍을 진압하였다.

교외에서 환공(桓公)·관중(管仲)에게 제사를 지내고 현자의 마을을 표양하며, 왕촉의 묘에 봉토하여주었다. 제인(齊人)으로 연의 식읍을 받은 20여 명의 군(君)이 있었으며,[51] 계(薊, 燕의 도읍지, 오늘의 북경)에서 작위를 받은 사람이 100여 명이었다. 6개월 동안 제의 70여 개의 성을 떨어뜨려서 모두 군현으로 삼았다.

3 진왕·위왕·한왕이 경사(京師, 주의 도읍인 洛陽)에서 회합하였다.

• 난왕 32년(戊寅, 기원전 283년)[52]

1 진·조가 양(穰, 하남성 新野縣)에서 회합하였다. 진이 위의 안성(安城, 하남성 原武縣)을 뽑고, 군사들이 대량(大梁, 위의 도읍)에 이르렀다가 돌아갔다.

2 제에서 요치(淖齒)의 난이 일어나면서 민왕의 아들 전법장(田法

51 제나라 사람으로 연나라의 작위를 받은 사람을 말한다. 식읍이란 작위를 받은 사람에게 준 땅을 말한다.

52 이 해는 위(魏) 소왕 13년, 노(魯) 민공 14년, 한(韓) 이왕 13년, 진(秦) 소양왕 24년, 조(趙) 혜문왕 16년, 초(楚) 경양왕 16년, 연(燕) 소왕 30년, 제(齊) 양왕 원년, 위(衛) 사군 42년이다.

章)이 성명을 바꾸고 거(莒)의 태사인 교(敫)의 가용(家傭)[53]이 되었다. 태사 교의 딸은 전법장의 생긴 모습을 기이하게 생각하여 보통사람이 아니라고 여기면서, 가련하게 생각하여 항상 그에게 옷을 훔쳐다 주고 먹을 것을 주었고 이어서 사사로이 정을 통하였다.

왕손가(王孫賈)는 민왕을 따르다가 왕이 간 곳을 잃어버렸는데, 그의 어머니가 말하였다.

"네가 아침에 나갔다가 저녁에 돌아오게 되면, 나는 문에 기대서 바라보고 있었고 네가 저녁에 나갔다가 돌아오지 않으면, 나는 여문(閭門, 마을 입구에 있는 문)에 기대서 바라보고 있었다. 너는 지금 왕을 섬기면서 왕이 달아났고 너는 그가 있는 곳을 모르고 있는데도 너는 오히려 어떻게 돌아오는가!"

왕손가는 마침내 저자 속으로 들어가서 부르짖었다.

"요치가 제에서 반란을 일으키고 민왕을 살해하였다. 나와 더불어 그를 죽이고자 하는 사람은 오른쪽 어깨를 내놓으시오."

저자에서 따르는 사람이 400명이 되었고, 함께 요치를 공격하여 죽였다.

이에 제의 도망한 신하들이 서로 함께 민왕의 아들을 찾아서 그를 세우고자 하였다. 전법장은 그들이 자기를 죽일까 두려워하여 오랫동안 감히 스스로 말하지 못하다가 마침내 세워져서 제왕이 되었고, 거성(莒城)을 보위하고 연에 항거하면서 나라에 선포하여 말하였다.

"왕은 이미 거(莒) 땅에 세워졌다."

53 집안 심부름꾼을 말한다.

조의 인상여와 염파 그리고 연의 악의

3 조왕이 초의 화씨(和氏)의 구슬[璧][54]을 얻었는데, 진의 소왕(昭王, 3대)이 이를 갖고 싶어서 15개의 성과 바꾸자고 청하였다. 조왕이 주지 않으려고 하나 진의 강함을 두려워했고, 이를 주려고 하나 속임을 당할까 걱정하였다.

인상여(藺相如)에게 물었더니, 대답하였다.

"진이 성을 가지고 이 구슬을 바꾸자고 요구하였는데 왕께서 이를 허락하지 않는다면 그 허물은 우리에게 있습니다. 우리가 그들에게 구슬을 주었으나 진이 우리에게 성을 주지 않으면 그 허물은 진에게 있습니다.

---

54 기원전 8세기경에 초(楚)나라의 보석 전문가인 변화(卞和)가 깊은 산속에서 한 덩어리의 돌을 발견했는데 그 속에 보석이 들어 있음을 알고 이를 여왕(厲王, 芈熊眴)에게 바쳤다. 여왕(厲王)은 그가 자기를 속이는 줄 알고 그의 왼쪽 다리를 잘라버렸다. 그 다음 왕인 무왕(武王, 芈熊通)이 즉위하자 변화(卞和)는 다시 그 돌덩어리를 품에 품고 가서 왕에게 바쳤더니 이번에도 왕을 속이는 줄 알고 그의 오른쪽 다리를 잘랐다. 다시 문왕[신웅자]이 즉위하기를 기다려서 변화는 그 돌을 품고 형산에 가서 곡하였다. 문왕이 사람을 보내서 그에게 물으니 그가 "나는 나의 두 다리가 없어져서 슬픈 것이 아니라, 이것이 분명히 보석인데도 돌로 생각하고, 나는 분명히 충성심을 가지고 있는데도 억지로 나를 가난한 사람으로 여기니 나는 이를 슬퍼합니다."라고 하였다. 이 말을 들은 문왕이 전문가에게 이 돌을 깎으라고 하니 과연 그 속에서 '보옥(寶玉)'이 나왔다. 그리하여 이를 '화씨벽'이라고 이름하였다.

이 두 가지의 계책을 비교하면 차라리 허락하고 진에 짐을 지우십시오.

신이 바라건대 구슬을 받들어 가지고 가게 해주시는데, 진의 성이 들어오지 않게 되면 신이 청컨대 구슬을 온전히 가지고 돌아오겠습니다!"

조왕이 그를 파견하였다.

인상여가 진에 이르렀는데, 진왕은 조에게 성을 줄 뜻이 없었다. 인상여는 마침내 진왕을 속여서 다시 구슬을 얻었고, 그의 종자(從者)를 파견하여 이것을 품고 샛길로 조로 돌아가라고 하고 자신은 진에서 명을 기다리고 있었다. 진왕은 현명하다고 여겨 죽이지 않고, 예로 그를 들려 보냈다. 조왕이 인상여를 상대부(上大夫)로 삼았다.

4 위의 사군(嗣君, 45대)이 죽고, 아들 회군(懷君, 46대)이 섰다. 사군은 미세하고 숨겨진 것을 살피기를 좋아하였는데, 현령 가운데 그 이부자리를 들어보면 자리가 해진 사람이 있었다. 사군은 이 말을 듣고 마침내 그에게 자리를 내주었다. 현령이 크게 놀라서 사군을 신이라고 하였다.

또 사람을 시켜서 관시(關市)[55]를 지나면서 금(金)을 뇌물로 주게 하였는데, 이미 그리하고는 관시의 사람을 불러서 어떤 사람이 지나가다가 너에게 금을 주었느냐고 묻고 그것을 돌려주라고 하니, 관시의 사람이 크게 놀랐다.

또 설희(泄姬)를 사랑하고 여이(如耳)를 중히 여겼는데, 그들이 총애를 받고 중시 받음을 이용하여 자기에게 들어오는 것을 막아 버릴까 걱정하여 마침내 박의(薄疑)를 귀히 만들어서 여이에게 적수가 되게 하였고, 위비(魏妃)를 높여주어서 설희와 필적하게 하고서 말하였다.

"이렇게 하여 서로서로 견제하게 되었다."

---

55 관은 관문이고, 시는 저자이다. 여기서는 관문과 저자가 붙어 있는 것 같았으며, 이를 관장하는 관리를 말한다.

❖ 순자가 이를 평론하였습니다.

성후·사군은 재산을 모아 그 수를 계산하는 군주였고, 백성들을 얻는 데는 이르지 못하였다. 자산(子産)은 백성을 얻은 사람이지만 정치를 하는데 이르지는 못하였다. 관중(管仲)은 정치를 한 사람이지만 예를 닦지는 못하였다. 그러므로 예를 닦은 사람은 왕 노릇을 하고, 정치를 한 사람은 강하게 되며, 백성의 마음을 잡은 사람은 편안하고, 재물을 긁어모은 사람은 망하는 것이다.

• 난왕 33년(己卯, 기원전 282년)[56]

1 **진이 조를 쳐서 두 개의 성을 뽑았다.**

• 난왕 34년(庚辰, 기원전 281년)[57]

1 **진이 조를 쳐서 석성(石城, 하남성 林縣)을 뽑았다.**

2 **진의 양후(穰侯)가 다시 승상이 되었다.**

---

56 이 해는 위(魏) 소왕 14년, 노(魯) 민공 15년, 한(韓) 이왕 14년, 진(秦) 소양왕 25년, 조(趙) 혜문왕 17년, 초(楚) 경양왕 17년, 연(燕) 소왕 37년, 제(齊) 양왕 2년, 위(衛) 회군 원년이다.

57 이 해는 위(魏) 소왕 15년, 노(魯) 민공 16년, 한(韓) 이왕 15년, 진(秦) 소양왕 26년, 조(趙) 혜문왕 18년, 초(楚) 경양왕 18년, 연(燕) 소왕 38년, 제(齊) 양왕 3년, 위(衛) 회군 2년이다.

3 초가 제·한과 함께 진을 치고, 이어서 주(周)를 도모하고자 하였다. 왕[赧王]은 동주(東周)의 무공(武公)으로 하여금 초의 영윤(令尹)인 소자(昭子)에게 말하게 하였다.

"주는 도모할 수 없습니다."

소자가 말하였다.

"마침내 주를 도모하는 일은 없겠지만 비록 그렇다고 하더라도 왜 도모할 수 없는가?"

무공이 말하였다.

"서주의 땅은 긴 것을 잘라서 짧은 것을 보충한다고 하더라도 백리에 지나지 않소. 명목만 천하의 공주(共主)인데 그 땅을 찢는다 하여도 나라를 살찌우기에는 부족하고, 그 백성들을 얻는다 하여도 강한 군사를 만들기에는 모자라오. 비록 그렇지만 이를 공격한 사람은 명목상 임금을 시해한 것이 되오. 그래도 오히려 이를 공격하고 싶어 하는 자가 있으니 제기(祭器)[58]가 있는 것을 본 연고요.

무릇 호랑이의 고기는 누린내가 나고, 또 무기처럼 날카로운 몸이지만 사람들은 오히려 그 호랑이를 공격하는데, 만약에 늪지대에 있는 사슴이 호랑이 가죽을 걸치고 있다면 사람들이 이를 공격하는 것은 반드시 만 배나 많아질 것이오.

초의 땅을 찢어서 나누어 가지고 충분히 나라를 살찌울 수 있으며, 초의 이름을 꿇려놓고서 충분히 왕(王)을 높일 수도 있는 것이오. 이제 그대가 천하의 공주(共主)를 죽여 해치고 삼대에서 전해 내려오는 기물을 갖게 되어, 기물이 만약에 남쪽으로 가기만 하면 군사들이 몰려들 것이오."

이에 초는 계획을 그만두고 시행하지 않았다.

58 삼대부터 전해 내려오는 것으로 예컨대 9정 같은 것이다.

• 난왕 35년(辛巳, 기원전 280년)[59]

1　진의 백기(白起)가 조의 군사를 패배시켰는데 참수한 것이 2만이고, 대(代)의 광랑성(光狼城, 산서성 고평현 서쪽)을 빼앗았다. 또한 사마착(司馬錯)으로 하여금 농서(隴西, 감숙성 臨洮縣)의 군사를 발동하여 촉을 통하여[60] 초의 검중(黔中, 호남성 沅陵縣)을 공격하게 하고 이를 뽑았다. 초는 한수(漢水) 이북과 상용(上庸, 호북성 竹山縣) 땅을 바쳤다.

• 난왕 36년(壬午, 기원전 279년)[61]

1　진의 백기가 초를 치고, 언(鄢, 호북성 宜城縣)·등(鄧, 호북성 襄陽縣 동북쪽)·서릉(西陵, 호북성 宜昌縣 西陵峽)을 빼앗았다.

2　진왕이 사신으로 하여금 조왕에게 통고하게 하여 원하기를, 황하 밖(황하의 이남지역, 황하의 북쪽은 하북)의 면지(澠池, 하남성 澠池縣)에서 좋게 회합하자고 하였다. 조왕은 안 가고 싶었는데 염파(廉頗)·인상여(藺相如)가 계책을 세워서 말하였다.

"왕께서 가지 않는다면 조는 약하고 겁쟁이라는 것을 보이는 것입니

---

59 이 해는 위(魏) 소왕 16년, 노(魯) 민공 17년, 한(韓) 이왕 16년, 진(秦) 소양왕 27년, 조(趙) 혜문왕 19년, 초(楚) 경양왕 19년, 연(燕) 소왕 33년, 제(齊) 양왕 4년, 위(衛) 회군 3년이다.

60 이때 진나라의 군사들은 촉지역에서 출발하였기 때문에 파군의 지현(枳縣) 가는 길에서 초나라의 검중을 공략할 수 있었다.

61 이 해는 위(魏) 소왕 17년, 노(魯) 민공 18년, 한(韓) 이왕 17년, 진(秦) 소양왕 28년, 조(趙) 혜문왕 20년, 초(楚) 경양왕 20년, 연(燕) 소왕 34년, 제(齊) 양왕 5년, 위(衛) 회군 4년이다.

다."

조왕이 드디어 가기로 하고 인상여가 좇았다.

염파는 경계까지 전송하고 왕과 결별하면서 말하였다.

"왕께서 가시는데, 길 가는데 거리를 헤아리고 만나서 회합을 하고 예를 다 마치고 것을 헤아리건대 돌아오는 데는 30일은 넘지 않을 것이니, 30일이 되어도 돌아오지 않는다면 청컨대 태자를 왕으로 세워서 진의 희망을 끊게 하도록 하여주십시오."

왕이 이를 허락하였다.

면지에서 만났다. 왕[62]과 조왕이 술을 마시고 술에 취하자, 진왕이 조왕에게 비파(琵琶)[63]를 뜯어달라고 청하니 조왕이 이를 탔다. 인상여가 다시 진왕에게 부(缶)[64]를 쳐달라고 하니 진왕이 이를 하려 하지 않았다.

인상여가 말하였다.

"다섯 걸음 안쪽에서는 신이 청컨대 목의 피로 대왕을 적시도록 하여주십시오!"[65]

주변에서 인상여를 칼로 찌르려 하자, 인상여가 눈을 크게 뜨고 그들을 꾸짖으니 좌우에서 나서지를 못하였다. 왕[秦王]이 기뻐하지 않았지만 부(缶)를 한 번 쳤다. 술자리를 끝내어도 진은 끝내 조에 압력을 가할 수 없었고, 조인(趙人)들도 이를 위하여 대비하니 진은 감히 움직이지 아니하였다. 조왕이 귀국하여 인상여를 상경(上卿)으로 삼고, 지위는 염파의 위에 있게 하였다.

염파가 말하였다.

"나는 조의 장군으로 성을 공격하거나 들에서 싸운 공로를 가졌다. 인

62 진왕으로 해야 말의 뜻이 통한다. 왕 앞에 진(秦)이 누락된 것으로 봐야 한다.

63 25개의 현으로 되어 있는 현악기이다.

64 질그릇으로 된 악기로 진인(秦人)들은 여기에 술을 담아서 음악을 조절하였다.

65 자신의 목을 찔러 그 피가 튀어 진왕에게 묻히겠다는 뜻이다.

상여는 원래 천한 사람이고 헛되이 입만 가지고 지위가 나의 위에 있으니 나는 수치스러워서 차마 그 아래에 있지 못하겠다."

선언하여 말하였다.

"내가 인상여를 보면 반드시 그를 욕보이겠다."

인상여가 이 말을 듣고 함께 만나려고 하지 않고, 조회가 있을 때마다 항상 병이라고 하면서 서열을 다투려 하지 않았다.

밖에 나와서는 멀리서 쳐다보이기만 해도 번번이 수레를 이끌고 숨어버렸다. 그의 사인(舍人)은 모두 수치스럽다고 생각하였다. 인상여가 말하였다.

"그대들이 보기에 염장군은 진왕과는 어떠한가?"

말하였다.

"그만은 못하지요."

인상여가 말하였다.

"무릇 진왕이 위엄을 부렸을 때 나 인상여는 조정에서 그를 꾸짖고 그의 많은 신하들을 욕보였는데, 나 인상여가 비록 아둔하다고 하지만 다만 염 장군만을 두려워하겠는가! 나를 돌아보며 이를 생각해 보건데 강한 진이 감히 우리 조에 군사력을 가(加)하지 못하는 것은 다만 우리 두 사람이 있음으로 해서이다. 이제 두 호랑이가 함께 다투면 그 형세로는 둘 다 살지 못하게 될 것이다. 내가 이렇게 하는 까닭은 국가의 급한 일을 먼저 생각하고 사사로운 원수는 다음으로 하는 것이다."

염파가 이 말을 듣고 웃옷을 벗고 가시를 짊어지고 문 앞에 와서 사죄하니, 드디어 서로 문경(刎頸)의 교류[66]를 하였다.

66 서로 목숨을 내놓을 정도로 깊이 사귀는 것을 말한다.

위기 속의 제를 구한 전단

3 처음에, 연인(燕人)들이 안평(安平, 산동성 임치현의 동쪽)을 공격하였는데, 임치(臨淄)의 시연(市掾)[67]인 전단(田單)이 마침 안평에 있었고, 그의 종인(宗人)[68]으로 하여금 모두 쇠망으로 수레의 축을 싸도록 하였다. 성[安平城]이 무너지게 되자 사람들이 다투어 문으로 나가니 모두 수레의 축이 잘리고 수레가 부서져서 연에게 잡힌바 되었지만 다만 전단의 종인들은 수레의 축을 쇠로 감싼 것 때문에 벗어나 드디어 즉묵(卽墨, 산동성 즉묵현)으로 달아났다.

이때 제의 땅은 모두 연에 귀속하게 되었지만, 다만 거(莒, 산동성 거현)·즉묵만 아직 떨어지지 않았는데, 악의가 마침내 우군(右軍)·전군(前軍)을 합하여 거(莒)를 포위하고, 좌군(左軍)·후군(後軍)은 즉묵(卽墨)을 포위하게 하였다. 즉묵대부가 나가서 싸우다 죽었다.

즉묵 사람들이 말하였다.

"안평의 싸움에서 전단의 종인들은 수레의 축을 쇠로 싸서 온전할 수가 있었으니, 이는 지혜가 많고 군사도 익힌 것이다."

이어서 함께 그를 장수로 세워서 연에 대항하게 하였다.

---

67 저자를 관리하는 연리(掾吏), 즉 하급 관리를 말한다.

68 벼슬 이름으로 수레를 담당하는 관리이다.

악의는 두 읍을 포위하고 1년이 되어도 이기지 못하니 마침내 포위를 풀게 하고 각기 성에서 9리 떨어져서 보루를 쌓게 하고 명령을 내렸다.

"성에 있는 백성이 나오면 잡지 말고, 어려운 사람이 있으면 그들을 진휼(賑恤)하며, 바로 옛날의 직업에 복귀하게 하고 새로운 백성들을 진정시켜라."

3년이 되었는데도 아직 성이 떨어지지 않았다.

어떤 사람이 그를 연의 소왕에게 참소하였다.

"악의의 지략과 꾀는 보통사람을 뛰어 넘어서 제를 치는데 순식간에 70여 개의 성에서 이겼지만 지금 떨어지지 않은 것은 2개의 성뿐이니, 그의 힘이 뽑아버릴 수 없는 것이 아닌데도 3년을 공격하지 않은 것은 오랫동안 군사를 거느린 위엄으로 제인(齊人)들을 복종시켜서 남면(南面)[69] 하여 왕 노릇 하고자 할 뿐입니다. 이제 제인들은 이미 다 복종하고 있으나 아직 그 뜻을 드러내지 않는 까닭은 그의 처자가 아직도 연에 있는 연고입니다. 또 제에는 미녀들이 많아서 또한 장차 그 처자도 잊을 것입니다. 바라건대 왕께서 이를 도모하십시오."

소왕(昭王)이 술을 벌려놓고 대회를 열고 소왕(昭王)에게 말한 사람을 끌어내 그를 나무라면서 말하였다.

"선왕(先王)께서 거국적으로 똑똑한 사람을 예로써 대우한 것은 토지를 탐내서 이를 자손들에게 물려주려는 것이 아니었소. 전해 받은 사람이 박덕한 경우를 만나서, 천명을 감당할 수 없었고 나라 사람들도 순종하지 않았소.[70] 제는 무도(無道)하여 고국(孤國)의 혼란을 틈타서 선왕을 해쳤소.

---

69 제왕이 앉는 위치는 항상 남쪽을 바라보고 북쪽에 앉는다. 그러므로 남면은 바로 제왕을 말한다.

70 연왕인 쾌(噲)가 나라를 재상인 자지(子之)에게 맡겨서 나라를 망치고 죽게 된 일인데, 신정왕 5년(기원전 316년)에 일어났고, 《자치통감》 권3에 실려 있다.

과인이 왕위를 이으니 이러한 아픔이 뼈에 사무쳤으며, 이러한 연고로 여러 신하들을 널리 모으고 밖으로 빈객을 초청하여 원수 갚기를 원하였고, 그 성공시킨 사람이 있다면 오히려 그와 더불어 연을 다스리고자 하였소. 이제 악군(樂君, 악의)[71]은 친히 과인을 위하여 제를 깨뜨리고 그 종묘를 헐어버려서 선왕의 원수를 갚았으니, 제는 본디 악군의 소유이지 연이 얻을 것이 아니요.

악군께서 만약에 제를 소유할 수 있고 우리 연과 나란히 열국(列國)이 되어 즐거운 관계를 맺고 같이 좋아하며 제후들의 어려움을 막아준다면 연국의 복이며 과인이 원하는 바이오. 네가 어찌하여 감히 그와 같은 말을 하는가?"

마침내 그를 참수하였다.

악의의 처에게 왕후의 복장을 내려주고, 그의 아들에게는 공자(公子)의 복장을 내려주고, 노거승마(輅車乘馬)[72]에 그 뒤로 100대의 수레가 따르게 하면서 국상(國相)을 파견하여 그들을 악의에게 보내고 악의를 세워서 제왕으로 하였다. 악의가 당황하고 두려워하여 이를 받지 아니하고 절하며 편지를 써서 죽음으로써 스스로 맹서하였다. 이로 말미암아 제인(齊人)들은 그 의로움에 복종하고, 제후들은 그의 신의에 두려워하여 감히 잔꾀를 내는 사람이 없었다.

얼마 안 되어 소왕이 죽고 혜왕(惠王)이 섰다. 혜왕은 태자 때부터 일찍이 악의에게 불쾌해하였다. 제의 전단이 이 소식을 듣고, 마침내 연에 반간을 풀어놓아 선언하였다.

"제왕이 이미 죽었는데, 성 가운데 함락되지 않은 것은 두 개 뿐입니다. 악의와 연의 새로 된 왕 사이에는 틈이 있어서 주살될까 두려워 감히

---

71 악의를 존중하여 부르는 말이다.

72 당시 제후들이 타는 수레를 노거라고 하며, 승마는 네 마리의 말을 말하고, 이것은 당시 제후의 의례이다.

귀국하지 않고 제를 친다는 이름을 내세우고 있지만 실제로는 군사를 연합하고서 남면하여 제에서 왕 노릇을 하고자 하는 것입니다. 제인(齊人)들이 아직 그에게 귀부하지 않았으므로 천천히 즉묵을 공격하면서 그 일을 기다리고 있는 것입니다. 제인(齊人)들이 두려워하는 바는 오히려 그가 장차 공격해 와서 즉묵이 부서지는 것입니다."

연왕이 본디 이미 악의를 의심하고 있던 터에 제의 반간을 만나 보게 되자 마침내 기겁(騎劫)으로 하여금 대신 군사를 거느리게 하고 악의를 소환하였다. 악의는 왕이 자기에게 좋지 못한 생각으로 다른 사람으로 대신하도록 하였음을 알고, 마침내 조로 도망하였다. 연의 장군과 사병들이 이로 말미암아서 분하고 원통해 하면서 불화하게 되었다.

전단이 성 안에 있는 사람들로 하여금 밥 먹을 때 반드시 뜰에서 그들의 선조에게 제사를 지내고 나르는 새들이 모두 성 안에 내려앉게[73] 하라고 하였다. 연인(燕人)들이 이를 이상하게 생각하자 이어서 전단이 선언하였다.

"마땅히 신사(神師)[74]가 내려와서 우리를 가르쳐주는 일이 있을 것이다."

어느 졸병 하나가 말하였다.

"신(臣)이 신사(神師)가 될 수 있을까요?"

이어서 도리어 도망하였다. 전단이 일어나 도로 데려다가 동향으로 앉게 하고 그를 스승으로 섬겼다. 졸병이 말하였다.

"신이 그대를 속였습니다."

전단이 말하였다.

"그대는 말도 하지 마시오."

---

73 제사를 지내서 그 음식을 뜰에 두면 새들이 이를 먹으려고 내려앉는 것이다.

74 귀신(鬼神)에게 때마다 음식으로 대접을 잘 했으므로 귀신이 도와줄 것이라고 말한 것이다.

이어서 그를 스승으로 하였다.

매번 밖에 나가서 약속할 때마다 반드시 신사(神師)를 들먹였다. 마침내 선언하였다.

"나는 오직 저들 연의 군대가 잡힌 제의 졸병들의 코를 베어 앞줄에 늘어놓아서 바로 즉묵이 패배할 것을 두려워한다."

연인(燕人)들이 이를 듣고 그 말대로 하였다.[75]

그 후에 성 안에 있는 항복한 사람들을 보니 모두 코가 베어져 있었고, 모두 화가 나서 굳게 지키고 다만 눈에 뜨일까를 걱정하였다. 전단이 또한 반간을 풀어놓고서 말하였다.

"나는 연인(燕人)들이 우리 성 밖에 있는 무덤을 파버려서 우리의 마음이 덜덜 떨리게 할까 두려워한다."

연의 군사는 무덤을 다 파버리고 죽은 사람을 불태웠다.

제인(齊人)들이 성 위에 올라가서 멀리 바라보고는 모두 눈물을 흘리면서 함께 나아가서 싸우고자 하였는데, 화가 난 것이 스스로 10배나 되었다. 전단은 사졸들을 쓸 수 있다고 생각하고 자신이 몸소 판(版)과 삽을 쓰면서 사졸들과 일을 나누었고, 처첩들을 군대의 행오(行伍)의 사이에 편입시켜서 모두 흩어져 사병들에게 먹을 것을 주게 하였다. 갑옷 입은 병졸들은 모두 엎드려 있게 하고 노약자와 여자들은 성에 올라가게 하고 사신을 보내서 연에 항복하고자 한다고 약속하게 하니, 연의 군사들이 모두 만세를 불렀다.

전단은 또한 백성들에게서 금(金) 1천 일(鎰)을 거둬서 즉묵의 부호들로 하여금 연의 장수에게 주면서 말하게 하였다.

"즉시 항복할 터인데, 바라건대 우리의 가족들을 포로로 잡아가지 마

---

75 연나라 사람들은 제나라 사람을 잡으면 그 코를 베어 앞에다 늘어놓았다는 말이다. 제나라 사람들의 입장에서 보면 연나라 사람들에게 잡힌다든가 항복한다는 것은 코가 베일 것이라는 것을 알게 되어 이를 극복하기를 기대한 것이다.

십시오."

연의 장수가 크게 기뻐하면서 이를 허락하였다. 연의 군대는 더욱 게을러졌다.

전단은 마침내 성 안에서 소 1천여 마리를 모아서 붉은 옷을 입히고 그 위에 5색으로 용의 그림을 그리고는 뿔에는 칼을 묶어놓고 기름 묻힌 갈대를 소의 꼬리에 묶어놓고 나서 그 끝에 불을 붙이고, 성을 수십 군데 뚫어놓고 밤중에 소를 놓아두고 장사 5천 명이 그 뒤를 따르게 하였다.

소는 꼬리가 뜨거워지자 성이 나서 연의 진지로 달려갔다. 연의 진지에서는 크게 놀랐고, 소들이 모두 용의 무늬를 띠고 있는 것을 보았는데, 부딪치면 죽거나 다쳤다. 성 안에서는 북을 치면서 시끄럽게 하며 이를 좇고 노약자들은 모두 놋그릇을 쳐서 소리를 내니 소리가 천지를 움직였다. 연의 군대가 크게 놀라서 패하여 달아났다.

제인(齊人)들이 기겁(騎劫)을 잡아 죽였고, 도망자들을 추격하여 북쪽으로 쫓는데, 지나가는 성과 읍들이 모두 연을 배반하여 다시 제의 것이 되었다. 전단의 군사는 날로 많아져서 이긴 기세를 탔고, 연은 날로 패망하여 도망쳐서 황하에 이르렀고 제의 70여 개 성이 모두 복귀하였다. 마침내 양왕(襄王)을 거(莒)에서 영접하여 임치(臨淄)로 들어갔고, 전단을 책봉하여 안평군(安平君)으로 삼았다.

제왕은 태사 교(敫)의 딸을 왕후로 삼았는데, 태자 전건(田建)을 낳았다. 태사 교가 말하였다.

"딸이 중매를 거치지 않고 스스로 시집을 갔기 때문에 이는 나의 종자가 아니고, 나의 집안을 더럽혔다."

죽을 때까지 군왕의 왕후를 보지 않으니 군왕후도 역시 뵐 수가 없다고 하여 자손으로서의 예의를 잃지는 아니하였다.

조왕은 악의를 관진(觀津, 산동성 觀城縣)에 책봉하고 그를 높이고 아껴서 연·제에 경종을 주었다. 연의 혜왕은 마침내 사람을 시켜서 악의를 나무라고 또 사과하면서 말하였다.

"장군은 지나치게 남의 말을 들어서 과인과 틈이 생기게 되었고, 드디어 연을 버리고 조에 귀부하였소. 장군이 스스로 헤아려 본다면 좋겠지만 또한 어떻게 선왕이 장군을 대우해주었던 뜻에 보답하겠소?"

악의가 회답하는 편지를 썼다.

"옛날 오자서(伍子胥)가 합려(闔閭, 오의 6대 왕)에게 말하여 듣자 오(吳)는 멀리 영(郢, 초의 도읍지, 지금의 호북성 江陵縣)에까지 넓혔으나, 부차(夫差, 오의 7대 왕)는 옳게 여기지 아니하여 그를 죽여서 말가죽 자루에 넣어 장강에 띄어 보냈습니다.[76] 오왕은 먼저 이를 논하여야 공을 세울 수 있다는 것을 깨닫지 못하였으니, 그러므로 오자서를 빠뜨리고도 후회하지 않았고, 오자서는 일찍이 지금의 주군이 같지 않다는 것을 발견하지 못하였으니, 이러한 까닭에 장강에 들어가서 귀신도 되지 못하기에[77] 이르렀습니다.

무릇 자신은 죽음을 면하고, 공로를 세워서 선왕의 업적을 밝히려는 것이 신의 가장 좋은 계책이었습니다. 훼손되고 욕을 먹는 비방을 받고 선왕의 이름을 떨어뜨리는 것은 신이 제일 두려워하는 것입니다. 예측할 수 없는 죄에 가까이 가서 행복을 이롭다고 여기는 것은 의로운 입장에서 감히 나갈 수 없습니다.[78]

신이 듣기로는 옛날의 군자는 교제가 끊어진다 하여도 나쁜 소리를 내지 않고, 충신은 나라를 떠난다고 하여도 그 이름을 깨끗이 하지 않는다

---

76 오자서는 초(楚) 사람인데, 초의 평왕이 참소하는 말을 믿고 그의 부형을 죽이니, 오자서는 오로 도망했다. 오왕 합려가 그를 믿고 채용하여 초의 영을 쳤다. 합려가 죽자 부차가 섰는데, 오자서가 여러 번 간언했으나 듣지 않고 죽음을 내렸다.

77 오부차가 오자서의 시체를 말가죽 자루에 넣어서 귀신이 되지 못했다는 것이다.

78 이 말은 악의가 비록 지금 연나라를 떠나서 조나라에 의탁하고 있지만 의리로 보아 연나라를 치는 일에 가담하지 않겠다는 뜻이다.

고 합니다.[79] 신은 비록 재주가 없는 사람이기는 하지만 자주 군자에게서 가르침을 받들었습니다. 다만 군왕께서 이 점을 유의하시기를 바랍니다."

이에 연왕은 다시 악의의 아들인 악한(樂閒)을 창국군(昌國君)으로 삼으니 악의가 왕래하여 연에 다시 통하게 하였는데, 조에서 죽으니 그의 호(號)를 망제군(望諸君)이라고 하였다.

전단이 제의 재상이 되어서 치수(淄水)[80]를 지나가는데 어떤 노인이 치수를 건너다가 물이 차서 물에서 나와 가지를 못하였다. 전단이 그의 겉옷을 벗어서 그에게 입혀주었다. 양왕(襄王)이 이를 싫어하여서 말하였다.

"전단이 사람들에게 은혜를 베푸는 것은 장차 나의 나라를 빼앗으려는 것인가! 일찍이 도모하지 않으면 후에 변괴를 일으킬까 두렵구나."[81]

좌우로 돌아보니 아무도 없었지만 궁궐 바위돌 아래에 구슬을 꿰는 사람이 있었기에 양왕이 그를 불러서 물었다.

"너는 내가 하는 말을 들었는가?"

대답하였다.

"들었습니다."

왕이 말하였다.

"너는 어떻게 생각하는가?"

대답하였다.

"왕께서 이를 이용하여서 자기의 선으로 여기는 것만 못합니다. 왕께서 전단이 한 선한 일을 가상히 여기시고 명령을 내려서 말하기를 '과인은 백성들이 배고파 주릴까 걱정하였는데, 전단이 그들을 거두어 먹였

---

79 자신의 이름을 깨끗하게 하려고 자기가 떠난 나라를 비난하지 않는다는 뜻이다.

80 제나라의 도읍인 임치를 지나가는 하천이다.

81 전통적으로 어떤 사람이 백성들을 위하여 좋은 일을 많이 할 때 이러한 행동은 민심을 사서 두 마음을 품는다고 해석하는 것이 일반적이다.

고, 과인은 백성들이 추울까를 걱정하였는데, 전단이 외투를 벗어서 그들에게 입혔다. 과인은 백성들을 수고롭게 할까 걱정하였는데 전단이 역시 걱정하였으니, 과인의 뜻과 같도다.'라고 하십시오. 전단이 선한 일을 했다면, 왕께서 이를 칭찬하시면 전단의 선한 일은 또한 왕의 선한 일이 됩니다."

왕이 말하였다.

"훌륭하다."

마침내 전단에게 쇠고기와 술을 내렸다.

며칠 뒤에 구슬을 꿰는 사람이 다시 왕을 뵙고 말하였다.

"왕께서 조회가 있는 날에 마땅히 전단을 불러서 뜰에서 그에게 읍(揖)[82]하고 입으로 그를 위로하십시오. 그리고 명령을 반포하여 백성들 가운데 주리고 추운 사람을 찾아서 그들을 거두어 길러주라고 하십시오."

마침내 사람을 시켜서 마을에 가서 소문을 듣게 하였더니 대부들이 서로 말하였다.

"전단이 사람들을 아끼는 것은, 아! 바로 왕이 가르친 것이었군."

전단이 왕에게 초발(貂勃)을 보호하게 하였다. 왕에게는 가까이 하는 신하가 9명이 있었는데, 안평군(安平君, 田單)을 해치려고 하면서 서로 더불어 왕에게 말하였다.

"연이 제를 칠 때 초왕이 장군으로 하여금 군사 1만 명을 거느리고 제를 돕게 하였습니다. 이제 나라가 이미 안정되었고 사직도 편안한데 어찌하여 사자(使者)로 하여금 초왕에게 감사하다고 하게 하지 않습니까?"

왕이 말하였다.

"그렇다면 주위에서 누가 제일 좋겠소?"

9명에 속한 사람이 말하였다.

---

82 존경하는 뜻으로 앞으로 손을 모으고 고개를 숙이는 모습이다.

"초발이 좋습니다."

초발이 초에 사신으로 갔다. 초왕은 그를 받아들이고 술잔을 돌리면서 몇 달 동안 돌려보내지 아니하였다.

이때 그 9명에 속한 사람들이 서로 더불어 말하였다.

"무릇 한 사람의 몸으로 만승인 사람이 남아 있도록 만류하는 것은 어찌 세력에 의지한 것이 아니겠습니까?[83] 또한 안평군은 왕과 군신의 차이도 없고 위아래도 구별이 없습니다. 또 그 뜻이 좋지 않은 것을 하려 하니 안으로 백성들을 위무하고 밖으로 야만인인 융적들을 회유하면서 천하의 똑똑한 선비들에게 예우해주는 것은 그 뜻이 무엇인가를 하려고 하는 것이니, 바라건대 왕께서는 이를 살피십시오."

다음날 왕이 말하였다.

"재상 전단을 불러 오라."

전단은 관(冠)을 벗고, 신발도 벗고, 어깨를 드러낸 채로 들어갔고 나와서는 죽을죄를 내려달라고 하면서 5일이 되자 왕이 말하였다.

"그대는 과인에게 죄를 지은 것이 없소. 그대는 신하로서의 예의를 다하고, 나는 왕으로서의 예의를 할 뿐이오."

초발이 초에서 돌아오니 왕이 그에게 술을 내려주었다. 술의 취기가 오르자 왕이 말하였다.

"재상 전단을 불러 오라."

초발이 자리를 피하며 머리를 숙여 말하였다.

"왕이시여! 위로 올라가서 주(周) 문왕(文王)과는 어떠하십니까?"

왕이 말하였다.

"나는 그만 못하다."

초발이 말하였다.

---

83 술잔을 돌린다는 말은 예우(禮遇)한다는 말이고, 초발은 안평군인 전단이 중히 여기는지라 그 세력 때문에 초왕이 예우한다는 뜻이다.

"그렇습니다. 신도 정말로 왕께서 그만은 못하다는 것을 압니다. 그 아래로 내려와 제(齊) 환공(桓公)과는 어떠합니까?"

왕이 말하였다.

"나는 그만 못하다."

초발이 말하였다.

"그렇습니다. 신은 왕께서 그만 못하다는 것을 압니다. 그렇다면 주의 문왕은 여상(呂尙)을 얻어서 태공(太公)으로 여겼으며,[84] 제의 환공은 관이오(管夷吾)를 찾아내서 중부(仲父, 둘째아버지)로 여겼는데,[85] 이제 왕께서는 안평군을 찾아냈으나, 다만 그를 '단(單)'이라고만 말하니 어찌 이렇게 나라를 망칠 말을 할 수가 있습니까?

또 천지가 열리고 인류가 시작되면서부터 신하 된 사람의 공로로 누가 안평군보다 두터운 사람이 있습니까? 왕께서는 왕의 사직을 지킬 수 없었고, 연인(燕人)들이 군사를 일으켜서 제를 습격하자 왕은 도주하여 성양(城陽, 莒城은 城陽山 아래)의 산속으로 갔고, 안평군은 두려워서 벌벌 떨고 있는 즉묵이라는 3리 밖에 안 되는 성과 5리 밖에 안 되는 곽(郭)과 지쳐 있는 졸병 7천 명을 가지고 그의 사마를 잡고 천리나 되는 제의 땅을 회복하였는데, 이것은 안평군의 공로입니다.

그때 성양을 내버리고 스스로 왕이 되어도 천하에서 이를 저지할 수 없었을 것입니다. 그러나 도(道)에서 계산하고 의(義)로 돌아가니 옳지 않다고 생각하였으며, 그러므로 잔도(棧道)를 만들고 나무로 집을 만들어서 왕과 왕후를 성양 산속에서 모셔 오니, 왕은 마침내 돌아올 수가 있

84 여상이 위수 강변에서 낚시를 하는데 주 문왕이 사냥을 갔다가 수레에 싣고 돌아와서 '나의 태공이여 그대를 바라본 지 오래 되었소.'라고 하여 태공망이라고 불렀던 강태공이다.

85 제의 공자인 무지가 반란했을 때 관이오는 공자규를 받들고 환공과 나라를 두고 다투었다. 공자규가 죽자 관중은 갇혔고 환공이 그 죄를 풀어주어 정치를 맡기고 중부라고 하였다.

었고, 그대는 백성들에게 군림하였습니다.

이제 나라가 안정되고 백성들도 이미 편안해지자, 왕은 마침내 '단(單)'이라고 부르니, 어린아이의 계략으로도 이렇게는 아니합니다. 왕께서는 이 9명을 빨리 죽여서 안평군에게 사과하십시오. 그렇지 않으면 나라가 위태로워집니다."

마침내 9명을 죽이고 그 집안을 쫓아버렸으며, 안평군에게 야읍(夜邑, 산동성 掖縣)의 1만 호(戶)를 더 붙여서 책봉하였다.

전단이 장차 적인(狄人)들을 공격하려고 하여 노중련(魯仲連)을 찾아가서 보았다. 노중련이 말하였다.

"장군은 적(狄)을 공격하여도 떨어뜨릴 수 없을 것이오."

전단이 말하였다.

"신은 즉묵의 패망하고 남은 졸병들을 가지고 만승의 연을 깨뜨리고, 제의 터전을 회복하였는데, 이제 적(狄)을 공격하여도 떨어뜨리지 못한다니 왜 그러합니까?"

수레에 올라서 인사도 하지 않고 가서 드디어 적(狄)을 공격하였다. 3개월이 되어도 이기지 못하였다.

제의 어린아이들이 노래를 불러 말하였다.

"커다란 모자[86]는 키[箕]와 같고, 칼을 길게 하여 턱을 받치고 있지만, 적인(狄人)을 공격하여 떨어뜨리지 못하고 쌓인 뼈들은 언덕을 이루었구나."

전단이 마침내 두려워서 노중련에게 물었다.

"선생께서 저 전단에게 적인(狄人)을 떨어뜨리지 못한다고 하였는데, 청컨대 그 설명을 듣게 해주십시오."

노중련이 말하였다.

---

86 대관(大冠)으로 무인들이 쓰는 모자이다.

"장군이 즉묵(卽墨)에 있어서는 앉는다면 풀로 짠 삼태기였고, 서 있을 때는 가래[鍤]에 의지하였고, 사졸들을 위하여 부르짖기를 '더 이상 갈 곳이 없다. 종묘가 망하겠다. 오늘은 오히려 그렇지만 내일은 어느 무리 속에 있을꼬?'라고 하였습니다. 그때 장군은 죽을 마음을 갖고 있었고, 사졸들도 살고자 하는 기분이 없었으니, 그대의 말을 들으면 눈물을 흘리며 어깨를 부딪치며 달려가서 싸우고자 하지 않는 사람이 없었는데, 이것이 연을 깨뜨린 이유입니다.

이제는 장군은 동쪽에는 야읍에서의 봉양함이 있고, 서쪽에는 치상(淄上)에서의 오락을 갖고 있으며, 황금 허리띠를 차고 치수(淄水)와 승수(澠水)의 사이를 달리니, 사는 즐거움은 있지만 죽을 마음이 없으니, 못 이기는 까닭입니다."

전단이 말하였다.

"저 전단이 이미 작정하였는데, 선생께서 이를 마음에 새겨두십시오."

다음날 기세를 올려 성을 순시하는데 화살이나 돌이 날아올 곳에 서서 북채를 잡고 북을 울리자,[87] 적인(狄人)들이 마침내 떨어졌다.

처음에, 제의 민왕(湣王, 3대)이 이미 송(宋)을 멸망시키고 나서[88] 맹상군을 제거하려 하였다. 맹상군이 위(魏)로 도망하였고, 위의 소왕(昭王, 3대)이 재상으로 삼고서 제후들과 함께 제를 깨뜨렸다. 민왕이 죽고, 양왕(襄王)이 나라를 회복하였으나 맹상군은 중간에 서서 제후가 되어[89] 속하는 바가 없었다. 양왕이 새로 임금이 되니 맹상군을 두려워하여서 그와 더불어 화의를 맺었다. 맹상군이 죽자 그의 여러 아들이 서는 문제로 다투었고, 제와 위가 함께 설(薛)을 멸망시키자, 맹상군의 후사는 끊어졌다.

---

87 전투에서 북을 치면 공격의 신호이고, 쇠를 치면 물러나는 표지이다.

88 주 난왕 29년(기원전 286년)의 일이다.

89 맹상군인 전문은 설(薛)에서 제후가 되었다.

진에 땅을 바친 위와 진을 설득한 황헐

• 난왕 37년(癸未, 기원전 278년)[90]

1 진의 대량조(大良造) 백기(白起)가 초를 쳐서 영(郢, 초의 도읍지, 호북성 江陵縣)을 뽑고 이릉(夷陵, 호북성 宜昌縣 경계 지역)을 불태웠다. 초의 양왕의 군사들이 흩어져서 다시는 싸우려 하지 않으니 드디어 동북쪽에 가서 진(陳, 하남성 淮陽縣)으로 도읍을 옮겼다. 진은 빼앗은 영을 남군(南郡)이라고 하고, 백기를 책봉하여 무안군(武安君)이라고 하였다.

• 난왕 38년(甲申, 기원전 277년)[91]

1 진의 무안군이 무(巫, 사천성 巫山縣)·검중(黔中, 호남성 沅陵縣)을 평정하고 처음으로 검중군(黔中郡)을 설치하였다.

---

90 이 해는 위(魏) 소왕 18년, 노(魯) 민공 19년, 한(韓) 이왕 18년, 진(秦) 소양왕 29년, 조(趙) 혜문왕 21년, 초(楚) 경양왕 21년, 연(燕) 혜왕 원년, 제(齊) 양왕 6년, 위(衛) 회군 5년이다.

91 이 해는 위(魏) 소왕 19년, 노(魯) 민공 20년, 한(韓) 이왕 19년, 진(秦) 소양왕 30년, 조(趙) 혜문왕 22년, 초(楚) 경양왕 22년, 연(燕) 혜왕 2년, 제(齊) 양왕 7년, 위(衛) 회군 6년이다.

2 위의 소왕(昭王)이 죽고, 아들 안희왕(安釐王, 4대)이 섰다.

• 난왕 39년(乙酉, 기원전 276년)[92]

1 진의 무안군이 위(魏)를 쳐서 두 개의 성을 뽑았다.

2 초왕이 동쪽지역의 군사를 거두어서 10여만 명을 얻자, 다시 서쪽으로 나아가서 장강(長江) 남쪽의 15개 읍을 빼앗았다.

3 위의 안희왕(安釐王)이 그의 동생 위무기(魏無忌)를 신릉군(信陵君)에 책봉하였다.

• 난왕 40년(丙戌, 기원전 275년)[93]

1 진의 상국(相國) 양후(穰侯)가 위를 쳤다. 한의 포연(暴鳶)이 위를 구원하였으나, 양후가 이를 대파하였는데, 참수한 것이 4만이었다. 포연이 개봉(開封, 하남성 개봉시)으로 달아났다. 위는 8개의 성을 바치고 화의하였다. 양후가 다시 위를 쳐서 망묘(芒卯, 魏의 재상)를 도망가게 하고 북

92 이 해는 위(魏) 안희왕 원년, 노(魯) 민공 21년, 한(韓) 이왕 20년, 진(秦) 소양왕 31년, 조(趙) 혜문왕 23년, 초(楚) 경양왕 23년, 연(燕) 혜왕 3년, 제(齊) 양왕 8년, 위(衛) 회군 7년이다.

93 이 해는 위(魏) 안희왕 2년, 노(魯) 민공 22년, 한(韓) 이왕 21년, 진(秦) 소양왕 32년, 조(趙) 혜문왕 24년, 초(楚) 경양왕 24년, 연(燕) 혜왕 4년, 제(齊) 양왕 9년, 위(衛) 회군 8년이다.

택(北宅, 하남성 정주시 북쪽)으로 들어갔다.[94] 위인(魏人)들은 온(溫, 하남성 溫縣)을 떼어내서 화의하였다.

• 난왕 41년(丁亥, 기원전 274년)[95]

1 위는 다시 제와 합종(合從)하였다. 진의 양후가 위를 쳐서 네 개의 성을 뽑고 참수한 것이 4만이었다.

2 노의 민공(湣公, 36대)이 죽고, 아들인 경공(頃公, 37대) 희수(姬讎)가 섰다.

• 난왕 42년(戊子, 기원전 273년)[96]

1 조인(趙人)·위인(魏人)이 한의 화양(華陽, 하남성 鄭州市)을 쳤다. 한인(韓人)들이 진에 위급함을 알렸으나 진왕은 구원하지 않았다. 한의 상국(相國)이 진서(陳筮)에게 말하였다.

"사태가 위급하니, 바라건대 공께서 비록 병환 중이지만 하룻밤만 잘

---

94 다른 판본에는 이 부분에 수위대량(遂圍大梁)이라는 네 글자가 들어가 있는 것도 있다. 이를 해석하면 '드디어 대량[위의 도읍]을 포위하였다.'이다.

95 이 해는 위(魏) 안희왕 3년, 노(魯) 민공 23년, 한(韓) 이왕 22년, 진(秦) 소양왕 33년, 조(趙) 혜문왕 25년, 초(楚) 경양왕 25년, 연(燕) 혜왕 5년, 제(齊) 양왕 10년, 위(衛) 회군 9년이다.

96 이 해는 위(魏) 안희왕 4년, 노(魯) 경공 원년, 한(韓) 이왕 23년, 진(秦) 소양왕 34년, 조(趙) 혜문왕 26년, 초(楚) 경양왕 26년, 연(燕) 혜왕 6년, 제(齊) 양왕 11년, 위(衛) 회군 10년이다.

거리의 여행을 해주십시오."

진서가 진에 가서 양후(穰侯)를 만났다. 양후가 말하였다.

"사태가 위급하십니까? 그러므로 공을 시켜서 오게 하였군요."

진서가 말하였다.

"아직은 위급하지 않습니다."

양후가 화가 나서 말하였다.

"왜 그렇소?"

진서가 말하였다.

"저들 한이 급했다면, 장차 방향을 바꾸어 다른 사람을 좇을 것인데,[97] 아직 급하지 않으니 그런 까닭에 다시 왔을 뿐입니다."

양후가 말하였다.

"청컨대 군사를 발동하게 해주시오."

마침내 무안군(武安君)과 객경 호양(胡陽)과 더불어 한을 구원하는데, 8일 만에 그곳에 도착하여 위의 군사를 화양의 아래에서 패퇴시키니, 망묘(芒卯, 위의 재상)를 도주하게 하고, 세 명의 장수를 포로로 잡았고 참수한 것이 13만이었다. 무안군은 또 조의 장수인 가언(賈偃)과 싸워서 그들의 졸병 2만 명을 황하에 빠뜨렸다. 위의 단간자(段干子)가 남양(南陽, 하남성 修武縣과 그 주위)을 잘라내서 진에 주면서 화의하였다.

소대(蘇代)가 위왕에게 말하였다.

"옥새를 바라는 사람은 단간자이고, 땅 갖기를 원하는 사람은 진입니다. 이제 왕께서는 땅을 원하는 사람으로 하여금 옥새를 가지려는 사람을 제압하려고 하고, 옥새를 가지려는 사람에게 땅을 제압하게 하려하니 위의 땅은 다 없어지겠습니다. 무릇 땅을 가지고 진을 섬기는 것은 마치 땔감을 안고 불을 끄려는 것과 같으니 땔감이 다 없어지지 않으면 불은

97 정말로 위급한 상황이라면 한을 침략한 조와 위의 편을 들 것이라는 의미이다.

안 없어질 것입니다."

왕[魏王]이 말하였다.

"이것은 그렇기는 하오. 비록 그렇다 하여도 일은 시작되어 이미 시행되니 바꿀 수는 없소."

대답하였다.

"무릇 박희(博戲)에서 교(梟)[98]를 귀하게 하는 이유는 편리한 경우에는 먹고, 편리하지 못하면 그치면 되기 때문입니다. 이제 어찌하여 왕께서는 지혜를 쓰시는 것이 놀이에서 교(梟)를 쓰는 것만도 못합니까?"

위왕은 이 말을 듣지 않고 끝내는 남양(南陽)[99]을 가지고 화의하였지만 실제로는 수무(脩武)[100]였다.

2 한의 이왕(釐王, 3대)이 죽고, 아들 환혜왕(桓惠王, 4대)이 섰다.

3 한·위가 이미 진에 복속되자, 진왕은 장차 무안군으로 하여금 한·위와 더불어 초를 치려하였지만 아직 이를 시행하지 않았는데, 초의 사자 황헐(黃歇)이 도착하여 이 소식을 듣고, 진이 이긴 기세를 타고 한 번

98 놀이의 일종이다. 박(博)에 교기(梟棋)를 세워서 놀이하는 것이다. 송옥(宋玉)의 〈초사(楚辭)〉에 '곤폐상기(菎蔽象棋)에는 6박(博)이 있다.'라고 하였고, 사애(謝艾)는 6박은 교(梟)를 얻는 사람이 이긴다고 하였으며, 《사기정의》에는 박의 머리에 교(올빼미)를 조각한 것인데, 던져서 이 교를 얻은 사람이 그 말들을 합하여 먹을 수가 있고, 불편하면 나머지를 가지면 되는 것이다.

99 여기서 남양이라고 함은 당시[전국시대]의 남양을 말한다. 현재로는 하남성 제원현(濟源縣)과 기현(淇縣) 사이에 있는 태행산의 남쪽지역이다.

100 수무(脩武)는 하내군에 속한다. 진나라는 처음에 남양을 열었는데, 오늘날의 남양성이 바로 이곳이다. 그 땅은 진나라의 산 남쪽이며, 황하의 북쪽에 있기 때문에 남양이라고 하였다. 수무는 진(晉)나라의 녕읍인데, 무왕(武王)이 주를 여기에서 정벌하였으므로 이렇게 이름을 붙였던 것이다. 무왕이 주를 정벌하는데, 녕에서 군사를 챙겼다는 기록이 있다.

에 초를 멸망시킬까 두려워서 마침내 편지를 올려 말하였다.

"신이 듣기로는 사물이란 지극하게 되면 되돌아온다고 하는데, 겨울·여름이 이러한 것입니다. 지극한 곳에 이르면 위태로운데, 바둑알을 겹겹이 쌓는 것이 이러한 것입니다.

이제 대국[秦][101]의 땅은 천하에 두루 퍼져서 두 쪽 끝을 갖게 되었으니, 이러한 일은 사람이 태어난 이후로 만승의 땅에도 일찍이 없었던 일입니다. 선대(先代)의 세 왕이 제와 경계를 맞대고 있는 것을 잊지 아니하고서 합종(合從)의 허리[102]를 끊어버렸습니다. 이제 왕께서 성교(盛橋)로 하여금 한에 가서 지키는 일을 맡게 하였는데,[103] 성교가 그 땅을 진에 넣으니 이는 왕께서 갑병을 사용하지 않고, 또한 위엄을 늘리지 않고도 백 리의 땅을 얻은 것이어서 왕은 능력이 있다고 말할 수 있습니다.

왕은 또한 갑옷 입은 군사를 들어서 위를 공격하여 대량(大梁, 위의 도읍)의 문을 막고, 하내(河內, 하남성 沁陽縣)를 들어냈고, 연(燕, 하남성 汲縣의 서남쪽)·산조(酸棗, 하남성 延津縣)·허(虛)·도(桃, 이상 두 곳은 모두 하남성 延津縣의 경계 지역)를 들어내고 형(邢, 하남성 溫縣)에도 진입하였는데, 위의 병사가 구름처럼 떠돌면서 감히 이를 구원하려 들지 못하였으니, 왕의 공로는 역시 많습니다.

왕께서 갑옷 입은 군사를 쉬게 하고 무리들을 숨 쉬게 하였다가 2년이 지난 뒤 이를 회복하여 가지고, 또 포(蒲, 하북성 長垣縣 경계 지역)·연(衍, 하남성 鄭州市 북쪽)·수(首, 하북성 長垣縣 경계 지역)·원(垣,하북성 長垣

---

101 큰 나라라는 말로 여기서는 진(秦)을 가리킨다.

102 산동지역이 합종하는 데는 한과 위가 그 허리가 된다. 진이 이미 한·위를 복속시켰으므로 합종은 추진하기가 어려워진 상태라는 것이다.

103 이 말은 진나라에서 성교를 한나라에 파견하여 한나라의 재상이 되게 하여 일을 하였다는 말이다. 초나라도 소활(召滑)을 시켜서 조나라에 보내어 조의 재상이 되게 한 일이 있다.

縣 경계 지역)을 합병하여서 인(仁, 위치불명)·평구(平丘, 하북성 長垣縣 경계 지역)·황(黃, 하남성 杞縣)·제양(濟陽, 하남성 蘭封縣)의 농성(籠城)하는 곳에 다가가니 위씨(魏氏)는 굴복하였습니다. 왕께서는 또한 복마(濮磨)[104]의 북쪽을 나누어 제와 진의 요지로 물을 대서 초와 조의 허리를 끊으면 천하가 다섯 번 합하고 여섯 번 모여도 감히 구원하러 오지를 못할 것이니, 왕의 위엄도 오직 하나뿐일 것[105]입니다.

왕께서 만약에 공업을 보존하고 위엄을 지킬 수 있어서 공격하여 빼앗으려는 마음을 내버리고 인의의 땅을 살찌게 하여 뒷날의 걱정거리를 없게 한다면 삼왕(三王)으로는 부족하고 사왕(四王)이 되고, 오패(五覇)로는 부족하여 6패(覇)가 될 것입니다![106]

왕께서 만약에 사람의 무리가 많은 것을 짊어지고 무기가 강하다는 것을 의지하고 위를 훼멸한 위엄을 타고서 힘으로 천하의 군주들을 신하로 삼고자 한다면 신은 그 뒤에 걱정거리가 있을까 두렵습니다. 《시경(詩經)》에서 말하였습니다. '처음이 없는 것은 아니지만 그 끝맺을 수 있기는 드물다.'[107]고 하였습니다. 《주역(周易)》에서 말하였습니다. '여우가 물을 건넜는데 그 꼬리만 적셨다.'[108] 이 말들은 모두 시작은 쉽지만 이를 끝내

---

104 복은 복수(濮水)를 말하는데 지금은 없어졌고, 마는 마읍(磨邑)을 말하지만 현재의 위치는 알 수 없다. 복마의 북쪽이란 하남성 연진현(延津縣)과 활현(滑縣) 사이에 옛날에 있었던 길을 말한다.

105 다른 나라는 위엄을 세울 수가 없고 오직 진만 위엄을 세운다는 말이다.

106 3왕은 하 왕조의 우, 상 왕조의 탕, 주 왕조의 문왕이다. 유가에서는 이를 성왕으로 일컫는데 여기에 진을 넣으면 4왕이 된다. 5패란 춘추시대에 패권을 행사했던 다섯 사람을 말하는데, 제의 환공, 진의 문공, 진의 목공, 송의 양왕, 초의 장왕을 말하지만 일설에 의하면 진의 목공, 송의 양공 대신에 오의 합려와 월의 구천을 말하기도 하는데, 여기에 진을 더 넣으면 6패가 된다.

107 《시경(詩經)》 〈대아탕〉에 나오는 말이다.

108 《주역(周易)》 〈미제(未濟)〉에 나오는 말이다. 여우가 약아서 물을 잘 건너지만, 여우가 강물에 들어가면 갈수록 물이 깊어지고 힘이 모자라서 결국에는 건너

기는 어렵다는 것입니다.

옛날에 오가 월을 믿고 좇게 하고서 제를 쳤는데, 이미 애릉(艾陵, 산동성 泰安縣)에서 제인(齊人)들에게 이기고 돌아왔지만 월왕에게 삼강(三江)의 포구에서 잡혔습니다.[109] 지(智)씨가 한·위를 믿고 좇게 하고서 조를 쳐서 진양성(晉陽城, 산서성 太原市)을 공격하여 승리를 며칠 남겨두고 있었지만, 한·위가 그를 배반하여 착대(鑿臺)의 아래에서 지백(智伯)인 지요(智瑤)를 죽였습니다.[110]

이제 왕께서는 초가 무너지지 않음을 투기하면서 초를 훼손하는 것이 한·위를 강하게 하는 것을 잊으시니, 신은 왕을 위하여 생각한다면 빼앗지 않겠습니다. 무릇 초는 원조하는 사이지만 이웃 나라들은 적국입니다. 이제 왕께서는 한·위가 왕에게 선하게 하는 것을 믿으나, 이는 바로 오가 월을 믿은 것이니, 신은 한·위가 겸손한 말로 걱정거리를 제거하려 하지만 실제로는 큰 나라[秦]를 속이는 것일까 걱정입니다.

왜 입니까? 왕께서는 한·위에 대하여 여러 세대를 통하여서도 덕을 쌓은 일이 없지만, 여러 세대에 걸친 원망 받을 일을 가지고 있습니다. 무릇 한·위의 부자와 형제들이 줄지어서 진의 장군에게 죽은 것이 10세대나 되었으니, 그러므로 한·위가 망하지 않는 것이 진의 사직에는 걱정거리입니다.

이제 왕께서는 그들을 자산으로 하여 더불어 초를 공격하려 하는 것이 또한 지나친 것이 아닐까요? 또 초를 공격할 때 어떻게 군사를 낼 것입니까? 왕께서는 장차 원수인 한·위에게 길을 빌리라고 하시나, 군사

지도 못하고 그 꼬리를 적시게 된다는 뜻으로 뒷심이 부족한 것을 말한다.

109 삼강은 송강(松江)·유강(類江)·동강(東江)을 말하며 모두 강소성 송강현과 상해시 사이에 있다. 이 사건은 《춘추좌전》에 실려 있다.

110 지씨는 지백이다. 이 사건은 기원전 403년에 일어난 일로 《자치통감》 권1의 처음 부분에 이 내용이 실려 있다.

가 출동하는 날에 왕께서는 그것이 돌이킬 수 없을 것을 걱정할 것입니다. 왕께서 만약에 원수인 한·위에게 길을 빌리지 않는다면 반드시 수수(隨水, 하남성의 鄧縣 서쪽)의 오른쪽 땅을 공격하게 될 것인데, 이곳은 모두 넓은 하천과 큰물·산림과 계곡이어서 개간하지 못하는 땅입니다. 이것이 왕이 초를 무너뜨린다는 이름을 가지고 있지만 땅의 알맹이는 얻을 것이 없습니다.

또 왕께서 초를 공격하는 날 네 나라[111]가 모두 군사를 일으켜서 왕에게 호응할 것인데, 진·초의 군사가 얽혀 떨어지지 않으면, 위가 나와서 유(留)·방여(方與)·질(銍)·호릉(湖陵)·탕(碭)·소(蕭)·상(相)[112]을 친다면, 옛날 송(宋)의 땅은 반드시 다 없어질 것이고, 또한 제인(齊人)들이 남쪽으로 초를 공격하면 사수(泗水)는 반드시 들어버릴 것인데, 이는 모두 평원이어서 사방으로 비옥한 땅으로 이어지니, 이와 같다면 천하의 나라들 가운데 제·위보다 강한 나라가 없게 될 것입니다. 신이 왕을 위하여 생각해 보건대, 초와 잘 지내는 것 만한 것이 없습니다.

진·초가 합하여 하나가 되어 한에 다가서면 한은 반드시 손을 거둬들이고 조회에 나올 것이고, 왕께서는 동산(東山)의 험한 지역을 펼쳐놓게 되고, 곡하(曲河)[113]의 이익을 띠게 될 것이며, 한은 반드시 관내후(關內侯)[114]가 될 것입니다.

---

111 한·위·제·초(韓·魏·齊·楚)의 네 나라를 말한다.

112 유(留)는 강소성 패현 동남쪽으로 25km 지점에 있고, 방여는 산동성 어태현이며, 질은 안휘성 숙현 남쪽 20km 지점에 있다. 그리고 호릉은 패현의 북쪽으로 25km 지점에 있고 탕은 강소성 탕산현이며, 소는 강소성 소현이며 상은 숙현의 서남쪽 45km 지점에 있다.

113 동산은 즉 함양의 동쪽에 있는 여러 산을 말하며, 곡하는 황하의 구부러진 것을 말하는데, 1천 리를 가다가 한 번씩 구부러진다고 한다.

114 후작으로 후작 가운데 가장 낮은 등급으로 식읍은 없고 다만 명칭만 있는 작위이다.

만약에 이같이 되어 왕께서는 10만 명으로 정(鄭, 한의 도읍)을 지킨다면 양지(梁氏, 위의 도읍인 大梁)는 마음이 떨리게 되어, 허(許, 하남성 許昌縣)·언릉(鄢陵, 하남성 鄢陵縣)은 농성(籠城)[115]하고, 상채(上蔡, 하남성 上蔡縣)·소릉(召陵, 하남성 郾城縣)은 서로 왕래도 못할 것이니, 이와 같이 된다면 위 역시 관내후일 것입니다.

대왕께서 한 가지로 초와 잘 지내시기만 한다면, 관내(關內)에는 두 명의 만승의 군주가 있게 되고, 제에서 땅에 물을 대면 제의 오른쪽은 손을 모으고도 빼앗을 수 있습니다. 왕의 땅은 한 가지로 두 개의 바다[116]를 가로지르게 되어 천하의 요충지를 잡게 되니, 연·조에는 초·제가 없게 되는 것이고, 초·제에게도 연·조가 없게 되는 것입니다.[117]

그렇게 한 뒤에 연·조를 위험하도록 흔들고, 곧바로 제·초를 흔들면, 이 네 나라는 아프게 되기를 기다리지 않고 복종할 것입니다."

왕은 이 말을 좇아서 무안군을 중지시키고 한·위에는 고맙다는 말을 하고, 황헐을 돌아가게 하여 초에 화친하도록 약속하였다. *

115 성 안에 갇힌 채로 사방으로 적을 지키는 것을 말한다.

116 동해와 서해인데, 서해는 청해호이다.

117 연·조에게는 제·초가 도움을 줄 우방국이라고 생각했는데, 이것이 무너지며 제·초에게는 그들을 도울 연·조가 없어지게 된다는 말이다.

권005

주기5

강해지는 진과 망해버린 주

조의 조사와 진의 재상 범수

• 난왕 43년(己丑, 기원전 272년)[1]

1 초는 좌도(左徒)[2] 황헐(黃歇)에게 태자 미완(芈完)을 모시고 진에 가서 인질이 되게 하였다.

2 진에서 남양군(南陽郡)[3]을 설치하였다.

3 진·위·초가 함께 연을 쳤다.

4 연의 혜왕(惠王, 姬樂資, 5대)이 죽고, 아들 무성왕(武成王, 6대)이 섰다.

---

1 이 해는 위(魏) 안희왕 5년, 노(魯) 경공 2년, 한(韓) 환혜왕 원년, 진(秦) 소양왕 35년, 조(趙) 혜문왕 27년, 초(楚) 경양왕 27년, 연(燕) 혜왕 7년, 제(齊) 양왕 12년, 위(衛) 회군 11년이다.

2 좌도는 초의 관명이다. 후대의 좌·우습유(左·右拾遺)와 흡사한 직책이다.

3 남산의 남쪽이고, 한수의 북쪽에 있다.

• 난왕 44년(庚寅, 기원전 271년)[4]

1 조의 인상여(藺相如)가 제를 쳐서 평읍(平邑, 하남성 南樂縣)에 이르렀다.

2 조의 전부리(田部吏)[5] 조사(趙奢)가 조세를 걷었는데, 평원군(平原君)의 집에서 이를 내려 하지 않으니, 조사가 법으로 이를 다스려서 평원군 집안에서 전적으로 일 보는 사람 9명을 죽였다. 평원군이 화가 나서 곧 그를 죽이려고 하였다. 조사가 말하였다.

"군[平原君]께서는 조에서는 귀한 공자(公子)이신데, 이제 방종한 군의 집 사람들이 공적인 일을 받들지 않으니, 법이 잘려 나갔고, 법이 잘리면 나라가 약해지고, 나라가 약해지면 제후들이 군사를 들이대게 되니 이는 조를 없애는 것입니다. 군께서는 어찌 이러한 부유함을 얻으실 수 있겠습니까? 군 같이 귀한 분으로서 공적인 일을 받들기를 법대로 한다면 윗사람과 아랫사람이 공평해지고, 위와 아래가 공평해지면 나라는 강해지고, 나라가 강해지면 조는 굳건하게 되는데, 군께서는 귀한 친척이시니 어찌 천하에서 가벼이 하겠습니까?"

평원군은 똑똑하다고 생각하고 이 사실을 왕에게 이야기하였다.

왕이 나라의 부세를 다스리게 하였는데, 나라의 부세가 태평하게 되니, 백성들은 부유해졌고 부고는 가득 찼다.

4 이 해는 위(魏) 안희왕 6년, 노(魯) 경공 3년, 한(韓) 환혜왕 2년, 진(秦) 소양왕 36년, 조(趙) 혜문왕 28년, 초(楚) 경양왕 28년, 연(燕) 무성왕 원년, 제(齊) 양왕 13년, 위(衛) 회군 12년이다.

5 전지의 조세를 거둬들이는 관리이다.

• 난왕 45년(庚寅, 기원전 270년)[6]

1 진이 조를 치고 알여(閼與, 산서성 和順, 武鄕, 沁縣 일대)를 포위하였다. 조왕이 염파(廉頗)와 악승(樂乘)을 불러서 이를 물었다.

"구할 수 있겠소?"

모두 말하였다.

"길도 멀고 험하고 좁아서 구하기가 어렵습니다."

조사에게 물으니, 조사가 대답하였다.

"길이 멀고 험하고 좁아 비유하자면 굴속에 두 마리의 쥐가 싸우는 것과 같으니 장차 용감한 쪽이 이길 것입니다."

왕은 마침내 조사로 하여금 군사를 거느리고 이를 구원하게 하였다. 한단(邯鄲, 趙의 도읍지)까지 30리쯤 떨어진 곳에서 멈추고는 군중(軍中)에게 명령하였다.

"군사에 관하여 간하는 사람이 있으면 죽이리라!"

진의 군사들이 무안(武安, 하북성 무안현)의 서쪽에 진을 치고 소란스럽게 북을 치면서 군사를 챙기니 무안에 있는 집들의 기왓장들이 다 흔들렸다. 조의 군대의 중후(中候)[7] 가운데 한 사람이 급히 무안을 구원하자고 말하니 조사가 즉각 그를 참수하였다. 성벽을 굳게 지키며 28일간이나 나아가지 아니하고, 다시 성루를 더욱 높이 쌓았다.

진의 간첩이 조의 군중에 들어왔으나 조사는 그를 잘 먹여서 보내주었다. 간첩이 진의 장수에게 보고하니, 진의 장수가 크게 기뻐하여 말하

---

6 이 해는 위(魏) 안희왕 7년, 노(魯) 경공 4년, 한(韓) 환혜왕 3년, 진(秦) 소양왕 37년, 조(趙) 혜문왕 29년, 초(楚) 경양왕 29년, 연(燕) 무성왕 2년, 제(齊) 양왕 14년, 위(衛) 회군 13년이다.

7 군대의 중간 척후에 해당하는 관직이며, 일설에 의하면 군대의 후, 즉 군리라고 한다.

였다.

"무릇 자기 나라에서 30리 떨어진 곳에 와서 진을 치고 더는 나아가지 않으면서 마침내 성루만 높이 쌓고 있으니, 알여는 이미 조의 땅이 아니다!"

조사는 이미 간첩을 보내고 나서 군사들에게 갑옷을 말게 하고 좇아가서 하루 낮과 하루 밤 사이에 알여에서 50리쯤 떨어진 곳까지 가서 진을 치고 군(軍)의 보루를 완성하였다. 진의 군사가 이를 듣고는 모두 갑옷을 입고 나아갔다. 조의 군사 허력(許歷)이 군사에 관한 일을 가지고 간하기를 청하니 조사가 그를 나오게 하였다.

허력이 말하였다.

"진인(秦人)들은 뜻하지 않게 우리 조가 여기에 이르자, 그 달려오는 기세가 매우 왕성하니 장군께서는 반드시 진을 두텁게 모으고 기다려야 할 것이고, 그렇지 않으면 반드시 패합니다."

조사가 말하였다.

"청컨대 가르침을 받게 해주십시오."

허력은 형벌 받기[8]를 요구하였다. 조사가 말하였다.

"기다리시오. 뒤에 한단(邯鄲)에서 명령했던 것이오."

허력이 다시 간하기를 청하고 말하였다.

"먼저 북산의 꼭대기를 점거하는 사람이 이길 것이며 뒤에 가는 사람은 패배할 것입니다."

조사가 허락하고 바로 1만 명을 내서 그곳으로 달려갔다. 진의 군사들이 나중에 이르러서 산을 두고 싸웠으나 올라갈 수 없었는데, 조사가 군사를 풀어서 진의 군사를 공격하니 진의 군사가 대패하고 알여(閼與)

---

8 군사에 관한 일은 간언하지 말라는 명령을 어긴 것이므로 형벌을 받겠다고 한 것이다.

의 포위를 풀고 돌아갔다. 조왕이 조사를 마복군(馬服君)[9]에 책봉하여 염파·인상여와 더불어 지위를 같게 하고, 허력을 국위(國尉)로 삼았다.

2 양후(穰侯)가 객경인 조(竈)를 진왕에게 말해주어 제를 치게 하여 강(剛, 산동성 영양현)·수(壽, 산동성 동평현)를 빼앗아서 그 도읍(陶邑, 산서성 영제현 북쪽)을 넓혔다.

처음에, 위인(魏人)인 범수(范睢)가 중대부(中大夫) 수가(須賈)를 좇아서 제에 사신으로 갔었는데, 제의 양왕(襄王, 4대)이 그가 말하는 변론을 듣고 사사로이 그에게 금(金)·쇠고기·술을 내려주었다.

수가는 범수가 나라의 비밀스러운 일을 제나라에 고해바치는 것으로 여기고 돌아와서 그의 재상 위제(魏齊)에게 고하였다. 위제는 화가 나서 범수를 회초리로 쳐서 갈비뼈를 부러뜨려놓고 이빨이 빠지게 했다. 범수가 죽은 양 하니 갈대거적으로 둘둘 말아서 변소에 두고 손님들 가운데 취한 사람들로 하여금 다시 그에게 방뇨하게 하여 그 이후에 일어날 수 있는 일에 대하여 미리 징계하며 망령된 말을 하지 못하게 하였다.

범수가 그를 지키는 사람에게 말하였다.

"나를 나가게 해 줄 수 있다면 내가 반드시 후사하겠다."

지키는 사람이 마침내 갈대거적에 싸인 사람을 버리게 해달라고 청하였다. 위제가 술에 취하여 말하였다.

"좋도록 하라."

범수는 빠져나올 수 있었다. 위제가 후회하고 다시 불러서 그를 찾으라고 하였다. 위인(魏人) 정안평(鄭安平)이 드디어 범수를 숨겨두고 성명을 바꾸어 장록(張祿)이라고 하였다.

진의 알자(謁者)인 왕계(王稽)가 위에 사신으로 갔는데 범수가 밤에

9 조의 도읍지인 감단의 서북쪽에 마복산이 있다.

왕계를 찾아보았다. 왕계는 몰래 범수를 수레에 싣고서 함께 돌아와 그를 왕(王)에게 추천하니, 왕이 그를 이궁(離宮, 별궁)에서 만나 보게 되었다. 범수는 거짓으로 영항(永巷, 궁중의 긴 골목)을 모르는 것처럼 하며 그 속으로 들어갔는데 왕이 오고 있었으므로 환관들이 노하여 그를 쫓아내면서 말하였다.

"왕이 이르셨다."

범수가 속여서 말하였다.

"진에 어디 왕을 찾을 수 있는가? 진에는 다만 태후(太后, 선태후)·양후(穰侯, 위염)가 있을 뿐이지."

왕이 그 말을 조금 듣고서 마침내 좌우 사람들을 물리치고 무릎을 꿇고 청하여 말하였다.

"선생은 무엇으로 과인을 다행스럽게 가르치겠소?"

대답하였다.

"예, 예."

이같이 하기를 세 번이나 하였다.

왕이 말하였다.

"선생은 끝내 과인에게 다행스럽게 가르쳐주지 않을 것인가?"

범수가 말하였다.

"감히 그렇게 하지는 않겠습니다. 신은 여행하고 있는 사람이어서 왕에게 교류하며 소통하려 하나 진술하기를 원하는 것은 모두 임금을 구하는 일이며, 다른 사람의 골육지간(骨肉之間)에 처해 있는 것이어서 바라건대 어리석은 충성을 다 바치려고 하지만 왕의 마음이 어떠하신지 모르겠으니, 이것이 왕께서 3번 물으셔도 감히 대답하지 못한 까닭입니다.

신이 오늘 앞에서 말을 하고 나면, 내일이면 뒤에서 주살된다는 것을 알고 있는데, 그러나 저는 감히 이것을 피하지 않으려고 합니다. 또 죽는다는 것은 사람이면 반드시 면할 수 없는 것인데, 정말로 진에 조금이라도 도움이 되고 죽을 수만 있다면 이것은 신이 크게 원하는 바입니다. 다만 신이 죽은 뒤에 천하 사람들이 모두 입을 다물고 발길을 멈추고 진으로 향하려고 하지 않을까만을 두려워할 뿐입니다."

왕이 무릎을 꿇고 말하였다.

"선생! 이 무슨 말이오! 이제 과인이 선생을 만나 보게 되니 이는 하늘이 과인으로 하여금 선생을 귀찮게 하여 선왕의 종묘를 보존하게 하는 것이오. 일의 크고 작은 것도 관계하지 말고, 위로는 태후에 이르고 아래로는 대신에 이르는 것까지 바라건대 선생이 모두 과인에게 가르쳐주고, 과인을 조금도 의심하지 마시오."

범수가 절하니 왕도 절하였다.

범수가 말하였다.

"진나라의 큼과 병사들의 용감함으로 제후들을 다스리는 것은 비유하자면 한로(韓盧)[10]로 발 병이 난 토끼를 잡는 것과 같습니다. 관문을 닫은 지 15년 동안 감히 산(山, 崤山)의 동쪽에서는 군사를 살피지 못하였는데, 이는 양후가 진을 위하여 충성스럽지 않음을 꾀하는 것이며 대왕의 계책에도 또한 실수한 바가 있는 것입니다."

왕이 무릎을 꿇고 말하였다.

"과인이 바라건대 실수한 계책이 어떤 것인지를 듣고 싶습니다!"

그러나 주변에 몰래 듣는 사람이 많아서 범수가 아직 감히 속에 있는 것을 말하지 못하고 먼저 밖의 일을 말하면서 왕이 올려보고 내려다보는 것을 보았다.

이어서 나아가 말하였다.

"무릇 양후가 한·위를 건너서 제의 강읍(綱邑)·수읍(壽邑)을 공격한 것은 잘못된 계책입니다. 제의 민왕은 남쪽으로 초를 공격하여 군대를

10 천하에서 이름난 개다.

깨뜨리고 장수를 죽였으며,[11] 다시 천리의 땅을 개척하였으면서 제가 한 치의 땅도 갖는 일이 없었던 것은 어찌 땅을 얻고 싶지 않아서이겠습니까? 형세가 할 수 없었던 것입니다. 제후들이 제가 피폐하여 지쳐있다고 보고, 군사를 일으켜서 제를 쳐서 이를 대파하여 제는 거의 망하게 되었지만[12] 그것으로 초를 치니 한·위를 살찌게 하였습니다.

이제 왕께는 원교근공(遠交近攻)[13] 만한 것은 없으니, 한 치의 땅을 얻으면 그것은 바로 왕의 한 치이며, 한 자의 땅을 얻게 되어도 바로 왕의 한 자입니다. 이제 무릇 한·위는 중국(中國)에 위치하고 있어서 천하의 중추국(中樞國)입니다. 왕께서 만약 패권을 장악하시려면 반드시 중국[14]의 땅에 가까이 가서 천하의 중추가 되어서 초·조에 위엄을 갖는데, 초가 강하면 조에 붙고, 조가 강하면 초에 붙으며, 초·조가 모두 붙으면 제는 반드시 두려워할 것이고, 제가 붙으면 한·위는 포로로 할 수가 있습니다."

왕이 말하였다.

"훌륭합니다."

마침내 범수를 객경으로 삼고 더불어 군사에 관한 일을 모의하였다.

• 난왕 46년(壬辰, 기원전 269년)[15]

11 이 사건은 난왕 14년(기원전 301년)에 일어났고 당매를 죽인 것을 말하며 이 내용은 《자치통감》 권4에 실려 있다.

12 난왕 31년(기원전 284년)의 일로, 그 내용은 《자치통감》 권4에 실려 있다.

13 먼 곳에 있는 나라와 외교관계를 맺고 가까운 나라를 공격하는 정책을 말한다.

14 진은 춘추시대까지만 해도 야만족으로 불렸으므로 춘추시대에 부르던 중국이란 중원지역을 말한다.

15 이 해는 위(魏) 안희왕 8년, 노(魯) 경공 5년, 한(韓) 환혜왕 4년, 진(秦) 소양왕 38년, 조(趙) 혜문왕 30년, 초(楚) 경양왕 30년, 연(燕) 무성왕 3년, 제(齊) 양왕 15년, 위(衛) 회군 14년이다.

1 진의 중경(中更)인 호상(胡傷)[16]이 조의 알여(閼與, 산서성의 和順, 武鄕, 沁縣 일대)를 공격하였으나 뽑지 못하였다.

• 난왕 47년(癸巳, 기원전 268년)[17]

1 진왕이 범수의 꾀를 써서 오대부(五大夫)[18]인 관(綰)으로 하여금 위를 치게 하고 회(懷, 하남성 武陟縣)를 뽑았다.

• 난왕 48년(甲午, 기원전 267년)[19]

1 진의 도(悼) 태자가 위에 인질로 있었는데, 죽었다.

• 난왕 49년(乙未, 기원전 266년)[20]

16 중경은 진의 관직으로 8급이며, 호상(胡傷)은 《자치통감》 권4에 나오는 객경 호양(胡陽)을 말할 것이다.

17 이 해는 위(魏) 안희왕 9년, 노(魯) 경공 6년, 한(韓) 환혜왕 5년, 진(秦) 소양왕 39년, 조(趙) 혜문왕 31년, 초(楚) 경양왕 31년, 연(燕) 무성왕 4년, 제(齊) 양왕 16년, 위(衛) 회군 15년이다.

18 진의 관직으로 12급이다.

19 이 해는 위(魏) 안희왕 10년, 노(魯) 경공 7년, 한(韓) 환혜왕 6년, 진(秦) 소양왕 40년, 조(趙) 혜문왕 32년, 초(楚) 경양왕 32년, 연(燕) 무성왕 5년, 제(齊) 양왕 17년, 위(衛) 회군 16년이다.

20 이 해는 위(魏) 안희왕 11년, 노(魯) 경공 8년, 한(韓) 환혜왕 7년, 진(秦) 소양왕 41년, 조(趙) 혜문왕 33년, 초(楚) 경양왕 33년, 연(燕) 무성왕 6년, 제(齊) 양왕 18년, 위(衛) 회군 17년이다.

1 진이 위의 형구(邢丘, 하남성 溫縣)를 뽑았다. 범수가 날로 더욱 친해져서 일을 오로지하였는데, 이를 이용하여 틈을 타서 왕에게 유세하였다.

"신이 산동에 있을 때 제에는 맹상군이라는 사람이 있다는 말은 들었어도 왕이 있다는 말은 못 들었으며, 진에는 태후·양후(穰侯)가 있다는 말은 들었어도 왕이 있다는 말은 못 들었습니다. 무릇 나라를 오로지하는 사람을 왕이라고 부르고, 이롭게도 할 수 있고 해칠 수도 있는 사람이 왕이라 하며, 죽이고 살리는 것을 통제하는 사람을 왕이라고 합니다.

이제 태후가 멋대로 행동하면서 돌아보지를 않고 양후는 사신으로 나가면서도 보고를 하지 않고, 화양군(華陽君)·경양군(涇陽君)은 공격을 독단으로 처리하고도 거리끼는 바가 없으며, 고릉군(高陵君)[21]은 나가고 들어오면서 왕에게 요청하지 않으니, 네 귀한 인물이 있으면서도 나라가 위태로워지지 않는 일은 아직 없었습니다.

이 때문에 네 명의 귀한 인물의 아래에서는 마침내 이른바 왕이 없다는 것입니다. 양후의 사자가 왕의 중함을 조종하여 제후들에 대한 통제를 결정하고 천하에 부신(符信)을 쪼개니[22] 적국을 정벌하더라도 감히 안 듣는 사람이 없는데, 전투에서 이기고 공격하여 빼앗으면 그 이로운 것은 도(陶, 산동성 定陶縣, 穰侯의 封邑)에 귀속시키고 전투에서 패하면 백성들에게 원수를 맺게 하고, 화를 사직에 귀속시킵니다.

신이 또 듣건대 나무의 열매가 많이 열리면 가지가 찢기고, 가지가 찢기면 나무의 근본이 상하게 된다고 하는데, 그 도읍을 크게 한다는 것은 그 나라를 위태롭게 하고, 그 신하를 존중한다는 말은 그 주인을 낮추는 것입니다.

---

21 양후(穰侯)는 진왕의 외삼촌이고, 화양군도 진왕의 외삼촌이며, 경양군은 진왕의 동생이고, 고릉군도 진왕의 동생이다.

22 신표이다. 사신에게는 부신(符信)을 쪼개 주어 신임을 표시하는데, 여기서는 사신을 보낸다는 말이다.

요치(淖齒)가 제를 관장할 때 왕[齊王]의 다리를 활로 쏘았고, 왕의 근육을 뽑고 그를 사당의 대들보에 매달고서 하루 저녁 사이에 죽게 하였습니다.[23] 또 이태(李兌)가 조를 관장할 때에는 주부(主父)를 사구(沙丘, 하북성 平鄕縣)에 가두어 백일이 되어 굶어 죽게 하였습니다.[24] 이제 신이 보건대, 네 명의 귀한 사람들이 일을 전횡하는 것을 보니 이들도 요치·이태와 같은 사람들입니다.

무릇 삼대(三代, 하·은·주)가 나라를 망친 까닭은 임금이 정치를 오로지 신하들에게 주고 멋대로 술 먹고 죽이고 사냥한 것이며, 그 주어진 사람은 똑똑한 사람을 질투하고 능력 있는 사람을 시기하여, 아랫사람들은 부리고 윗사람들은 막고서 그들의 사사로움을 이루면서, 주군을 위한 계책을 세우지 않지만 주군이 이를 깨닫지 못하였으니, 그러한 연고로 그 나라를 잃었습니다.

지금 유질(有秩)[25]에서부터 여러 대리(大吏)[26]에 이르기까지, 아래로는 왕의 주변에 있는 사람들까지 재상의 사람이 아닌 자가 없고, 왕은 조정에서 혼자 있는 것으로 보이니, 신이 가만히 생각하건대 왕을 위하여 두려운 것은 만세가 지난 후[27]에 진을 갖고 있는 사람이 있다면 그것은 왕의 자손이 아닐까 하는 것입니다."

왕은 그렇다고 여기고 이에 태후를 폐하고 양후·고릉군·화양군·경

---

23 이 일은 난왕 31년(기원전 284년)에 일어났고, 《자치통감》 권4에 실려 있다.

24 이 일은 난왕 20년(기원전 295년)에 일어났고, 《자치통감》 권5에 실려 있다.

25 진대의 하급 관리이다. 한대에는 진대의 제도를 이어받아서 향(鄕)에 유질을 두었는데, 향의 호수(戶數)가 5천이 되면 유질을 두어 그 향의 수입을 관장하게 하였다.

26 대리는 좌경·우경·중경 이상의 관리를 말한다.

27 직역하면 만 세대가 지난 다음이라는 말이지만, 실제로 이는 앞에 있는 왕이 죽은 뒤라는 말이다. 왕에게 죽는다는 단어를 쓰지 않으려고 만세후라는 단어를 쓴 것이다.

양군을 관문 밖으로 축출하고 범수를 승상으로 삼고 책봉하여 응후(應侯)로 하였다.

위왕이 수가(須賈)로 하여금 진에 빙문(聘問)[28]하게 하였는데, 응후가 해진 옷을 입고 샛길을 걸어서 가서 그를 만났다. 이를 보고 수가가 놀라서 말하였다.

"범숙(范叔, 범수)은 정말로 아무 일 없는가!"

머물게 하여 먹고 마시게 하였으며, 한 벌의 제포(綈袍)[29]를 그에게 내려주었다.

드디어 수가를 위하여 말을 몰고 재상부(宰相府)에 이르러서 말하였다.

"내가 그대를 위하여 먼저 들어가서 상군(相君, 범수)[30]에게 연락하겠소."

수가는 그가 오래 지나도 나오지 않는 것을 이상하게 생각하여 문 아래에 있는 사람에게 물었더니, 문 아래에 있는 사람이 말하였다.

"범숙이라는 사람은 없고 방금 전의 분은 우리 재상인 장군(張君)[31]입니다."

수가는 속은 것을 알고 마침내 무릎으로 기어 들어가서 사죄하였다.

응후가 앉아 있다가 그를 나무라고 또 말하였다.

"네가 죽지 않을 수 있는 까닭은 제포 때문에 아직도 연연(戀戀)하여 옛날 친구의 뜻을 갖고 있었던 것 까닭이다."

---

28 국가 간에 사신으로 답방하는 것을 말한다. 한 나라에서 사신이 왔다면 이에 답방하여 사신을 파견하는 것을 빙문이라고 한다.

29 범수의 자가 숙(叔)이고, 제포는 두터운 솜옷이다.

30 재상이며 작위가 군(君)인 사람을 부르는 것인데, 여기서는 범수를 지칭한다. 범수는 재상이며 동시에 응후이기 때문이다.

31 범수는 진나라에 와서 이름을 장록으로 바꾸었다.

마침내 크게 연회를 베풀고 제후와 빈객들을 청하였는데 수가를 당(堂) 아래에 앉게 하고 그의 앞에다 여물과 콩을 놓아 말처럼 먹게 하고 돌아가서 위왕에게 말하게 하였다.

"속히 위제(魏齊, 위의 재상)의 머리를 베어 오라! 그렇지 않으면 또 대량(大梁, 위의 도읍)을 도륙하겠다."

수가가 돌아가서 위제에게 말하였다. 위제는 조로 도망하여 평원군(平原君)의 집에 숨었다.

2 조의 혜문왕(惠文王, 2대)이 죽고, 아들인 효성왕(孝成王, 3대) 조단(趙丹)이 섰으며, 평원군을 재상으로 삼았다.

• 난왕 50년(丙申, 기원전 265년)[32]

1 진의 선태후(宣太后)가 죽었다. 9월에 양후(穰侯)가 나가서, 도(陶, 산동성 定陶縣, 양후의 식읍)로 갔다.

❖ 신 사마광이 말씀드립니다.

양후는 소왕을 도와서 세우고 그 재해를 없앴으며,[33] 백기를 추천하여 장수로 삼아[34] 남쪽으로 언(鄢, 호북성 宜城縣)과 영(郢, 호북성 江

32 이 해는 위(魏) 안희왕 12년, 노(魯) 경공 9년, 한(韓) 환혜왕 8년, 진(秦) 소양왕 42년, 조(趙) 효성왕 원년, 초(楚) 경양왕 34년, 연(燕) 무성왕 7년, 제(齊) 양왕 19년, 위(衛) 회군 18년이다.

33 이 일은 주 난왕 10년(기원전 305년)에 있었고, 《자치통감》 권3에 실려 있다.

34 이 일은 주 난왕 23년(기원전 292년)에 있었고, 《자치통감》 권4에 실려 있다.

陵縣)을 빼앗고[35] 동쪽으로는 제와 땅을 맞대어서 천하의 제후들로 하여금 머리 숙여 진을 섬기게 하였으니, 진이 더욱 강하게 된 것은 양후의 공입니다.

비록 그가 오로지하고 방자 교만하고 탐욕이 화를 사기에 충분하다고 하지만 역시 아직 모두 범수의 말 같은 지경에 이르지는 않았습니다. 만약에 범수 같은 사람이라면 또한 진을 위하여 충성스러운 꾀를 낼 수 있는 사람은 아니고 바로 양후가 있던 자리를 얻으려 하였으니, 그러므로 그는 목을 쥐고 그것을 빼앗은 것뿐입니다.

드디어 진왕으로 하여금 모자의 의를 끊게 하였고, 외삼촌과 생질 간의 은혜를 잊게 하였습니다. 요컨대 범수는 정말로 기울게 하고 위태롭게 하는 인사입니다.

35 이 일은 주 난왕 16년(기원전 279년)과 17년(기원전 278년)에 있었고, 《자치통감》 권4에 실려 있다.

진에 대응하는 조·초·제

2 진왕이 아들 안국군(安國君)을 태자로 삼았다.

3 진이 조를 치고 세 개의 성을 빼앗았다. 조왕이 새로 세워져 태후가 일을 전적으로 처리하였는데, 제에 구원해주기를 요구하였다. 제인(齊人)들이 말하였다.

"반드시 장안군(長安君)[36]을 인질로 삼아야 한다."

태후는 할 수 없었다.

제의 군사가 출동하지 않자, 대신들이 강하게 간언하였다. 태후가 좌우 사람들에게 분명히 말하였다.

"다시 장안군을 인질로 하자고 말하는 사람이 있으면, 이 늙은 여편네가 반드시 그 얼굴에 침을 뱉으리라!"

좌사(左師) 촉룡(觸龍)이 태후를 뵙기를 원하니 태후는 상기되어 들어오기를 기다렸다. 좌사공(左師公)이 천천히 나아가 앉아서 스스로 사과하며 말하였다.

"노신(老臣)은 발에 병이 나서 오랫동안 알현할 수 없었으나 가만히 스스로에게는 관대하였습니다. 그러나 다만 태후의 옥체를 고통스럽게

36 혜문왕의 어린 아들이었다.

하는 것이 있을까 걱정하였으니, 그러므로 태후를 알현하기를 원하였습니다."

태후가 말하였다.

"이 늙은 여편네는 연(輦)을 믿고 다니오."

말하였다.

"잡수시는 것은 줄지 않았습니까?"

말하였다.

"죽을 믿을 뿐이오."

태후의 불화(不和)한 기색이 조금 풀어졌다.

좌사공이 말하였다.

"노신(老臣)의 천한 자식 촉서기(觸舒祺)는 가장 어리고 불초한데 신은 쇠약하여져서 남몰래 그를 가련히 여기고 사랑하게 되니 바라건대 검은 옷[37]을 입는 사람이 결원이 된 것을 메워 왕궁을 호위하게 하여주시기를 죽음을 무릅쓰고 보고 드립니다."

태후가 말하였다.

"좋소. 나이는 몇 살이오?"

대답하였다.

"15세입니다. 비록 어리지만 바라건대, 도랑이나 골짜기를 메우기[38] 전에 그를 부탁드리는 것입니다."

태후가 말하였다.

"장부(丈夫)도 어린 아들을 사랑하시오?"

말하였다.

"부인보다 더 심할 것입니다."

---

37 왕궁을 호위하는 위사의 복장이다.

38 들에서 죽고 거두어 주는 사람이 없어서 굴러다니다가 도랑이나 골짜기에 들어가는 것을 말한다.

태후가 웃으면서 말하였다.

"부인은 심히 다를 것이오."

대답하였다.

"노신이 가만히 보건대 노모(老母)께서는 연후(燕后)[39]를 아끼는 것이 장안군 보다 더 하시는 것 같습니다."

태후가 말하였다.

"그대는 좀 지나치시오! 장안군 만큼 심하지는 않소."

좌사공이 말하였다.

"부모가 자식을 사랑한다면 그를 위하여 먼 훗날까지 계산해야 합니다. 노모께서 연후를 보내실 때 그녀의 발을 잡고 눈물을 흘렸지만 그녀가 멀리 있는 것을 생각하고서 또한 애달파하였습니다. 이미 간 다음에도 생각이 안 난 것은 아니지만 제사를 지낼 때면 기도하기를 '반드시 돌아오지 말게 해주십시오.'라고 하였습니다. 어찌 그를 위하여 장구한 계획을 하고, 그녀의 자손들이 계속 이어서 왕이 되게 하려 하신 것[40]이 아닙니까?"

태후가 말하였다.

"그렇소."

좌사공이 말하였다.

"지금부터 3세(世) 이전에 우리 조왕의 자손으로 후(侯)가 된 사람의 경우에서 그 자리를 이어 내려온 사람이 있습니까?"

말하였다.

"없소."

---

39 노모란 태후를 말하는데, 연후란 조태후의 딸로 연(燕)에 시집보내서 연의 왕후가 되었다.

40 연의 왕후가 되었으므로 그 자손들이 연의 왕이 되면 시집간 딸도 좋을 것으로 생각한 것이다.

말하였다.

"이는 그들 가운데 가까이는 화(禍)가 자신에게 미쳤고, 멀리는 자손에게 이른 것입니다. 어찌 임금의 자손인 후(侯)가 좋지 않게 되었습니까? 자리는 높으나 공로는 없으며 후하게 받들었지만 아무런 수고함이 없이 중요한 보물을 잡고 있는 경우가 많습니다.

이제 노모께서는 장안군의 지위를 높이고, 그를 기름진 땅에 책봉하였으며, 그에게 중요한 보물을 주었으나 오늘에 이르러서 국가에 공을 세우지 않게 하니 어느 날 아침에 산이 무너지듯 하면[41] 장안군은 무엇으로 스스로 조에 부탁하겠습니까?"

태후가 말하였다.

"허락하오. 그대가 그를 시키는 것을 마음대로 하시오."

이에 장안군은 수레 100승(乘)을 가지고 제에 인질로 갔다. 제의 군대가 마침내 출동하니 진의 군사는 물러났다.

4 제의 안평군(安平君) 전단(田單)이 조의 군사를 거느리고 연을 쳐서 중양(中陽)[42]을 빼앗았고, 또 한을 쳐서 주인(注人, 하남성 여주시)을 빼앗았다.

5 제의 양왕(襄王, 4대)이 죽고, 아들 전건(田建)이 섰다. 전건은 나이가 어려서 나라의 일은 모두 군왕후(君王后)[43]에게서 결정되었다.

---

41 태후가 죽었을 때를 표현한 것이다. 죽는다는 말을 사용하지 않으려고 하여 태후의 죽음은 마치 산이 무너지는 상황과 같다는 의미로 표현한 것이다.

42 중양은 중인(中人)이라고 된 곳도 있다. 지금의 하북성 당현이다.

43 태사인 교(敫)의 딸이다. 이는 주 난왕 32년(기원전 283년)에 있었고, 《자치통감》 권4에 실려 있다.

• 난왕 51년(丁酉, 기원전 264년)[44]

1 진의 무안군이 한을 쳐서, 아홉 개의 성을 뽑고 참수(斬首)한 것이 5만이었다.

2 전단(田單)이 조의 재상이 되었다.

• 난왕 52년(戊戌, 기원전 263년)[45]

1 진의 무안군이 한을 쳐서 남양(南陽, 산서성 析縣)을 빼앗고, 태행도(太行道)[46]를 공격하여 이것을 끊었다.

2 초의 경양왕(頃襄王, 芈橫)이 병들었다. 황헐(黃歇)이 응후(應侯,범수)에게 말하였다.

"이제 초왕이 병들었으니 다시 일어나지 못할까 걱정인데 진은 그 태자[미완][47]를 돌려보냄만 못할 것입니다. 태자가 설 수 있다면 그의 진을

44 이 해는 위(魏) 안희왕 13년, 노(魯) 경공 10년, 한(韓) 환혜왕 9년, 진(秦) 소양왕 43년, 조(趙) 효성왕 2년, 초(楚) 경양왕 35년, 연(燕) 무성왕 8년, 제(齊) 전건 원년, 위(衛) 회군 19년이다.

45 이 해는 위(魏) 안희왕 14년, 노(魯) 경공 11년, 한(韓) 환혜왕 10년, 진(秦) 소양왕 44년, 조(趙) 효성왕 3년, 초(楚) 고열왕 원년, 연(燕) 무성왕 9년, 제(齊) 전건 2년, 위(衛) 회군 20년이다. 이 해의 기사는 호각본에는 빠져 있고, 장교(章校, 11행본·을11행본·공본에 근거)에 의해 호삼성이 보충하였다.

46 한의 남양은 하내의 야왕에 있었는데, 태행산은 야왕의 서북쪽에 있으며 태행도는 그곳으로 가는 길이다.

47 인질로 와 있는 미완(芈完)을 말한다.

섬기는 태도가 아주 정중할 것이고, 상국(相國, 응후)에 덕스럽게 여기는 것이 무궁할 것이니, 이는 우방국과 가까이하여 만승의 나라를 저축해 둘 수 있는 것입니다. 돌려보내지 않는다면 함양(咸陽)에 있는 포의(布衣)일 뿐입니다.[48] 또한 초가 바꾸어 임금을 세운다면 반드시 진을 섬기지 않을 것이니, 이는 우방국을 잃고 만승의 나라와의 평화관계를 끊는 것이니 나쁜 계책입니다."

응후가 왕에게 보고하였다.

왕이 말하였다.

"태자의 선생님으로 하여금 먼저 가서 병문안을 하게 하고, 돌아온 다음에 이를 도모하도록 하시오."

황헐이 태자와 더불어 모의하여 말하였다.

"진이 태자를 여기에 머물게 하는 것은 이익을 구하려고 하는 것입니다. 이제 태자의 힘으로는 진을 이롭게 할 수 없으나 양문군(陽文君)의 두 아들이 그 안에 있습니다. 왕이 만약에 대명(大命)[49]을 끝내고 태자는 없게 되면 양문군의 아들이 반드시 서서 후사가 될 것이고, 태자께서는 종묘를 받들 수 없을 것입니다.[50] 진에서 도망하여 사자와 함께 탈출하는 것만 못합니다. 신이 청컨대 머물다가 죽음으로써 이를 맞이하게 해주십시오."[51]

---

48 주 난왕 44년(기원전 271년)에 황헐이 초의 태자와 더불어 진의 인질로 삼아왔으며, 이 초의 태자를 그 나라로 돌려보내면 초왕이 될 수 있지만 돌려보내지 않으면 초에서는 다른 사람이 왕이 되고, 함양에 남아 있는 초의 태자는 초에서도 관심을 가질 이유가 없게 되어 평민과 같이 될 것이니 아무런 이용가치도 없게 된다는 말이다.

49 목숨을 말하는데, 왕의 목숨이기 때문에 대명이라고 한 것이다.

50 초의 태자는 외국인 진에 인질로 와 있는데 비하여 양문군의 두 아들은 초의 국내에 있는 것을 말한다.

51 황헐이 태자를 초로 빼돌리고 그 책임을 지고 진에서 죽겠다는 뜻이다.

이어서 태자는 복장을 바꾸어 입고 초의 사자의 마부가 되어 말을 몰아서 관문을 빠져나갔다. 황헐은 집을 지키면서 항상 태자를 위하여 병이 났다고 손님을 사절하였다.

태자가 이미 멀리 갔을 것이라고 헤아리고 마침내 스스로 왕에게 말하였다.

"초의 태자는 이미 돌아가는데, 나가서 멀리 갔습니다. 저 황헐이 바라건대, 죽음을 내려주십시오."

왕이 노하여 이 말을 들으려 하였다.

응후가 말하였다.

"황헐은 다른 사람의 신하가 되어 몸을 내어 그 주인을 위하여 죽으려고 하니 태자가 서게 되면[52] 반드시 황헐을 채용할 것입니다. 죄를 없애고 그를 돌려보내어 초와 친해 둠만 못합니다."

왕이 이에 따랐다.

황헐이 초에 도착하여 석 달이 지나 가을이 되자, 경양왕이 죽고, 고열왕(考烈王, 23대)이 즉위하였다. 황헐을 재상으로 삼고 회수(淮水) 북쪽의 땅을 가지고 책봉하고 춘신군(春申君)이라고 불렀다.

• 난왕 53년(己亥, 기원전 262년)[53]

1 초인(楚人)들이 주(州)[54]를 진에 바쳐서 화평하였다.

---

52 초의 태자가 초의 왕이 된다는 말이다.

53 이 해는 위(魏) 안희왕 15년, 노(魯) 경공 12년, 한(韓) 환혜왕 11년, 진(秦) 소양왕 45년, 조(趙) 효성왕 4년, 초(楚) 고열왕 2년, 연(燕) 무성왕 10년, 제(齊) 전건 3년, 위(衛) 회군 21년이다.

54 사마표의 〈지(志)〉에는 "남군 주릉현이다."라고 하고서 주를 달아서 "초 고열

2 무안군이 한를 쳐서 야왕(野王, 하남성 沁陽縣)을 뽑았다. 상당(上黨, 산서성의 동남부)으로 가는 길이 끊기니 상당 태수 풍정(馮亭)이 그 백성들과 모의하였다.

"정(鄭, 한의 도읍 신정)으로 가는 길이 이미 끊어졌고, 진의 군사가 날로 나오지만 한은 대응할 수가 없으니 상당의 땅을 가지고 조에 귀부하는 것만 못하다. 조가 우리를 받아준다면 진이 반드시 이를 공격할 것이며 조가 진의 군대를 맞게 되면 반드시 한과 친하게 될 것이다. 한·조가 하나가 된다면 진을 감당할 수 있을 것이다."

이에 사자(使者)를 파견하여 조에 알렸다.

"한은 상당을 지킬 수가 없으니 진으로 들어가게 되어 있지만 그 관리와 백성들은 모두 조에 있는 것을 편안하게 생각하며 진이 되는 것을 즐거워하지 않습니다. 성(城)·시(市)·읍(邑) 17개를 갖고 있는데 바라건대 두 번 절하고 이를 대왕께 바칩니다!"

조왕이 평양군(平陽君) 조표(趙豹)에게 말하였더니 대답하였다.

"'성인은 아무런 이유 없이 받는 이익에는 심하게 화(禍)가 있다.'고 하였습니다."

왕이 말하였다.

"다른 사람은 우리의 덕(德)을 즐거워하는데, 어찌하여 아무런 이유가 없다고 말하는 것이오?"

대답하였다.

"진은 한의 땅을 잠식하려고 중간을 끊어버려서 서로 통하지 못하게 한 것이니, 본디 스스로 앉아서 상당을 받아먹으려고 스스로 생각하고 있는 것입니다. 한씨가 진에 이를 넣지 않으려는 것은 그 화(禍)를 우리 조에게 시집보내려고 하는 것입니다.

왕이 진에 주(州)를 바쳤다고 한 그 땅이다."라고 하였으며, 이는 호북성 홍호시 동북쪽에 있다.

진은 수고만 하고 조가 그 이익을 받는다면 비록 강대하다 하여도 약소한 것[55]에서 이것을 얻을 수가 없을 텐데, 약소한 것이 강대한 것에게서 정말로 이것을 얻을 수가 있겠습니까? 어찌 연고가 없는 것이 아니라고 말할 수 있겠습니까? 받지 않는 것만 못합니다."

왕이 평원군(平原君)에게 알리니 평원군은 이를 받기를 청하였다.

왕은 마침내 평원군으로 하여금 그 땅을 받으라고 하고, 1만호가 되는 도읍(都邑) 세 개를 가지고 그 태수를 책봉하여 화양군(華陽君)으로 삼고, 1천 호 되는 도시 세 개를 가지고 그 현령을 후(侯)로 책봉하였으며 관리와 백성들은 모두 3급씩 작위를 올려주었다.

이에 풍정이 눈물을 흘리며 사자를 보지 않고 말하였다.

"나는 차마 주인의 땅을 팔아서 그것을 식읍으로 하지는 못한다."

• 난왕 55년(辛丑, 기원전 260년)[56]

1 진의 좌서장(左庶長) 왕흘(王齕)이 상당을 공격하여 이를 뽑았다. 상당의 백성들이 조로 도망하였다. 조의 염파(廉頗)가 장평(長平, 산서성 공평현 서쪽)에 진을 치고 상당의 백성들을 어루만지며 점거하였다. 왕흘은 이로 인하여 조를 쳤다. 조의 군사는 자주 싸웠으나 이기지를 못하였고 한 명의 비장(裨將)과 네 명의 위(尉)를 잃었다.[57] 조왕은 누창(樓昌)·

55 강대한 것은 진나라를 말하고, 약소한 것은 조나라를 말한다.

56 《자치통감》에서는 난왕 53년 조에 아무런 기사를 싣지 않고 있다. 이 해(난왕 54년)는 위(魏) 안희왕 17년, 노(魯) 경공 14년, 한(韓) 환혜왕 13년, 진(秦) 소양왕 47년, 조(趙) 효성왕 6년, 초(楚) 고열왕 4년, 연(燕) 무성왕 12년, 제(齊) 전건 5년, 위(衛) 회군 23년이다.

57 본문은 지(止)로 되어 있으나, 다른 판본에는 망(亡)으로 되어 있는 것도 있다. 의미로 보아서 망이 더 사실에 맞는다.

우경(虞卿, 조의 재상)과 더불어 모의를 하였더니, 누창이 무게 있는 사자를 보내서 강화하기를 청하였다.

우경이 말하였다.

"지금 강화를 만들자는 사람은 진에 있고, 진은 반드시 왕의 군대를 격파하려고 할 것이므로 비록 가서 강화하자고 청하여도 진은 장차 듣지 않을 것입니다. 사자를 발동하여 귀중한 보배를 들려가지고 초·위에 보내는 것만 못한데, 초·위가 이를 받기만 하면, 진은 천하가 다시 합종하는 것으로 의심하게 되어 마침내 강화는 성공할 수 있습니다."

왕은 이 말을 듣지 않고 정주(鄭朱)로 하여금 진(秦)에 강화하게 하였는데, 진이 그를 받았다. 왕이 우경에게 말하였다.

"진이 정주를 받아들였다."

대답하였다.

"왕은 반드시 강화를 얻어내지 못할 것이고, 군대는 격파될 것입니다. 왜 일까요? 천하의 전승을 축하하는 사람은 모두 진에 있습니다. 대저 정주는 귀인(貴人)이고 진왕·응후는 반드시 그를 드러내서 정중히 하여 천하에게 보일 것입니다. 천하에서는 왕이 진에서 강화한 것을 보고, 반드시 왕을 구원하지 않을 것이고, 진은 천하가 왕을 구원하지 않는다는 것을 알고 있으니 강화는 이루어지지 않습니다."

이미 그리하였는데, 곧 진은 과연 정주를 드러내고 조와 강화하지 않았다.

진이 자주 조의 군사를 격파하니, 염파는 성벽을 굳게 하고 나오지 않았다. 조왕은 염파가 잃은 것이 많고 더욱 겁이 나서 싸우지 않는다고 생각하자 화를 냈고, 자주 그를 나무랐다.

응후는 또 사람을 시켜서 천금(千金)의 돈을 가지고 조에 가서 반간(反間, 간첩)을 만들어 말하였다.

"진이 두려워하는 것은 오직 마복군(馬服君, 趙奢)의 아들 조괄(趙括)

이 장수가 되는 것일 뿐이다. 염파는 쉽게 더불어 하고, 또한 항복할 것이다."

조왕이 드디어 조괄로 염파를 대신하여 장수로 삼았다.

인상여(藺相與)가 말하였다.

"왕께서 이름을 가지고 조괄을 시키니 마치 비파 기둥에 줄을 꽉 붙여 놓고 비파를 타는 것과 같을 뿐입니다. 조괄은 다만 그의 아버지의 책과 전해 오는 것들만 읽었지, 변통(變通)에 합치하는 것을 모릅니다."

왕은 듣지 않았다.

애초에, 조괄은 어렸을 때부터 병법을 배워서 천하에서 당할 사람이 없었는데, 일찍이 그의 아버지 조사와 전쟁에 관한 일을 말하였는데 조사가 어렵게 할 수 없었지만 그러나 훌륭하다고 여기지 않았다.

조괄의 어머니가 그 연고를 물었더니 조사가 말하였다.

"전쟁이란 죽을 땅인데 조괄은 이를 쉽게 말하였소. 조로 하여금 조괄을 장수로 삼지 않으면 그만이지만 만약에 그를 반드시 장수로 한다면 조의 군대를 깨뜨려버릴 사람은 바로 조괄일 것이오."

조괄이 곧 떠나게 되기에 이르자 그의 어머니가 편지를 써서 조괄을 시켜서는 안 된다고 하였다.

왕이 말하였다.

"왜 그러한가?"

대답하였다.

"처음에 첩은 그의 아버지를 모셨고, 그때 장군이 되었는데, 몸소 밥상을 갖다가 올려 먹이는 사람이 수십 명이었고, 벗하는 사람이 수백 명이었으며 왕과 종실에서 내려주는 상은 모두 군리와 사대부들에게 주었고, 명령을 받은 날에는 집안일은 묻지를 않았습니다.

이제 조괄이 어느 날 아침에 장군이 되자 동쪽을 향하여 앉아서 조회를 받고, 군리 가운데 감히 그를 올려다보는 사람이 없으며, 왕이 내려주신 금과 비단은 다 집에 갖다가 쌓아두고, 또 매일 편리한 전택(田宅)을 보기만 하다가 사들일 수 있는 것은 모두 사들였습니다. 왕께서는 그의 아버지와 같다고 여기시지만 아버지와 아들은 다른 마음이니 바라건대 왕께서 그를 파견하지 마십시오."

왕이 말하였다.

"모친께서는 접어두십시오. 나는 이미 결정하였소."

어머니는 이어서 말하였다.

"바로 만약에 직책을 감당하지 못하여도, 첩이 청컨대 그를 따라서 연좌시키지 마십시오."

조왕이 이를 허락하였다.

진왕은 조괄이 이미 조의 장수가 되었다는 말을 듣고 마침내 몰래 무안군으로 하여금 상장군을 맡게 하고 왕흘로 비장(裨將)을 삼고 군중(軍中)에 명령하였다.

"감히 무안군이 장수라고 누설하는 사람은 참수할 것이다."

조괄이 자기 군대에 이르자 모두 약속[58]을 바꾸고, 군리(軍吏)들을 바꿔 배치하였으며 군사를 내서 진의 군사를 쳤다. 무안군은 거짓으로 패한 척 달아나면서 두 개의 기습병을 벌려놓고 그들을 겁먹게 하였다. 조괄이 이긴 기세를 타고서 쫓아가 진의 성벽에 이르렀으나 성벽이 굳었으므로 들어갈 수가 없었는데, 기습병 2만5천 명이 조군(趙軍)의 후방을 끊어놓고 또 5천 명의 기병으로 조의 성벽과의 사이를 끊어버렸다. 조군은 나뉘어 둘이 되니, 양도(糧道)[59]도 끊어졌다. 무안군은 경무장을 한 군대로 이들을 공격하니 조는 싸웠으나 이기지 못하여 이어서 성벽을 쌓고 굳게 지키면서 구원이 오기를 기다렸다.

---

58 염파가 지휘할 때 만들어둔 여러 가지 약속을 말하며, 이 중에는 성벽을 굳게 하는 것도 들어 있었다.

59 군대의 양식을 운반하는 보급로이다.

진왕은 조의 식도(食道)가 끊겼다는 말을 듣고, 스스로 하내(河內, 하남성 沁陽縣)로 가서 민간 15세 이상의 사람들을 징발하여 곧 장평(長平, 산서성 高平縣)으로 가게 하여서 조의 구원병과 양식이 전달되는 것을 막고 끊었다.

제인(齊人)·초인(楚人)들이 조를 구원하였다. 조인(趙人)들은 식량이 결핍되어 제에 곡식을 청하였으나, 허락하지 않았다. 주자(周子)[60]가 말하였다.

"무릇 조는 제·초에게 있어서는 가림막이니 마치 이에게 입술이 있는 것과 같습니다. 입술이 없어지면 이가 시린 것이니, 금일에 조를 망하게 하면 다음날 근심은 제·초에 이릅니다. 조를 구해야 할 임무는 마땅히 새는 항아리를 꽉 묶어서 뜨거운 솥에 담그는 것 같이 해야 합니다.

또한 조를 구원하는 것은 높은 의(義)로움이고 진의 군사를 물리치면 이름을 드날리게 되니, 의로는 망하는 나라를 구하고 위엄으로는 강한 진을 물리치는 것입니다. 이것을 위하여 힘쓰지 않고 곡식을 아끼면 나라를 위한 계책에서 허물이 됩니다!"

제왕은 듣지를 않았다.

9월이 되어 조군(趙軍)은 양식이 떨어진 지 46일이나 지나자, 모두 안에서 몰래 서로 잡아먹었다. 급히 와서 공격하는데, 나아가서 4개의 부대를 만들려고 하여서 4~5차례 이를 반복하였지만 내보낼 수 없었다. 조괄은 스스로 정예의 졸병을 내보내 육박전을 펴니 진인(秦人)들이 그를 쏘아 죽였다. 조의 군대는 대패하고 졸병 40만이 모두 항복하였다.

무안군이 말하였다.

"진은 이미 상당을 뽑았는데, 상당의 백성들은 즐겨 진이 되지 않고 조로 귀부했었다. 조는 끝내 이랬다저랬다 할 것이니 이들을 다 죽이지

---

60 제의 대신이다.

않으면 반란을 일으킬까 걱정이다."

마침내 거짓말을 하면서 모두 이들을 묻어서 죽였고, 그 가운데 어린 아이 240명만 조로 돌려보냈다. 앞뒤로 참수되고 포로로 잡힌 사람이 45만이어서 조인(趙人)들이 크게 떨었다.

진의 강성화에 대응하는 인물들

• 난왕 56년(壬寅, 기원전 259년)[61]

1 10월, 무안군이 군사를 셋으로 나누었는데, 왕흘은 조의 무안(武安, 하북성 武安縣)과 피뢰(皮牢, 산서성 익성현 동북)를 공격하여 이를 뽑았다. 사마경(司馬梗)은 북쪽으로 가서 태원(太原, 산서성 태원시)을 평정하고 상당(上黨, 산서성 장자현)의 땅을 모두 차지하였다.

한·위는 소대(蘇代)로 하여금 많은 폐물을 가지고 응후(應侯, 范雎)에게 유세하게 하였다.

"무안군이 바로 한단(邯鄲)을 포위할 것입니까?"[62]

말하였다.

"그렇소."

소대가 말하였다.

"조가 망하면 진왕은 왕 노릇[63]을 하겠고, 무안군이 삼공(三公)[64]이 되

61 이 해는 위(魏) 안희왕 18년, 노(魯) 경공 15년, 한(韓) 환혜왕 14년, 진(秦) 소양왕 48년, 조(趙) 효성왕 7년, 초(楚) 고열왕 5년, 연(燕) 무성왕 13년, 제(齊) 전건 6년, 위(衛) 회군 24년이다.

62 한단은 조의 도읍지로 조를 멸망시키겠느냐는 질문이다.

63 왕천하라는 말로 한나라의 왕이 아니라 천하 모든 나라의 왕이 된다는 뜻이다.

겠는데, 그대는 그를 위하여 아랫사람이 될 수 있을까요? 비록 그를 위하여 아랫사람 노릇 하기를 원하는 일은 없겠지만 정말로 부득이 한일이지요. 진은 일찍이 한을 공격하고 형구(邢丘, 하남성 溫縣)를 포위하고 상당을 곤혹스럽게 하였는데,[65] 상당의 백성들은 모두 돌아서서 조(趙)나라이 사람 되었고, 천하 사람들은 모두 진의 백성이 되기를 즐겨하지 않은지 오래 되었습니다.

이제 조를 망하게 하면 북쪽 땅은 연으로 들어가고, 동쪽지역은 제로 들어갈 것이며, 남쪽의 땅이 한·위로 들어갈 것인데, 그대가 얻을 수 있는 백성이란 얼마 없을 것입니다. 이 때문에 이를 나누어 무안군의 공로를 없애는 것만 못할 것입니다."

응후가 진왕에게 말하였다.

"진의 군사는 피로하니 청컨대 한·조가 땅을 갈라 바치면서 화의를 하자하는 것을 허락하신다면 또 사졸들을 쉬게 할 것입니다."

왕이 이 말을 들으니, 한의 원옹(垣雍, 하남성 原武縣의 서북쪽 3㎞ 지점)·조의 여섯 개 성을 잘라내어 화의하고, 정월에 군사를 철수하였다. 무안군이 이로 말미암아 응후와 틈이 생겼다.

조왕이 조석(趙郝)[66]으로 하여금 진에게 약속한 일을 하게 하여 여섯 개의 현을 잘라냈다. 우경(虞卿)이 조왕에게 말하였다.

"진이 왕을 공격하였는데, 피곤하여 돌아갔습니까? 왕께서는, 그 힘은 오히려 진격할만한데 왕을 사랑하여 공격을 안 한 것이라고 생각합니

---

64 재상보다 높은 관직으로 천자와 재상의 중간 정도에 위치한다. 삼공이 때로는 재상을 겸하기도 하고 겸하지 않기도 한다. 그러므로 정치적 영향력이 크다.

65 난왕 49년(기원전 261년)에 진이 위(魏)의 형구를 뽑았다고 《자치통감》에서 썼지만 이 기록으로 보아 그때 형구가 한에 속한 것인지의 문제가 있다.

66 호삼성은 郝의 음은 석(釋)으로 하라고 하였으며, 서광(徐廣)은 郝을 사(赦)로 쓴 것도 있다고 하였다.

까?"

왕이 말하였다.

"진이 여력을 남기지 않았으니, 반드시 피곤하여서 돌아갔을 것이다."

우경이 말하였다.

"진은 그들의 힘으로 얻을 수 없는 것을 공격하다가 피곤하여서 돌아갔는데, 왕께서는 또 그들의 힘으로 빼앗을 수 없는 것을 그에게 보내준다니 이는 진을 도와서 스스로를 공격하는 것입니다. 내년에 진이 왕을 공격하면 왕께서는 구할 방법이 없을 것입니다."[67]

조왕의 계책이 아직 정해지지 못하였는데, 누완(樓緩)이 조에 이르렀고 조왕은 그와 더불어 이를 계획하였다. 누완이 말하였다.

"우경은 그 하나는 얻었지만 그 둘은 얻지 못하였습니다. 진·조가 곤란한 일을 엮게 되면, 천하에서 모두들 좋아하는데 무엇 때문일까요? 그들은 '나는 또 강한 것을 이용하여 약한 것[68]을 타겠다.'고 말할 것입니다. 이제 조가 속히 땅을 나누어주어 평화를 만들어 천하 사람들이 의심하게[69] 진의 마음을 위로함만 못합니다. 그렇게 하지 않는다면 천하에서는 장차 진이 노함을 이용하고 조의 피로함을 틈타서 이를 조각내어 나눌 것이니, 조는 또 망하는데 어찌 진이 도모되겠습니까?"

우경은 이 말을 듣고 다시 왕을 알현하고 말하였다.

"위태롭습니다! 누자(樓子, 누완)의 계책은 천하를 더욱 의심하게 할 것인데 어떻게 진의 마음을 위로한단 말입니까? 다만 그것은 천하에 약함을 드러내는 것을 말한 것이 아닙니까? 또 신이 주지 말자고 말하는 것

---

67 강화하여 나라를 구할 수 없는 잘못된 계책이라는 뜻이다.

68 강한 것이란 진(秦)을 말하고, 약한 것이란 조(趙)를 말한다.

69 천하 사람들은 진(秦)과 조(趙)는 친할 수 없는 처지이지만 '이제는 친하게 되었는가?'라고 의심하게 한다는 말이다. 그러면 조를 공격하고자 하는 나라는 진을 무서워하여 공격하지 못할 것이라는 말이다.

은 정말로 주지 말자고 한 것뿐만이 아닙니다. 진이 여섯 개의 성을 왕에게 요구하니 왕께서는 오히려 여섯 개의 성을 제에 뇌물로 주십시오. 제는 진의 깊은 원수이니 그는 왕의 말이 끝내기를 기다리지 않고 들어줄 것입니다.

그렇다면 이는 왕이 이것을 제에 잃었지만 그러나 진에게 보상을 받을 것이고[70] 천하에도 능력이 있음을 보이는 것입니다. 왕께서 이것을 발표하시면 군사가 아직 경계 지역을 살피지 않았는데도, 신이 보기에는 진이 많은 뇌물을 가지고 조에 와서 오히려 왕께 강화하자고 할 것입니다.

진을 좇아 화친하게 되면 한·위가 이를 듣고 반드시 왕을 아주 중히 여길 것이니, 이는 왕께서 한 가지 일을 하여 세 나라[제·한·위]의 친한 관계를 맺고, 또한 진이 길을 바꾸게 하는 것입니다."[71]

조왕이 말하였다.

"훌륭하다."

우경으로 하여금 동쪽으로 가서 제왕을 알현하고 그와 더불어 진을 도모하자고 모의하게 하였다. 우경이 아직 돌아오지도 않았는데 진의 사자가 이미 조에 있었다. 누완이 이 말을 듣고 도망하였다. 조왕이 우경에게 성 하나를 가지고 책봉하였다.

진이 처음으로 조를 치자 위왕이 대부들에게 물었더니, 모두 진이 조를 치는 것이 위에게는 편하다고 여겼다.

공빈(孔斌)이 말하였다.

"무슨 말이오?"

말하였다.

---

70 조나라가 제에 뇌물을 주어 땅을 잃었지만 진을 공격하여 진나라 땅을 빼앗아서 제에게 준 땅을 보상 받는다는 말이다.

71 진이 한·위를 위협하여 진을 섬기게 하였는데, 조가 한·위와 연결하여 조와 친하게 하는 것이니, 이는 진에게 그 길을 바꾸게 한 것이다.

"조(趙)를 이기면 우리는 그로 인하여 복종하고, 조를 이기지 못하면 그들이 피폐한 틈을 타서 그를 칠 수가 있을 것이오."

자순(子順, 孔斌)이 말하였다.

"그렇지 않소. 진은 효공(孝公)[72] 이래로 전쟁을 하여 아직 일찍이 굴복한 적이 없고, 지금은 또 훌륭한 장수[백기]에게 위촉하고 있는데, 어찌 피폐한 틈을 탄단 말이오."

대부들이 말하였다.

"설사 그들이 조를 이긴다고 하여도 우리에게 무슨 손해가 있겠소? 이웃 나라의 수치는 우리의 복이오."

자순이 말하였다.

"진은 탐욕스럽고 횡포한 나라이므로 조를 이기게 된다면 반드시 다시 다른 나라에게 구하려 할 것인데, 나는 그때 우리 위가 그들의 군사를 맞게 될까 걱정하오. 선인들이 말을 하였소. '참새가 집에 살면서 새끼와 어미가 서로 입 맞추고 구구 하면서 서로 즐기면서 스스로 편안하다고 생각합니다. 굴뚝에서 불길이 올라오면 집이 곧 다 타버릴 것인데도 참새들은 얼굴색도 변하지 않고 그 화가 장차 자기들에게 이를지 모른다.' 이제 그대들은 조가 깨지면 근심거리가 장차 자기에게 미칠 것을 깨닫지 못하고 있으니, 사람이라고 하지만 참새와 같다고 할 수 있을 것이오!"

자순이라는 사람은 공자의 6세손이었다.[73] 처음에, 위왕은 자순이 똑똑하다는 말을 듣고 사자를 파견하여 황금과 비단을 받들어 가지고 가서 초빙하여 재상으로 삼으려고 하였다.

자순이 말하였다.

"만약에 왕께서 나의 도(道)를 믿고 쓰실 수가 있다면 나의 도는 본디

---

72 진 25대 임금으로 이때 상앙의 변법을 시행하였다.

73 공자의 세계는 다음과 같다. 공자-백어-자사-자상-자가-자경-자고-자순(孔子-伯魚-子思-子上-子家-子京-子高-子順)이다.

세상을 잘 다스릴 수 있을 것이니, 비록 채소를 먹고 물만 마신다고 하더라도 나는 오히려 그 일을 할 것입니다. 만약에 헛되이 나의 몸을 지배하여 복종하게 하려고 많은 녹봉으로 위탁한다면 나는 오히려 한 지아비에 지나지 않을 뿐이니 위왕이 어찌 한 지아비보다 못하겠소!"

사자가 굳게 청하여 자순이 마침내 위에 갔다.

위왕은 교외에서 영접하고 재상으로 삼았다. 자순은 총애하는 신하[74]들을 바꾸어 똑똑하고 재주 있는 사람을 섬기게 하고, 아무런 임무가 없이 주어지는 녹봉을 빼앗아 공로가 있는 사람에게 내려주었다. 여러 직책을 잃은 사람들이 모두 기뻐하지 않고 마침내 비방하는 말을 만들어냈다.

문자(文恣)[75]가 자순에게 이야기하였다. 자순이 말하였다.

"백성이란 함께 시작하는 것을 생각할 수 없게 된 지가 벌써 오래 되었소! 옛날에 정치를 잘한 사람도 그 처음에는 비방하는 말이 없을 수 없었소. 자산(子産, 공손교)이 정(鄭)의 재상이 되어 3년이 지난 다음에야 그 비방하는 말이 그쳤으며,[76] 나의 조상[공자][77]이 노(魯)에서 재상을 할 때 3개월이 지나서야 비방이 그쳤소.

오늘 내가 정치를 하면서 날로 새롭게 하니, 비록 현명한 사람에는 이르지는 못하였다 하여도 평소에 비방하는 것은 알고 있다오."

문자가 말하였다.

---

74 위왕이 총애하는 신하이다.

75 위의 대신이다.

76 자산은 공손교(公孫僑)를 말한다. 《춘추좌전》에 보면 자산이 정의 재상이 되어 1년이 되었을 때에는 자산을 미워하여 자산을 죽이는 사람이 있다면 그에게 나의 전지(田地)를 주겠다는 말이 돌았지만 3년이 지나고서는 자제가 있으면 자사가 이를 가르치고, 전지가 있으면 자산이 늘려주는데, 자산이 죽으면 누가 그 뒤를 이을꼬 라는 말이 있었다.

77 자순의 6대조인 공자를 말한다.

"아직 선조께서 무엇을 비방 받았는지 알지 못합니다."

자순이 말하였다.

"나의 선조께서 노의 재상이 되니 사람들이 이를 읊어 말하였습니다. '사슴 가죽옷에 두루마기 입은 사람, 던져 버려도 죄 될 것 없네. 두루마기에 사슴 가죽옷을 입은 사람, 던져 버려도 허물 될 것 없네.'라고 하였소. 석 달이 되자 정치적 교화가 이미 이루어지니, 백성들은 또한 읊조리기를 '가죽옷을 입고 모자를 쓴 분, 실로 내 집을 얻게 하였네. 모자 쓰고 가죽옷을 입은 분, 나에게 은혜를 주는데 아무런 사사로움이 없네.'라고 하였소."

문자가 기뻐하며 말하였다.

"마침내 이제야 선생이 성현과 다르지 않다는 것을 알겠습니다."

자순이 위의 재상을 맡은 지 9개월 동안 커다란 계책을 올렸으나 번번이 쓰이지 않자 마침내 한탄하여 말하였다.

"말을 하여 쓰이지 않는 것은 내가 말한 것이 적당하지 않다는 것이다. 말을 하여 주인에게 합당하게 받아들여지지 않으면서 다른 사람의 관직을 차지하고 다른 사람이 주는 녹(祿)을 먹는 것은 시리소찬(尸利素餐)[78]하는 것이니 나의 죄가 깊구나!"

물러나서 병을 핑계로 치사(致仕)[79]하였다.

사람이 자순에게 말하였다.

"왕이 그대를 쓰지 않아서 그대는 가려는가?"

대답하였다.

"가다니 장차 어디를 간단 말이오? 산동(山東)에 있는 나라가 다 진(秦)에게 병탄될 것이고, 진은 의롭지 못한데, 의로운 사람이 들어가지 못

78 시리는 벼슬하면서 도를 행할 수 없으면서 이익을 목적으로 하는 것이며, 소찬은 헛되이 임금의 녹을 먹으면서 할 일을 할 수 없는 것을 말한다.

79 벼슬살이를 그만두는 것이다.

할 곳이오."

드디어 집에 틀어박혀 있었다.

신원고(新垣固)[80]가 자순에게 청하여 말하였다.

"똑똑한 사람이 있는 곳은 반드시 교화가 일어나서 치세에 이르는 것입니다. 이제 그대가 위의 재상이 되어 가지고, 아직은 특이한 정치를 했다는 말을 듣지 못하였는데 바로 스스로 물러나니, 뜻한바 뜻을 얻을 수 없었습니까? 어찌해서 빨리 떠난단 말입니까?"

자순이 말하였다.

"특이한 정치를 하지 않았으니, 그러므로 스스로 물러나는 것이오. 또 죽을병에는 좋은 의사가 없는 법이오. 이제 진은 천하를 삼켜버릴 마음을 갖고 있는데, 의를 가지고 이를 섬긴다 하여도 정말로 안전을 얻을 수 없습니다. 망하는 것을 구하는 데도 겨를이 없는데 어떻게 이를 교화하여 일으킨단 말이오!

옛날에 이지(伊摯, 伊尹)가 하(夏)에 있었고, 여망이 상(商)에 있었는데[81] 두 나라가 다스려지지 않은 것은 어찌 이지와 여망이 잘 다스려지지 않을 것을 바라지 않았겠소? 형세(形勢)가 할 수 없었던 것이오.

오늘날에는 산동에 있는 나라들은 피폐하여 떨치지 못하는데 삼진(三晉)은 땅을 나누어 가지고 편안함을 찾으며, 두 주(周)나라는 꺾어져 진으로 들어가 버렸고, 연(燕)·제(齊)·초(楚)도 이미 굴복(屈服)하였소. 이로써 보건대 20년[82]을 넘지 않아서 천하는 다 없어지고 진으로 될 것이오."

---

80 자순(子順)의 친구이다.

81 이윤이 다섯 번 하의 마지막 왕인 걸(桀)에게 갔었고, 다섯 번 은의 시조 탕(湯)에게 갔었다. 또 《사기》에는 태공은 박문(博聞)한데 일찍이 주(紂)를 섬겼지만 주가 무도하여 떠나서 제후들에게 유세하였고, 결국에는 주(周)의 서백(西伯, 문왕)에게 갔다고 되어 있다.

82 공빈은 진의 천하통일을 20년 후라고 예언했으나, 실제로는 38년 뒤에 이루어졌다.

2 진왕이 응후(應侯)를 위하여 꼭 그 원수를 갚으려고 하였는데, 위제(魏齊)가 평원군의 처소에 있다[83]는 말을 듣고 마침내 좋은 말로써 평원군을 유인하여 진으로 오게 하여 그를 잡았다.

사자를 조왕에게 보내서 말하였다.

"위제의 목을 얻지 않으면 나도 왕의 동생이 관문을 나가게 못하겠소."

위제가 궁지에 몰리니 우경(虞卿)에게로 갔는데 우경은 재상의 인수를 버리고 함께 도망쳤다.

위에 갔다가 신릉군(信陵君)을 통하여 초(楚)로 도망쳤다. 신릉군이 속으로 이들을 접견하기가 어렵다고 하니 위제가 분노하여 자살하였다. 조왕이 끝내 그의 머리를 갖다가 진에 주었고, 진은 이에 평원군을 돌려보냈다.

9월이 되자, 오대부(五大夫) 왕릉(王陵)이 다시 군사를 거느리고 조를 쳤다. 무안군(武安君)은 병이 나서 출정하지 못하였다.

• 난왕 57년(癸卯, 기원전 258년)[84]

1 정월에 왕릉(王陵)이 한단(邯鄲, 조의 도읍)을 공격하여 승리를 많이 못하자 더욱 많은 군사를 내서 왕릉을 도왔는데 왕릉은 다섯 교(校)[85]

---

83 주 난왕 49년(기원전 266년)에 위제는 조로 도망하였다.

84 이 해는 위(魏) 안희왕 19년, 노(魯) 경공 16년, 한(韓) 환혜왕 15년, 진(秦) 소양왕 49년, 조(趙) 효성왕 8년, 초(楚) 고열왕 6년, 연(燕) 무성왕 14년, 제(齊) 전건 7년, 위(衛) 회군 25년이다.

85 군제를 보면, 1인은 독(獨)이라고 하고, 2인을 비(比)라고 하며, 3인을 삼(參)이라고 한다. 또 비삼(比參)은 5인인데 5인은 열(列)이라고 하며 열에는 두(頭)가 있다. 2열은 화(火)라고 하고 이 10인에는 장(長)이 있는데 화자(火子)를 세운다. 5화는 대(隊)라고 하는데 이 대 50인에는 두(頭)가 있다. 2대는 관(官)이라고 하

를 잃었다.

무안군의 병이 나으니 왕[秦王]은 그를 대신하게 하려 하였다. 무안군이 말하였다.

"한단은 실제로 아직은 공격하기 쉽지 않고, 또한 제후들의 구원병이 매일 이를 것입니다. 저 제후들은 진을 원망한 날이 오래 되었는데, 비록 진이 장평(長平, 산서성 高平縣)에서 이겼다고 하나 사졸 가운데 죽은 자가 반을 넘고 나라 안은 비었고, 산과 강으로 멀리 떨어져 있는 데[86] 다른 사람의 도읍을 가지고 다툽니다. 조는 그 안에서 호응해 오고 제후들이 그 밖을 공격해 온다면 진군을 격파하는 것은 분명합니다."

왕은 스스로 명령을 하여 시행하지 않고 마침내 응후로 하여금 그에게 청하도록 하였다. 무안군은 끝내 병을 핑계로 사양하고 가려하지 않자 이에 왕흘(王齕)로 왕릉을 대신하게 하였다.

조왕이 평원군으로 하여금 초에게 구원을 요청하게 하니, 평원군은 그 문하에 있는 식객(食客) 가운데 문무(文武)를 갖춘 사람 20인이 그와 함께 가기로 약속하고, 19명을 얻었는데 나머지는 뽑을 사람이 없었다. 모수(毛遂)가 스스로 자기를 평원군에게 천거하였다.

평원군이 말하였다.

"무릇 똑똑한 선비가 세상을 살아가는 것은 비유컨대 마치 송곳이 주머니 속에 있는 것과 같아서 그 끝은 즉각 드러납니다. 이제 선생은 여기나 조승(趙勝)[87]의 문하에서 있은 지 3년이 되었지만 주위에서 그대를 칭

는데 2관 100인에는 장(長)을 세운다. 2관은 곡(曲)이라고 하는데 곡 200명에는 후(候)를 세운다. 2곡은 부(部)라고 하는데 부 400인에는 사마(司馬)를 세운다. 2부는 교(校)라고 하는데 교 800인에는 위(尉)를 세운다. 2교는 비장(裨將)이 되는데 1천600인이고 장군을 세운다. 2비는 장군이라 하는데 3천200인이며 장군과 부장군이 있다.

86 진에서부터 한단을 공격하자면 대하·왕옥산·태행산으로 막혀있다.

87 평원군의 본 이름이다.

송하는 말이 아직 없었고, 나 조승은 아직도 들은 바가 없으니, 이는 선생이 갖고 있는 재주가 없다는 것이오. 선생은 할 수 없으니 선생은 남아 있으시오!"

모수가 말하였다.

"신(臣)은 이에 오늘 주머니 속에 넣어주시기를 청하는 것뿐입니다. 저 모수가 일찍 주머니에 들어 있었다고 하면 벌써 끝이 벗어나 나왔을 것이고, 다만 그 끝이 보이었을 것뿐만 아닙니다."

평원군이 마침내 그와 더불어 하기로 하니 19명이 서로 눈으로 그를 비웃었다.

평원군이 초에 이르러 초왕과 합종(合從)의 이로움과 해로움을 말하는데, 해가 떠서부터 이를 말하여 해가 중천에 올라도 결판이 나지 않았다. 모수가 칼을 어루만지면서 계단을 넘어 올라가서 평원군에게 말하였다.

"합종의 이로움과 해로움은 단 두 마디 말[88]로 결판나는 것뿐입니다. 이제 해가 뜰 때부터 말을 하여 해가 중천에 올라왔는데도 결판이 나지 않았으니, 무엇 때문입니까?"

초왕이 화가 나서 꾸짖어서 말하였다.

"어찌하여 내려가지 아니하는가! 나는 네 주군과 말하고 있는데, 너는 무엇하는 사람이냐!"

모수는 칼을 어루만지면서 앞으로 나아가 말하였다.

"지금 왕께서 저 모수를 꾸짖는 까닭은 초나라 사람들이 많이 있음으로 해서입니다. 열 걸음 안에서는 왕께서 초의 많은 사람들을 믿을 수가 없습니다! 왕의 목숨은 이 모수의 손에 걸려 있습니다. 나의 주군이 앞에 있는데 꾸짖다니 무슨 말입니까? 또 나 모수가 듣기로는 탕(湯)은 70리의

88 합종은 이롭다든가 아니면 합종은 해롭다든가 하는 두 마디라는 것이다.

땅을 가지고 천하에서 왕 노릇 하였고, 문왕은 백 리의 땅을 가지고도 제후들을 신하로 삼았다고 하는데 어찌 그것이 사졸의 많아서이겠습니까?

진실로 그 형세에 근거하여 그의 위엄을 분발시킬 수 있었던 것입니다. 이제 초에는 땅이 사방으로 5천 리이고 창을 든 사람이 1백만 명인데 이는 패왕(霸王) 노릇을 할 밑천입니다. 초의 강함은 천하도 감당할 수 없습니다.

백기(白起)는 조그만 녀석일 뿐인데, 이 수만 명의 무리를 통솔하여 군사를 일으켜서 초와 싸웠는데, 한 번 싸워서는 언(鄢, 호북성 宜城縣)과 영(郢, 초의 옛 도읍지, 호북성 江陵縣)을 들어냈고,[89] 두 번 싸워서는 이릉(夷陵, 호북성 宜昌縣)[90]을 불살랐습니다. 세 번 싸워서는 왕의 조상들을 욕보였으니[91] 이는 백 세대까지 갈 원한이고, 우리 조가 수치로 생각하는데 왕은 이를 미워하지 않고 있습니다.

합종이란 초를 위한 것이지 우리 조를 위한 것이 아닙니다. 나의 주군이 앞에 있는데 나를 꾸짖는 것은 무슨 말입니까?"

초왕은 말하였다.

"어, 어, 진실로 선생의 말과 같으니, 삼가 우리의 사직을 받들어 좇도록 하겠소."

모수가 말하였다.

"합종은 결정되었습니까?"

초왕이 말하였다.

"결정되었소."

모수가 초왕의 좌우 사람들에게 말하였다.

"닭과 개와 말의 피를 가져오시오."

---

89 주 난왕 37년(기원전 278년)의 일이고, 《자치통감》 권4에 실려 있다.

90 초 왕실의 분묘가 있는 곳이다.

91 초왕들의 능묘를 불태운 것을 말한다.

모수가 청동 접시를 받들어 무릎을 꿇고 이것을 초왕에게 올리며 말하였다.

"왕께서는 삽혈(揷血)[92]을 하여 합종을 결정하셔야 합니다. 다음 사람은 우리 주군이시고, 그 다음 사람은 저 모수입니다."

드디어 전각 위에서 합종을 확정하였다.

모수는 왼손으로 접시를 들고 오른손으로 19명을 불러서 말하였다.

"공(公)들은 서로 함께 당(堂) 아래에서 삽혈을 하시오. 공들은 그냥 따라왔지만 이른바 '다른 사람을 통하여 일을 이루었다.'고 하는 것이오."

평원군이 이미 합종을 확정하고 돌아와서 조에 도착하여 말하였다.

"나 조승(趙勝)은 감히 천하의 선비들 관상을 볼 수 있다는 말을 안 하겠다."

드디어 모수를 상객으로 삼았다.

이에 초왕은 춘신군(春申君)으로 하여금 군사를 거느리고 조를 구원하게 하니 위왕도 또한 장군 진비(晉鄙)로 하여금 군사 10만을 거느리고 조를 구원하게 하였다.

진왕의 사자가 위왕에게 말하였다.

"내가 조를 공격하면 아침이나 저녁이면 또한 떨어뜨릴 것인데, 제후들 가운데 감히 그들을 구원하는 자는 내가 이미 조를 뽑아버리고 나서 반드시 군사를 옮겨서 먼저 그를 칠 것이오."

위왕은 두려워서 사람을 파견하여 진비를 중지시키고 군사들에게 업(鄴)에 성벽을 쌓도록 하니, 명목으로는 조를 구원하는 것이었으나 실제

---

92 삽혈에 쓰이는 피는 결맹하는 사람들의 신분에 따라서 그 쓰이는 피의 종류가 다르다. 즉 천자와 국왕은 소와 말의 피를 쓰고, 제후국의 군주는 개와 돼지의 피를 쓰며, 대부 이하에서는 닭의 피를 쓴다. 이 경우에는 모수가 자기도 한 부분을 참가하기로 결심을 하여 닭의 피를 섞은 것이다. 삽혈이란 피를 입술 위에 묻히는 것으로 이는 피를 삼켰다는 표시이다. 이렇게 하면 천지신명이 함께 보고 있어서 영원히 돌이켜서 후회하지 않는다는 표시이다.

로는 양다리 걸치기를 하였다.

또 장군 신원연(新垣衍)으로 하여금 샛길로 한단(邯鄲, 조의 도읍)에 들어가게 하여 평원군을 통하여 조왕에게 유세하게 하여 함께 진을 높여 제(帝)로 하고, 그 군대를 퇴각시키자고 하였다.

제인(齊人) 노중련(魯仲連)이 한단에 있었는데, 이 말을 듣고 가서 신원연을 보고 말하였다.

"저 진이라는 것은 예의를 버리고 수급(首級)의 공로를 제일로 치는 나라입니다.[93] 저들이 바로 방자하게 천하에서 제(帝)가 된다면 저 노중련은 동해에 뛰어들어 죽을 뿐이고, 그를 위한 백성이 되길 원치 않습니다. 또한 양(梁, 魏)[94]은 진이 칭제(稱帝)[95]한 해로움을 아직 보지 못하였을 뿐이며, 나는 장차 진왕으로 하여금 양왕[魏王]을 삶아 젓 담그게 할 것이라고 생각합니다."

신원연이 원망하며 기쁘지 않아서 말하였다.

"선생은 어찌하여 진왕으로 하여금 우리 위왕을 삶아 젓 담그게 할 수 있다는 말을 합니까?"

노중련이 말하였다.

"정말인데 내가 곧 이를 말하겠습니다. 옛날에 구후(九侯)·악후(鄂侯)·문왕(文王)은 주(紂)[96]의 삼공이었었습니다. 구후(九侯)는 자식이 있

---

93 전쟁에 나가서 적병의 목을 베어 오는 것을 수급이라고 한다. 따라서 전공을 제일 가는 공로로 친다는 말이다.

94 위의 도읍지인 대량을 말하는데, 위(魏)를 호칭할 때 양(梁)이라고 하는 경우가 많다. 여기서도 위를 말한다.

95 제(帝)를 칭한다는 말로 국가의 최고 원수를 제(帝)로 부른다는 뜻이다. 이는 이때 다른 제후국은 칭왕(稱王)할 뿐이었는데 이보다 한 단계 높은 것으로 천하의 지배자라는 뜻을 담고 있다. 후에 진의 시황제가 전국을 통일하고 나서 제(帝)의 위에 다시 황(皇)을 덧붙여 황제라고 하여 더욱 높였다.

96 은의 마지막 임금으로 폭군으로 알려져 있다.

었는데 좋아하기에 이를 주에게 바쳤더니 주는 이를 미워한 것이라 생각하고 구후를 젓 담갔습니다. 악후는 그것에 대해 강하게 다투고 심하게 그를 변호했더니 그러므로 악후를 포(脯)로 만들었습니다.[97] 문왕이 이 말을 듣고 한숨지으면서 한탄하였더니, 이렇게 한 연고로 그를 유리(牖里, 하남성 湯陰縣)의 창고에 100일 동안 가두어서 그로 하여금 죽게 하고자 하였습니다.

지금 진은 만승의 나라이고 양 역시 만승의 나라이며 모두 만승을 점거한 나라는 각기 왕이라는 이름으로 불림을 받고 있는데, 어찌하여 그가 한 번 싸워서 승리한 것을 보았다 하여 좇아서 그를 제(帝)로 하고자 하니 갑자기 포가 되고 젓이 되는 지경에 나아간단 말입니까!

또 진은 그침이 없어서 제가 된다면 장차 그 천자의 예를 행하면서 천하에서 호령하면 또 제후를 바꾸어 대신으로 할 것인데, 저들이 그 불초하다고 여기는 사람의 것을 빼앗아서 그 똑똑하다고 여기는 사람에게 줄 것이며, 그가 미워하는 사람의 것을 빼앗아서 그가 아끼는 사람에게 줄 것이며, 저는 또한 그 자녀들로 하여금 겨우 제후들의 비(妃)나 희(姬)로 삼게 하여 양(梁)의 궁궐에 살게 할 것이니, 양왕은 어찌 편안함을 얻을 뿐이겠습니까? 그리고 장군은 또 어찌 옛날의 총애를 받을 수가 있겠습니까?"

신원연이 일어나서 두 번 절하고 말하였다.

"내가 이에 이제야 선생이 천하의 선비임을 알았소. 내가 나가기를 청하여 다시는 감히 진을 제(帝)로 삼자는 이야기를 하지 않겠소."

---

97 젓 담근다는 말은 고기를 소금에 절이는 것이고, 포는 고기를 말리는 것으로 음식의 종류이다. 그러나 여기서는 사람을 죽여서 이를 젓 담그고, 사람을 죽여서 이를 말렸다는 말이다.

조를 구원한 신릉군, 여불위와 진 시황

2 연의 무성왕(武成王)이 죽고 아들 효왕(孝王)이 섰다.

3 처음에, 위의 공자(公子)[98]인 위무기(魏無忌, 信陵君)가 어질고 선비들에게 겸손하니 식객(食客)으로 온 사람들이 3천 명이었다. 그런데 위에 은둔하며 사는 선비가 있었는데, 후영(侯嬴)이라고 하였고, 나이는 일흔이지만 그 집안은 가난하여 대량(大梁)의 이문감(夷門監)[99]이 되었다.

공자가 술판을 벌여놓고 큰 연회를 베푸는데, 빈객들이 자리를 정하자 공자는 수레의 왼쪽 자리[100]를 비워놓았다가 몸소 후생(侯生, 후영)을 영접하였다. 후생은 낡은 옷과 모자를 쓰고서 바로 공자의 상좌에 올라 앉는데 사양하지 않았고, 공자는 말고삐를 잡으며 더욱 공손하였다.

후생이 또 공자에게 말하였다.

"신(臣)에게는 시장에서 백정 노릇 하는 객(客)이 있으니, 바라건대 수레를 굽혀서 그곳으로 지나가 주십시오."

---

98 제후의 아들을 말한다.

99 대량은 위의 도읍이며, 이문은 대량의 북쪽문 이름이고, 이문감은 이문을 책임지고 있는 직책이다.

100 옛날에는 수레를 탈 때 높은 사람이 왼쪽에 앉았는데, 왼쪽을 비워놓았다는 것은 후생을 높여 예로 대하였다는 것이다.

공자가 수레를 이끌어 시장으로 들어가자, 후생이 내려서 그의 객인 주해(朱亥)를 만나보는데, 곁눈질로 보면서[101] 고의로 오래 서서 그 손님과 말을 하며 자세히 공자를 살펴보았더니 공자의 안색이 더욱 온화하여 마침내 그 손님과 헤어져서 수레에 올라서 공자의 집에 이르렀다. 공자가 후생을 이끌어 상좌에 앉히고 빈객들에게 두루 칭찬하니 빈객들이 모두 놀랐다.

진이 조를 포위하게 되자, 조의 평원군(平原君)의 부인이 공자 위무기의 누이여서 평원군 사자(使者)의 관개(冠蓋)[102]가 위로 계속 이어졌고, 공자를 나무랐다.

"나 조승(趙勝)[103]이 혼인하여 인척이 된 사람에게 스스로 의탁하려는 것이며, 공자는 높은 의로움을 지닌 사람으로서 다른 사람의 곤란함을 급히 도울 수 있습니다. 이제 우리 한단(邯鄲, 조의 도읍)은 조석 간에 진에 항복할 것인데, 위의 구원병이 이르지를 않으니, 설사 공자께서 나 조승을 가벼이 보고 이를 버린다고 하더라도 다만 공자의 누이를 가련하게 생각하지 않는단 말입니까?"

공자가 이를 걱정하여 자주 위왕으로 하여금 진비에게 칙령을 내려서 조를 구원하라고 청하였고, 또 빈객들과 변사들이 만 가지의 말로써 유세하기에 이르렀지만 왕은 끝내 듣지를 않았다.

공자는 마침내 빈객들에게 부탁하여 수레 100여 기(騎)를 묶어서 가서 싸우다 조에서 죽으려고 하여 이문(夷門)을 지나면서 후생을 보았다. 후생이 말하였다.

---

101 이 백정은 공자인 무기의 사람됨을 보려고 곁눈질을 하며 고의로 시간을 끌었던 것이다.

102 관이란 사자(使者)가 쓰는 모자이고, 개란 수레의 지붕이며 이는 신분이 높은 사람을 상징한다.

103 평원군의 이름이다.

"공자께서는 부지런히 가시지만 이 늙은 저는 좇을 수가 없습니다."

공자가 떠나서 몇 리(里) 갔는데, 마음으로 불쾌하여[104] 다시 돌아와서 후생을 보았다.

후생이 웃으면서 말하였다.

"신은 본래 공자께서 돌아오실 줄 알았습니다. 이제 공자께서 다른 실마리 없이 진의 진지로 가려고 하시는데, 비유하자면 마치 고기를 주린 호랑이에게 던지는 것과 같은 것이니 무슨 공로를 세우겠습니까?"

공자가 두 번 절하고 계책을 물었다.

후영(侯嬴)이 사람들을 물리치고 말하였다.

"내가 듣기로는 진비의 병부(兵符)[105]는 왕의 침실에 있다고 하는데, 여희(如姬)를 제일 총애한다고 하니 힘으로 이것을 훔칠 수 있습니다. 일찍이 듣건대 공자께서는 여희를 위하여 그의 아버지의 원수를 갚아주었다고 하니 여희는 공자를 위하여서는 죽더라도 사양함이 없을 것입니다.

공자께서 진실로 한 번 입만 여시면 그 호부(虎符)[106]를 얻을 수 있는데, 진비의 군사를 탈취하여 북으로 가서 조를 구하고 서쪽으로 진을 물리치신다면 이는 5백(伯)[107]의 공로에 해당할 것입니다."

공자가 그의 말처럼 하여 과연 병부를 얻었다.

공자가 떠나는데 후생이 말하였다.

"장군(將軍)은 밖에 있으면서 군주의 명령이라도 받지 않을 수 있습니

---

104 후생이 자기를 좇을 수 없다고 한 것에 대하여 불쾌하게 생각한 것이다.

105 부절(符節)이라고 하여 일정한 사명을 부여하는 신표이다. 군사를 움직일 수 있는 신표가 병부이다.

106 부절은 두 쪽으로 나뉘어 하나는 조정에 두고 하나는 임무를 맡은 사람에게 주어 신표로 삼는데, 그 부절의 모양이 호랑이와 같다고 하여 호부라 하며 주로 군사에 관한 신표이다.

107 오백은 오패와 같은 말로 춘추시대에 패권을 장악했던 다섯 나라를 말한다.

다.[108] 만약 진비가 병부가 맞는다고 하여도 병사를 내주지 않고 다시 이를 임금에게 청한다면 사태는 위태로워집니다. 저의 객(客)인 주해 그 사람은 역사(力士)이니 함께 갈 수가 있습니다. 진비가 만약에 명령을 듣는다면 제일 좋은 일이지만 만약에 듣지 않는다면 그를 치게 할 수 있습니다."

이에 공자가 주해에게 청하여 더불어 하였다.

업(鄴)에 이르렀는데 진비가 병부를 맞추어보고 이를 의심하여 손을 들어 공자를 보고 말하였다.

"나는 10만의 무리를 갖고 경계선에 주둔하고 있는데 이제 단지 수레 하나를 타고 와서 이를 대신하겠다고 하니 무슨 일입니까?"

주해는 소매에서 40근의 철퇴(鐵槌)를 꺼내어 진비를 쳐서 죽이니, 공자가 드디어 군사를 챙기고 군중(軍中)에 명령을 내려서 말하였다.

"부자가 함께 군중에 있는 사람이 있으면 아버지는 집으로 돌아가라! 형제가 모두 군중에 있는 자는 형이 집으로 돌아가라! 외아들이고 형제가 없는 자는 돌아가서 봉양하라!"

병사 8만을 골라 얻어서 이들을 거느리고 나아갔다.

왕흘(王齕, 진의 장군)은 오랫동안 한단(邯鄲)을 포위하고서도 뽑지 못하였고, 제후들이 와서 구원하니 싸웠지만, 자주 불리하였다. 무안군이 이 소식을 듣고 말하였다.

"왕께서 나의 계책을 듣지 않았으니 이제 와서 어찌해야 할까?"

왕은 이 말을 듣고 노하여 억지로 무안군을 일으켰다. 무안군은 병이 위독하다고 하면서 일어나려 하지 않았다.

---

108 손무자의 말이다. 장군이 전선에서 군사를 지휘하면서 현장 사정을 제일 잘 알기 때문에 현장에서 멀리 있는 군주의 말도 듣지 않을 수 있어야 상황에 따라서 즉시 대처할 수 있다는 의미이다.

• 난왕 58년(甲辰, 기원전 257년)[109]

1 10월에 무안군을 면직시켜서 사병으로 만들고 그를 음밀(陰密, 감숙성 靈台縣)로 옮겼다. 12월에 더욱 졸병을 징발하여 분성(汾城, 산서성 臨汾縣)의 근처에 진을 쳤다. 무안군이 병이 나서 아직 가지 못하는데 제후들이 왕흘(王齕)을 공격하였고, 왕흘이 자주 퇴각하니 사자가 매일 도착하였으며,[110] 왕이 마침내 사람을 시켜서 무안군을 파견하여 함양성에 머물 수 없게 하였다. 무안군은 함양의 서문을 벗어나서 10리쯤 가서 두우(杜郵, 섬서성 西安市 서북쪽)에 이르렀다.

왕이 응후와 여러 신하들과 모의하여 말하였다.

"백기(白起, 武安君)가 옮겨 앉았으니, 속으로 오히려 화가 나서 아직 할 말이 있다는 것입니다."

왕은 마침내 사자를 시켜서 그에게 칼을 내려주었더니, 무안군은 드디어 자살하였다. 진인(秦人)들이 그를 가련하게 생각하고 향읍에서는 모두 제사지냈다.

위의 공자인 위무기가 한단(邯鄲, 조의 도읍)의 아래에서 진의 군사를 대파하자, 왕흘이 한단의 포위를 풀고 달아났다. 정안평(鄭安平)이 조에게 어렵게 되자 2만 명을 거느리고 조에게 항복하였는데 응후(應侯)는 이로 말미암아서 죄를 얻었다.[111] 공자 위무기가 이미 조에 가 있었으니,[112]

109 이 해는 위(魏) 안희왕 20년, 노(魯) 경공 17년, 한(韓) 환혜왕 16년, 진(秦) 소양왕 50년, 조(趙) 효성왕 9년, 초(楚) 고열왕 7년, 연(燕) 무성왕 15년, 제(齊) 전건 8년, 위(衛) 회군 26년이다.

110 패배했다는 소식을 진왕에게 전하기 위한 사자가 함양에 도착한다는 말이다.

111 정안평이 범수를 숨겨주어서 왕계에게 보였고, 이로 인하여 범수는 진에 들어가서 재상이 되었고, 그러므로 범수가 전안평을 보증하여 이를 임용했었다.

112 위에서 진비의 군사를 빼앗아 거느리고 조를 도와서 진을 격퇴하였다. 그러므로 공자 무기는 위에 죄를 지은 것이고 이 때문에 위로 돌아가지 않고 나머지

드디어 감히 위로 돌아가지 못하고 빈객들과 더불어 조에 머무르면서, 장군들로 하여금 군대를 거느리고 위로 돌아가게 하였다.

조왕은 평원군과 계책을 세워 다섯 개의 성을 식읍으로 하여 공자에게 책봉하였다. 조왕이 주변을 물리치고 친히 공자를 영접하여 주인으로서의 예를 차리면서 공자를 인도하여 서쪽 계단에 오르게 하였다. 공자는 옆으로 가면서 사양하며 동쪽 계단으로 올라가서 스스로 허물과 죄를 말하고, 위에 짐을 지고 있으며 또 조에도 공이 없다고 하였다. 조왕과 공자가 저녁까지 술을 마셨는데, 조왕이 입으로 차마 다섯 개의 성을 바치겠다고 말하지 아니하여서 공자는 물러나며 사양하였다. 조왕은 호(鄗, 하북성 柏鄉縣)를 공자의 탕목읍(湯沐邑)[113]으로 삼았다. 위도 또한 다시 신릉(信陵, 송주 영릉현)으로 공자를 받들었다. 공자는 조에는 처사 모공(毛公)이 도박하는 무리들 속에 은거하고 있고, 설공(薛公)이 간장 파는 집에 은거한다는 말을 듣고 이들을 만나 보려 하였는데 두 사람이 만나려 하지 않자 공자는 마침내 샛길로 걸어가서 그들을 좇아 교유하였다. 평원군(平原君)이 이 소식을 듣고 그를 비난하였다. 공자가 말하였다.

"내가 듣건대, 평원군이 똑똑하다 하였고 그러므로 우리 위를 배반하고 여기 조를 구원하였다고 하였소. 이제 평원군이 더불어 교유하는 사람은 다만 호기 있는 사람을 들추어내고 있을 뿐이고 선비를 구하지 않는군. 나 위무기는 이 두 사람과 교유함에 있어서 오히려 그들이 나와 더불어 하지 않을까를 걱정하였는데 평원군은 그것을 수치로 여기는군!"

행장을 꾸려서 가려고 하였다. 이에 평원군이 관을 벗고 사과하여서 마침내 중지하였다.

평원군이 노련(魯連, 노중련)[114]을 책봉하려고 하여 사자를 세 번이나

장군들만 돌아가게 한 것이다.

113 작위를 가진 사람에게 목욕하는 비용으로 일정한 지역의 부세를 사용하라고 한 것을 말한다.

다녀오게 하였으나 끝내 받아들이려 하지 않았다. 또 천금(千金)을 가지고 노련을 위하여 축수하였으나 노련이 웃으면서 말하였다.

"천하의 선비들에게서 귀한 바는 다른 사람을 위하여 근심을 없애고 어려움을 풀며 분란을 해결하는 것이지 물건을 취하는 것이 아니오. 바로 물건을 취한다면 이는 장사꾼의 일인 것이오."

드디어 평원군에게 작별 인사를 하고 떠나서 죽을 때까지 다시 만나지 않았다.

2 진 태자의 비(妃)는 화양부인(華陽夫人)이라고 하는데 아들이 없었고, 하희(夏姬)가 아들 영이인(嬴異人)을 낳았다. 영이인이 조에 인질로 갔는데 진이 자주 조를 치니, 조인(趙人)들이 그를 예우하지 않았다. 영이인은 서얼(庶孼)의 자손으로 제후에게 인질이 되었으니, 수레와 타는 것, 쓸 것이 풍족하지 않았고, 거처도 곤궁하여 뜻대로 되지 못하였다.

양적(陽翟, 하남성 禹縣)에 사는 큰 장사꾼 여불위(呂不韋)가 한단(邯鄲, 조의 도읍)[115]에 가서 그를 만나보고 말하였다.

"이 기이한 물건[116]은 둘만하다."

마침내 가서 영이인을 보고 유세하였다.

"나는 그대의 집안을 크게 만들 수 있을 것입니다."

영이인이 웃으면서 말하였다.

"또한 그대의 집안이나 스스로 크게 하시오!"

---

114 노중련은 신원평이 진제(秦帝)로 하자는 말을 중간에서 끊어버린 사람이다.

115 영이인은 진의 왕자이지만 인질로 조에 와 있었으므로 여불위가 한단에서 본 것이다.

116 영이인은 사람이지만 여불위는 장사꾼이어서 사람이라도 돈이 될만한지 아닌지로 판단하는 것 같다. 그래서 영이인을 기이한 물건이라고 한 것이며, 이를 창고에 넣어 둘만 하다고 한 것이다.

여불위가 말하였다.

"그대는 모르겠지만 나의 집안에서는 그대의 집안이 커지는 것을 기다리고 있습니다."

영이인은 마음으로 그가 말하는 바를 알고서 마침내 그를 끌어들여서 함께 앉아서 깊이 말하였다. 여불위가 말하였다.

"진왕은 늙었습니다. 태자는 화양부인을 사랑하지만 부인은 아들이 없습니다. 그대의 형제는 20여 명인데, 영자혜(嬴子傒)[117]는 진나라의 왕업을 갖고 있고, 사창(士倉)[118]은 또한 그를 돕습니다. 그대는 가운데 놓여 있어서 심히 아낌을 받지는 않고 오랫동안 제후에게 인질로 있습니다. 태자가 즉위하게 되면 그대는 다투며 후사가 될 수가 없습니다."

영이인이 말하였다.

"그렇다면 어떻게 하오?"

여불위가 말하였다.

"후사를 세울 수 있는 사람은 다만 화양부인뿐입니다. 나 여불위는 비록 가난하지만 청컨대 천금(千金)으로 그대를 위하여 서쪽으로 여행을 하여 그대를 세워 후사로 만들게 해주십시오."

영이인이 말하였다.

"반드시 그대의 계책대로 된다면 청컨대 진을 나누어 그대와 함께 하게 해주십시오."

여불위는 마침내 500금(金)을 영이인에게 주면서 빈객들과 사귀게 하였다. 다시 500금으로 기이하고 놀기 좋은 물건을 사서 스스로 받들어 가지고 서쪽으로 가서 화양부인의 언니를 만나고 기이한 물건을 부인에게 헌납하고 그 기회를 이용하여 영이인이 똑똑하다는 것을 칭찬하고 그

117 현재 진 태자의 아들이고, 태자가 아껴서 장자(長者)의 자리에 있었다.

118 사(士)가 성이고, 영자혜를 도왔다.

의 빈객들이 천하에 널려 있게 하여 늘 밤낮으로 태자와 부인을 생각하며 운다고 하면서 말하였다.

"영이인은 부인을 하늘로 여깁니다."

부인은 크게 기뻐하였다.

여불위는 이어서 그 언니를 시켜서 부인에게 말하게 하였다.

"무릇 예쁜 모습을 가지고 다른 사람을 섬기는 자는 예쁜 모습이 쇠퇴하면 사랑도 해이하게 됩니다. 지금 부인은 사랑을 받고 있지만 아들이 없으니 번창하고 화려할 때 일찍이 여러 아들 가운데 똑똑하고 효성스러운 사람에게 스스로 연결하고 들어내서 적자로 삼지 않는다면 바로 미색이 쇠퇴하게 되면 사랑도 해이해지니, 비록 한 마디를 하고 싶지만 오히려 할 수 있겠습니까?

이제 아들 영이인은 똑똑하지만 스스로 중간에 있는 아들이어서 적자(嫡子)가 될 수 없다는 것을 알고 있으니, 부인이 진실로 이때에 그를 발탁하면, 이는 아들 영이인은 나라가 없다가 있게 된 것이며 부인은 아들이 없다가 있게 되는 것이니, 종신토록 진에서 총애를 받을 것입니다."

부인은 그렇다고 생각하여 틈을 보아 태자에게 말하였다.

"아들 영이인이 아주 똑똑하고 왕래하는 사람들이 모두 그를 칭찬합니다."

이어서 울면서 말하였다.

"첩(妾)은 불행하게도 아들이 없으니, 바라건대 아들 영이인을 세워서 아들로 삼아 첩의 몸을 의탁할까 합니다."

태자가 그것을 허락하고 부인과 옥부(玉符)[119]에 새겨서 후사로 삼기로 약속하고 이어서 영이인에게는 후하게 재물을 내려주고 여불위를 추천하여 그의 스승이 되게 하였다. 영이인의 이름이 제후들 사이에서 성

119 옥에 새긴 신표이다.

대하였다.

여불위는 한단(邯鄲, 조의 도읍)에서 여러 여자 중에 절세의 미인을 취(娶)[120]하여 함께 살았고, 그가 임신한 것을 알고 있었는데 영이인이 여불위를 좇아서 술을 마시다가 그녀를 보고 그를 달라고 청하였다.

여불위(呂不韋)는 거짓으로 화를 냈지만, 이미 그러고 나서는 그녀를 바쳤다. 잉태한 아이는 한 돌이 되어 아들 영정(嬴政)을 낳자,[121] 영이인이 드디어 그녀를 부인으로 생각하였다. 한단(邯鄲)이 포위되니,[122] 조인(趙人)들이 그를 죽이려고 하자 영이인과 여불위와 더불어 금(金) 600근을 지키는 사람에게 주고 빠져나와 도망하여 진군(秦軍)이 있는 곳으로 가서 드디어 돌아올 수 있었다.

영이인이 초인(楚人)의 복장을 입고서 화양부인을 만났더니, 부인이 말하였다.

"내가 초인이니, 당연히 스스로 너를 아들로 하겠노라."

그로 인하여 그의 이름도 바꾸어 영초(嬴楚)라고 하였다.

• 난왕 59년(乙巳, 기원전 256년)[123]

1 진의 장군 규(摎)가 한을 쳐서 양성(陽城, 하남성 登封縣의 동남쪽)과

120 여자를 아내로 맞이하는 것을 말한다.

121 후에 진 시황이 되는 영정의 탄생 일화이다. 영정은 임신한 지 12개월 후에 출생하였다고 되어 있는데, 여불위의 자식으로 만들기 위하여 그렇게 한 것이 아닌가 하는 생각이 든다.

122 진나라 군대가 조나라의 도읍인 한단을 포위한 것을 말한다.

123 이 해는 위(魏) 안희왕 21년, 노(魯) 경공 18년, 한(韓) 환혜왕 17년, 진(秦) 소양왕 51년, 조(趙) 효성왕 10년, 초(楚) 고열왕 8년, 연(燕) 무성왕 16년, 제(齊) 전건 9년, 위(衛) 회군 27년이다.

부서(負黍, 하남성 登封縣 서남쪽)를 빼앗고 참수한 것이 4만이었다. 조를 치고 20여 개의 현(縣)을 빼앗고 참수하거나 포로로 잡은 것이 9만이었다.

난왕(赧王)[124]은 두려워서 진을 배반하고 제후들과 합종하기로 약속하여 천하의 정예군을 거느리고 이궐(伊闕, 하남성 洛陽縣 南龍門)을 나와서 진을 공격하였으나, 양성을 지날 수도 없었다.

진왕이 장군 규로 하여금 서주(西周)를 공격하게 하니 난왕은 진으로 들어가서 머리를 조아리며 죄를 받고 그 읍(邑) 36개와 인구 3만 명을 다 바쳤다. 진은 그가 바치는 것을 받았고 난왕이 주로 돌아왔다. 이 해에 난왕이 죽었다.[125] *

124 주나라의 전통을 이어받은 왕이므로 명목상으로는 공주(共主)이다. 그러나 영토·인구·세력에 있어서는 아주 작은 나라에 지나지 않는다.

125 난왕이 죽음으로써 37왕 867년간 내려오던 주나라는 공식적으로 망하였다.

권006

진기1

진 시황의 등장

목숨을 부지한 범수와 순경의 군사론

- 소양왕 52년(丙午, 기원전 255년)[1]

1 하동군(河東郡, 산서성 서남부) 태수 왕계(王稽)가 제후들과 내통한 것에 연루되어 기시(棄市)[2]되었다. 응후(應侯, 范睢)는 날로 기쁘지 않았다.[3] 왕[4]이 조회에 임석하여 탄식하니 응후가 그 연고를 말해달라고 청하여 물었다.

왕이 말하였다.

"이제 무안군이 죽었고, 정안평(鄭安平)과 왕계도 모두 배반하여 안으

---

1 지난해인 기원전 256년에 그동안 기준년도로 삼았던 주 난왕이 죽었다. 이 해는 위(魏) 안희왕 22년, 노(魯) 경공 19년, 한(韓) 환혜왕 18년, 조(趙) 효성왕 11년, 초(楚) 고열왕 9년, 연(燕) 무성왕 17년, 제(齊) 전건 10년, 위(衛) 회군 28년이다. 《자치통감》에서는 이 해부터 진의 기년을 쓰고 있다. 그러나 진의 소양왕은 이미 51년 전에 등극하여서 진기는 소양왕 52년부터 쓰기 시작한 것이다.

2 죄를 지어 참수되어 저자에 버려지는 형벌이다.

3 반역 사건에 연루된 왕계는 과거에 범수, 지금의 응후를 위나라에서 싣고 와서 진왕에게 추천했고, 범수는 정평안을 추천했는데, 그는 조에 투항했다. 진의 법률에 의하면 추천되었던 사람이 죄를 지으면, 추천한 사람도 같은 벌을 받도록 되어 있었는데, 범수는 지금 재상이 되었지만 매일 걱정하게 된 것이다.

4 진(秦)의 소양왕이다. 《자치통감》은 이때부터 진(秦)을 기년으로 하기 때문에 왕은 진왕이고, 다른 제후국의 왕을 거론할 때에는 제후국의 이름을 앞에 쓴다.

로는 좋은 장수가 없고, 밖으로는 적국을 많이 갖게 되었으니, 나는 이리 하여서 걱정하고 있소."

응후는 두려워서 내놓을 바를 알지 못했다.

연객(燕客)[5] 채택(蔡澤)은 이를 듣고 서쪽으로 진에 들어가서 먼저 사람을 시켜 응후에게 선언하게 하였다.

"채택은 천하의 웅변가이니, 그 사람이 왕을 알현하게 되면 반드시 그대를 곤란하게 하고 그대의 지위를 빼앗을 것입니다."

응후가 화가 나서 사람을 시켜서 그를 불렀다. 채택이 응후를 만났는데, 그는 예를 표하고도 또 거만하였다.

응후는 불쾌하였고, 이로 인하여 그를 나무랐다.

"그대가 나를 대신하여 재상이 되고 싶다고 선언하였다는데, 청컨대 그 이야기를 듣고 싶소."

채택이 말하였다.

"어! 그대는 어찌하여 이를 보는 것이 그렇게 늦습니까? 무릇 사계절의 순서가 있듯이 성공한 사람은 떠납니다. 그대만 홀로 무릇 진의 상군·초의 오기(吳起)[6]·월(越)의 대부종(大夫種)[7]의 말로를 보지 못하였으니, 무엇을 더 원한다는 것이오?"

응후가 속이며 말하였다.

---

5 객(客)이란 자기 나라를 떠나서 다른 나라에 손님으로 가있는 사람을 말하며, 여기서는 연나라 사람으로 진(秦)에 와있던 식객이다.

6 상군의 일은 현왕 31년(기원전 338년)에 있었고, 《자치통감》 권2에 실려 있다. 오기의 일은 안왕 21년(기원전 381년)에 있었고, 《자치통감》 권1에 실려 있다.

7 대부종은 춘추시대의 말년에 살았던 월의 대부였다. 그런데 오왕 부차 2년(기원전 494년)에 월왕 구천이 오왕과의 전투에서 져서 회계에 갇혀 있었다. 이때 대부종이 오 태재에게 뇌물을 주어서 망국을 면하게 하였다. 후에 대부종은 국정을 수행하였고, 월은 군신이 협력하여 강국을 만들고 결국 오를 멸망시켰다. 그런데 후에 월의 구천은 문종을 참소하는 말을 듣고, 대부종에게 칼을 하사하여 자살하게 하였다.

"어찌하여 안 됩니까? 이 세 사람은 의를 지극히 하였으며, 충성을 다하였소. 군자란 자기 몸을 죽여서 이름을 남긴다면 죽어도 여한이 없는 것이오."

채택이 말하였다.

"무릇 사람이 공을 세우면서 어찌 모두 온전한 것을 기대하지 않겠습니까? 몸과 이름이 다 온전한 것이 가장 좋은 것이고, 이름은 본받을만하지만 몸이 죽는 것은 그 다음이며, 이름으로 모욕을 받지만 몸이 온전한 것은 제일 못한 것입니다.

무릇 상군·오기·대부종이 다른 사람의 신하가 되어 충성을 다하고 공을 이룩하였으니 이러한 것은 바랄 수 있는 것입니다. 굉요(閎夭)·주공(周公)[8] 같은 사람들은 또한 충성스럽고 성스럽지 아니하였습니까? 이 세 사람이 원했던 것과 굉요·주공의 것과는 어떻습니까?"

응후가 말하였다.

"좋은 말씀이오."

채택이 말하였다.

"그렇다면 그대의 주군이 옛날에 알던 사람에 대하여 돈독하고 후하며, 공신을 배신하지 않는 것에서 진의 효공·초의 도왕(悼王)[9]·월의 구천과는 어떠합니까?"

말하였다.

"어떤지 모르겠소."

채택이 말하였다.

"그대의 공로는 앞서 든 세 사람과는 어떠합니까?"

말하였다.

---

8 굉요는 주 문왕과 무왕 때의 현명한 신하였고, 주공은 무왕의 동생으로 조카 성왕을 도와 정치를 잘한 사람이다.

9 각기 상군과 오기가 충성한 사람이다.

"그만 못하오."

채택이 말하였다.

"그렇다면 그대 자신이 물러나지 않으면 환난은 세 사람보다 심할까 걱정입니다. 보통 말합니다. '해가 중천에 이르러서부터는 옮겨지고, 달이 차면 줄어든다.' 나아가고, 물러나며 가득 차고 줄어드는 것은 때에 따라서 변화한다는 것이 성인의 도(道)입니다.

이제 그대의 원망함은 이미 원수를 갚았고, 그대에게 공덕을 세운 사람에게 이미 보답하였으니, 뜻하고 원하는 것에도 도달하였는데, 변화에 대한 계책이 없다면 가만히 그대를 위하여 이를 위험하다고 생각합니다."

응후가 드디어 그를 초빙하여 상객(上客)으로 삼고, 이어서 왕에게도 추천하였다.

왕이 불러서 그와 함께 이야기를 해보고 크게 기뻐하여 벼슬을 주어 객경(客卿)으로 삼았다. 응후는 이어서 병을 핑계로 사직하여 면직되었다. 왕은 새로이 채택의 계획을 기뻐하여 드디어 재상으로 삼았다. 채택은 재상이 되어 몇 달 만에 면직되었다.

2 초의 춘신군(春信君)이 순경(荀卿)을 난릉현(蘭陵縣, 산동성 嶧縣)의 현령으로 삼았다. 순경이라는 사람은 조인(趙人)인데 이름은 황(況)이고, 일찍이 조의 효성왕(孝成王) 앞에서 임무군(臨武君)[10]과 군사에 관하여 토론하였다.

왕[11]이 말하였다.

---

10 임무군의 생졸연대는 알려지지 않았다. 다만 이 사람은 초(楚)의 고열왕(考烈王)이 봉군(封君)한 것으로 알려졌지만 자세한 내용은 전하지 않는다. 진과의 전쟁에서 실패한 일이 있는데, 춘신군이 일찍이 그를 장군으로 삼으려고 했지만 조나라를 위하여 위나라에게 막도록 하였다. 병법에 통달했으며, 순자와 효성왕 앞에서 변론한 것으로 유명하다.

11 이 기사는 과거의 일을 서술한 것이므로 초의 효성왕을 말한다.

"청컨대 군사의 요체를 묻고 싶소."

임무군이 대답하였다.

"위로는 천시를 얻어야 하고 아래로는 지형의 이로움을 얻어야 하며 적의 변동을 살피고 그런 후에 움직이지만, 그들보다 먼저 이르러야 하니, 이것이 군사를 쓰는 요점이 되는 술책입니다."

순경이 말하였다.

"그렇지 않습니다. 신이 들은 옛날의 도리는 무릇 군사를 사용하여 공격하는 근본은 백성을 하나로 하는데 있다 하였습니다. 활과 화살이 고르지 못하면 예(羿)라도 목표를 맞출 수가 없으며, 여섯 말이 불화하면 조부(造父)[12]라도 멀리 달릴 수가 없으니, 병사와 백성이 친하게 붙어 있지 아니하면 탕(湯)·무왕(武王)도 반드시 승리할 수는 없습니다. 그러므로 백성을 잘 귀부시키는 사람이 바로 용병을 잘하는 사람입니다. 그러므로 군사의 요체는 백성을 귀부시키는데 있을 뿐입니다."

임무군이 말하였다.

"그렇지 않습니다. 군사에서 귀히 여기는 것은 형세의 이로움이고, 실행하는 것은 변화와 속이는 것입니다. 용병을 잘하는 사람은 황홀하고 불분명하게 하여 좇아서 나가는 곳을 모르게 하는 것이니, 손무(孫武)·오기(吳起)는 이를 써서 천하에서 당할 사람이 없게 하였는데, 어찌 반드시 백성이 귀부하기를 기다려야 하겠습니까?"

순경이 말하였다.

"그렇지 않습니다. 신이 말하는 것은 사람을 어질게 대하는 군대와 왕노릇하는 사람의 뜻을 말하는 것입니다. 그대가 귀하게 여기는 것은 권모술수와 형세의 이로움입니다.

사람을 어질게 대하는 군대란 속일 수 없습니다. 저들 속일 수 있는

---

12 예(羿)는 옛날에 활을 잘 쏘기로 이름 난 사람이고, 조부(造父)는 옛날에 말을 잘 몰기로 이름 난 사람이다.

사람이란 태만한 사람들이며, 어깨를 내놓은 사람들이어서 군주와 신하, 윗사람과 아랫사람 사이에 혼란이 있어서 덕에서 떠난 사람들입니다. 그러므로 걸(桀)[13]로써 걸을 속이는 경우에는 오히려 재주가 있느냐 없느냐를 가지고 승패가 결정되겠지요.

걸(桀)같은 사람이 요(堯) 같은 사람을 속인다면 이를 비유건대 달걀을 바위에 던지는 것이고, 손가락으로 끓는 물을 휘젓는 것이고, 마치 물이나 불 속으로 들어가는 것 같아서 들어가면 타버리거나 빠져버릴 뿐입니다.

그러므로 사람을 어질게 대하는 군사는 위아래가 한 마음이 되고, 3군(軍)[14]이 같이 힘을 쓰고 신하가 임금에 대하여서, 그리고 아랫사람이 윗사람에 대하여서 마치 아들이 아버지를 섬기는 것 같이 하고, 동생이 형을 섬기는 것 같이 하여 손과 팔이 머리와 눈을 막고 가슴과 배를 덮어주는 것과 같습니다.

속여서 이를 습격한다는 것은 먼저 놀라게 하고 뒤에 이를 공격하는 것과 한 가지입니다. 또 어진 사람은 10리의 나라를 쓴다면 장차 백리나 되는 곳에서 일어나는 일을 듣고, 백리의 나라를 사용한다면 장차 천리 안에서 일어나는 일을 들으며, 천리의 나라를 사용한다면 사해의 이야기를 들으니, 반드시 장차 눈과 귀가 밝아서 경계하게 되고, 평화로 귀부하여서 하나가 됩니다.

그러므로 사람을 어질게 대하는 군사는 모이면 군졸이 되고 흩어지면 열(列)을 이루고, 연장하면 막야(莫邪)[15]와 같은 긴 칼이 되어 이것이 둘러치기만 하면 잘라지니 날카롭기는 마치 막야의 예리한 끝과 같아서

---

13 하의 마지막 임금으로 폭군으로 알려졌으며, 은의 탕에게 멸망하였다.

14 모든 군대이다. 군은 부대를 말하지만 여기서는 단순한 세 개의 부대가 아니고, 국가에 있는 모든 군대를 말한다. 후대에는 6군(軍)이라는 용어가 등장한다.

15 오에 있던 보검의 이름이다.

이것에 맞서면 무너지게 되고, 둥글게 모여 있으면 사방이 그쳐서 마치 단단한 바위와 같으니, 이에 부딪친 것이면 뿔도 부러져서 물러갈 뿐입니다. 또 무릇 폭력을 휘두르는 나라의 군주에게는 그 누가 그와 함께 하려고 오겠습니까?

저들이 함께 하려고 오는 사람은 반드시 그 백성일 것입니다. 그 백성들이 나를 가깝게 생각하고 좋아하기를 부모처럼 하고, 그가 나를 좋아하는 것이 마치 초란(椒蘭)의 향기를 좋아하는 것 같이 할 것이지만, 저들은 돌아서서 그들의 윗사람을 보고 마치 얼굴을 지진 경형(黥刑)[16]을 받은 사람 같이 하고 원수처럼 할 것인데, 사람의 정이라는 것은 비록 걸(桀)이나 척(跖)[17]이라도 어찌 그 싫어하는 것을 긍정하며 그가 좋아하는 것을 대적하겠습니까?

이는 마치 다른 사람의 자손을 시켜서 그들의 부모를 대적하라고 하는 것과 같습니다. 저들은 반드시 와서 그 사정을 이야기 할 것인데 무릇 또한 어찌 속일 수 있겠습니까?

그러므로 어진 사람이 등용되고 나라는 날로 밝아지며, 제후들도 먼저 순복하는 사람은 편안하고, 뒤에 귀순한 사람은 위태롭게 되며, 그를 대적하는 사람은 땅이 깎이고 그에 반대하는 자는 망하게 됩니다. 《시경(詩經)》[18]에서 말하였습니다. '무왕이 깃발을 싣고 부월(斧鉞)을 굳게 잡으니, 마치 불이 훨훨 타는 것 같아서 나를 감히 막을 자 없다.'라고 하였는데 이것을 말하는 것입니다."

효성왕과 임무군이 말하였다.

16 고대 형벌의 하나로 죄 지은 사람에게 묵으로 얼굴을 뜨는 형벌이다.

17 걸은 하의 마지막 임금으로 폭군의 대명사처럼 쓰이고, 척은 도적의 대표로 쓰인다.

18 《시경》 〈상송〉에 나오는 말인데, 부월이란 군왕이 전쟁에서 군법을 시행하는 도끼이다.

"훌륭하오. 청컨대 왕 노릇할 사람의 군사에 대하여 묻겠는데, 어떤 방법을 두어야 하며 어떻게 시행하면 좋겠소?"

순경이 말하였다.

"무릇 군왕이 현명한 사람이면 그 나라는 잘 다스려지고, 군왕이 능력이 없는 사람이면 그 나라는 혼란해지고, 예를 융성하게 하고 의를 귀하게 생각하는 사람이면 그 나라가 잘 다스려지고, 예를 간단히 하고 의를 천하게 생각하는 사람이면 그 나라는 혼란해집니다.

잘 다스려지는 것은 강하고, 혼란스러운 것은 약하니 이것이 강하고 약하게 되는 근본입니다. 윗사람이 우러러볼만하면 아랫사람은 쓸 수 있으며, 윗사람이 우러러 보기에 부족하면 아랫사람은 쓸 수 없게 됩니다. 아랫사람이 쓸 수 있으면 강하게 되고, 아랫사람을 쓸 수 없게 되면 약해지니 이것이 강하게 되고 약하게 되는 상리(常理)입니다.

제인(齊人)들은 기교로 공격하는 것을 중히 여기고 있는데, 그 기교란 머리 하나를 얻은 사람이면 치금(錙金)[19]을 하사하여 이를 사지만 본상(本賞)[20]은 없습니다. 이는 일이 적고 적이 취약하다면 구차하게 쓸 수는 있으나, 일이 크고 적이 굳으면 흩어지고 이산될 뿐이니, 이는 마치 나는 새가 그러한 것처럼 옆으로 기울어져서 반복하기를 해 가는 줄 모르는 것 같아서, 이는 망해 가는 나라의 군사이고, 군대 가운데 이보다 더 약한 것은 없을 것이니 이는 시장에서 임금을 주고 인부를 사서 싸우게 하는 기미입니다.

위씨(魏氏)[21]의 무졸(武卒)은 헤아려서 뽑으니,[22] 삼속(三屬)의 갑옷을

---

19 8량(兩)을 치(錙)라고 하므로 8량의 금을 말한다.

20 참수(斬首)한 수에 따라서 상을 주는데, 싸워서 이겼느냐 졌느냐에 상관없이 상을 타는 것이다. 만약 참수한 공로가 없으면 설사 승리했다고 하여도 상을 주지 않는데, 이것이 바로 본상이 없다는 말이다.

21 위(魏)나라를 말한다. 위는 위사(魏斯)에서 시작하였고, 그 군왕의 성이 위씨이

입고 12석(石)의 노(弩)를 잡고[23] 50개의 화살을 짊어지고, 그 위에 창[戈]을 놓고 머리에 투구를 쓰고 허리에 칼을 차고 배에는 3일치의 식량을 갖고 하루에 100리를 가게 하는데 그 시험에 합격하면 그 집의 요역을 면제해주고 좋은 곳에 그의 전택을 편리하게 해줍니다.

이는 그 기력이 몇 년 지나서 쇠퇴하게 되어도 면제된 요역과 편리한 전택을 빼앗을 수 없어서, 다시 만들려고 하지만 쉽지 않으니, 이러한 연고로 땅은 비록 넓으나 그 세는 반드시 적으니 이는 나라를 위태롭게 하는 군대입니다.

진인(秦人)은 그 백성들을 좁고 험한 곳에서 살게 하며, 백성을 혹독하게 시키고, 세력을 가지고 겁탈하며, 험준한 곳에 은거하게 하고, 경사스럽게 상을 주어 이를 가깝게 하고, 형벌을 주어 이를 깎아버려서 백성들로 하여금 위에서 이익을 받게 한 것은 싸우지 않으면 말미암을 길이 없게 하였습니다.

공을 세우는 것과 상 받는 것이 서로 늘어나게 하여 다섯 명의 갑사(甲士)의 머리를 자르면 다섯 집을 그에게 예속시키게 하였으니, 이는 많은 사람이 오랫동안 지켜 온 강하게 되는 길이 되었습니다. 그러므로 4세(世)[24] 동안 승리하였는데, 요행이나 운수로 된 것이 아닙니다.

그러므로 제의 기교로 치는 것이 위의 무졸을 맞을 수 없고, 위의 무졸은 진의 날카로운 군사를 맞설 수 없으며, 진의 날카로운 군사는 제 환

기 때문에 위씨라고 한 것이다.

22 무용(武勇)이 있는 군사를 선택하여 이를 무졸이라고 한다. 헤아린다는 말은 장단의 재주와 힘을 보아 정도에 맞는 사람을 뽑는다는 말이다.

23 삼속은 갑옷의 몸통과 대퇴부, 소퇴부를 가리는 세 개로 되어 있는 것을 말하고, 석은 중량의 단위인데, 120근이다. 노는 강궁인데, 고대인은 황이나 노를 잡아당기는 힘을 균석(鈞石)으로 계산한다.

24 진의 효공·혜문왕·도무왕·소양왕을 말한다.

공·진 문공의 절도 있게 통제된 것을 감당할 수 없으며, 환공·문공의 절도 있게 통제된 것은 탕(湯)·무왕(武王)의 인의를 당해 낼 수 없으니, 이와 만나는 사람이 있다면 마치 초오(焦熬)한 물건[25]을 돌에 던지는 것과 같습니다.

이들 몇 나라가 공통으로 하는 것은 모두 상을 구하고 이익을 취하는 군대이며 고용된 무리들의 밥벌이하는 길이었지 그곳에는 윗사람을 귀히 여기고 제도에서 편안하며 절도를 준수하는 이치를 갖고 있지 않습니다.

제후들 가운데 절도를 가지고 이를 자세하고 묘하게 할 수 있는 사람이 있다면 한다고 해도 이를 위태하게 한 것을 아우를 뿐입니다. 그러므로 불러 모으고 선발하는 것은 형세를 융성하게 하여 속이는 것이고, 공로와 이익을 최고로 삼는 것이니, 이것이 점차로 스며들게 하고 있습니다.

예의와 교화는 이러한 것을 가지런히 하는 것입니다. 그러므로 속이는 것으로 속이는 것을 만나게 하면 오히려 그 기교의 정교한 것과 무딘 것이 드러나게 되어 있지만 사술(詐術)이 정제된 것을 만나면 이를 비유하자면 작은 칼로 태산을 파헤치는 것과 같습니다.

그러므로 탕·무왕이 걸·주를 주살하는데 손을 모으고 읍을 하면서 조용히 지휘하였지만 그러나 강포한 나라라도 좇아서 부리지 아니한 것이 없었지만, 걸주를 주살하는 것도 마치 독부(獨夫)[26]를 주살하는 것 같이 하였습니다. 그러므로 〈태서편(泰誓篇)〉[27]에서 말하기를 '독부 주(紂)'라고 하였으니, 이를 말하는 것입니다.

그러므로 군사가 크게 정돈되면 천하를 통제하게 되고 적게 정돈되면 이웃에 있는 적을 다스리게 됩니다. 만약에 무릇 불러 모집하고 가려

25 초오란 그을리고 볶은 것으로 취약해진 물건을 말한다.

26 혼자 있는 지아비란 말로 제왕이라도 도와줄 사람이 없는 경우를 말하며, 역사적으로는 걸과 주를 지칭한다.

27 《위고문상서(僞古文尙書)》에 있는 편명이다.

뽑으며, 형세를 융성하게 하여 속이며 공로와 이익을 최상으로 삼는 군사라면 승리하고 승리하지 못하는 것은 일정하지 않게 되며, 축소되었다가 늘어났다가 하며, 남아있었다가 망했다가 하여 서로 자웅이 될 뿐입니다. 무릇 이러한 것을 가리켜서 도적질하는 군대라고 하는데, 군자는 여기에서부터 말미암지 않습니다."

효성왕과 임무군이 말하였다.

"훌륭하오. 청컨대 장수로 삼는데 대하여 묻게 해주십시오."

순경이 말하였다.

"지략에는 의심을 버리게 하는 것보다 큰 것이 없고, 실행에는 허물을 없게 하는 것보다 큰 것이 없으며, 일에는 후회함을 없게 하는 것보다 큰 것이 없으니, 일을 한 것에 후회함이 없게 되면 그치고, 반드시 승리해야 된다고 해서는 안 됩니다.

그러므로 제도와 호령(號令)·정책과 명령은 위엄으로 엄하게 하려 해야 하고, 경하하며 상을 주고, 형벌을 시행하는 데도 반드시 신의로써 하려고 해야 하며, 또한 숙사에 머물고 거두어 감추는 데는 굳은 것으로 사방을 두루 하도록 해야 하고, 이동하여 들어내고 나아가고 물러가는 데는 신중함으로 편안하게 하려하며 빠르고 신속하도록 하며, 또 적을 엿보고 적의 변화를 관망하는 데는 잠복(潛伏)하여 깊이 들어가려고 하고, 착잡하게 해야 하며, 적을 만나서 싸움을 결판내는 데는 반드시 내가 익히 아는 곳에서 시행하고 내가 의심하는 곳에서는 실시함이 없어야 하니, 무릇 이것을 여섯 가지 술책이라고 말합니다.

거느리고 싶으나 없어지게 되는 것을 싫어함이 없애야 하고, 이긴 것에서 태만하고 실패한 것을 잊는 일이 없어야 되고, 안에서 위엄이 있으나 밖을 가볍게 생각하는 일이 없어야 되며, 그가 이로운 것을 보면서 그 해로운 것을 돌아보지 않는 일이 없어야 하니, 무릇 일을 염려하면서 완숙하기를 바라고 재물을 쓰면서 태연하도록 해야 하니, 무릇 이것을 다섯 가지의 권도(權道)[28]라고 말합니다.

장군이 군주에게 명령을 받지 않을 이유가 셋이 있는데, 죽일 수는 있지만 불완전한 곳에 있게 할 수는 없고, 죽일 수는 있지만 공격하여 이기지 못하게 할 수는 없고, 죽일 수는 있지만 백성을 속이게는 할 수 없으니, 무릇 이것이 삼지(三至)[29]입니다.

무릇 군주에게 명령을 받고서 삼군(三軍)[30]을 행군하게 하여 삼군이 이미 자리를 잡고, 백관(百官)[31]들이 질서정연하게 하며, 모든 사물이 모두 바르게 되면 주군이 기뻐할 수 없고, 적은 노할 수 없는데, 무릇 이를 지신(至臣)[32]이라고 부릅니다.

반드시 먼저 일할 것을 염려하고 이를 공경하면서 이를 펴나가며, 끝맺음을 신중하게 하기를 처음처럼 하고, 처음과 나중이 하나같다면 무릇 이것은 대길(大吉)[33]이라고 합니다.

무릇 백 가지의 일이 성공하는 것은 반드시 이를 공경하는 데 있으며, 그것이 실패하는 것은 반드시 거만한 데 있습니다. 그러므로 공경하는 것이 거만한 것을 이기면 길(吉)할 것이고, 거만한 것이 공경하는 것을 이기면 멸망하며, 계획을 한 것이 바라는 것보다 많으면 순리대로 좇을 것이고, 바라는 것이 계획한 것보다 많으면 흉(凶)할 것입니다. 싸우는 것은 지키는 것처럼 하고, 가는 것은 싸우는 것처럼 하며 공로를 세우면, 요

---

28 원리를 경(經)이라고 하며, 그 원리에 따라서 구체적으로 적용하는 것을 권(權)이라고 한다.

29 지(至)는 지극하다는 뜻인데, 여기서는 하나를 지켜서 변하지 않는 것을 말한다.

30 상군·중군·하군을 말하는데, 실제로는 전군을 말하는 것이다. 후에는 6군이라는 말이 나온다.

31 군부대에서의 백관, 즉 군리를 말한다.

32 지극한 신하라는 뜻으로 최고의 신하라는 말이다.

33 크게 길(吉)하다는 말로 구체적으로는 반드시 실패하여 전복될 일이 없다는 것이다.

행인 것처럼 해야 합니다.

꾀를 존경하되 공허함이 없어야 하고, 일을 존경하되 공허함이 없어야 하고, 관리를 존경하되 공허함이 없어야 하고, 무리를 존경하되 공허함이 없어야 하고, 적을 존경하되 공허함이 없어야 하니, 무릇 이 다섯 가지의 공허함을 없애는 것입니다.

이 여섯 가지 술책과 다섯 가지의 권도와 삼지를 신중하게 수행하여 공손하고 존경함과 공허함이 없는 것으로 처신하면, 무릇 이것이 천하의 장군이라고 하니, 천지신명에 통하게 됩니다."

임무군이 말하였다.

"훌륭합니다. 청컨대 제왕 된 사람의 군사제도를 묻고자 합니다."

순경이 말하였다.

"장군은 전고를 울리다가 죽게 하고, 말 모는 사람은 고삐를 잡고 죽게 하고, 백리(百吏)는 자기 직책을 지키다 죽게 하고, 상대부(上大夫)[34]는 군사행렬에서 죽도록 해야 합니다.

북소리를 들으면 나아가고 꽹과리 소리를 들으면 물러납니다. 명령에 따르는 것이 제일이고, 공을 세우는 것은 그 다음입니다. 나아가지 말라고 명령하였는데 나아가는 것은 물러서지 말라고 명령하였는데, 물러난 것과 같아서 그 죄는 오직 똑같습니다.

노약자를 죽이지 않고, 벼와 곡식이 있는 데서 수렵하지 않으며, 복종한 사람은 잡지 않고, 격투하는 사람은 사면하지 않으며, 도망 나와서 귀부한 사람은 포로로 잡지 않습니다.

무릇 주살을 한다고 하여도 그 백성들을 주살하는 것이 아니고 그 백성을 어지럽힌 사람들을 주살합니다. 백성들 가운데 그들의 도적에게 사납게 하는 사람이 있다면 이들 또한 도적입니다. 칼날에 따르는 사람은

34 사대부일 것이다. 다른 판본에는 상(上)은 사(士)로 되어 있다.

살고, 칼날에 맞서는 사람은 죽을 것이며, 도망 나와서 귀부한 사람은 공(貢)[35]합니다.

미자(微子) 개(開)[36]가 송(宋)에 책봉되었고,[37] 조촉룡(曹觸龍)[38]은 군대에서 참수되었고, 상(商)의 복종한 백성들은 이를 기르고 살리는 것은 주인(周人)과 다름이 없게 하였으니, 그러므로 가까운 곳에 있는 사람들은 이를 구가하고 즐거워하였으며, 먼 곳에 있는 사람들은 죽을힘을 다하여 달려왔고, 그윽하고 한가하며 후미지고 고루(固陋)한 나라를 없이 하니, 달려와서 부려 주어서 이를 편안하게 즐기고자 아니하는 사람이 없어서 사해 안에 사는 사람은 마치 한 집안 같이 되었고, 길이 통하여 도달하는 곳에는 복속하지 않는 곳이 없었으니, 무릇 이러한 것을 '인사(人師)'라고 말하였습니다. 《시경(詩經)》[39]에서 말하기를 '서쪽에서 동쪽에서, 남쪽에서 북쪽에서 복종하지 않으려고 생각하는 사람은 없었다.'고 한 것은 이것을 말하는 것입니다.

제왕 된 사람은 주살을 할지언정 전쟁을 없애고, 성이 지켜지면 공격하지 않으며, 군사가 격투하지 않으면 치지 않고, 적(敵)의 위아래 사람들이 모두 서로 기뻐하는 일이라면 이를 경하해주고, 성을 도륙하지 않고 군대를 숨기지도 않으며, 많은 무리를 머물게 하지 않고, 군사작전도 시절[40]을 넘기지 않으니, 그러므로 어지러워진 사람들은 그 정치를 즐기고,

---

35 공(貢)이란 원래 각 지역의 특산물을 바치는 것인데, 여기서는 귀순하여 달아나온 사람을 상장에게 바치는 것을 말한다.

36 폭군(暴君) 주(紂)의 서형(庶兄)이며, 미자 계(啓)인데, 여기서 개(開)라고 한 것은 전한 경제의 휘가 유계(劉啓)여서 피휘(避諱)한 것이다.

37 주 무왕에게 귀부하였다.

38 폭군 주(紂)에게 아부하고 옳지 못하게 신하 노릇을 하였던 것으로 알려졌고, 일설에 의하면 걸(桀)의 좌사(左史)라고 한다.

39 이것은 《시경(詩經)》 〈문왕유성(文王有聲)〉에 있는 시이다.

40 농사지을 철을 피하여 전쟁을 한다는 말이다.

그 윗사람을 불안하게 생각하여 그들이 오고자합니다."

임무군은 말하였다.

"훌륭하오."

진효(陳囂)가 순경에게 물었다.

"선생께서는 군사를 논의하면서 항상 인의를 근본으로 하였는데, 어진 사람은 사람을 사랑하고 의로운 사람은 이치를 좇는다고 하였으니, 그렇다면 군사로 무엇을 한단 말이오? 무릇 군사를 가지고 있어서 하는 일이란 싸워서 빼앗기 위한 것입니다."

순경이 말하였다.

"네가 아는 바가 아니다. 저들 어진 사람은 다른 사람을 사랑하는데, 다른 사람을 사랑하니 그러므로 다른 사람이 그들을 해치는 것을 미워하는 것이다. 의로운 사람이 이치를 좇는다고 했는데, 이치를 좇으니 그러므로 다른 사람이 그들을 어지럽히는 것을 미워하는 것이다. 저 군사라는 것은 폭력을 금하고, 해로운 것을 없애기 위한 것이지 싸워서 빼앗으려는 것이 아니다."

다툼하는 열국, 노중련과 신릉군

3　　연의 효왕(孝王, 7대)이 죽고, 아들 희희(姬喜)가 섰다.

4　　주의 백성들이 동쪽으로[41] 도망하였다. 진인(秦人)들은 그들의 보기(寶器)를 빼앗고, 서주공(西周公)[42]을 탄호지취(憚狐之聚, 하남성 臨汝縣 서북으로 20㎞ 지점)로 옮겨 살게 하였다.

5　　초왕이 노(魯)를 거(莒, 산동성 莒縣)로 옮기고 그 땅을 빼앗았다.[43]

• 소양왕 53년(丁未, 기원전 254년)[44]

1　　규(摎)가 위를 쳐서 오성(吳城, 산서성 安邑縣)을 빼앗았다. 한왕이

41 주가 진에게 멸망하여서 주에 살던 백성들이 서쪽에 있는 진을 피하여 동쪽으로 갔다는 말이다.

42 서주공이란 무공의 아들이다. 난왕 때부터 주는 동서로 나뉘었는데, 난왕은 이빈 보기(寶器)만 갖고 있었다.

43 노나라가 이때에 이르러 망하였다.

44 이 해는 위(魏) 안희왕 23년, 한(韓) 환혜왕 19년, 조(趙) 효성왕 121년, 초(楚) 고열왕 10년, 연(燕) 희 원년, 제(齊) 전건 11년, 위(衛) 회군 29년이다.

들어와 조현(朝見)하였으며, 위는 온 나라를 들어서 명령을 들었다.[45]

• 소양왕 54년(戊申, 기원전 253년)[46]

1 왕이 옹(雍, 섬서성 鳳翔縣)의 교외(郊外)에서 상제(上帝)를 알현하였다.[47]

2 초가 거양(鉅陽)[48]으로 옮겼다.

• 소양왕 55년(己酉, 기원전 252년)[49]

1 위(衛)의 회군이 위(魏)에서 조현(朝見)하였는데, 위인(魏人)들이

---

45 한왕이 조현한 것이나, 위에서 명령을 들었다는 것은 진(秦)에 대한 것이다. 《자치통감》의 진기는 진 왕조를 중심으로 쓰기 때문에 조현하였다는 말을 진의 조정에 들어와서 조현한 것이고, 명령을 들었다는 것도 진의 명령을 말하며, 이후로도 같다.

46 이 해는 위(魏) 안희왕 24년, 한(韓) 환혜왕 20년, 조(趙) 효성왕 13년, 초(楚) 고열왕 11년, 연(燕) 희 2년, 제(齊) 전건 12년, 위(衛) 회군 30년이다.

47 진 혜공이 옹에 도읍하였는데 여기에 5치(畤, 천지신명께 제사지내는 곳)를 두었는데, 교외에서 상제를 알현한 것은 천자의 예를 행하려고 한 것이다.

48 주 난왕 37년(기원전 278년)에 초는 영(郢)에서 동북쪽의 진(陳)으로 도읍을 옮겼는데, 이 해에 다시 거양(鉅陽)으로 도읍을 옮겼고, 진 시황 6년에 춘신군이 주영(朱英)의 말에 따라 진에서 수춘(壽春)으로 옮겼으므로 이 해에 비록 거양으로 도읍을 옮겼다고 하나 정확한 위치를 알 수는 없지만 진의 땅을 벗어나지는 않았을 것이다.

49 이 해는 위(魏) 안희왕 25년, 한(韓) 환혜왕 21년, 조(趙) 효성왕 14년, 초(楚) 고열왕 12년, 연(燕) 희 3년, 제(齊) 전건 13년, 위(衛) 원군 원년이다.

그를 잡아서 죽이고, 그의 동생을 바꾸어 세우니 이 사람이 원군(元君)이다. 원군은 위왕(魏王)의 사위이다.

• 소양왕 56년(庚戌, 기원전 251년)[50]

1 가을에 왕이 죽고 효문왕(孝文王)이 섰다. 당팔자(唐八子)[51]를 높여서 당태후(唐太后)로 하였고, 영자초(嬴子楚)[52]를 태자로 삼았다. 조인(趙人)들이 영자초의 처자를 받들어서 돌려보냈다.[53] 한왕(韓王)이 체질(衰絰)[54]의 상복을 입고 들어와서 사당(祠堂)에 조문하였다.

2 연왕 희희가 율복(栗腹)으로 하여금 조에 가서 즐겁게 지내기로 약속하게 하자 500금(金)을 가지고 하고 조왕을 위하여 술을 마셨다. 돌아가서 연왕에게 말하였다.

"조의 장정들은 모두 장평(長平)에서 죽었고,[55] 그 고아들은 아직 자라지 아니하였으므로 칠 수 있습니다."

---

50 이 해는 위(魏) 안희왕 26년, 한(韓) 환혜왕 22년, 조(趙) 효성왕 15년, 초(楚) 고열왕 13년, 연(燕) 희 4년, 제(齊) 전건 14년, 위(衛) 원군 2년이다.

51 효문왕의 생모이며, '팔자'라든가 '칠자'라는 것은 진나라 여자의 관직이다.

52 이인이다. 이 사람은 여불위의 도움을 받아서 화양부인의 아들이 된 후에 이름을 초라고 바꾸었으며, 그의 아들인 정(政)이 바로 시황제이다.

53 이인으로 진이 조를 공격하는 싸움을 할 때 진으로 도망했고, 처자는 조에 남아 있었다.

54 상복의 위에 입는 것을 최라고 하는데, 등급으로는 참체(斬衰)와 제체(齊衰)가 있다. 질(絰)은 베로 만들어 머리에 쓰는 것을 말한다.

55 조가 장평에서 패한 사건은 난왕 55년(기원전 260년)에 일어났고, 《자치통감》 권5에 실려 있다.

왕[연왕]이 창국군(昌國君) 악한(樂閒, 樂毅의 아들)을 불러서 이를 물었더니, 대답하였다.

"조는 사방으로 싸우는 나라여서 그 백성들이 무기를 익혔으니 할 수 없습니다."

왕[연왕]이 말하였다.

"나는 5배를 가지고 그 하나를 치는 것이다."

대답하였다.

"할 수 없습니다."

왕(연왕)이 노하였다.

여러 신하들이 모두 할 수 있다고 생각하여, 마침내 2천 승(乘)을 내고, 율복이 거느리고 호(鄗, 하북성 柏鄕縣)를 공격하고, 경진(卿秦)이 대(代, 하북성 蔚縣)를 공격하였다.

장거(將渠)가 말하였다.

"다른 사람과 관문을 지나서 교유하기로 약속하고, 또한 500금(金)을 주면서 다른 사람의 왕과 술을 마시고 사자(使者)가 보고하자 이를 공격하니 이는 상서롭지 못합니다. 군사는 반드시 공을 못 세울 것입니다."

왕[연왕]은 듣지 않고 스스로 일부의 군대를 거느리고 이를 따랐다.

장거가 왕의 인수(印綬)를 잡아당기니, 왕이 발로 그를 차버렸다. 장거가 울면서 말하였다.

"신이 스스로를 위해서 하는 것이 아니고, 왕을 위한 것입니다."

연의 군사가 송자(宋子, 하북성 趙縣)에 이르자, 조(趙)의 염파(廉頗)가 장수가 되어 그들을 맞아 공격하여 율복을 호에서 격파하고, 경진(卿秦)과 악승(樂乘)을 대에서 패퇴시키고, 북쪽으로 500여 리를 추격하여서 드디어 연(燕, 도읍은 薊, 북경시)을 포위하였다.

이리하여 연인(燕人)들이 화의를 청하자 조인(趙人)이 말하였다.

"반드시 장거로 하여금 화의에 대처하게 하겠다."

연왕은 장거를 재상으로 삼아서 화의에 대처하게 하자, 조의 군사가 마침내 포위를 풀고 갔다.

3 조의 평원군(平原君)이 죽었다.

• 효문왕 원년(辛亥, 기원전 250년)[56]

1 겨울, 10월 기해일(4일)에 왕이 즉위하였고 3일 만에 죽었다. 아들 영초(嬴楚)가 서니 이 사람이 장양왕(莊襄王)[57]이고, 화양부인(華陽夫人)을 높여서 화양태후(華陽太后)로 하고, 하희(夏姬)를 하태후(夏太后)로 하였다.[58]

2 연의 장수가 제의 요성(聊城, 산동성 聊城縣)을 공격하여 이를 뽑았다. 어떤 사람이 그를 연왕에게 참소하기를 '연의 장수가 요성을 보존하고 감히 돌아오려 하지 않는다.'고 하였다. 제의 전단(田單)이 이를 공격하였으나 1년이 넘도록 떨어뜨리지를 못하였다.

노중련(魯仲連)이 마침내 편지를 써서 이를 화살에 매어 성 안으로 쏘아서 연의 장수에게 보내어 이로움과 손해됨을 말하였다.

---

56 이 해는 위(魏) 안희왕 27년, 한(韓) 환혜왕 23년, 조(趙) 효성왕 16년, 초(楚) 고열왕 14년, 연(燕) 희 5년, 제(齊) 전건 15년, 위(衛) 원군 3년이다. 효문왕은 즉위한 지 3일 만에 죽었고, 그의 아들 장양왕이 즉위하여 실제로는 장양왕이 왕위에 있었으나, 효문왕이 죽은 해의 연말까지는 효문왕의 기년을 쓰고 있다.

57 이 사람이 원래의 이인인데, 여불위의 술수에 의해 화양부인의 적자가 되었고, 진 시황의 아버지이다.

58 이인으로 알려지고 후에 이름을 자초로 고친 사람이 장양왕이 되었는데, 화양부인은 그의 적모(嫡母)이고, 하희는 그의 생모이다.

"공을 위하여 계책을 세운다면 연으로 돌아가지 않으면 제로 귀부해야 할 것입니다. 이제 혼자서 외로운 성을 지키는데 제의 군사는 날로 더욱 많아지고 연의 구원병은 도착하지 않으니 장차 어찌하겠소?"

연의 장수가 편지를 보고 3일을 울었으나, 미적거리면서 스스로 결정할 수가 없었다. 연으로 돌아가려고 하나 이미 틈이 생겼고, 제에 항복하려 하나 제에서 잡은 포로를 죽인 일이 대단히 많아서 이미 항복하고 난 후에 욕을 볼까 두려웠다.

탄식하였다.

"다른 사람이 나를 찌르게 하는 것보다는 차라리 내가 스스로 찌르리라!"

드디어 자살하였다.

요성은 혼란하여졌고, 전단은 요성에서 싸워 이겼다. 돌아와서 제왕[59]에게 노중련(魯仲連)에 대해 말하여 그에게 작위를 주려고 하였다. 노중련이 바다로 도망가면서 말하였다.

"내가 부귀와 더불어 하기 위해 다른 사람에게 굽히느니 차라리 가난하고 천하게 살면서 세상을 가벼이 생각하고 뜻을 거리낌 없이 하겠다."

위의 안희왕(安釐王)이 자순(子順)[60]에게 천하의 지조 높은 선비에 대해 물었다. 자순이 말하였다.

"세상에 그런 사람은 없지만 억지로 그 다음쯤 되는 사람을 찾는다면 그는 노중련일 것입니다."

왕이 말하였다.

"노중련은 억지로 그렇게 만들어진 것이고, 자체가 자연스럽게 된 것은 아니다."

---

59 본문에는 제(齊)라고만 되어 있으나 다른 판본에는 제왕으로 되어 있으며, 의미로 보아 제왕이 더 합당할 것으로 보인다.

60 공자의 6세손인 공빈(孔斌)의 자이다.

자순이 말하였다.

"사람들은 모두 만들어갑니다. 만들기를 그치지 않으면 마침내 군자가 되고, 만들어서 변치 않으면 익혀지고 또 몸에 배게 되면 자연스럽게 됩니다."

• 장양왕 원년(壬子, 기원전 249년)[61]

1 여불위(呂不韋)가 상국이 되었다.

2 동주군(東周君)과 제후들이 진을 치기로 모의하였는데 왕[莊襄王]이 상국으로 하여금 군사를 통솔하여 이들을 토멸하게 하고, 동주군(東周君)을 양인취(陽人聚, 하남성 臨汝縣의 서쪽)로 옮겼다.[62]

주는 이미 제사를 안 지냈다. 주가 망할 즈음에는 무릇 7개의 읍을 갖고 있었는데, 하남(河南, 하남성 낙양시 서쪽), 낙양(洛陽, 하남성 낙양현), 곡성(谷城, 하남성 新安縣), 평음(平陰, 하남성 孟津縣), 언사(偃師, 하남성 偃師縣), 공(鞏, 하남성 鞏縣), 구지(緱氏, 한남성 偃師縣 緱氏鎭)였다.

61 이 해는 위(魏) 안희왕 28년, 한(韓) 환혜왕 24년, 조(趙) 효성왕 17년, 초(楚) 고열왕 15년, 연(燕) 희 6년, 제(齊) 전건 16년, 위(衛) 원군 4년이다.

62 전국시대에 일반적으로 주나라에 왕으로 호칭되는 사람이 정통 천자이다. 그런데 주 고왕(考王) 때(기원전 440년)에 그 동생 희게(姬揭)를 서주공으로 왕기(王畿)에 책봉하면서 서주국이 생겼다. 그리고 동주국은 서주국의 위공(威公) 때에 그 작은 아들[일설 손자]을 동주공에 책봉하면서 주왕기 안에는 동주군과 서주공이 있게 되었다. 서주군은 주 난왕이 59년(기원전 256년)에 망할 때에 함께 멸망했고, 그 7년 뒤에 진 장양왕 원년(기원전 249년)에 동주군도 멸망했고, 동주군과 서주군 두 사람의 영지는 모두 진에 편입되어 진은 이곳을 삼천군으로 하였다.

3 하남과 낙양[63]의 10만 호를 가지고 상국(相國) 여불위를 책봉하였는데, 문신후(文信侯)로 하였다.

4 몽오(蒙驁)[64]가 한을 치고, 성고(成皐, 하남성 汜水鎮 虎牢關)와 형양(滎陽, 하남성 滎陽縣)을 빼앗고 처음으로 삼천군(三川郡, 이 경내에 黃河·伊水·洛水가 있음)을 설치하였다.

5 초가 노를 멸망시키고, 노의 경공을 변(卞, 산동성 泗水縣)으로 옮기고 가인(家人)으로 삼았다.[65]

• 장양왕 2년(癸丑, 기원전 248년)[66]

1 일식이 있었다.

2 몽오가 조를 치고 유차(楡次, 산서성 楡次縣), 낭맹(狼孟, 산서성 太原縣) 등 37개 성을 빼앗았다.

3 초의 춘신군이 초왕에게 말하였다.

"회하(淮河)의 북쪽 땅은 제의 변경이어서 그곳의 사태가 급하게 되

---

63 주의 도읍지인데, 이것을 여불위에게 봉읍으로 준 것이다.

64 진의 대장군이다.

65 소양왕 52년(기원전 255년)에 초가 노를 거(莒)로 옮기고 그 땅을 빼앗았는데 이번이 두 번째로 방축한 것이다. 이로써 노는 완전히 망하였으니 기원전 1108년에서 이 해까지 제후국으로 있어서 모두 859년간 존재했다.

66 이 해는 위(魏) 안희왕 29년, 한(韓) 환혜왕 25년, 조(趙) 효성왕 18년, 초(楚) 고열왕 16년, 연(燕) 희 7년, 제(齊) 전건 17년, 위(衛) 원군 5년이다.

면, 청컨대 그곳을 군[江東郡, 강소성 남부]으로 만들어서 저를 강동(江東)에 책봉하여 주십시오."

초왕이 이를 허락하였다.

춘신군은 이어서 오(吳)의 옛 터에 성을 쌓아 도읍으로 하였다. 궁실이 아주 성대하였다.[67]

• 장양왕 3년(甲寅, 기원전 247년)[68]

1 왕흘(王齕)[69]이 상당(上黨)에 있는 여러 성을 쳐서 이를 모두 뽑고 처음으로 태원군(太原郡)을 설치하였다.

2 몽오가 군사를 거느리고 위를 쳐서 고도(高都, 산서성 晉城縣)와 급(汲, 하남성 汲縣)을 빼앗았다. 위의 군사가 자주 패하니, 위왕이 이를 걱정하여 마침내 사람을 시켜서 조에 있는 신릉군(信陵君)을 초청하였다. 신릉군이 죄[70]를 얻을까 두려워하여 돌아오지 않으려 하면서 문하의 여러 사람들에게 경계하여 말하였다.

"감히 위의 사자와 내통하는 사람이 있으면 죽을 것이다."

빈객들 가운데 감히 간하는 사람이 없었다.

---

67 오의 옛터는 고소(姑蘇, 강소성 蘇州市)이다. 이때에는 진의 강력한 군사적 위협을 받았던 각국에서는 현실을 개척하려는 투지가 거의 없었다. 이때 춘신군은 적극적인 자세를 가졌다.

68 이 해는 위(魏) 안희왕 30년, 한(韓) 환혜왕 26년, 조(趙) 효성왕 19년, 초(楚) 고열왕 17년, 연(燕) 희 8년, 제(齊) 전건 18년, 위(衛) 원군 6년이다.

69 진의 대장이다.

70 난왕 58년(기원전 257년)에 신릉군은 조를 돕기 위하여 병부를 훔쳐서 위의 군사를 이끌고 조로 갔는데, 이 내용은 《자치통감》 권5에 실려 있다.

모공(毛公)과 설공(薛公)이 신릉군을 뵙고 말하였다.

"공자(公子)가 제후들에게 소중하게 여겨지는 까닭은 다만 위가 있음으로 해서입니다. 이제 위가 위급한데 공자께서 구휼(救恤)을 베풀지 않으면 어느 날 진이 대량(大梁, 위의 도읍, 하남성 개봉시)에서 이기고, 선왕의 종묘를 깔아뭉갠다면 공자께서는 무슨 면목으로 천하에 서 있을 것입니까?"

말이 아직 끝나지 않았는데, 신릉군은 안색이 변하더니 수레로 달려가 위로 돌아갔다. 위왕이 신릉군을 붙잡고 울면서 상장군으로 삼았다.

신릉군이 사람을 시켜서 제후들에게 원조해 줄 것을 요청하였다. 제후들이 신릉군이 다시 위의 장수가 되었다는 소식을 듣고 모두 군사를 파견하여 위를 구원하였다. 신릉군은 다섯 나라의 군사를 거느리고 몽오(蒙驁)를 하외(河外, 황하 이남)에서 패퇴시키니 몽오는 숨어서 도망하였다. 신릉군은 쫓아가서 함곡관(函谷關)에 이르러 이를 억눌러놓고 돌아왔다.

안릉(安陵, 하남성 鄢陵縣) 사람 숙고(縮高)[71]의 아들이 진에서 벼슬을 하였는데, 진은 그로 하여금 관(管, 하남성 鄭州市)을 지키게 하였다. 신릉군이 이곳을 공격하였으나 떨어뜨리지 못하자 사람을 시켜서 안릉군(安陵君)[72]에게 말하였다.

"군[安陵君]께서 숙고를 파견하여 보내면, 내가 곧 그를 오대부(五大夫, 위의 중급 장교)로 벼슬하게 하여 그를 집절위(執節尉, 법 집행관)로 삼을 것입니다."

안릉군이 말하였다.

"안릉(安陵)은 작은 나라이지만 반드시 그 백성들을 부릴 수는 없습니

71 호삼성은 縮을 所六의 번자라고 하였으므로 이를 숙으로 표기한다.

72 안릉군은 안릉지역의 군주이다. 적어도 형식상으로는 독립 제후군이었다.

다. 사자께서 스스로 가서 청해보십시오."

관리로 하여금 사자를 인도하여 숙고가 있는 곳으로 이르게 하였다. 사자가 신릉군의 명령을 전달하니 숙고가 말하였다.

"그대가 이 숙고가 있는 곳까지 행차한 것은 장차 이 숙고로 하여금 관(管)을 공격하게 하자는 것이겠지요. 무릇 아버지가 공격을 하고 아들은 지킨다면[73] 다른 사람들이 웃을 것이고, 신(臣)이 떨어뜨리는 것을 보면 이는 주군을 배반하는 것[74]입니다. 아버지가 아들에게 주군을 배반하도록 가르치는 것은 역시 그대도 기뻐할 바가 아니지요. 감히 두 번 절하며 사양하겠습니다."

사자가 신릉군에게 보고하였다.

신릉군이 크게 노하여 사신을 안릉군이 있는 곳에 파견하여 말하였다.

"안릉의 땅은 오히려 위의 땅이나 같소. 이제 내가 관을 공격하여 떨어뜨리지 못한다면 진의 군사가 우리에게 이를 것이고, 사직이 반드시 위험[75]하게 되오. 바라건대 그대는 숙고를 산 채로 묶어서 이리로 보내시오. 만약에 그대가 안 데려오면 나 위무기(魏無忌, 信陵君의 이름)는 10만의 군사를 거느리고 안릉의 성 아래까지 진격할 것이오."

안릉군이 말하였다.

"나의 돌아가신 아버지 성후(成侯)께서 조서를 받았는데, 양왕(襄王)[76]이 이 성을 지키라고 하였고, 손수 태부(太府)[77]의 법을 내려주었습니다.

---

73 진에서는 숙고의 아들에게 관을 지키게 하였는데, 숙고가 이를 공격한다면 아버지가 아들을 공격하는 것이 된다.

74 숙고의 아들은 이를 지키지 못하므로 결국 주군을 배반하는 것이 된다.

75 안릉과 위의 수도인 대량과는 70㎞ 정도의 거리에 있다.

76 위의 2대 임금인 위사(魏嗣)를 말한다. 지금의 위왕인 안희왕 위어(魏圉)는 4대 임금이다.

77 태부란 위의 도적(圖籍)을 보관하는 관청이다.

그 법의 상편에 쓰여 있기를 '신하가 임금을 시해하는 것과 아들이 아버지를 시해하는 일은 언제라도 사면하지 못한다. 나라가 비록 큰 사면령을 내린다고 하여도 성을 가지고 항복한 사람과 도망한 사람에게는 줄 수 없다.'고 하였습니다.

이제 숙고는 큰 벼슬자리를 내놓아서 부자의 의를 온전하게 하고자 하는데, 그대가 말하기를 반드시 산 채로 데리고 오라.'고 하였으니, 이는 나로 하여금 양왕의 조서를 배반하고 태부의 법을 없애라는 말과 같은 것이어서 비록 죽는다고 하여도 끝내 감히 시행할 수 없습니다."

숙고가 이 소식을 듣고 말하였다.

"신릉군의 사람됨이 사납고 용맹한 것을 스스로 사용하니 이 말은 반드시 도리어 나라[안릉]에 화가 될 것입니다. 나는 이미 나 스스로를 온전히 하였고, 신하로서의 의를 어기지도 않았는데, 어찌 나의 주군[안릉군]으로 하여금 위의 환난을 있게 할 수 있겠습니까!"

마침내 사자가 있는 곳으로 가서 목을 매어 죽었다.

신릉군은 이 소식을 듣고 흰 상복을 입고, 관사(館舍)를 피하면서[78] 사자로 하여금 안릉군에게 사과하게 하여 말하였다.

"나 위무기는 소인이고 생각이 꽉 막혀서 군[안릉군]에게 실언을 하였으니 청컨대 두 번 절하며 사죄하게 해주십시오."

왕[莊襄王]이 사람을 시켜서 만금(萬金)을 가지고 위에 가서 신릉군을 이간시키려고 진비(晋鄙)[79]의 빈객을 찾게 하고, 위왕에게 유세하게 하였다.

"공자(公子)가 외국에서 10년 동안 망명하다가 이제 다시 장수가 되

---

78 원래 거처하던 관사를 떠나 다른 곳에 머물렀다는 말로, 원래 거주하던 관사는 화려하고 좋기 때문에 화려한 것을 피하려고 한 것이다.

79 신릉군이 진비를 죽인 사건은 난왕 56년(기원전 259년)에 있었고, 그 내용은 《자치통감》 권5에 실려 있다.

었는데 제후들이 모두 그에게 부탁하고, 천하 사람들도 오직 신릉군의 말을 듣고, 위왕의 말을 듣지 않습니다."

왕[莊襄王]은 또한 자주 사람을 시켜서 신릉군에게 축하하여 말하게 하였다.

"위왕이 되는 것이 아직도 아닙니까?"

위왕은 연일 그를 비방하는 말을 듣게 되니 믿지 아니할 수가 없어서 마침내 다른 사람으로 하여금 신릉군을 대신하여 군사를 거느리게 하였다. 신릉군도 자기를 헐뜯어서 철폐[철직]되었음을 스스로 알고, 마침내 병이라고 하면서 사양하고 조현하지 않으면서 밤낮 없이 주색으로 스스로 즐기다가 무릇 4년이 되어 죽었다.

한왕이 가서 조문하니 그의 아들은 이를 영예롭게 생각하고 자순(子順)에게 이야기하였다. 자순이 말하였다.

"반드시 예로써 이를 사양하시오. '이웃 나라의 군주가 조문한다면 군주가 이를 위하여 상주가 되어야 합니다.' 지금 군주가 그대에게 명령하지 않았다면 아들은 한의 군주를 받을 바가 없는 것이오."

그의 아들이 이를 사양하였다.

3 5월, 병오일(23일)에 왕[장양왕]이 죽었다. 태자 영정(嬴政)이 섰는데, 난지 13년이어서 나라의 일은 모두 문신후(文信侯, 呂不韋)에게서 결정되었고, 중부(仲父, 작은아버지)라고 불렀다.

4 진양(晉陽)[80]이 반란하였다.

80 이 해에 진이 진양을 공격하여 얻고 여기에 태원군을 설치했는데, 장양왕이 죽자 반란한 것이다.

진의 확대와 5국 연합의 실패

• 시황제[81] 원년(乙卯, 기원전 246년)[82]

1 몽오(蒙驁)가 이를[83] 공격하여 평정하였다.

2 한이 진인(秦人)들을 피곤하게 하여 동쪽으로 나아가 정벌을 하게 하지 않으려고, 마침내 수리(水利) 기술자인 정국(鄭國)으로 하여금 진에서 간첩 활동[84]을 하게 하였는데, 경수(涇水)를 뚫어서 중산(仲山)에서부터 운하[渠]를 만들어 북산(北山)[85]을 아우르고 동쪽으로 낙수(洛水)에 물

81 진의 시황제가 아직 천하를 통일한 상태는 아니다. 앞으로 25년 뒤인 기원전 221년에 이르러서야 천하를 통일하고 시황제라는 호칭을 붙이게 된다. 그러므로 이때에는 진의 왕이었다. 그러나 역사의 연호는 영정이 왕이 된 시기부터 기산하고 있다.

82 이 해는 위(魏) 안희왕 31년, 한(韓) 환혜왕 27년, 조(趙) 효성왕 20년, 초(楚) 고열왕 18년, 연(燕) 희 9년, 제(齊) 전건 19년, 위(衛) 원군 7년이다.

83 장양왕이 죽자 진양에서 반란이 일어났는데, 이를 평정한 것이다.

84 간첩활동이란 정국거를 만들게 하여 여기에 소요되는 재정적 부담으로 진을 곤핍하게 하려는 것이다.

85 경수는 안정군 경양현 서쪽 견두산에서 나와 동쪽으로 풍익 양능현에 이르러서 위수로 들어간다. 중산은 섬서성 예천현 동북지역에 있고 북산은 북방의 여러 산을 말한다.

을 대게 하였다.

작업을 하는 도중에 발각되어 진인들이 그를 죽이려고 하였다. 정국이 말하였다.

"신은 한을 위하여 운명을 몇 년 연장하게 하는 것이지만 그러나 이 운하가 완성된다면 또한 진에게는 만세의 이익이 될 것입니다."

마침내 이것을 끝까지 만들게 하였다.

진흙 덩어리의 물을 대어서 짠 흙이 있는 4만여 경(頃)의 땅에 들어부으니 수확한 것이 모두 1무(畝)에 1종(鐘)[86]씩이나 되었고, 관중은 이로 말미암아서 더욱 부유하게 되었다.

• 시황제 2년(丙辰, 기원전 245년)[87]

1 포공(麃公)[88]이 군졸을 거느리고 권(卷, 하남성 原武縣)을 공격하였는데, 참수한 것이 3만이었다.

2 조에서는 염파(廉頗)를 가상국(假相國)[89]으로 삼아 위를 치고 번양(繁陽, 하남성 內黃縣)을 빼앗았다. 조의 효성왕(孝成王, 3대)이 죽고 아들 도양왕(悼襄王)이 섰는데, 무양군(武襄君) 악승(樂乘)으로 하여금 염파를

86 1무는 사방 240보(步)의 면적이고, 1종은 6곡(斛)4두(斗)의 양(量)이다.

87 이 해는 위(魏) 안희왕 32년, 한(韓) 환혜왕 28년, 조(趙) 효성왕 21년, 초(楚) 고열왕 19년, 연(燕) 희 10년, 제(齊) 전건 20년, 위(衛) 원군 8년이다.

88 포(麃)는 읍의 이름이므로 포공은 포를 식읍으로 하는 공작일 것인데, 그 이름은 알 수 없다.

89 상국은 재상을 말하며, 가(假)는 임시로 직책을 줄 때 붙이는 것이므로 임시재상에 해당하는 직위이다.

대신하게 하였다. 염파가 노하여 무양군을 공격하니 무양군이 도망하였다. 염파는 나가서 위로 달아났는데 오래 되어도 위에서는 그를 믿고 쓰지를 않았다.

조의 군사가 자주 진에게서 피곤하게 되자, 조왕이 다시 염파를 찾으려고 생각하였고 염파도 또한 조에서 다시 등용될 것으로 생각하였다. 조왕이 사자로 하여금 염파가 아직도 쓸 수 있는지 여부를 살펴보게 하였다. 염파의 원수인 곽개(郭開)가 사자에게 많은 금(金)을 주고 그를 헐뜯게 하였다.

염파는 사자를 보자 한 말의 쌀밥과 고기 열 근을 먹고 갑옷을 입고 말에 올라서 아직도 충분히 힘을 쓸 수 있음을 보여주었다. 사자가 돌아가서 보고하였다.

"염 장군은 비록 늙었어도 오히려 밥을 잘 먹었습니다. 그러나 신과 앉아 있으면서 세 번이나 화장실에 갔습니다."

조왕은 그를 늙은 것으로 여기고 드디어 부르지 아니하였다.

초인(楚人)이 몰래 사람을 시켜서 그를 영접하였다. 염파는 한 번 초의 장수가 되었으나 공로를 세운 것이 없었는데, 말하였다.

"나는 조인(趙人)들에게 쓰일 것을 생각한다."

끝내 수춘(壽春, 초의 도읍, 안휘성 壽春)에서 죽었다.

• 시황제 3년(丁巳, 기원전 244년)[90]

1 큰 기근이 있었다.

90 이 해는 위(魏) 안희왕 33년, 한(韓) 환혜왕 29년, 조(趙) 효성왕 22년, 초(楚) 고열왕 20년, 연(燕) 희 11년, 제(齊) 전건 21년, 위(衛) 원군 9년이다.

2 몽오가 한을 쳐서 12개 성을 빼앗았다.

3 조왕이 이목(李牧)을 장수로 삼아서 연을 치고 무수(武遂, 산서성 垣曲縣 부근)와 방성(方城, 하남성 方城縣 부근)을 빼앗았다.

이목이라는 사람은 조의 북방에 있는 훌륭한 장수인데, 일찍이 대(代, 하북성 蔚縣)와 안문(雁門, 산서성 右玉縣 남쪽)에 살며 흉노를 방비하면서 편하고 마땅한 대로 관리를 두고 시장의 조세는 모두 군대의 막부(幕府, 大府)에 넣고서 사졸들을 위하여 소비하였는데, 매일 몇 마리의 소를 잡아서 군사들에게 먹이고, 말 타기와 활쏘기를 익히고 봉화(烽火)를 부지런히 올리고 간첩을 많이 보내면서 약속하여 말하였다.

"흉노가 들어와서 도둑질을 하니, 급박하게 되면 성으로 거두어들여다가 보존하라.[91] 감히 포로를 잡은 사람이 있다면 참수하겠다."

흉노들이 매번 들어오면 봉화를 부지런히 올려서 번번이 거두어들이고 싸우지 않았다. 이와 같이 하여 몇 년을 지나도 또한 잃어버린 것이 없었다.

흉노는 모두 겁쟁이라고 생각하고, 비록 조의 변방에 있는 군사라 하더라도 역시 우리의 장수는 겁쟁이라고 생각하였다. 조왕이 그를 나무랐으나, 이목은 여전하였다. 왕은 노하여 다른 사람으로 하여금 그를 대신하게 하였다.

1년여 동안에 여러 차례 나가서 싸웠으나 승리한 것이 없었고 잃고 없어진 것은 많았으며, 변방에서 농사와 목축을 할 수 없었다. 왕은 다시 이목을 초청하였는데 이목은 문을 닫고 병들었다고 하면서 나오지 않았다. 왕이 그를 억지로 일어나게 하니 이목이 말하였다.

"반드시 신을 쓰고자 하여 전처럼 하게 해주신다면 마침내 감히 명령

91 들에 널려 있는 축산물이다.

을 받들겠습니다."

왕이 이를 허락하였다.

이목이 변방에 이르자 약속대로 하였다. 흉노들은 몇 년이 되어도 얻는 것이 없게 되었지만 끝내 겁먹은 것이라고 생각하였다. 변방의 사졸들은 매일 상을 받으면서도 쓰이지 않자 모두들 한 번 싸우기를 원하였다.

이에 마침내 전차 1천3백 승(乘)을 골라서 갖추고, 기마를 골라서 1만 3천 필(匹)을 만들고, 백금(百金)의 상을 받을만한 군사 5만 명과 활을 쏘는 사람 10만 명에게 모두 전투를 익히고는 기르는 가축을 크게 늘어놓고 인민(人民)들은 들에 널려 있게 하였다.

흉노의 작은 부대가 들어오자 거짓으로 패배하여 이기지 않고 수십 명을 그들에게 버렸다. 선우(單于)가 이 소식을 듣고 크게 많은 무리를 인솔하여 와서 들어왔다.

이목은 많은 기이한 진을 쳐서 좌우 날개를 벌려서 이들을 공격하여 이들을 대파하고 흉노 10여만 기를 죽였다. 담람(襜襤, 하북성 蔚縣의 북쪽)을 없애고 임호(林胡, 산서성 북부)를 항복시켰다. 선우는 급히 도망하여 10여 년 동안 감히 조의 변경에 가까이 하지 못하였다.

이보다 먼저 천하에는 모자를 쓰고 허리띠를 두른 나라가 일곱이 있었으며,[92] 그 중에서 세[93] 나라의 변경은 융적(戎狄)과 맞닿아 있었는데, 진은 농(隴)의 서쪽에서부터 면제(綿諸, 감숙성 通渭縣)·곤융(緄戎, 犬戎)·적(翟, 감숙성 臨洮縣)·환(豲, 감숙성 隴西縣)의 융족이 있었고, 기산(岐山)·양산(梁山)·경수(涇水)·칠수(漆水)의 북쪽에는 의거(義渠)·대려(大荔, 섬서성 朝邑縣)·오지(烏氏, 감숙성 平凉縣)·구연(朐衍, 영하성 靈武縣)의 융족

92 관대(冠帶)란 문명한 사람들이 쓰는 모자와 허리띠를 말하고, 일곱 나라란 진·초·연·제·한·위·조(秦·楚·燕·齊·韓·魏·趙)를 말한다.

93 일곱 나라 가운데 북쪽에 있는 세 나라를 말하는데, 진·조·연(秦·趙·燕)이다.

이 있었으며, 조의 북쪽에는 임호(林胡, 산서성 북부)·누번(樓煩)의 융족이 있었고, 연의 북쪽에는 동호(東胡, 산서성 북부)·산융(山戎, 하북성 북부에 사는 흉노의 한 가닥)이 있었는데, 각기 분산하여 계곡에 살면서 스스로 군장을 갖고 있었으나, 왕왕 모여드는 자들은 백여 개의 융족이 있지만, 그러나 서로 하나로 통일될 수는 없었다.

그 후에 의거(義渠)의 융족들은 성곽을 쌓고 스스로 지켰는데, 진이 조금씩 이를 잠식하여 혜왕(惠王, 1대) 시절에 이르러 드디어 의거의 25개 성을 뽑았다. 소왕(昭王, 3대)시절에는 선태후(宣太后, 선왕의 모친)가 의거왕을 유혹하여 감천(甘泉, 섬서성 淳化縣)에서 그를 죽이고, 끝내는 군사를 내어서 의거를 쳐서 멸망시키고 농서(隴西, 감숙성 隴西縣)·북지(北地, 감숙성 寧縣)·상군(上郡, 섬서성 綏德縣)에서 시작하여 장성을 쌓고 호족을 막았다.

조의 무령왕(武靈王)이 북으로 임호(林胡, 산서성 북부)·누번(樓煩, 산서성 嵐縣)을 깨뜨리고 장성을 쌓아 대(代)에서부터 음산(陰山, 음산산맥)을 나란히 하여 내려가서 고궐(高闕, 陰山山脈)에 이르러 요새를 만들었다. 그리고 운중(雲中, 산서성 楡林縣)·안문(鴈門, 산서성 右玉縣 남쪽)·대군(代郡, 하북성 蔚縣)을 설치하였다.

그 후에 연의 장수 진개(秦開)가 호족에게 인질이 되었고, 호족들은 그를 아주 깊이 믿었는데, 돌아와서 동호(東胡, 내몽골)를 습격하여 깨뜨리니, 동호는 천여 리를 물러났다. 연도 또한 장성을 쌓았는데, 조양(造陽, 하북성 懷來縣)에서 시작하여 양평(襄平, 요령성 遼陽縣)에 이르는 사이에 상곡(上谷, 하북성 懷來縣)·어양(漁陽, 하북성 密雲縣)·우북평(右北平, 하북성 平泉縣)·요동군(遼東郡, 요녕성 遼陽縣)을 설치하여 호족을 막았다. 전국시대(戰國時代)의 말기에 이르자 흉노가 비로소 커졌다.

• 시황제 4년(戊午, 기원전 243년)[94]

1 봄에 몽오가 위를 쳐서 창(暘, 현재의 지명 모름)·유궤(有詭, 현재의 지명 모름)를 빼앗았다. 3월에 군사행동을 그쳤다.

2 진이 보낸 인질인 아들이 조로부터 돌아왔고, 조의 태자는 나아가 그 나라로 돌아갔다.

3 7월에 메뚜기 떼가 일어났고 역질이 돌았다. 백성들로 하여금 곡식을 1천 석(石) 납부하게 하고 1급의 작위를 내려주었다.

4 위의 안희왕(安釐王, 4대)이 죽고, 그의 아들 경민왕(景湣王, 5대)이 섰다.

• 시황제 5년(己未, 기원전 242년)[95]

1 몽오가 위를 치고 산조(酸棗, 하남성 延津縣 북쪽)·연(燕, 延津縣 동쪽)·허(虛, 延津縣 경계 지역)·장평(長平, 하남성 西華縣)·옹구(雍丘, 하남성 杞縣)·산양(山陽, 산동성 金陽縣) 등 30개 성을 빼앗았고, 처음으로 동군(東郡)을 설치하였다.

---

94 이 해는 위(魏) 안희왕 34년, 한(韓) 환혜왕 30년, 조(趙) 효성왕 23년, 초(楚) 고열왕 21년, 연(燕) 희 12년, 제(齊) 전건 22년, 위(衛) 원군 10년이다.

95 이 해는 위(魏) 경민왕 원년, 한(韓) 환혜왕 31년, 조(趙) 효성왕 24년, 초(楚) 고열왕 22년, 연(燕) 희 13년, 제(齊) 전건 23년, 위(衛) 원군 11년이다.

2 처음에, 극신(劇辛)은 조에 있으면서 방훤(龐煖)과의 사이가 좋았는데, 이미 그러하였다가 연(燕)에서 벼슬을 하였다.[96] 연왕은 조가 자주 진에게 어려움을 당하는 것을 보고, 염파가 떠나자 방훤을 장수로 삼았으며, 그것이 피폐한 것을 이용하여 이를 공격하고자 하여서 극신에게 물었다.

극신이 대답하였다.

"방훤은 쉽게 상대할 수 있을 것입니다."

연왕이 극신으로 하여금 거느리고 조를 치게 하였다. 조의 방훤이 막아서 극신을 죽이고, 연의 병사 2만을 빼앗았다.

3 제후들이 진의 공벌이 그침이 없음을 걱정하였다.

• 시황제 6년(庚申, 기원전 241년)[97]

1 초·조·위(魏)·한·위(衛)가 합종하여 진을 치는데, 초왕이 이 합종의 수장이 되고, 춘신군이 일을 전적으로 맡아서 수릉(壽陵, 하남성 洛寧縣 부근)을 빼앗았다. 함곡관(函谷關, 하남성 靈寶縣 서남쪽)에 이르자 진의 군사가 나오니 5국의 군사가 모두 패하여 달아났다. 초왕이 춘신군을 나무라니, 춘신군은 이로써 더욱 멀어졌다.

관진(觀津) 사람 주영(朱英)이 춘신군에게 말하였다.

"사람들은 모두 초가 강했는데 그대가 이를 사용하여서 약해졌다고 합니다. 그것이 주영(朱英)에게서는 그러하지 않습니다. 돌아가신 임금

96 극신은 주 난왕 3년(기원전 312년)에 조에서 연으로 갔다.

97 이 해는 위(魏) 경민왕 2년, 한(韓) 환혜왕 32년, 조(趙) 효성왕 25년, 초(楚) 고열왕 23년, 연(燕) 희 14년, 제(齊) 전건 24년, 위(衛) 원군 12년이다.

의 시대에는 진이 초에게 잘하였고, 20년 동안 초를 공격하지 않았는데 왜 그렇습니까? 진은 맹액(黽阸, 하남성 信陽縣 동남쪽의 平靖關)의 요새를 넘어서 초를 공격하는 것이 편치 않았고, 또 두 주(周)에게 길을 빌린다고 하여도 한과 위를 등지고 초를 공격하는 것이 불가하였습니다.

지금은 그렇지 않습니다. 위는 조석 간에 망하게 되어 있어서 허(許, 하남성 許昌縣)·언릉(鄢陵, 하남성 鄢陵縣)을 아낄 수도 없게 되었고, 위가 땅을 베어 진에 주니, 진의 군사가 진(陳, 초의 도읍, 하남성 淮陽縣)에서 160리 정도 떨어진 곳에 있습니다. 신이 보는 것은 진·초는 매일 싸울 것으로 보입니다."

초는 이에 도읍을 진에서 수춘(壽春, 안휘성 壽縣)으로 옮기고 명명하여 영(郢)이라고 하였다. 춘신군은 바로 오(吳, 大湖 유역, 강소성의 吳縣)에 책봉되어 재상의 일을 행사[98]하였다.

2 진이 위(魏)의 조가(朝歌, 하남성 淇縣)와 위(衛)의 복양(濮陽, 衛의 도읍, 하남성 濮陽縣)을 뽑았다. 위(衛)의 원군(元君)이 그 지속(支屬)을 이끌고 야왕(野王, 하남성 沁陽縣)으로 이사하여 살면서 그 산을 막아서 위(魏)의 하내(河內)를 보위하였다.

• 시황제 7년(辛酉, 기원전 240년)[99]

98 행상사(行相事)이다. 행직이다. 임시직 또는 대리직을 말하는데, 그 형식은 행□□사(行□□事)인데, □□의 업무를 수행하게 한다는 뜻이며, 여기서는 상(相)의 업무를 대리하게 하는 직책이다.

99 이 해는 위(魏) 경민왕 3년, 한(韓) 환혜왕 33년, 조(趙) 효성왕 26년, 초(楚) 고열왕 24년, 연(燕) 희 15년, 제(齊) 전건 25년, 위(衛) 원군 13년이다.

1 위(魏)를 쳐서 급(汲, 하남성 汲縣)을 빼앗았다.

2 하태후(夏太后)[100]가 죽었다.

3 몽오가 죽었다.

• 시황제 8년(壬戌, 기원전 239년)[101]

1 위(魏)가 조에 업(鄴, 하남성 安陽縣 북쪽)을 주었다.

2 한에서는 환혜왕(桓惠王, 4대)이 죽고, 아들 한안(韓安)[102]이 섰다.

• 시황제 9년(癸亥, 기원전 238년)[103]

1 위(魏)를 치고 원(垣, 산서성 垣曲縣)과 포(蒲, 산서성 隰縣 서북쪽)를 빼앗았다.

---

100 전 임금인 이인의 생모이다.

101 이 해는 위(魏) 경민왕 4년, 한(韓) 환혜왕 34년, 조(趙) 효성왕 27년, 초(楚) 고열왕 25년, 연(燕) 희 16년, 제(齊) 전건 26년, 위(衛) 원군 14년이다.

102 한은 환혜왕이 죽고 그의 아들 한안이 뒤를 이었으나, 그 9년(기원전 230년)에 그가 진에 생포되었고 한은 망했다. 왕의 시호는 죽은 다음에 붙이는 것이므로 그에게는 시호를 붙여줄 한의 왕이 존재하지 않았다. 따라서 그는 실제로 왕 노릇을 했지만 시호가 없기 때문에 그냥 그의 이름인 한안으로 부를 수밖에 없다.

103 이 해는 위(魏) 경민왕 5년, 한(韓) 안 원년, 조(趙) 효성왕 28년, 초(楚) 고열왕 26년, 연(燕) 희 17년, 제(齊) 전건 27년, 위(衛) 원군 17년이다.

2 여름, 4월에 날씨가 추워서 백성들 가운데 얼어 죽는 사람이 있었다.

3 왕이 옹(雍, 섬서성 鳳翔縣)에서 묵었다.

4 기유일(17일)에 왕(王, 6대)이 관(冠)을 쓰고 칼을 찼다.[104]

5 양단화(楊端和)가 위(魏)를 쳐서 연지(衍氏, 衍氏城은 하남성 정주시 북 15㎞ 지점)을 빼앗았다.

6 애초에, 왕이 즉위했을 때에는 나이가 어렸고,[105] 태후(太后)[106]는 때로 문신후(文信侯)와 사사로이 정을 통하였다. 왕이 더욱 건장해지자 문신후는 일이 발각되어 화가 자기에게 미칠까 두려워하여 마침내 속여서 사인(舍人)[107] 노애(嫪毐)를 환관으로 만들어서 태후에게 바쳤다. 태후가 그를 가까이하여 아들 둘을 낳으니, 노애를 장신후(長信侯)로 책봉하고 태원(太原, 산서성 태원시)을 애국(毐國)으로 하고, 정사는 모두 노애에게서 결정되었으며 객(客) 가운데 노애의 사인(舍人)이 되기를 원하는 사람이 아주 많았다.

왕 주위에 노애와 말다툼을 한 사람이 있었는데, 노애가 실제로는 환관이 아니라고 고하였더니 왕은 관리를 내려보내 노애를 다스리게 하였

---

104 진의 왕인 영정의 나이가 20살이 되어 관례(冠禮)를 치른 것이다.

105 영정은 나이가 13세 때 진왕이 되었다.

106 태후 다음에는 □를 넣어 결자(缺字)를 표시하였다. 다른 판본에는 이 자리에 時가 들어가 있다. 그렇다면 '太后時時…'가 되므로 '태후는 때때로…'라는 말이 된다. 해석에는 큰 차이가 없다.

107 개인 집에서 부리는 하인이다.

다. 노애는 두려워하여 왕의 어새(御璽)를 고쳐서 군사를 일으켜서 기년궁(蘄年宮)[108]을 공격하고자 하여 난을 일으켰다.

왕은 상국(相國)인 창평군(昌平君)과 창문군(昌文君)으로 하여금 군졸을 내어서 노애를 공격하게 하여 함양에서 싸웠고, 참수한 것이 수백이었는데, 노애가 패하여 도망하였으나 그를 잡았다.

가을, 9월에 노애의 삼족[109]을 죽이고 그 무리들은 모두 거열(車裂)[110]하고 집안을 멸족시켰으며, 사인들 가운데 죄가 가벼운 자는 촉(蜀, 사천성 成都市)으로 귀양 보냈는데, 무릇 4천여 가구였다.

태후를 옹(雍, 섬서성 鳳翔縣)에 있는 부양궁(萯陽宮)[111]으로 옮기고 그 두 아들도 죽였다. 명령을 내렸다.

"감히 태후의 일을 가지고 간하는 사람은 그를 육시(戮屍)하여 죽이되, 그 사지를 잘라 대궐 아래에 쌓아놓겠다!"

죽은 사람이 27명이었다. 제의 객(客)인 모초(茅焦)가 알(謁)[112]을 올리고 간하게 해달라고 청하였다. 왕의 사자가 그에게 말하였다.

"너는 무릇 대궐 아래 쌓인 것을 보지 못하였는가?"

대답하였다.

"신이 듣기로는 하늘에는 28개의 별자리[113]가 있다고 합니다. 지금까

---

108 진 혜공 때 지은 궁전이다.

109 부모·형제·처자라고 하기도 하고 또는 친족·처족·외가족을 말하기도 한다.

110 사형의 한 방법으로 사지를 수레에 매어 사방에서 끌어 찢어 죽이는 형벌이다.

111 진 문왕이 지은 궁전이다.

112 자(刺)와 같은 것인데, 이름을 적은 명함과 같다.

113 하늘에 있는 28숙(宿)은 각(角)·강(亢)·저(氐)·방(房)·심(心)·미(尾)·기(箕)·두(斗)·우(牛)·여(女)·허(虛)·위(危)·실(室)·벽(壁)·규(奎)·루(婁)·위(胃)·앙(昴)·필(畢)·지(觜)·삼(參)·정(井)·귀(鬼)·유(柳)·성(星)·장(張)·익(翼)·진(軫)이고, 이는 하늘의 경성(經星)이다. 일(日)·월(月)·5성(금·목·수·화·토)이 운행하다가 궤도에서 차례로 묵는 곳이 있으므로 이를 수(宿)라고 했다.

지 죽은 사람이 27인이라는데, 신이 왔으니 정말로 그 숫자를 채우려고 할 뿐입니다. 신은 죽는 것을 두려워하지 않습니다."

사자가 달려 들어가서 이를 아뢰었다.

모초가 살던 읍의 사람들 가운데 같이 밥을 먹은 사람들이 모두 그들의 옷을 짊어지고 도망쳤다. 왕은 크게 노하여 말하였다.

"이 사람이 고의로 와서 나를 범하니, 빨리 불러다가 솥에다 그를 삶을 것인데, 어찌 대궐 아래에 쌓아둘 수 있겠는가?"

왕이 칼을 어루만지면서 앉아 있는데 입에서 바로 거품이 나왔다.

사자가 그를 불러서 들여오니, 모초가 천천히 걸어서 앞에 이르러서 두 번 절하고 일어나서 말하였다.

"신이 듣기로는 산 사람으로 죽기를 거리끼지 않는 사람이 있고, 나라를 가진 사람으로 망하는 것을 거리끼지 않는 사람이 있다고 하는데, 죽는 것을 꺼리는 사람은 살 수 없고, 망하는 것을 꺼리는 사람은 더 남아 있을 수 없다고 합니다. 죽고 살고, 살아남고 망하는 것은 성스러운 군주가 급히 듣고 싶어 하는 것인데, 폐하께서는 이러한 것을 듣고자 하십니까?"

왕이 말하였다.

"무엇을 말하는가?"

모초가 말하였다.

"폐하가 미치고 패역한 행동을 하고 있으면서도 스스로 알지 못하십니까? 가부(假父, 노애)[114]를 거열(車裂)하시고, 두 동생을 자루에 넣어서 박살냈으며, 어머니를 옹(雍)으로 옮겨놓고, 간하는 선비들을 해치고 죽였으니, 걸·주(桀·紂)의 행동도 여기에 이르지는 않았습니다. 이제 천하의 사람들이 이 말을 듣는다면 모두 와해[115]되어 진을 향하는 사람이 없

114 가부란 의붓아버지인데, 여기서는 노애를 말한다.

115 기왓장이 흩어지듯 흩어지는 상황을 말한다.

을 것이니, 신이 가만히 생각하건대 폐하를 위하여 이를 위험하다고 생각합니다. 신의 말은 마쳤습니다."

마침내 옷을 벗고 형틀에 엎드렸다.

왕이 전(殿)에서 내려와 손으로 스스로 그를 잡고 말하였다.

"선생, 일어나서 옷을 입고, 이제 바라건대 가르치는 일을 받아들이게 해주시오."

마침내 그에게 작위를 주어 상경(上卿)으로 하였다. 왕이 스스로 수레를 몰고 왼쪽을 비워놓고 가서 태후를 영접하여 함양(咸陽, 진의 도읍지)으로 돌아오니, 다시 모자(母子)는 처음처럼 되었다.

춘신군 · 여불위 · 한비자의 죽음

7　초의 고열왕(考烈王, 23대)에게는 아들이 없어서 춘신군(春申君)이 이를 걱정하여 마땅히 아들을 낳을만한 부인(婦人)을 구한 것이 아주 많았는데, 이를 올렸으나 끝내 아들이 없었다. 조인(趙人) 이원(李園)이 그의 누이동생을 데리고 이를 초왕에게 바치고자 하였지만 그가 아들을 낳을 수 없다는 말을 듣고, 오래되면 총애를 잃을까 두려워하여 마침내 춘신군의 사인이 되기를 청하였다. 이미 그리하고 뵙고 귀향하겠다 하고 고의로 기한을 맞추지 않고 돌아왔다.

춘신군이 물으니 이원이 말하였다.

"제왕(齊王)이 사람을 시켜서 신의 누이동생을 요구하였고, 그 사자와 더불어 술을 마셨으니 그러므로 실기(失期)하였습니다."

춘신군이 말하였다.

"빙폐(聘幣)[116]는 들어왔는가?"

말하였다.

"아직은 아니하였습니다."

춘신군은 드디어 그녀를 받아들였다.

이미 그리하여 임신하게 되었는데, 이원은 그 누이동생으로 하여금

116 혼인하는데 있어서 남자가 여자에게 빙례(聘禮)로 보내는 폐물(幣物)을 말한다.

춘신군에게 유세하게 하였다.

"초왕이 그대를 가까이하고 귀하게 하여서 비록 형제도 그와 같지는 않을 것입니다. 이제 그대는 초의 재상을 20여 년 동안이나 하였는데,[117] 왕에게 아들이 없으니, 바로 백세(百歲)[118] 뒤에는 장차 형제로 바꾸어 세우게 될 것인데, 저들은 역시 각기 그 옛날부터 가까이 지내던 사람을 귀하게 할 것이고, 그대는 또 어떻게 이러한 총애를 늘 보존하시겠습니까?

그럴 뿐만이 아니라 그대는 귀하게 되어서 일을 전적으로 맡은 것이 오래이므로, 왕의 형제들에게 실례한 것이 많을 것이며, 형제가 서면 그 화가 또한 몸에 미칠 것입니다. 이제 첩이 임신을 하였고, 사람들 중에는 이를 아는 이가 없으며, 또 첩이 그대에게 온 지가 오래 되지 않았으니, 진실로 그대의 높은 지위로써 첩을 왕에게 바친다면 왕은 반드시 여기에 올 것입니다. 첩은 하늘에 의지하여 아들을 얻게 되면 이는 그대의 아들이 왕이 된다는 것입니다. 초나라를 모두 다 얻을 수 있을 것이니 자신이 헤아리기 어려운 화에 다가가는 것과 어느 것을 하겠습니까?"

춘신군이 크게 그렇겠다고 생각하였다. 마침내 이원의 누이동생을 내보내서 조심스럽게 묵게 하고, 이를 초왕에게 말하였다. 왕이 그를 불러들여서 그에게 갔다가 드디어 아들을 낳았는데, 세워서 태자로 삼았다.

이원의 누이동생이 왕후가 되니 이원도 귀하게 되어 용사(用事)[119]하고 춘신군이 그 말을 누설할까 두려워하여 몰래 결사적인 무사를 길러서 춘신군을 죽여 말할 입을 없애려고 하였는데, 그 나라 사람들이 자못 이 사실을 알았다.

---

117 주 난왕 53년(기원전 262년)에 춘신군은 초의 재상이 되었으며 이 일을 《자치통감》 권5에 실려 있으니, 그러므로 춘신군이 재상이 된 지는 25년이 되었다.

118 임금에게 죽는다는 말 대신에 '백세 뒤에'라는 말을 사용하여, 임금이 죽은 후를 가리키고 있다.

119 직위와 상관없이 일을 전적으로 맡아 처리하는 것이다.

초왕이 병들자, 주영이 춘신군에게 말하였다.

"세상에는 바라지 않던 복이 있고, 또한 바라지 않던 화도 있습니다. 이제 그대는 바라지 않던 세상에 처하게 되어서 바라지 않던 임금을 섬기게 되었는데 어떻게 바라지 않던 사람이 없을 수 있겠습니까?"

춘신군이 말하였다.

"무엇을 생각지도 못했던 복이라고 하오?"

말하였다.

"그대는 초의 재상을 20여 년이나 하였는데, 비록 이름은 상국이었지만 그 실제는 왕이었습니다. 왕은 이제 병들어서 조석 간에 죽을 것이고, 죽으면 그대는 어린 임금의 재상이 되고 이어서 나라를 맡게 될 것이지만 왕이 자라면 정권을 왕에게 반환하거나 아니면 즉시 드디어 남면(南面)을 하고 고(孤)라고 하게 되면[120] 이는 바라지 않던 복이라고 말합니다."

"무엇을 바라지 않던 화(禍)라고 하오?"

말하였다.

"저 이원은 나라를 다스리지 못하고 있으니 그대의 원수인데, 군사를 만들지 않고, 결사적 무사를 기른 날짜가 오래 되었습니다. 왕이 죽으면 이원은 반드시 먼저 들어가서 권력을 점거하고 그대를 죽여서 입을 막으려고 할 것이니, 이것이 이른바 바라지 않던 화입니다."

"누가 바라지도 않던 인물이라 하는 것이오?"

말하였다.

"그대가 신을 낭중(郎中)[121]에 두시면 왕이 죽자 이원이 먼저 들어오면 제가 그대를 위하여 그를 죽이겠으니, 이것이 이른바 바라지 않던 인

120 남면은 임금이 남쪽을 향하여 앉는 것이므로 임금이 된다는 말이고, 고(孤)는 임금이 자기 자신을 겸사로 지칭하는 말이다.

121 낭이란 문을 관장하여 거기(車騎)를 충당하는 직책인데, 여기에는 의랑·중랑·시랑·낭중이 있다.

물입니다."

춘신군이 말하였다.

"족하(足下)[122]는 그를 내버려두시오. 이원은 나약한 사람이고, 나 또한 그에게 잘 대하여 주었소. 또 어찌 여기에 이르겠소?"

주영은 말한 것이 쓰이지 않을 것으로 알고 두려워서 도망갔다. 그 뒤 17일이 지나서 초왕이 죽으니, 이원이 과연 먼저 들어와서 극문(棘門)[123] 안에 결사적 무사를 숨겨놓았다. 춘신군이 들어오자 결사적 무사가 그를 끼고 찔러서 그 머리를 극문의 밖에 던져버리고, 이에 관리들로 하여금 춘신군 집안사람들을 모두 체포하여 죽이게 하였다. 태자가 섰는데 이 사람이 유왕(幽王, 23대)이다.

❖ 양자(揚子)의 《법언(法言)》에서 말하였습니다.

어떤 사람[124]이 묻기를, '신릉군(信陵君)·평원군(平原君)·맹상군(孟嘗君)·춘신군(春申君)은 국가의 입장에서 도움이 있었는가?' 말하였다. '윗사람은 정권을 잃었고, 간신은 나라의 운명을 훔쳤는데, 어찌 그것이 이롭겠는가?'

8 왕은 문신후(文信侯, 여불위)가 먼저 돌아간 왕을 받들었던 공로가 크다[125] 하여서 차마 죽이지 못하였다.

---

122 동급의 사람을 높여 부르는 존칭이다.

123 극문은 수춘성(壽春城)의 성문(城門)이다.

124 문답형식으로 쓴 글이다. 따라서 어떤 사람이 구체적인 것이 있어서 질문한 것이 아니고 자문한 것이니, 이는 대부분이 그러하듯 자문자답의 형식을 취했다.

125 이 일은 주 난왕 58년(기원전 257년)있었고, 《자치통감》 권5에 실려 있다.

• 시황제 10년(甲子, 기원전 237년)[126]

1 겨울, 10월에 문신후(文信侯)가 재상에서 면직되자, 떠나서 그의 봉국(封國)[127]으로 갔다.

종실의 대신들이 의논하여 말하였다.

"제후의 사람들로 와서 벼슬하는 사람들은 모두 그들의 임금을 위하여 유세하며 이간시키고 있을 뿐이니, 청컨대 이들을 모두 내좇으십시오."

이에 크게 수색하여 객(客)[128]을 내쫓았다. 객경(客卿)[129]인 초인(楚人) 이사(李斯)도 역시 좇겨 가는 속에 있었는데, 가면서 또한 편지를 올려 말하였다.

"옛날에 목공(穆公, 9대)은 선비를 구하는데, 서쪽으로는 융족(戎族)에서 유여(由余)를 얻었으며, 동쪽으로는 완(宛, 하남성 南陽市)에서 백리해(百里奚)를 얻었으며, 건숙(蹇叔)을 송(宋)에서 영접하였고, 진(晉)에서는 비표(丕豹)와 공손지(公孫支)를 찾아내서 20개의 나라를 합병하였고, 드디어 서융(西戎)에서 패권을 누렸습니다.

효공(孝公)은 상앙(商鞅)의 법을 써서 제후들이 가까이하고 복종하게 하였으며, 오늘에 이르러서 잘 다스려지고 강하게 되었습니다. 혜왕(惠王)은 장의(張儀)의 계책을 써서 6국의 합종책을 흩어버리고 이들로 하여금 진을 섬기게 하였습니다. 소왕(昭王)은 범수(范睢)를 얻어서 공실(公

---

126 이 해는 위(魏) 경민왕 6년, 한(韓) 안 2년, 조(趙) 효성왕 29년, 초(楚) 유왕 원년, 연(燕) 희 18년, 제(齊) 전건 28년, 위(衛) 원군 18년이다.

127 봉국은 작위를 받으면서 식읍으로 받은 지역을 말하며 문신후의 봉국은 하남 낙양이다.

128 손님이라는 말로 이 경우에는 진나라 이외의 나라에서 온 사람들을 말한다.

129 객 가운데 지위가 경(卿)의 대우를 받는 사람을 말한다.

室)을 강하게 하고 사적 문벌을 막았습니다. 이 네 주군은 모두 객(客)의 공로로 하였습니다.

이로 본다면 객이 어찌하여 진에 손해가 된다는 말입니까? 무릇 여색(女色)·음악(音樂)·구슬[珠]·옥(玉) 같은 것은 진에서 산출되지 않을지라도 왕께서 입고 타는 것이 많지만, 사람을 뽑는 것은 그렇지 아니하니, 옳고 그른 것을 묻지 않고, 굽고 곧은 것을 막론하고 진 사람이 아닌 사람은 보내고 객이 된 자는 쫓아버립니다. 이는 중히 여기는 것이 여색, 음악, 구슬, 옥에 있고, 가벼이 여기는 것이 인민에 있는 것입니다.

신이 듣기로는 태산은 흙을 물리치지 않으니 그러므로 그렇게 크게 될 수 있었으며, 황하와 바다는 가는 시냇물이라고 하여도 가리지 않으니, 그러므로 그렇게 깊게 될 수가 있고, 왕이 된 사람은 많은 사람들을 물리치지 않으니 그러므로 그의 덕을 밝힐 수 있었는데, 이것이 오제(五帝)와 삼왕(三王)[130]이 적을 없게 한 이유입니다. 이제 마침내 검수(黔首)[131]들을 포기하여 적국에 도움을 주는 것인데, 빈객을 물리쳐서 제후들이 업적을 쌓게 하니, 이른바 도적에게 무기를 빌려주는 것이고, 도적에게 양식을 빌려주는 것입니다."

왕이 마침내 이사를 불러서 그 관직을 회복시켜주고, 축객의 명령을 철폐하였다. 이사는 여읍(驪邑, 섬서성 臨潼縣)에 이르렀다가 돌아왔다.

왕은 끝내 이사의 꾀를 써서 몰래 변사(辯士)들을 파견하여 금과 옥을 가지고 제후들에게 유세하게 하고 제후의 명사(名士)들 가운데 내려올 수 있는 사람은 재물을 후하게 주어 그들과 연결하게 하였고, 하려하지 않는 자는 예리한 칼로 찌르고, 그들의 군신을 이간시키는 계책도 쓰고, 그런 다음에 훌륭한 장수로 하여금 그 뒤를 이어 좇게 하니, 몇 년 사이에

130 삼황은 천황·지황·인황(天皇·地皇·人皇)이고, 오제는 황제·전욱·곡·요·순(黃帝·顓頊·嚳·堯·舜)이다.

131 검은 머리인데, 이는 아무런 벼슬을 하지 않은 일반 백성들을 말한다.

끝내 천하를 겸병하였다.

• 시황제 11년(乙丑, 기원전 236년)[132]

1 조인(趙人)들이 연을 쳐서 이양(貍陽, 현재의 지명 모름)을 빼앗았다. 군사를 아직 철수하지 않았는데, 장군 왕전(王翦)과 환기(桓齮)·양단화(楊端和)가 조를 쳐서 업(鄴, 하남성 安陽市의 북쪽)을 공격하고 9개의 성을 빼앗았다. 왕전은 알여(閼與, 산서성의 和順, 武鄕, 沁縣 일대)·요양(轑陽, 산서성 遼縣)을 공격하였고, 환기는 업·안양(安陽, 하남성 安陽市)을 빼앗았다.

2 조의 도양왕(悼襄王, 4대)이 죽고, 아들인 유요왕(幽繆王, 5대) 조천(趙遷)이 섰다. 그의 어머니는 창기(倡妓)였는데, 도양왕에게 총애를 받아서 도양왕이 적자 조가(趙嘉)를 폐(廢)하고 그를 세웠던 것이다. 조천은 본래 품행이 좋지 않은 것으로 온 나라에 소문이 났다.

3 문신후(文信侯, 呂不韋)가 봉국(封國, 하남성 洛陽)에 간 지 1년이 조금 넘었는데, 제후의 빈객들과 사자들이 길에서 서로 바라볼 수 있을 정도로 그를 청하였다.

왕은 그가 변란을 일으킬까 걱정하여 마침내 문신후에게 편지를 내려서 말하였다.

"그대는 진에 무슨 공로를 세워서 하남에 군(君)으로 책봉되고 10만 호를 식읍으로 하는가? 진과 얼마나 친하여 작은아버지[仲父]라고 불리

---

132 이 해는 위(魏) 경민왕 7년, 한(韓) 안 3년, 조(趙) 효성왕 30년, 초(楚) 유왕 2년, 연(燕) 희 19년, 제(齊) 전건 29년, 위(衛) 원군 19년이다.

는가? 그러니 가속들과 더불어 이사하여 촉(蜀, 사천성 成都市)에 사시오."

문신후는 스스로 조금씩 침탈해 오는 것을 알고 주살될까 두려워하였다.

• 시황제 12년(丙寅, 기원전 235년)[133]

1 문신후가 짐독(鴆毒)을 마시고 죽으니 몰래 장사지냈다. 그의 사인(舍人)들 중에 찾아온 사람은 모두 쫓아내어 다른 곳으로 옮겼다. 또 말하였다.

"지금부터 나라 일을 조정하면서 부도(不道)한 것이 노애(嫪毐)나 여불위(呂不韋) 같은 사람은 그 집안을 등록하여 이를 볼 것이다."

❖ 양자(揚子, 揚雄)의 《법언(法言)》에서 말하였습니다.[134]

어떤 사람이 물었다. '여불위 그는 지혜로운 사람이겠지? 사람을 재물로 샀거든.' 말하였다. '누가 여불위를 지혜로운 사람이라고 하는가? 나라를 주고 종족으로 바꾸었다. 여불위의 도적질은 벽을 뚫고 들어가는 도적의 우두머리이다. 벽을 뚫고 들어가는 놈을 나는 담석(擔石)[135]으로 보지, 낙양(雒陽)[136]으로는 보지 않는다.'

---

133 이 해는 위(魏) 경민왕 8년, 한(韓) 안 4년, 조(趙) 유요왕 원년, 초(楚) 유왕 3년, 연(燕) 희 20년, 제(齊) 전건 30년, 위(衛) 원군 20년이다.

134 역시 자문자답의 형식으로 쓴 글이다.

135 擔은 儋이라고도 쓰는데, 제 사람들은 담을 작은 병이라고 이름 붙였다. 또 석은 두석의 석이므로 한 섬을 말한다. 따라서 담석은 작은 병 한 말 정도의 작은 이익이다.

2 6월부터 비가 내리지 않았는데, 8월까지 계속되었다.

3 4개 군(郡)[137]의 군사를 발동하여 위를 도와서 초를 쳤다.

• 시황제 13년(丁卯, 기원전 234년)[138]

1 환기(桓齮)가 조를 쳐서 조의 장수 호첩(扈輒)을 평양(平陽, 산서성 臨汾縣 서쪽)에서 패배시키고 참수한 것이 10만이며 호첩을 죽였다. 조왕이 이목(李牧)을 대장군으로 삼아 의안(宜安, 하북성 藁城縣)·비하(肥下, 藁城縣의 서남쪽)에서 다시 싸우게 하니 진의 군사가 패하는 것이 쌓여 환기가 도망하여 돌아왔다. 조는 이목을 무안군(武安君)으로 책봉하였다.

• 시황제 14년(戊辰, 기원전 233년)[139]

1 환기가 조를 쳐서 의안(宜安, 하북성 藁城縣)·평양(平陽, 산서성 臨汾縣 서쪽)·무성(武城, 하북성 臨漳縣 경계 지역)을 빼앗았다.

---

136 雒陽은 원래 洛陽인데 후한 왕조가 화덕(火德)을 숭상하여 물의 의미를 가진 洛 대신에 雒을 썼고 이것이 양웅시대에도 통용된 것이다.

137 관동지역에 있는 4개 군이다.

138 이 해는 위(魏) 경민왕 9년, 한(韓) 안 5년, 조(趙) 유요왕 2년, 초(楚) 유왕 4년, 연(燕) 희 21년, 제(齊) 전건 31년, 위(衛) 원군 21년이다.

139 이 해는 위(魏) 경민왕 10년, 한(韓) 안 6년, 조(趙) 유요왕 3년, 초(楚) 유왕 5년, 연(燕) 희 22년, 제(齊) 전건 32년, 위(衛) 원군 22년이다.

2 한왕이 땅을 바치고 옥새(玉璽)를 바쳐서 번신(藩臣)[140]이 되기를 청하자, 한비자(韓非子)로 하여금 와서 빙문(聘問)하게 하였다. 한비자라는 사람은 한의 여러 공자(公子) 가운데 한 사람으로 형명(刑名)과 법술(法術)에 관한 학문을 잘하였는데, 한이 땅을 깎이고 약해지는 것을 보고 자주 한왕에게 편지로 막고자 하였으나 왕이 채용하지를 않았다.

이에 한비자는 나라를 다스리는데 똑똑한 사람을 구하여 임용하는데 힘쓰지 않고, 도리어 들뜨고 음란하며 좀 같은 인물을 들어서 실제로 공로가 있는 사람의 위에다 올려놓고, 관대해지면 명예 있는 사람을 총애하고, 급해지면 갑옷 입은 무사를 채용하여, 길러지는 사람은 쓰이지 아니하고, 쓸 사람은 길러지지 않는다는 것을 가슴아파하였다.

청렴하고 강직한 사람은 거짓되고 굽은 신하들에게 용납되지 않음을 슬퍼하면서, 지나간 역사 속에서 득실의 변화를 살펴보아서 〈고분(孤憤)〉·〈오두(五蠹)〉·〈내저(內儲)〉·〈외저(外儲)〉·〈세림(說林)〉·〈세잡(說雜)〉 등 56편(篇) 10여만 마디를 지었다.

왕이 그가 똑똑하다는 말을 듣고, 그를 보고자 하였다. 한비자는 한을 위하여 진에 사신으로 갔고, 이어서 편지를 올려서 유세하였다.

"이제 진의 땅은 사방으로 수천 리이고 군사는 명목으로 백만이라고 하며, 호령하고 상벌을 주는데, 천하에서 이와 같지는 못합니다. 신은 죽음을 무릅쓰고 대왕을 알현하여 바라보기를 원하였으며 이제 천하의 합종하는 계책을 깨뜨리기 위하여 말씀드리겠습니다.

대왕께서 진실로 저의 말씀을 듣고, 한 번에 천하의 합종이 깨뜨려지지 않는다면, 조는 들어내지 않고, 한도 망하지 않으며, 형(荊)·위(魏)가 신하 노릇을 하지 않고, 제·연은 친해지지 않고, 패왕의 이름은 이루어지지 않거나 사방의 이웃 제후들도 조현(朝見)하지 않는다면, 대왕께서는

---

140 울타리가 되는 신하라는 뜻이지만 보통 제후를 번신이라고 표현한다.

신을 참수하여 여러 나라에 돌리시고 왕을 위하여 충성스럽지 않은 것을 모의하는 사람 경계하십시오."

왕은 이를 기뻐하였으나, 아직 임용하지는 않았다.

이사가 질투하여 말하였다.

"한비자는 한의 여러 공자(公子) 가운데 한 사람입니다. 이제 제후들을 병탄하고자 하는데 한비자는 끝내 한을 위하고 진을 위하지 않을 것이니, 이것이 사람의 정리입니다. 이제 왕께서 등용하지 않고 오래 머물게 하다가 돌려보내면 이는 스스로 근심거리를 남기는 것이니, 법으로 그를 주살하는 것만 못합니다."

왕이 그럴 것이라고 생각하여 관리[141]에게 내려보내어 한비자를 다스리게 하였다.

또한 이사가 사람을 시켜서 독약을 한비자에게 주어 일찍 자살하게 하였다. 한비자가 스스로 진술하려 하였으나, 알현할 수가 없었다. 왕이 뒤에 가서 후회하고 사람들로 하여금 그를 사면하려 하였으나, 한비자는 이미 죽었다.

❖ 양자(揚子)의 《법언(法言)》에서 말하였습니다.

어떤 사람이 물었다. '한비자는 〈세란(說難)〉이라는 책을 지었지만, 끝내는 세란으로 죽었으니 묻건대, 어찌하여서 상황이 반대가 되었을까?'[142] 말하였다. '세란이 대개 바로 그가 죽은 이유요.' 말하였다. '왜 그럴까?' '군자는 예(禮)를 가지고 움직이고 의를 가지고 그치는데, 맞으면 나아가고 아니면 물러나는 것이지, 확실히 그것이 맞지 않을

141 일반적으로 형을 집행하는 형리이다.

142 세란이란 '유세하는 것의 어려움'이라는 말인데, 갑자기 유세한 것으로 인하여 죽었으니 왜 그가 말하는 바와 그가 행동하는 바가 반대였는가를 물을 것이다.

까 걱정하지는 않는 것이다. 무릇 다른 사람에게 유세하며 그것이 맞지 않을까 걱정한다면 또한 못 이를 곳이 없을 것이오.'

어떤 이가 말하였다. '한비자는 유세한 것이 맞지 않을까 걱정하였는데 그릇되었는가?' 말하였다. '유세가 도(道)에서 말미암지 않으면 걱정거리가 되고, 도로 말미암았는데 맞지 않았다 하여도 그것은 걱정거리가 아니다.'[143]

❖ 신 사마광이 말씀드립니다.

신(臣)이 듣건대, 군자는 그의 친한 사람과 친해지기 시작하여 다른 사람의 친한 사람에까지 이르는 것이고, 그의 나라를 사랑하는데서 시작하여 다른 나라에까지 이르는 것이니, 이렇게 하여서 공로는 크게 되고 이름은 아름다워져서 백 가지 복을 향유하게 됩니다.

이제 한비자는 진을 위하여 꾀를 획책하고 먼저 그의 종주국을 전복시키려 하고 그 말을 팔았으니, 죄는 진실로 죽어도 용서받지 못할 것이니, 어찌 충분히 가련하다 하겠습니까!

---

143 자문자답 형식으로 쓴 글이다.

원수를 갚으려 한 연 태자 희단

• 시황제 15년(己巳, 기원전 232년)[144]

1 왕이 크게 군사를 일으켜서 조를 치는데, 한 군은 업(鄴, 하남성 安陽市 북쪽)에 이르고, 한 군은 태원(太原, 산서성 태원시)에 도달하여 낭맹(狼孟, 태원의 경계 지역)·파오(番吾, 하북성 平山縣)[145]를 빼앗았는데, 이목(李牧)[146]을 만나자 돌아왔다.

2 애초에, 연의 태자 희단(姬丹)이 일찍이 조에 인질로 있으면서 왕[147]과 잘 지냈었다. 왕이 즉위하자 희단은 진에 인질이 되었는데 왕은 예로 대우하지 않았다. 희단이 분노하여 도망쳐서 돌아갔다.

---

144 이 해는 위(魏) 경민왕 11년, 한(韓) 안 7년, 조(趙) 유요왕 4년, 초(楚) 유왕 6년, 연(燕) 희 23년, 제(齊) 전건 33년, 위(衛) 원군 23년이다.

145 호삼성은 番은 음이 婆이고, 또 음이 盤이라고 하여서 파 또는 반도 가능할 것이지만 鄱와 같은 자로 보고 파라고 하였다.

146 조의 명장이다.

147 연의 단과 진의 이인은 같은 시기에 조에 인질로 와 있었던 것이며 이때 지금 진 시황의 아버지인 이인(異人) 즉, 장양왕이 조에서 진 시황을 낳았고 연의 단과도 잘 지냈던 것을 말한다.

• 시황제 16년(庚午, 기원전 231년)[148]

1　한이 남양(南陽, 하남시 남양시 부근)의 땅을 바쳤다. 9월에 군졸을 발동하여 한에서 땅을 받았다.

2　위인(魏人)이 땅을 바쳤다.

3　대(代, 하북성 蔚縣)에서 지진이 있었는데, 낙서(樂徐, 지금의 지명 모름)의 서쪽에서부터 북쪽으로 평음(平陰, 지금의 지명은 모름)까지에 있는 대(臺)와 가옥과 담장의 태반이 파괴되었고, 땅은 동서로 130보(步)나 갈라졌다.

• 시황제 17년(辛未, 기원전 230년)[149]

1　내사(內史)[150] 승(勝)이 한을 멸망시키고[151] 한왕 한안(韓安)을 포로로 잡고, 그 땅에 영천군(潁川郡, 하남성 禹縣)을 설치하였다.

---

148 이 해는 위(魏) 경민왕 12년, 한(韓) 안 8년, 조(趙) 유요왕 5년, 초(楚) 유왕 7년, 연(燕) 희 24년, 제(齊) 전건 34년, 위(衛) 원군 24년이다.

149 이 해는 위(魏) 경민왕 13년, 한(韓) 안 9년, 조(趙) 유요왕 6년, 초(楚) 유왕 8년, 연(燕) 희 25년, 제(齊) 전건 35년, 위(衛) 원군 25년이다.

150 내사는 주의 관제였는데, 진에서도 이를 썼다. 이 직책은 경사를 관장하도록 되어 있으므로 함양을 관리하는 관직이다.

151 한은 6국 중에서 가장 먼저 멸망하였는데, 한은 진을 조·위와 나누어서 제후국이 되었으며, 기원전 333년에서 기원전 230년까지 존재하여 통산 104년간 한 씨의 제후국이 계속되었다.

2 화양태후(華陽太后)[152]가 죽었다.

3 조에 큰 기근이 있었다.

4 위(衛)에서는 원군(元君, 47대)이 죽고, 아들 위각(衛角)[153]이 섰다.

• 시황제 18년(壬申, 기원전 229년)[154]

1 왕전(王翦)이 상지(上地, 섬서성 綏德縣)의 군사를 거느리고 정형(井陘, 하북성 井陘縣)으로 내려가고, 단화(端和)는 하내(河內, 하남성 沁陽縣)의 군사를 거느리고 함께 조를 쳤다. 조의 이목(李牧)·사마상(司馬尙)이 이를 막았다. 진인(秦人)들은 조왕이 총애하는 신하인 곽개(郭開)에게 금품을 많이 주고 그로 하여금 이목과 사마상을 헐뜯으면서 그들이 반란을 하려고 한다고까지 말하게 하였다.

조왕은 조총(趙葱)과 제의 장수 안취(顔聚)로 하여금 그들을 대신하게 하였다. 이목이 이 명령을 받아들이지 않았는데, 조인(趙人)들이 그를 잡아서 죽였으며, 사마상을 폐출했다.

152 진 시황의 할머니이다. 화양태후가 진 시황의 아버지인 이인을 양자로 맞아서 진 시황이 왕위에 오를 수 있었다.

153 위각은 위(衛)를 계승하여 위의 국군(國君)이 되었으나 이 사람 때에 위는 망하였으므로 시호가 없다. 위각의 위는 이후 21년간 유지되어 진 2세황제 1년(기원전 209년)까지 명맥을 유지했었다.

154 이 해는 위(魏) 경민왕 14년, 조(趙) 유요왕 7년, 초(楚) 유왕 9년, 연(燕) 희 26년, 제(齊) 전건 36년, 위(衛) 위각 원년이다.

• 시황제 19년(癸酉, 기원전 228년)[155]

1 왕전이 조의 군대를 공격하여 이를 대파하고 조총을 죽이니 안취는 도망치니 드디어 한단(邯鄲, 조의 도읍)에서 승리하였고,[156] 조왕 조천(趙遷)을 포로로 잡았다.[157] 왕이 한단에 가서 옛날 자기 어머니의 집안과 원수진 사람을 모두 죽였다.[158] 돌아오면서 태원(太原, 산서성 태원시)·상군(上郡, 섬서성 綏德縣)에서부터 귀국하였다.

2 태후(太后)가 죽었다.[159]

3 왕전이 중산(中山, 하북성 定縣)에 주둔하여 연에 다가갔다.[160] 조의 공자(公子) 조가(趙嘉)가 그의 집안사람 수백 명을 인솔하고 대(代, 하북성 蔚縣)로 달아나서 자립하여 대왕(代王, 6대)이 되었다. 조가 망하니 대부들이 조금씩 그에게 돌아갔고, 연과 군사를 합하여 상곡(上谷, 하북성 懷來縣)에 진을 쳤다.

---

155 이 해는 위(魏) 경민왕 15년, 조(趙) 유요왕 8년, 초(楚) 유왕 10년, 연(燕) 희 27년, 제(齊) 전건 37년, 위(衛) 위각 2년이다.

156 이 전투의 양상을 극(克)으로 표현한 것인데, 전쟁 기사에서 극(克)은 저항이 심한데 싸워서 승리한 것을 말한다.

157 이것으로 조는 망하였는데, 전에 태자였던 조가가 이미 대군에서 별도로 조를 세웠으므로 완전히 멸망하지는 않았다. 그러므로 조천의 시호는 유무왕(幽繆王)으로 할 수가 있었다.

158 진 시황은 조나라에 인질로 가 있던 이인의 아들이므로 어렸을 때 조에 있었다. 이 일은 주 난왕 58년(기원전 257년)에 있었고, 《자치통감》 권5에 실려 있다.

159 한단에서 이인과 결혼한 진 시황의 생모이다.

160 원래 진나라와 연나라 사이에는 조나라가 있어서 진과 연은 그 경계를 맞대지 않고 있었는데, 조나라가 망했으므로 진과 연이 국경을 맞대게 된 것이다.

4 초의 유왕(幽王, 24대)이 죽자, 그 나라 사람[161]들이 그의 동생 미학(芈郝, 25대 幽王)[162]을 세웠다. 3월에 미학의 서형(庶兄)인 미부추(芈負芻)가 그를 죽이고 자립하였다.

5 위(魏)의 경민왕(景湣王, 5대)이 죽고, 아들 위가(魏假)가 섰다.

6 연 태자 희단이 왕을 원망하여 그에게 보복하고자 하여 그 스승인 국무(鞠武)에게 물었다. 국무는 서쪽으로 삼진(三晉, 한·위·조)과 맹약하고 남쪽으로 제와 초와 연결하며, 북쪽으로 흉노와 화친(和親)하고서 진을 도모하도록 청하였다.

태자[연의 태자][163]가 말하였다.

"태부(太傅)의 계책은 날짜를 허비하여 오래 걸리는 것이어서 사람의 마음을 흐리게 하니 아마도 기다릴 수 없을까 걱정입니다."

얼마 있지 않아서 장군 번어기(樊於期)[164]가 죄를 지어서 연으로 도망하니 태자는 그를 받아들여서 거처하게 하였다.

국무가 간하였다.

"무릇 진왕의 포학함으로 연에 대하여 그 노여움을 쌓게 하면 충분히 마음을 떨리게 하는데, 또 하물며 번 장군이 있는 곳인 경우에야! 이는 고

---

161 국인(國人)으로 표현되는 것인데, 그 나라의 모든 사람을 말하는 것은 아니고, 나라란 왕의 소유라는 관점에서 본다면 국왕의 친족을 의미하는 것이고 이 경우에는 미(芈)씨 집안사람들인 것이다.

162 호삼성은 郝의 음은 석(釋)이라고 하고, 사마강은 '가각(呵各)의 절(切)'이라고 하여 '각'으로 읽도록 하였으므로 음에 대한 통일된 것이 없어서 사전대로 '학'으로 하였다.

163 통감필법에 의하면 '진의 태자'로 이해해야 하지만 이 단락에서 연 태자에 관한 일을 쓴 것이므로 연 태자로 보아야 하고, 다음에 나오는 것도 모두 같다.

164 진의 장군이다.

기를 굶은 호랑이가 가는 길에 던지는 것을 말합니다. 바라건대 태자께서 빨리 번 장군을 보내 흉노로 들어가게 하십시오."

태자가 말하였다.

"번 장군은 천하에서 아주 어려운 처지가 되어 나 희단에게 몸을 귀의하였으니, 이는 진실로 나 희단이 목숨을 다 할 시기이고, 바라건대 다시 이를 생각해보시오."

국무가 말하였다.

"무릇 위험한 일을 행하는 것은 안전을 구하려는 것인데, 화를 만들면서 복이라 생각하고, 계획은 낮으면서 원망은 깊게 하며 하나의 뒤에 사귄 사람과 연결하려고 국가의 커다란 해로움을 생각하지 않으니 이른바 원망을 북돋아서 화를 만나도록 돕는 것입니다."

태자는 듣지 아니하였다.

태자가 위인(衛人) 형가(荊軻)가 똑똑하다는 말을 듣고 겸손한 말과 많은 예물을 보내면서 그에게 만나보게 해달라고 청하였다. 형가에게 말하였다.

"이제 진은 이미 한왕을 포로로 하고, 또 군사를 들어서 남쪽으로 가서 초를 치고, 북쪽으로 가서 조에 다가갔는데, 조가 진을 지탱하지 못하면 화는 반드시 우리 연에 닥칠 것입니다. 우리 연은 작고 약하여 자주 군사에게 곤고하게 되었는데, 어찌 진을 충분히 당해내겠습니까? 제후들은 진에 복종하여 감히 합종을 하지 못합니다.

저 희단(姬丹)의 사사로운 계책은 어리석지만 진실로 천하에서도 뛰어나고 용감한 무사를 얻어서 진에 사자로 보내어 진왕을 위협하여 그로 하여금 침략한 땅을 제후들에게 돌려주게 하고자 하니, 만약 조말(曹沫)이 제 환공에게 벌인 일[166] 같은 경우라면 아주 좋을 것이지만[167] 안 된다면 이를 이용하여 그를 찔러 죽이는 것입니다.

저들의 대장(大將)은 밖에서 군사를 오로지 하고, 안에서는 혼란이 있게 된다면 군신이 서로 의심하게 되고, 그 사이에 제후들이 합종할 수 있게 된다면 진을 깨뜨리는 것은 분명합니다. 다만 형경(荊卿)께서 유의(留意)하십시오."

형가가 이를 허락하였다. 이에 형가를 상사(上舍)[167]에 머물게 하고 태자는 매일 그 문하를 방문하였는데, 형가를 봉양하기 위하여 갖다 주지 않는 것이 없었다.

왕전(王翦)이 조를 멸망시키게 되자, 태자가 이 소식을 듣고 두려워하여 형가를 파견하여 가게 하려 하였다. 형가가 말하였다.

"이제 간다 하여도 믿지 않는다면 진은 아직 친할 수 없을 것입니다. 진실로 번 장군의 머리와 연의 독항(督亢, 涿州郡 新城縣)의 지도를 얻어서 진왕에게 바친다면 진왕은 반드시 기쁘게 신(臣)을 만날 것이고, 신은 이에 보답하겠습니다."

태자가 말하였다.

"번 장군은 곤궁하여 나 희단에게 와서 귀부하였는데, 나 희단은 차마 못하겠소."

형가는 마침내 사사롭게 번어기를 보고서 말하였다.

"진의 장군에 대한 대우는 깊다고 할 수 있으니, 부모와 종족이 모두 살육되었지요! 이제 듣건대 장군의 수급(首級)을 금(金) 1천근과 읍(邑) 1만 가(家)로 산다니 장차 어찌하겠소?"

번어기가 크게 탄식하고 눈물을 흘리며 말하였다.

"계책을 장차 어찌 내놓을 것이오?"

---

165 기원전 681년에 제 환공과 노 장공이 가읍(柯邑)에서 회담하는 도중에 노의 장군 조말이 환공에게 잃은 땅을 협박을 통하여 찾아왔다.

166 어떤 판본에는 □에 칙(則)자가 들어가 있지만, 그 안 된다는 말 뒤에는 칙(則)은 없다.

167 상급의 숙사를 말한다.

형경(荊卿, 荊軻)이 말하였다.

"바라건대 장군의 수급을 얻어서 진왕에게 바치면 진왕은 반드시 기뻐하여 신을 만나볼 것인데, 신은 왼손으로 그 소매를 잡고 오른손으로 그 가슴을 찌른다면 장군의 원수를 보복하고, 연이 모욕을 당한 수치는 없어질 것입니다."

번어기가 말하였다.

"이는 신이 밤낮으로 이를 갈고 마음을 썩인 것이오."

드디어 스스로 목매어 죽었다.

태자가 이 소식을 듣고 달려가서 엎드려 곡하였는데, 그러나 이미 어찌 할 수가 없었고, 드디어 그 수급을 함에 넣었다. 태자는 미리 천하의 예리한 비수(匕首)를 구하고 공인(工人)으로 하여금 이에 독약을 바르게 하여 다른 사람에게 시험을 해보니 피가 실만큼만 나왔는데도 사람이 즉각 죽지 않는 일이 없었다. 마침내 꾸며서 형가를 파견하고 연의 용사인 진무양(秦舞陽)을 부사로 삼아서 사자로 진에 들어가게 하였다.*

부록

원문

資治通鑑序 御製

朕惟君子多識前言往行以畜其德, 故能剛健篤實, 輝光日新. 《書》亦曰, "王, 人求多聞, 時惟建事." 《詩》·《書》·《春秋》, 皆所以明乎得失之迹, 存王道之正, 垂鑑戒於後世者也.

漢司馬遷紬石室金匱之書, 據《左氏》·《國語》, 推《世本》·《戰國策》·《楚漢春秋》, 采經摭傳, 罔羅天下放失舊聞, 考之行事, 馳騁上下數千載間, 首記軒轅, 至于麟止, 作爲紀·表·世家·書·傳, 後之述者不能易此體也. 惟其是非不謬於聖人, 褒貶出於至當, 則良史之才矣.

若稽古英考, 留神載籍, 萬機之下, 未嘗廢卷. 嘗命龍圖閣直學士司馬光論次歷代君臣事迹, 俾就祕閣繙閱, 給吏史筆札, 起周威烈王, 訖于五代. 光之志以爲周積衰, 王室微, 禮樂征伐自諸侯出, 平王東遷, 齊·楚·秦·晉始大, 桓·文更霸, 猶託尊王爲辭以服天下, 威烈王自陪臣命韓·趙·魏爲諸侯, 周雖未滅, 王制盡矣! 此亦古人述作造端立意之所繇也. 其所載明君·良臣, 切摩治道, 議論之精語, 德刑之善制, 天人相與之際, 休咎庶證之原, 威福盛衰之本, 規模利害之效, 良將之方略, 循吏之條敎, 斷之以邪正, 要之於治忽, 辭令淵厚之體, 箴諫深切之義, 良謂備焉. 凡十六代, 勒成二百九十六卷*, 列于戶牖之間而盡古今之統, 博而得其要, 簡而周于事, 是亦典刑之總會, 冊牘之淵林矣.

荀卿有言,“欲觀聖人之迹, 則於其粲然者矣, 後王是也.” 若夫漢之文·宣, 唐之太宗, 孔子所謂 “吾無間焉”者. 自餘治世盛王, 有慘怛之愛, 有忠利之敎, 或知人善任, 恭儉勤畏, 亦各得聖賢之一體, 孟軻所謂“吾於《武成》取二三策而已.” 至于荒墜顚危, 可見前車之失, 亂賊姦宄, 厥有履霜之漸.《詩》云,“商鑑不遠, 在夏后之世.” 故賜其書名曰“《資治通鑑》”, 以著朕之志焉耳. [1]

治平四年十月, 初開經筵, 奉聖旨讀《資治通鑑》. 其月九日, 臣光初進讀, 面賜御製序, 令候書成日寫入.

* 四로 된 판본이 있으며 四가 정확한 것이다.

司馬光 進書表

臣光言 先奉敕編集歷代君臣事迹, 又奉聖旨賜名《資治通鑑》, 今已了畢者.

伏念臣性識愚魯, 學術荒疏, 凡百事爲, 皆出人下. 獨於前史, 粗嘗盡心, 自幼至老, 嗜之不厭. 每患遷·固以來, 文字繁多, 自布衣之士, 讀之不徧, 況於人主, 日有萬機, 何暇周覽! 臣常不自揆, 欲刪削冗長, 舉撮機要, 專取關國家盛衰, 繫生民休戚, 善可爲法, 惡可爲戒者, 爲編年一書, 使先後有倫, 精粗不雜, 私家力薄, 無由可成.

伏遇英宗皇帝, 資睿智之性, 敷文明之治, 思歷覽古事, 用恢張大猷, 爰詔下臣, 俾之編集. 臣夙昔所願, 一朝獲伸, 踴躍奉承, 惟懼不稱. 先帝仍命自選辟官屬, 於崇文院置局, 許借龍圖·天章閣·三館·祕閣書籍, 賜以御府筆墨繒帛及御前錢以供果餌, 以內臣爲承受, 眷遇之榮, 近臣莫及. 不幸書未進御, 先帝違棄羣臣. 陛下紹膺大統, 欽承先志, 寵以冠序, 錫之嘉名, 每開經筵, 常令進讀. 臣雖頑愚, 荷兩朝知待如此其厚, 隕身喪元, 未足報塞, 苟智力所及, 豈敢有遺! 會差知永興軍, 以衰疾不任治劇, 乞就冗官. 陛下俯從所欲, 曲賜容養, 差判西京留司御史臺及提舉嵩山崇福宮, 前後六任, 仍聽以書局自隨, 給之祿秩, 不責職業. 臣既無他事, 得以研精極慮, 窮竭所有, 日力不足, 繼之以夜. 偏閱舊史, 旁采小說, 簡牘盈積, 浩如煙海, 抉擿幽隱, 校計豪釐. 上起戰國, 下終五代, 凡一千三百六十二年, 修成二百九十四卷. 又略舉事目, 年經國緯, 以備檢尋, 爲《目錄》三十卷. 又參考羣書, 評其同異, 俾歸一塗, 爲《考異》三十卷. 合三百五十四卷. 自治平開局, 迨今始成, 歲月淹久, 其間牴牾, 不敢自保, 罪負之重, 固無所逃. 臣光誠惶誠懼, 頓首頓首.

重念臣違離闕庭, 十有五年, 雖身處于外, 區區之心, 朝夕寤寐, 何嘗不在陛下之左右！顧以駑蹇, 無施而可, 是以專事鉛槧, 用酬大恩, 庶竭涓塵, 少裨海嶽. 臣今骸骨癯瘁, 目視昏近, 齒牙無幾, 神識衰耗, 目前所爲, 旋踵遺忘. 臣之精力, 盡於此書. 伏望陛下寬其妄作之誅, 察其願忠之意, 以清閒之宴, 時賜有覽, 監前世之興衰, 考當今之得失, 嘉善矜惡, 取得捨非, 足以懋稽古之盛德, 躋無前之至治. 俾四海羣生, 咸蒙其福, 則臣雖委骨九泉, 志願永畢矣！

謹奉表陳進以聞. 臣光誠惶誠懼, 頓首頓首, 謹言.

端明殿學士 兼翰林侍讀學士 太中大夫 提舉西京嵩山崇福宮上柱國 河內郡開國公 食邑二千六百戶 食實封一千戶 臣 司馬光上表

元豐七年十一月進呈

檢閱文字承事郎臣 司馬康

同修奉議郎臣 范祖禹

同修祕書丞臣 劉 恕

同修尚書屯田員外郎充集賢校理臣 劉 攽

編集端明殿學士兼翰林侍讀學士太中大夫臣 司馬光

資治通鑑 卷001

【周紀一】
起著雍攝提格(戊寅)盡玄黓困敦 凡三十五年

• 威烈王 23年(戊寅, 紀元前 403年)

1 初命晉大夫魏斯·趙籍·韓虔爲諸侯.

❖ 臣光曰

臣聞天子之職莫大於禮 禮莫大於分 分莫大於名. 何謂禮? 紀綱是也. 何謂分? 君臣是也. 何謂名? 公·侯·卿·大夫是也.

夫以四海之廣 兆民之衆 受制於一人 雖有絶倫之力高世之智 莫不奔走而服役者 豈非以禮爲之紀綱哉! 是故天子統三公 三公率諸侯 諸侯制卿大夫 卿大夫治士庶人. 貴以臨賤 賤以承貴. 上之使下猶心腹之運手足根本之制支葉 下之事上猶手足之衛心腹 支葉之庇本根然後能上下相保而國家治安. 故曰天子之職莫大於禮也.

文王序易 以乾·坤爲首. 孔子繫之曰“天尊地卑 乾坤定矣. 卑高以陳 貴賤位矣.”言君臣之位猶天地之不可易也. 春秋抑諸侯 尊王室 王人雖微 序於諸侯之上 以是見聖人於君臣之際 未嘗不惓惓也. 非有桀·紂之暴 湯·武之仁 人歸之 天命之 君臣之分當守節伏死而已矣. 是故以微子而代紂則成湯配天矣. 以季札而君吳則太伯血食矣 然二子寧亡國而不爲者 誠以禮之大節不可亂也. 故曰禮莫大於分也.

夫禮 辨貴賤 序親疏 裁羣物 制庶事 非名不著 非器不形; 名以命之 器以別之 然後上下粲然有倫 此禮之大經也. 名器旣亡 則禮安得獨在哉! 昔仲叔于奚有功於衛 辭邑而請繁纓 孔子以爲不如多與之邑. 惟名與器 不可以假人 君之所司也; 政亡則國家從之. 衛君待孔子而爲政 孔子欲先正名 以爲名不正則民無所措手足. 夫繁纓小物也 而孔子惜之; 正名 細務也 而孔子先之; 誠以名器旣亂則上下無以相保故也. 夫事未有不生於微而成於著 聖人之慮遠 故能謹其微而治之 衆人之識近 故必待其著而後救之; 治其微則用力寡而功多 救其著則竭力而不能及也. 易曰“履霜堅冰至”書曰“一日二日萬幾”謂此類也. 故曰 分莫大於名也.

嗚呼! 幽·厲失德 周道日衰 綱紀散壞 下陵上替 諸侯專征 大夫擅政 禮之大體 什喪七八矣 然文·武之祀 猶緜緜相屬者 蓋以周之子孫尙能守其名分故也. 何以言之? 昔晉文公有大功於王室 請隧於襄王 襄王不許 曰“王章也. 未有代德而有二王 亦叔父之所惡也. 不然 叔父有地而隧 又何請焉!”文公於是懼而不敢違. 是故以

周之地則不大於曹·滕 以周之民則不衆於邾·莒 然歷數百年 宗主天下 雖以晉·楚·齊·秦之强不敢加者 何哉? 徒以名分尙存故也. 至於季氏之於魯 田常之於齊 白公之於楚 智伯之於晉 其勢皆足以逐君而自爲 然而卒不敢者 豈其力不足而心不忍哉 乃畏奸名犯分而天下共誅之也. 今晉大夫暴蔑其君 剖分晉國 天子既不能討 又寵秩之 使列於諸侯 是區區之名分復不能守而并棄之也. 先王之禮於斯盡矣!

或者以爲當是之時 周室微弱 三晉强盛 雖欲勿許 其可得乎! 是大不然. 夫三晉雖强 苟不顧天下之誅而犯義侵禮 則不請於天子而自立矣. 不請於天子而自立則爲悖逆之臣 天下苟有桓·文之君 必奉禮義而征之. 今請於天子而天子許之 是受天子之命而爲諸侯也 誰得而討之! 故三晉之列於諸侯 非三晉之壞禮 乃天子自壞之也.

烏呼! 君臣之禮既壞矣 則天下以智力相雄長 遂使聖賢之後爲諸侯者 社稷無不泯絶 生民之類糜滅幾盡 豈不哀哉!

2 初 智宣子將以瑤爲後 智果曰: "不如宵也. 瑤之賢於人者五 其不逮者 一也. 美鬢長大則賢 射御足力則賢 伎藝畢給則賢 巧文辯惠則賢 强毅果敢則賢 如是而甚不仁. 夫以其五賢陵人而以不仁行之 其誰能待之? 若果立瑤也 智宗必滅." 弗聽. 智果別族於太史 爲輔氏.

趙簡子之子 長曰伯魯 幼曰無恤. 將置後 不知所立 乃書訓戒之辭於二簡 以授二子曰: "謹識之!" 三年而問之 伯魯不能擧其辭; 求其簡 已失之矣. 問無恤 誦其辭甚習; 求其簡 出諸袖中而

奏之. 於是簡子以無恤爲賢 立以爲後.

簡子使尹鐸爲晉陽 請曰“以爲繭絲乎? 抑爲保障乎?”簡子曰“保障哉!” 尹鐸損其戶數. 簡子謂無恤曰;“晉國有難而無以尹鐸爲少 無以晉陽爲遠 必以爲歸.”

及智宣子卒 智襄子爲政 與韓康子·魏桓子宴於藍臺. 智伯戲康子而侮段規. 智國聞之 諫曰;“主不備難 難必至矣!”智伯曰“難將由我. 我不爲難 誰敢興之!”對曰;“不然. 夏書有之“一人三失 怨豈在明 不見是圖.”夫君子能勤小物 故無大患. 今主一宴而恥人之君相 又弗備 曰“不敢興難”無乃不可乎! 蚋蟻·蜂·蠆 皆能害人 况君相乎!”弗聽.

智伯請地於韓康子 康子欲弗與. 段規曰;“智伯好利而愎 不與將伐我 不如與之. 彼狃於得地 必請於他人; 他人不與 必嚮之以兵 然後我得免於患而待事之變矣.”康子曰;“善.”使使者致萬家之邑於智伯. 智伯悅. 又求地於魏桓子 桓子欲弗與. 任章曰;“何故弗與?”桓子曰;“無故索地 故弗與.”任章曰;“無故索地 諸大夫必懼; 吾與之地 智伯必驕. 彼驕而輕敵 此懼而相親; 以相親之兵待輕敵之人 智氏之命必不長矣. 周書曰;“將欲敗之 必姑輔之. 將欲取之 必姑與之.”主不如與之 以驕智伯 然後可以擇交而圖智氏矣 奈何獨以吾爲智氏質乎!”桓子曰;“善.”復與之萬家之邑一.

智伯又求蔡·皐狼之地於趙襄子 襄子弗與. 智伯怒 帥韓·魏之甲 以攻趙氏. 襄子將出 曰;“吾何走乎?”從者曰;“長子近 且城厚完.”襄子曰;“民罷力以完之 又斃死以守之 其誰與我!”從者曰;“邯鄲之倉庫實.”襄子曰;“浚民之膏澤以實之 又因而殺之 其誰與我! 其晉陽乎 先主之所屬也 尹鐸之所寬也 民必和矣.”乃走晉陽.

三家以國人圍而灌之 城不浸者三版; 沈竈産鼃 民無叛意. 智伯行水 魏桓子御 韓康子驂乘. 智伯曰; "吾乃今知水可以亡人國也." 桓子肘康子 康子履桓子之跗 以汾水可以灌安邑 絳水可以灌平陽也. 絺疵謂智伯曰; "韓·魏必反矣." 智伯曰; "子何以知之?" 絺疵曰; "以人事知之. 夫從韓·魏之兵以攻趙 趙亡 難必及韓·魏矣. 今約勝趙而三分其地 城不没者三版 人馬相食 城降有日 而二子無喜志 有憂色 是非反而何?" 明日 智伯以絺疵之言告二子 二子曰; "此夫讒人欲爲趙氏游說 使主疑於二家而懈於攻趙氏也. 不然 夫二家豈不利朝夕分趙氏之田 而欲爲危難不可成之事乎!" 二子出 絺疵入曰; "主何以臣之言告二子也?" 智伯曰; "子何以知之?" 對曰; "臣見其視臣端而趨疾 知臣得其情故也." 智伯不悛. 絺疵請使於齊.

趙襄子使張孟談潛出見二子 曰; "臣聞脣亡則齒寒. 今智伯帥韓·魏以攻趙 趙亡則韓·魏爲之次矣." 二子曰; "我心知其然也. 恐事未遂而謀泄 則禍立至矣." 張孟談曰; "謀出二主之口 入臣之耳 何傷也!" 二子乃潛與張孟談約 爲之期日而遣之. 襄子夜使人殺守隄之吏 而決水灌智伯軍. 智伯軍救水而亂 韓·魏翼而擊之 襄子將卒犯其前 大敗智伯之衆 遂殺智伯 盡滅智氏之族. 唯輔果在.

❖ 臣光曰

智伯之亡也 才勝德也. 夫才與德異 而世俗莫之能辨 通謂之賢 此其所以失人也. 夫聰察强毅之謂才 正直中和之謂德. 才者德之資也 德者才之帥也. 雲夢之竹 天下之勁也 然而不矯揉 不羽括 則不能以入堅. 棠谿之金

天下之利也 然而不鎔範 不砥礪 則不能以擊强. 是故才德全盡謂之“聖人”才德兼亡謂之“愚人”德勝才謂之“君子”才勝德謂之“小人”. 凡取人之術 苟不得聖人·君子而與之 與其得小人 不若得愚人. 何則? 君子挾才以爲善 小人挾才以爲惡. 挾才以爲善者 善無不至矣 挾才以爲惡者 惡亦無不至矣. 愚者雖欲爲不善 智不能周 力不能勝 譬如乳狗搏人 人得而制之. 小人智足以遂其姦 勇足以決其暴 是虎而翼者也 其爲害豈不多哉! 夫德者人之所嚴 而才者人之所愛 愛者易親 嚴者易疏 是以察者多蔽於才而遺於德. 自古昔以來 國之亂臣 家之敗子 才有餘而德不足 以至於顚覆者多矣 豈特智伯哉! 故爲國爲家者 苟能審於才德之分 而知所先後 又何失人之足患哉!

3 三家分智氏之田. 趙襄子漆智伯之頭 以爲飮器. 智伯之臣豫讓欲爲之報仇 乃詐爲刑人 挾匕首 入襄子宮中塗厠. 襄子如厠心動 索之 獲豫讓. 左右欲殺之 襄子曰“智伯死無後 而此人欲爲報仇 眞義士也. 吾謹避之耳.” 乃舍之. 豫讓又漆身爲癩 呑炭爲啞. 行乞於市 其妻不識也. 行見其友 其友識之 爲之泣曰“以子之才 臣事趙孟 必得近幸. 子乃爲所欲爲 顧不易邪? 何乃自苦如此? 求以報仇 不亦難乎!” 豫讓曰“旣已委質爲臣 而又求殺之 是二心也. 凡吾所爲者 極難耳. 然所以爲此者 將以愧天下後世之爲人臣懷二心者也.” 襄子出豫讓伏於橋下. 襄子至橋 馬驚; 索之 得豫讓 遂殺之.

襄子爲伯魯之不立也 有子五人不肯置後. 封伯魯之子於代曰代成君 早卒; 立其子浣爲趙氏後. 襄子卒 弟桓子逐浣而自立

一年卒. 趙氏之人曰“桓子立非襄主意.”乃共殺其子 復迎浣而立之 是爲獻子. 獻子生籍 是爲烈侯. 魏斯者 魏桓子之孫也 是爲文侯. 韓康子生武子; 武子生虔 是爲景侯.

魏文侯以卜子夏·田子方爲師. 每過段干木之廬必式. 四方賢士多歸之.

文侯與羣臣飮酒 樂 而天雨 命駕將適野. 左右曰“今日飮酒樂 天又雨 君將安之?”文侯曰“吾與虞人期獵 雖樂 豈可無一會期哉!”乃往 身自罷之.

韓借師於魏以伐趙 文侯曰;“寡人與趙兄弟也 不敢聞命.”趙借師於魏以伐韓 文侯應之亦然. 二國皆怒而去. 已而知文侯以講於己也 皆朝於魏. 魏於是始大於三晉 諸侯莫能與之爭.

使樂羊伐中山 克之; 以封其子擊. 文侯問於羣臣曰;“我何如主?”皆曰“仁君.”任座曰“君得中山 不以封君之弟 而以封君之子 何謂仁君!”文侯怒 任座趨出. 次問翟璜 對曰“仁君.”文侯曰;“何以知之?”對曰“臣聞君仁則臣直. 嚮者任座之言直 臣是以知之.”文侯悅 使翟璜召任座而反之 親下堂迎之 以爲上客.

文侯與田子方飮 文侯曰“鐘聲不比乎? 左高.”田子方笑. 文侯曰“何笑.”子方曰“臣聞之 君明樂官 不明樂音. 今君審於音 臣恐其聾於官也.”文侯曰“善.”

子擊出 遭田子方於道 下車伏謁. 子方不爲禮. 子擊怒 謂子方曰“富貴者驕人乎? 貧賤者驕人乎?”子方曰“亦貧賤者驕人耳富貴者安敢驕人! 國君而驕人則失其國 大夫而驕人則失其家. 失其國者未聞有以國待之者也 失其家者未聞有以家待之者也. 夫士貧賤者 言不用 行不合 則納履而去耳 安往而不得貧賤哉!”子擊乃謝之.

文侯謂李克曰“先生嘗有言曰“家貧思良妻; 國亂思良相.”今

所置非成則璜 二子何如?”對曰“卑不謀尊 疏不謀戚. 臣在闕門之外 不敢當命.”文侯曰“先生臨事勿讓!”克曰“君弗察故也. 居視其所親 富視其所與 達視其所擧 窮視其所不爲 貧視其所不取 五者足以定之矣 何待克哉!”文侯曰“先生就舍 吾之相定矣.”李克出見翟璜. 翟璜曰“今者聞君召先生而卜相 果誰爲之?”克曰“魏成.”翟璜忿然作色曰“西河守吳起 臣所進也. 君內以鄴爲憂 臣進西門豹. 君欲伐中山 臣進樂羊. 中山已拔 無使守之 臣進先生. 君之子無傅 臣進屈侯鮒. 以耳目之所睹記 臣何負於魏成!”李克曰“子言克於子之君者 豈將比周以求大官哉! 君問相於克 克之對如是. 所以知君之必相魏成者 魏成食祿千鍾 什九在外 什一在內 是以東得卜子夏·田子方·段干木. 此三人者 君皆師之 子所進五人者 君皆臣之. 子惡得與魏成比也!”翟璜逡巡再拜曰“璜 鄙人也 失對 願卒爲弟子!”

吳起者 衞人 仕於魯. 齊人伐魯 魯人欲以爲將 起取齊女爲妻 魯人疑之 起殺妻以求將 大破齊師. 或譖之魯侯曰“起始事曾參 母死不奔喪 曾參絶之; 今又殺妻以求爲君將. 起 殘忍薄行人也! 且以魯國區區而有勝敵之名 則諸侯圖魯矣.”起恐得罪 聞魏文侯賢 乃往歸之. 文侯問諸李克 李克曰“起貪而好色; 然用兵 司馬穰苴弗能過也.”於是文侯以爲將 擊秦 拔五城.

起之爲將 與士卒最下者同衣食 卧不設席 行不騎乘 親裹贏糧 與士卒分勞苦. 卒有病疽者 起爲吮之. 卒母聞而哭之. 人曰“子 卒也 而將軍自吮其疽 何哭爲?”母曰“非然也. 往年吳公吮其父疽. 其父戰不旋踵 遂死於敵. 吳公今又吮其子 妾不知其死所矣. 是以哭之.”

4 燕湣公薨 子僖公立.

• 威烈王 24年(己卯, 紀元前 402年)

1 王崩 子安王驕立.

2 盜殺楚聲王 國人立其子悼.

• 安王 元年(庚辰, 紀元前 401年)

1 秦伐魏 至陽孤.

• 安王 2年(辛巳, 紀元前 400年)

1 魏·韓·趙伐 楚至桑丘.

2 鄭圍韓陽翟.

3 韓景侯薨 子烈侯取立.

4 趙烈侯薨 國人立其弟武侯.

5 秦簡公薨 子惠公立.

• 安王 3年(壬午, 紀元前 399年)

1 王子定奔晉.

2 虢山崩 壅河.

• 安王 4年(癸未, 紀元前 398年)

1 楚圍鄭. 鄭人殺其相駟子陽.

• 安王 5年(甲申, 紀元前 397年)

1 日有食之.

2 三月 盜殺韓相俠累. 俠累與濮陽嚴仲子有惡. 仲子聞軹人聶政之勇 以黃金百溢爲政母壽 欲因以報仇. 政不受 曰; "老母在 政身未敢以許人也." 及母卒 仲子乃使政刺俠累. 俠累方坐府上 兵衞甚衆 聶政直入上階 刺殺俠累 因自皮面決〈抉〉眼 自屠出腸. 韓人暴其尸於市 購問 莫能識. 其姊嫈聞而往 哭之曰 "是軹深井里聶政也! 以妾尙在之故 重自刑以絕從. 妾奈何畏歿身之誅 終滅賢弟之名!" 遂死於政尸之旁.

• 安王 6年(乙酉, 紀元前 396年)

1 鄭駟子陽之黨弒繻公 而立其弟乙 是爲康公.

2 宋悼公薨 子休公田立.

• 安王 8年(丁亥, 紀元前 394年)

1 齊伐魯 取最.

2 鄭負黍叛 復歸韓.

• 安王 9年(戊子, 紀元前 393年)

1 魏伐鄭.

2 晉烈公薨 子孝公傾立.

• 安王 11年(庚寅, 紀元前 391年)

1 秦伐韓宜陽 取六邑.

2 初 田常生襄子盤 盤生莊子白 白生太公和. 是歲 齊田和遷齊康公於海上 使食一城 以奉其先祀.

• 安王 12年(辛卯, 紀元前 390年)

1 秦·晉戰於武城.

2 齊伐魏 取襄陽.

3 魯敗齊師於平陸.

· 安王 13年(壬辰, 紀元前 389年)

1 秦侵晉

2 齊田和會魏文侯·楚人·衞人於濁澤 求爲諸侯. 魏文侯爲之請於王及諸侯 王許之.

· 安王 15年(甲午, 紀元前 387年)

1 秦伐蜀 取南鄭.

2 魏文侯薨. 太子擊立. 是爲武侯.

武侯浮西河而下 中流顧謂吳起曰; "美哉! 山河之固 此魏國之寶也." 對曰; "在德不在險. 昔三苗氏 左洞庭 右彭蠡 德義不修 禹滅之. 夏桀之居 左河濟 右泰華 伊闕在其南 羊腸在其北 修政不仁 湯放之. 商紂之國 左孟門 右太行 常山在其北 大河經其南 修政不德 武王殺之. 由此觀之 在德不在險. 若君不修德 舟中之人 皆敵國也." 武侯曰; "善."

魏置相 相田文. 吳起不悅 謂田文曰; "請與子論功可乎?" 田文曰; "可." 起曰; "將三軍 使士卒樂死 敵國不敢謀 子孰與起?" 文曰; "不如子." 起曰; "治百官 親萬民 實府庫 子孰與起?" 文曰; "不如子." 起曰; "守西河 秦兵不敢東鄕 韓·趙賓從 子孰與起?" 文曰; "不如子." 起曰; "此三者子皆出吾下 而位居吾上 何也?" 文曰; "主少國疑 大臣未附 百姓不信 方是之時 屬之子乎 屬之我乎?" 起默然良久曰; "屬之子矣."

久之 魏相公叔尙主而害吳起. 公叔之僕曰; "起易去也. 起爲人剛勁自喜. 子先言於君曰; "吳起賢人也. 而君之國小 臣恐起之無留心也. 君盍試延以女 起無留心 則必辭矣." 子因與起歸而使公主辱子 起見公主之賤子也 必辭 則子之計中矣." 公叔從之 吳起果辭公主. 魏武侯疑之而未信 起懼誅 遂奔楚.

楚悼王素聞其賢 至則任之爲相. 起明灋審令 捐不急之官 廢公族疏遠者 以撫養戰鬭之士 要在强兵 破遊說之言從橫者. 於是南平百越 北卻三晉 西伐秦 諸侯皆患楚之强 而楚之貴戚大臣多怨吳起者.

3 秦惠公薨 子出公立.

4 趙武侯薨 國人復立烈侯之太子章 是爲敬侯.

5 韓烈侯薨 子文侯立.

• 安王 16年(乙未, 紀元前 386年)

1 初命齊大夫田和爲諸侯.

2 趙公子朝作亂 奔魏; 與魏襲邯鄲 不克.

• 安王 17年(丙申, 紀元前 385年)

1 秦庶長改逆獻公于河西而立之; 殺出子及其母 沈之淵旁.

2 齊伐魯.

3 韓伐鄭 取陽城; 伐宋 執宋公.

4 齊太公薨 子桓公午立.

• 安王 19年(戊戌, 紀元前 383年)

1 魏敗趙師于兔臺.

• 安王 20年(己亥, 紀元前 382年)

1 日有食之 既.

• 安王 21年(庚子, 紀元前 381年)

1 楚悼王薨. 貴戚大臣作亂 攻吳起; 起走之王尸而伏之. 擊起之徒因射刺起 並中王尸. 旣葬 肅王卽位 使令尹盡誅爲亂者; 坐起夷宗者 七十餘家.

• 安王 22年(辛丑, 紀元前 380年)

1 齊伐燕 取桑丘. 魏·韓·趙伐齊 至桑丘.

• 安王 23年(壬寅, 紀元前 379年)

1 趙襲衞 不克.

2 齊康公薨 無子 田氏遂并齊而有之.
是歲 齊桓公亦薨 子威王因齊立.

• 安王 24年(癸卯, 紀元前 378年)

1 狄敗魏師於澮.

2 魏·韓·趙伐齊 至靈丘.

3 晉孝公薨 子靖公俱酒立.

• 安王 25年(甲辰, 紀元前 377年)

1 蜀伐楚 取茲方.

2 子思言苟變於衛侯曰“其才可將五百乘.”公曰“吾知其可將然變也嘗爲吏 賦於民而食人二雞子 故弗用也.”子思 曰“夫聖人之官人 猶匠之用木也 取其所長 棄其所短; 故杞梓連抱而有數尺之朽 良工不棄. 今君處戰國之世 選爪牙之士 而以二卵棄干城之將 此不可使聞於鄰國也.”公再拜曰“謹受敎矣.”

衛侯言計非是 而羣臣和者如出一口. 子思曰“以吾觀衛 所謂“君不君 臣不臣”者也!”公丘懿子曰“何乃若是?”子思曰“人主自臧 則衆謀不進. 事是而臧之 猶卻衆謀 况和非以長惡乎! 夫不察事之是非而悅人讚已 闇莫甚焉; 不度理之所在 而阿諛求容諂莫甚焉. 君闇臣諂 以居百姓之上 民不與也. 若此不已 國無類矣!”

子思言於衛侯曰“君之國事將日非矣!”公曰“何故?”對曰“有由然焉. 君出言自以爲是 而卿大夫莫敢矯其非; 卿大夫出言亦自以爲是 而士庶人莫敢矯其非. 君臣既自賢矣 而羣下同聲賢之 賢之則順而有福 矯之則逆而有禍 如此則善安從生! 詩曰“具曰予聖 誰知烏之雌雄?”抑亦似君之君臣乎!”

3 魯穆公薨 子共公奮立.

4 韓文侯薨 子哀侯立.

• 安王 26年(乙巳, 紀元前 376年)

1 王崩 子烈王喜立.

2 魏·韓·趙共廢晉靖公爲家人而分其地

• 烈王 元年(丙午, 紀元前 375年)

1 日有食之.

2 韓滅鄭 因徙都之.

3 趙敬侯 薨子成侯種立.

• 烈王 3年(戊申, 紀元前 373年)

1 燕敗齊師於林狐.
魯伐齊 入陽關.
魏伐齊 至博陵.

2 燕僖公薨 子桓公立.

3 宋休公薨 子辟公立.

4 衞愼公薨 子聲公訓立.

• 烈王 4年(己酉, 紀元前 372年)

1 趙伐衞 取都鄙七十三.

2 魏敗趙師於北藺.

• 烈王 5年(庚戌, 紀元前 371年)

1 魏伐楚 取魯陽.

2 韓嚴遂弒哀侯 國人立其子懿侯. 初 哀侯以韓廆爲相而愛嚴遂 二人甚相害也. 嚴遂令人刺韓廆於朝 廆走哀侯 哀侯抱之; 人刺韓廆兼及哀侯.

3 魏武侯薨 不立太子 子罃與公中緩爭立 國內亂.

• 烈王 6年(辛亥, 紀元前 370年)

1 齊威王來朝. 是時周室微弱 諸侯莫朝 而齊獨朝之 天下以

此益賢威王.

2 趙伐齊 至鄄.

3 魏敗趙師於懷.

4 齊威王召卽墨大夫 語之曰“自子之居卽墨也 毀言日至. 然吾使人視卽墨 田野辟 人民給 官無事 東方以寧; 是子不事吾左右以求助也!” 封之萬家. 召阿大夫 語之曰“自子守阿 譽言日至. 吾使人視阿 田野不辟 人民貧餒. 昔日趙攻鄄 子不救; 衞取薛陵子不知; 是子厚幣事吾左右以求譽也!” 是日烹阿大夫及左右嘗譽者. 於是羣臣聳懼 莫敢飾詐 務盡其情 齊國大治 强於天下.

5 楚肅王薨 無子 立其弟良夫 是爲宣王.

6 宋辟公薨 子剔成立.

• 烈王 7年(壬子, 紀元前 369年)

1 日有食之.

2 王崩 弟扁立 是爲顯王.

3 魏大夫王錯出奔韓. 公孫頎謂韓懿侯曰“魏亂 可取也.” 懿侯乃與趙成侯合兵伐魏 戰于濁澤 大破之 遂圍魏. 成侯曰“殺罃

立 公中緩 割地而退 我二國之利也." 懿侯曰"不可. 殺魏君 暴也 割地而退 貪也. 不如兩分之. 魏分爲兩 不强於宋·衛 則我終無魏患矣." 趙人不聽. 懿侯不悅 以其兵夜去. 趙成侯亦去. 罃遂殺公中緩而立 是爲惠王.

❖ 太史公曰

魏惠王所以身不死·國不分者 二國之謀不和也. 若從一家之謀 魏必分矣. 故曰"君終 無適子 其國可破也."

*

資治通鑑 卷002

【周紀二】

起昭陽赤奮若(癸丑) 盡上章困敦(庚子) 凡四十八年.

• 顯王 元年(癸丑, 紀元前 368年)

1 齊伐魏 取觀津.

2 趙侵齊 取長城.

• 顯王 3年(乙卯, 紀元前 366年)

1 魏·韓會於宅陽.

2 秦敗魏師·韓師于洛陽.

• 顯王 4年(丙辰, 紀元前 365年)

1 魏伐宋.

• 顯王 5年(丁巳, 紀元前 364年)

1 秦獻公敗三晉之師于石門 斬首六萬. 王賜以黼黻之服.

• 顯王 7年(己未, 紀元前 362年)

1 魏敗韓師·趙師于澮.

2 秦·魏戰于少梁 魏師敗績; 獲魏公孫痤.

3 衛聲公薨 子成侯速立.

4 燕桓公薨 子文公立.

5 秦獻公薨 子孝公立. 孝公生二十一年矣. 是時河·山以東强國六 淮泗之間小國十餘 楚·魏與秦接界. 魏築長城 自鄭濱洛以北有上郡; 楚自漢中 南有巴·黔中 皆以夷翟遇秦 擯斥之 不得與中國之會盟. 於是孝公發憤 布德修政 欲以强秦.

• 顯王 8年(庚申, 紀元前 361年)

1 孝公下令國中曰“昔我穆公 自岐·雍之間修德行武 東平晉亂 以河爲界 西霸戎翟 廣地千里 天子致伯 諸侯畢賀 爲後世開業甚光美. 會往者厲·躁簡公·出子之不寧 國家內憂 未遑外事. 三晉攻奪我先君河西地 醜莫大焉. 獻公卽位 鎭撫邊境 徙治櫟陽 且欲東伐 復穆公之故地 修穆公之政令. 寡人思念先君之意常痛於心. 賓客羣臣有能出奇計强秦者 吾且尊官 與之分土.”於是 衛公孫鞅聞是令下 乃西入秦.

公孫鞅者 衛之庶孫也 好刑名之學. 事魏相公叔痤 痤知其賢 未及進. 會病 魏惠王往問之曰“公叔病如有不可諱 將奈社稷何?”公叔曰“痤之中庶子衛鞅 年雖少 有奇才 願君擧國而聽之!”王嘿然. 公叔曰“君卽不聽用鞅 必殺之 無令出境!”王許諾而去. 公叔召鞅謝曰“吾先君而後臣 故先爲君謀 後以告子. 子必速行矣!”鞅曰“君不能用子之言任臣 又安能用子之言殺臣乎!”卒不去. 王出 謂左右曰“公叔病甚悲乎! 欲令寡人以國聽衛鞅也! 旣又勸寡人殺之 豈不悖哉!”衛鞅旣至秦 因嬖臣景監以求見孝公 說以富國强兵之術; 公大悅 與議國事.

• 顯王 10年(壬戌, 紀元前 359年)

1 衛鞅欲變法 秦人不悅. 衛鞅言於秦孝公曰“夫民不可與慮始 而可與樂成. 論至德者不和於俗 成大功者不謀於衆. 是以聖人苟可以强國 不法其故.”甘龍曰“不然 緣法而治者 吏習而民安之.”衛鞅曰“常人安於故俗 學者溺於所聞 以此兩者 居官守法可也 非所與論於法之外也. 智者作法 愚者制焉; 賢者更禮 不肖者拘焉.”公曰“善.”以衛鞅爲左庶長 卒定變法之令. 令民爲

什伍而相收司·連坐 告姦者與斬敵首同賞 不告姦者與降敵同罰. 有軍功者 各以率受上爵; 爲私鬪者各以輕重被刑大小. 僇力本業 耕織致粟帛多者 復其身; 事末利及怠而貧者 擧以爲收孥. 宗室非有軍功論 不得爲屬籍. 明尊卑爵秩等級 各以差次 名田宅·臣妾·衣服. 有功者顯榮 無功者 雖富無所芬華.

令旣具未布 恐民之不信 乃立三丈之木於國都市南門 募民有能徙置北門者予十金. 民怪之 莫敢徙. 復曰"能徙者 予五十金!" 有一人徙之 輒予五十金. 乃下令.

令行朞年 秦民之國都 言新令之不便者以千數. 於是太子犯法. 衞鞅曰"法之不行 自上犯之. 太子 君嗣也 不可施刑." 刑其傅公子虔 黥其師公孫賈. 明日 秦人皆趨令. 行之十年 秦國道不拾遺 山無盜賊 民勇於公戰 怯於私鬪 鄕邑大治. 秦民初言令不便者 有來言令便. 衞鞅曰"此皆亂法之民也!" 盡遷之於邊. 其後民莫敢議令.

❖臣光曰

夫信者 人君之大寶也. 國保於民 民保於信; 非信無以使民 非民無以守國. 是故古之王者不欺四海 霸者不欺四鄰 善爲國者不欺其民 善爲家者不欺其親. 不善者反之 欺其鄰國 欺其百姓 甚者欺其兄弟 欺其父子. 上不信下 下不信上 上下離心 以至於敗. 所利不能藥其所傷 所獲不能補其所亡 豈不哀哉! 昔齊桓公不背曹沫之盟 晉文公不貪伐原之利 魏文侯不棄虞人之期 秦孝公不廢徙木之賞. 此四君者 道非粹白 而商君尤稱刻薄 又處戰攻之世 天下趨於詐力 猶且不敢忘信以畜其民 況

爲四海治平之政者哉!

2 韓懿侯薨 子昭侯立.

• 顯王 11年(癸亥, 紀元前 358年)

1 秦敗韓師于西山.

• 顯王 12年(甲子, 紀元前 357年)

1 魏韓會于鄗.

• 顯王 13年(乙丑, 紀元前 356年)

1 燕·趙會于阿.

2 趙·齊·宋會于平陸.

• 顯王 14年(丙寅, 紀元前 355年)

1 齊威王·魏惠王會田于郊. 惠王曰"齊亦有寶乎?" 威王曰"無有." 惠王曰"寡人國雖小 尚有徑寸之珠 照車前後各十二乘

者十枚. 豈以齊大國而無寶乎!" 威王曰 "寡人之所以爲寶者與王異. 吾臣有檀子者 使守南城 則楚人不敢爲寇 泗上十二諸侯皆來朝. 吾臣有盼子者 使守高唐 則趙人不敢東漁于河. 吾吏有黔夫者 使守徐州 則燕人祭北門 趙人祭西門 徙而從者七千餘家. 吾臣有種首者 使備盜賊 則道不拾遺. 此四臣者 將照千里 豈特十二乘哉!" 惠王有慙色.

2 秦孝公·魏惠王會于杜平.

3 魯共公薨 子康公毛立.

• 顯王 15年(丁卯, 紀元前 354年)

1 秦敗魏師于元里 斬首七千級 取少梁.

2 魏惠王伐趙 圍邯鄲, 楚王使景舍救趙.

• 顯王 16年(戊辰, 紀元前 353年)

1 齊威王使田忌救趙.

初 孫臏與龐涓俱學兵法 龐涓仕魏爲將軍 自以能不及孫臏乃召之; 至 則以法斷其兩足而黥之 欲使終身廢棄. 齊使者至魏孫臏以刑徒陰見 說齊使者; 齊使者竊載與之齊. 田忌善而客待之 進於威王. 威王問兵法 遂以爲師. 於是威王謀救趙 以孫臏爲

將; 辭以刑餘之人不可 乃以田忌爲將 而孫子爲師. 居輜車中 坐爲計謀.

田忌欲引兵之趙. 孫子曰"夫解雜亂紛糾者不控拳 救鬪者不搏撠 批亢擣虛 形格勢禁 則自爲解耳. 今梁·趙相攻 輕兵銳卒必竭於外 老弱疲於內; 子不若引兵疾走魏都 據其街路 衝其方虛 彼必釋趙以自救; 是我一擧解趙之圍而收弊於魏也." 田忌從之. 十月 邯鄲降魏. 魏師還 與齊戰于桂陵 魏師大敗.

2 韓伐東周 取陵觀·廩丘.

3 楚昭奚恤爲相. 江乙言於楚王曰"人有愛其狗者 狗嘗溺井 其鄰人見 欲入言之 狗當門而噬之. 今昭奚恤常惡臣之見 亦猶是也. 且人有好揚人之善者 王曰'此君子也.' 近之 好揚人之惡者 王曰'此小人也' 遠之. 然則且有子弑其父·臣弑其主者 而王終已不知也. 何者? 以王好聞人之美而惡聞人之惡也." 王曰"善寡人願兩聞之."

• 顯王 17年(己巳, 紀元前 352年)

1 秦大良造伐魏.

2 諸侯圍魏襄陵.

• 顯王 18年(庚午, 紀元前 351年)

1 秦衛鞅圍魏固陽 降之.

2 魏人歸趙邯鄲. 與趙盟漳水上.

3 韓昭侯以申不害爲相.

申不害者 鄭之賤臣也 學黃·老·刑名 以干昭侯. 昭侯用爲相 內修政教 外應諸侯 十五年 終申子之身 國治兵强.

申子嘗請仕其從兄 昭侯不許 申子有怨色. 昭侯曰 "所爲學於子者 欲以治國也. 今將聽子之謁而廢子之術乎 已其行子之術而廢子之請乎? 子嘗教寡人修功勞 視次第 今有所私求 我將奚聽乎?" 申子乃辟舍請罪曰 "君眞其人也."

昭侯有弊袴 命藏之. 侍者曰 "君亦不仁者矣 不賜左右而藏之!" 昭侯曰 "吾聞明主愛一嚬一笑 嚬有爲嚬 笑有爲笑. 今袴豈特嚬笑哉! 吾必待有功者."

• 顯王 19年(辛未, 紀元前 350年)

1 秦商鞅築冀闕宮庭於咸陽 徙都之. 令民父子·兄弟同室內息者爲禁. 幷諸小鄕聚 集爲一縣 縣置令·丞 凡三十一縣. 廢井田 開阡陌 平斗·桶·權·衡·丈·尺.

2 秦·魏遇于彤.

3 趙成侯薨 公子緤與太子爭立; 緤敗 奔韓.

• 顯王 21年(癸酉, 紀元前 348年)

1 秦商鞅更爲賦稅法 行之.

• 顯王 22年(甲戌, 紀元前 347年)

1 趙公子范襲邯鄲 不勝而死.

• 顯王 23年(乙亥, 紀元前 346年)

1 齊殺其大夫牟.

2 魯康公薨 子景公偃立.

3 衛更貶號曰侯 服屬三晉.

• 顯王 25年(丁丑, 紀元前 344年)

1 諸侯會于京師.

• 顯王 26年(戊寅, 紀元前 343年)

1 王致伯于秦 諸侯皆賀秦. 秦孝公使公子少官帥師會諸侯于逢澤以朝王.

• 顯王 28年(庚辰酉, 紀元前 341年)

1 魏龐涓伐韓. 韓請救于齊. 齊威王召大臣而謀曰“蚤救孰與晚救?” 成侯曰“不如勿救.” 田忌曰“弗救則韓且折而入於魏 不如蚤救之.” 孫臏曰“夫韓·魏之兵未弊而救之 是吾代韓受魏之兵 顧反聽命于韓也. 且魏有破國之志 韓見亡 必東面而愬於齊矣. 吾因深結韓之親 而晚承魏之弊則可受重利而得尊名也.” 王曰“善.” 乃陰許韓使而遣之. 韓因恃齊 五戰不勝 而東委國於齊.

齊因起兵 使田忌·田嬰·田盼將之 孫子爲師 以救韓 直走魏都. 龐涓聞之 去韓而歸. 魏人大發兵 以太子申爲將 以禦齊師 孫子謂田忌曰 彼三晉之兵素悍勇而輕齊 齊號爲怯. 善戰者因其勢而利導之. 兵法‘百里而趨利者蹷上將 五十里而趨利者軍半至.’ 乃使齊軍入魏地爲十萬竈 明日爲五萬竈 又明日爲二萬竈. 龐涓行三日 大喜曰“我固知齊軍怯 入吾地三日 士卒亡者 過半矣!” 乃棄其步軍 與其輕銳倍日幷行逐之. 孫子度其行 暮當至馬陵 馬陵道陝而旁多阻隘 可伏兵 乃斫大樹 白而書之曰“龐涓死此樹下!” 於是令齊師善射者萬弩夾道而伏 期日暮見火擧而俱發. 龐涓果夜到斫木下 見白書 以火燭之 讀未畢 萬弩俱發 魏師大亂相失. 龐涓自知智窮兵敗 乃自剄 曰“遂成豎子之名!” 齊因乘勝大破魏師 虜太子申.

2 成侯鄒忌惡田忌 使人操十金 卜於市 曰“我 田忌之人也.

我爲將三戰三勝 欲行大事 可乎?”卜者出 因使人執之. 田忌不能自明 率其徒攻臨淄 求成侯 不克 出奔楚.

• 顯王 29年(辛巳, 紀元前 340年)

1 衛鞅言於秦孝公曰;“秦之與魏 譬若人有腹心之疾 非魏幷秦 秦卽幷魏. 何者? 魏居嶺阨之西 都安邑 與秦界河 而獨擅山東之利 利則西侵秦 病則東收地. 今以君之賢聖 國賴以盛; 而魏往年大破於齊 諸侯畔之 可因此時伐魏. 魏不支秦 必東徙 然後秦據河·山之固 東鄕以制諸侯 此帝王之業也.”公從之 使衛鞅將兵伐魏. 魏使公子卬將而禦之.

軍旣相距 衛鞅遺公子卬書曰“吾始與公子驩 今俱爲兩國將 不忍相攻 可與公子面相見盟 樂飮而罷兵 以安秦·魏之民.”公子卬以爲然 乃相與會; 盟已 飮 而衛鞅伏甲士 襲虜公子卬 因攻魏師 大破之.

魏惠王恐 使使獻河西之地於秦以和. 因去安邑 徙都大梁. 乃嘆曰“吾恨不用公叔之言!”

秦封衛鞅商於十五邑. 號曰商君.

2 齊趙伐魏.

3 楚宣王薨 子威王商立.

• 顯王 31年(癸未, 紀元前 338年)

1　秦孝公薨 子惠文王立. 公子虔之徒告商君欲反 發吏捕之. 商君亡之魏; 魏人不受 復內之秦. 商君乃與其徒之商於 發兵北擊鄭. 秦人攻商君 殺之 車裂以狥 盡滅其家.

初 商君相秦 用法嚴酷 嘗臨渭論囚 渭水盡赤. 爲相十年 人多怨之. 趙良見商君 商君問曰"子觀我治秦 孰與五羖大夫賢?" 趙良曰"千人之諾諾 不如一士之諤諤. 僕請終日正言而無誅 可乎?" 商君曰"諾." 趙良曰"五羖大夫 荊之鄙人也 穆公擧之 牛口之下 而加之百姓之上 秦國莫敢望焉. 相秦六七年而東伐鄭 三置晉君 一救荊禍. 其爲相也 勞不坐乘 暑不張蓋. 行於國中 不從車乘 不操干戈. 五羖大夫死 秦國男女流涕 童子不歌謠 舂者不相杵. 今君之見也 因嬖人景監以爲主 其從政也 凌轢公族 殘傷百姓. 公子虔杜門不出已八年矣. 君又殺祝懽而黥公孫賈. 詩曰"得人者興 失人者崩." 此數者 非所以得人也. 君之出也 後車載甲 多力而駢脅者爲驂乘 持矛而操闟戟者旁車而趨. 此一物不具 君固不出. 書曰"恃德者昌 恃力者亡." 此數者 非恃德也. 君之危若朝露 而尙貪商於之富 寵秦國之政 畜百姓之怨. 秦王一旦捐賓客而不立朝 秦國之所以收君者豈其微哉!" 商君弗從. 居五月而難作.

• 顯王 32年(甲申, 紀元前 337年)

1　韓申不害卒.

• 顯王 33年(乙酉, 紀元前 336年)

1 宋太丘社亡.

2 鄒人孟軻見魏惠王 王曰“叟 不遠千里而來 亦有以利吾國乎?”孟子曰“君何必曰利 仁義而已矣! 君曰 何以利吾國 大夫曰 何以利吾家 士庶人曰 何以利吾身 上下交征利而國危矣. 未有仁而遺其親者也 未有義而後其君者也.”王曰“善.”

初 孟子師子思 嘗問牧民之道何先. 子思曰“先利之.”孟子曰“君子所以敎民者 亦仁義而已矣 何必利!”子思曰“仁義固所以利之也 上不仁則下不得其所 上不義則下樂爲詐也 此爲不利大矣. 故易曰‘利者義之和也.’又曰‘利用安身 以崇德也.’此皆利之大者也.”

❖ 臣光曰

子思·孟子之言 一也. 夫唯仁者爲知仁義之爲利 不仁者不知也 故孟子對梁王直以仁義而不及利者 所與言之人異故也.

• 顯王 34年(丙戌, 紀元前 335年)

1 秦伐韓 拔宜陽.

• 顯王 35年(丁亥, 紀元前 334年)

1 齊王·魏王會于徐州以相王.

2 韓昭侯作高門 屈宜臼曰"君必不出此門. 何也? 不時. 吾所謂時者 非時日也. 夫人固有利·不利時. 往者君嘗利矣 不作高門. 前年秦拔宜陽 今年旱 君不以此時恤民之急而顧益奢 此所謂時詘擧贏者也. 故曰 不時."

3 越王無彊伐齊. 齊王使人說之以伐齊不如伐楚之利. 越王遂伐楚. 楚人大敗之 乘勝盡取吳故地 東至于浙江. 越以此散 諸公族爭立 或爲王 或爲君 濱于海上 朝服于楚.

• 顯王 36年(戊子未, 紀元前 333年)

1 楚王伐齊 圍徐州.

2 韓高門成. 昭侯薨 子宣惠王立.

3 初 洛陽人蘇秦說秦王 以兼天下之術 秦王不用其言. 蘇秦乃去 說燕文公曰"燕之所以不犯寇被甲兵者 以趙之爲蔽其南也. 且秦之攻燕也 戰於千里之外; 趙之攻燕也 戰於百里之內. 夫不憂百里之患而重千里之外 計無過於此者. 願大王與趙從親天下爲一 則燕國必無患矣."

文公從之 資蘇秦車馬 以說趙肅侯曰"當今之時 山東之建國莫强於趙 秦之所害亦莫如趙. 然而秦不敢擧兵伐趙者 畏韓魏之議其後也. 秦之攻韓·魏也 無有名山大川之限 稍蠶食之 傅國都

而止. 韓·魏不能支秦 必入臣於秦, 秦無韓·魏之規則禍中於趙矣. 臣以天下地圖案之 諸侯之地五倍於秦 料度諸侯之卒十倍於秦. 六國爲一 幷力西鄕而攻秦 秦必破矣. 夫衡人者皆欲割諸侯之地以與秦 秦成則其身富榮 國被秦患而不與其憂 是以衡人日夜務以秦權恐喝諸侯 以求割地. 故願大王熟計之也. 竊爲大王計 莫如一韓·魏·齊·楚·燕·趙爲從親以畔秦 令天下之將相會於洹水之上 通質結盟 約曰, "秦攻一國 五國各出銳師 或撓秦 或救之. 有不如約者 五國共伐之!" 諸侯從親以擯秦 秦甲必不敢出於函谷以害山東矣."

會秦使犀首伐魏 大敗其師四萬餘人 禽將龍賈 取雕陰 且欲東兵. 蘇秦恐秦兵至趙而敗從約 念莫可使用於秦者 乃激怒張儀入之於秦.

張儀者 魏人 與蘇秦俱事鬼谷先生 學縱橫之術 蘇秦自以爲不及也. 儀游諸侯無所遇 困於楚 蘇秦故召而辱之. 儀恐 念諸侯獨秦能苦趙 遂入秦. 蘇秦陰遣其舍人齎金幣資儀 儀得見秦王. 秦王悅之 以爲客卿. 舍人辭去曰, "蘇君憂秦伐趙敗從約 以爲非君莫能得秦柄, 故激怒君 使臣陰奉給君資 盡蘇君之計謀也." 張儀曰 "嗟乎! 此吾在術中而不悟 吾不及蘇君明矣. 爲吾謝蘇君蘇君之時 儀何敢言!"

於是 蘇秦說韓宣惠王曰, "韓地方九百餘里 帶甲數十萬 天下之强弓 勁弩 利劍 皆從韓出. 韓卒超足而射 百發不暇止. 以韓卒之勇 被堅甲 蹠勁弩 帶利劍一人當百 不足言也. 大王事秦 秦必求宜陽成皐, 今玆效之 明年復求割地 與則無地以給之, 不與則棄前功 受後禍. 且大王之地有盡而秦求無已 以有盡之地逆無已之求 此所謂市怨結禍者也 不戰而地已削矣. 鄙諺曰 '寧爲雞口 無爲牛後.' 夫以大王之賢 挾强韓之兵 而有牛後之名 臣竊爲大王羞之!”

韓王從其言.

蘇秦說魏王曰, “大王之地方千里 地名雖小 然而田舍廬廡之數 曾無所芻牧. 人民之衆 車馬之多 日夜行不絶 輷輷殷殷 若有三軍之衆. 臣竊量大王之國不下楚. 今竊聞大王之卒 武士二十萬 蒼頭二十萬 奮擊二十萬 厮徒十萬 車六百乘, 騎五千匹, 乃聽於羣臣之說 而欲臣事秦! 故敝邑趙王使臣效愚計 奉明約 在大王之詔詔之.” 魏王聽之.

蘇秦說齊王曰, “齊四塞之國 地方二千餘里 帶甲數十萬 粟如丘山. 三軍之良 五家之兵 進如鋒矢 戰如雷霆 解如風雨 卽有軍役 未嘗倍泰山 絶淸河 涉渤海者也. 臨淄之中七萬户 臣竊度之不下戶三男子 不待發於遠縣 而臨淄之卒固已二十一萬矣. 臨淄甚富而實 其民無不鬪雞走狗六博闒鞠. 臨淄之塗 車轂擊 人肩摩 連袵成帷 揮汗成雨. 夫韓·魏之所以重畏秦者 爲與秦接境壤也. 兵出而相當 不十日而戰 勝存亡之機決矣. 韓·魏戰而勝秦則兵半折 四境不守, 戰而不勝 則國已危亡隨其後, 是故韓·魏之所以重與秦戰而輕爲之臣也. 今秦之攻齊則不然 倍韓·魏之地過衞陽晉之道 經乎亢父之險 車不得方軌 騎不得比行 百人守險千人不敢過也. 秦雖欲深入則狼顧 恐韓·魏之議其後也 是故恫疑虛喝驕矜而不敢進 則秦之不能害齊亦明矣. 夫不深料秦之無奈齊何 而欲西面而事之 是羣臣之計過也. 今無臣事秦之名而有强國之實 臣是故願大王少留意計之!” 齊王許之.

乃西南說楚威王曰 “楚 天下之强國也 地方六千餘里 帶甲百萬 車千乘 騎萬匹 粟支十年 此霸王之資也. 秦之所害莫如楚 楚强則秦弱 秦强則楚弱 其勢不兩立. 故爲大王計 莫如從親以孤秦. 臣請令山東之國奉四時之獻 以承大王之明詔 委社稷 奉宗

廟 練士厲兵 在大王之所用之. 故從親則諸侯割地以事楚 衡合則楚割地以事秦 此兩策者相去遠矣. 大王何居焉?” 楚王亦許之.

於是蘇秦爲從約長 幷相六國 北報趙 車騎輜重擬於王者.

4 齊威王薨 子宣王辟彊立; 知成侯賣田忌 乃召而復之.

5 燕文公薨 子易王立.

6 衞成侯薨 子平侯立.

• 顯王 37年(己丑, 紀元前 332年)

1 秦惠王使犀首欺齊魏 與共伐趙 以敗從約. 趙肅侯讓蘇秦 蘇秦恐 請使燕 必報齊. 蘇秦去趙而從約皆解. 趙人決河水以灌齊·魏之師 齊·魏之師乃去.

2 魏以陰晉爲和於秦 實華陰.

3 齊王伐燕 取十城 已而復歸之.

• 顯王 39年(辛卯, 紀元前 330年)

1 秦伐魏 圍焦·曲沃. 魏人少梁·河西地於秦.

• 顯王 40年(壬辰, 紀元前 329年)

1 秦伐魏 度河取汾陰·皮氏·拔焦.

2 楚威王薨 子懷王槐立.

3 宋公剔成之弟偃襲攻剔成 剔成奔齊 偃自立爲君.

• 顯王 41年(癸巳, 紀元前 328年)

1 秦公子華·張儀帥師圍魏蒲陽 取之. 張儀言於秦王 請以蒲陽復與魏 而使公子繇質於魏. 儀因說魏王曰"秦之遇魏甚厚 魏不可以無禮於秦." 魏因盡入上郡十五縣以謝焉. 張儀歸而相秦.

• 顯王 42年(甲午, 紀元前 327年)

1 秦縣義渠 以其君爲臣.

2 秦歸焦·曲沃於魏.

• 顯王 43年(乙未, 紀元前 326年)

1 趙肅侯薨 子武靈王立; 置博聞師三人 左·右司過三人 先問

先君貴臣肥義 加其秩.

• 顯王 44年(丙申, 紀元前 325年)

1 夏 四月 戊午 秦初稱王.

2 衛平侯薨 子嗣君立. 衛有胥靡亡之魏 因爲魏王之后治病. 嗣君聞之 請以五十金買之. 五反 魏不與 乃以左氏易之. 左右諫曰“夫以一都買一胥靡 可乎?”嗣君曰“非子所知也! 夫治無小亂無大. 法不立 誅不必 雖有十左氏 無益也. 法立 誅必 失十左氏 無害也.”魏王聞之曰“人主之欲 不聽之不祥.”因載而往 徒獻之.

• 顯王 45年(丁酉, 紀元前 324年)

1 秦張儀帥師伐魏 取陜.

2 蘇秦通於燕文公之夫人 易王知之. 蘇秦恐 乃說易王曰,“臣居燕不能使燕重 而在齊則燕重.”易王許之. 乃僞得罪於燕而奔齊 齊宣王以爲客卿 蘇秦說齊王高宮室 大苑囿 以明得意 欲以敝齊而爲燕.

• 顯王 46年(戊戌, 紀元前 323年)

1 秦張儀及齊 楚之相會齧桑.

2 韓·燕皆稱王. 趙武靈王獨不肯 曰“無其實 敢處其名乎!”令國人謂已曰君.

• 顯王 47年(己亥, 紀元前 322年)

1 秦張儀自齧桑還而免相 相魏 欲令魏先事秦而諸侯效之, 魏王不聽. 秦王伐魏 取曲沃·平周 復陰厚張儀益甚.

• 顯王 48年(庚子, 紀元前 321年)

1 王崩 子愼靚王定立.

2 燕易王薨 子噲立.

3 齊王封田嬰於薛 號曰靖郭君. 靖郭君言於齊王曰“五官之計 不可不日聽而數覽也.”王從之; 已而厭之 悉以委靖郭君. 靖郭君由是得專齊之權.

靖郭君欲城薛 客謂靖郭君曰“君不聞海大魚乎? 網不能止 鉤不能牽 蕩而失水 則螻蟻制焉. 今夫齊 亦君之水也. 君長有齊奚以薛爲! 苟爲失齊 雖隆薛之城到于天 庸足恃乎!”乃不果城.

靖郭君有子四十人 其賤妾之子曰文. 文通儻饒智畧 說靖郭君以散財養士. 靖郭君使文主家待賓客 賓客爭譽其美 皆請靖郭

君以文爲嗣. 靖郭君卒 文嗣爲薛公 號曰孟嘗君. 孟嘗君招致諸侯遊士及有罪亡人 皆舍業厚遇之 存救其親戚 食客常數千人 各自以爲孟嘗君親已 由是孟嘗君之名重天下.

❖ 臣光曰

君子之養士 以爲民也. 易曰 '聖人養賢以及萬民.' 夫賢者 其德足以敦化正俗 其才足以頓綱振紀 其明足以燭微慮遠 其强足以結仁固義; 大則利天下 小則利一國 是以君子豐祿以富之 隆爵以尊之; 養一人而及萬人者 養賢之道也. 今孟嘗君之養士也 不恤智愚 不擇臧否 盜其君之祿 以立私黨 張虛譽 上以侮其君 下以蠹其民 是姦人之雄也 烏足尙哉! 書曰 '受爲天下逋逃主·萃淵藪.' 此之謂也.

4 孟嘗君聘於楚 楚王遺之象牀. 登徒直送之 不欲行 謂孟嘗君門人公孫戌曰 "象牀之直千金 苟傷之毫髮 則賣妻子不足償也. 足下能使僕無行者 有先人之寶劒 願獻之." 公孫戌許諾 入見孟嘗君曰 "小國所以皆致相印於君者 以君能振達貧窮 存亡繼絶 故莫不悅君之義 慕君之廉也. 今始至楚而受象牀 則未至之國將何以待君哉!" 孟嘗君曰 "善." 遂不受. 公孫戌趨去 未至中閨 孟嘗君召而反之 曰 "子何足之高 志之揚也?" 公孫戌以實對. 孟嘗君乃書門版曰 "有能揚文之名 止文之過 私得寶於外者 疾入諫."

❖ 臣光曰

孟嘗君可謂能用諫矣. 苟其言之善也 雖懷詐諼之心 猶將用之 況盡忠無私以事其上乎! 詩云'采葑采菲 無以下體.' 孟嘗君有焉.

5 韓宣惠王欲兩用公仲·公叔爲政 問於繆留. 對日"不可. 晉用六卿而國分; 齊簡公用陳成子及闞止而見殺; 魏用犀首·張儀而西河之外亡. 今君兩用之 其多力者內樹黨 其寡力者藉外權. 羣臣有內樹黨以驕主 有外爲交以削地 君之國危矣."*

資治通鑑 卷003

【周紀三】
起重光赤奮若(辛丑) 盡昭陽大淵獻(癸亥) 凡二十有三年

• 靚王 元年(辛丑, 紀元前 320年)

1 衞更貶號曰君.

• 靚王 2年(壬寅, 紀元前 319年)

1 秦伐韓取鄢.

2 魏惠王薨 子襄王立. 孟子入見而出 語人曰 "望之不似人君 就之而不見所畏焉." 卒然問曰 "天下惡乎定?" 吾對曰 "定於一." "孰能一之?" 對曰 "不嗜殺人者 能一之." "孰能與之" 對曰 "天下莫不與也. 王知夫苗乎? 七·八月之間旱 則苗槁矣. 天油然作雲沛然下雨 則苗浡然興之矣. 其如是 孰能禦之!"

• 靚王 3年(癸卯, 紀元前 318年)

1 楚·趙·魏·韓·燕同伐秦 攻函谷關. 秦人出兵逆之 五國之師皆敗走.

2 宋初稱王.

• 靚王 4年(甲辰, 紀元前 317年)

1 秦敗韓師於脩魚 斬首八萬級 虜其將鯁·申差於濁澤. 諸侯振恐.

2 齊大夫與蘇秦爭寵 使人刺秦 殺之.

3 張儀說魏襄王曰"梁地方不至千里 卒不過三十萬 地四平無名山大川之限 卒戍楚·韓·齊·趙之境 守亭·障者 不過十萬 梁之地勢固戰場也. 夫諸侯之約從 盟於洹水之上 結爲兄弟以相堅也. 今親兄弟同父母 尙有爭錢財相殺傷 而欲恃反覆蘇秦之餘謀 其不可成亦明矣. 大王不事秦 秦下兵攻河外 據卷衍·酸棗 劫衛 取陽晉 則趙不南 趙不南則梁不北 梁不北則從道絕 從道絕則大王之國欲毋危不可得也. 故願大王審定計議且賜骸骨." 魏王乃倍從約 而因儀以請成於秦. 張儀歸復相秦.

4 魯景公薨 子平公旅立.

• 靚王 5年(乙巳, 紀元前 316年)

1 巴·蜀相攻擊 俱告急於秦. 秦惠王欲伐蜀 以爲道險陋難至 而韓又來侵 猶豫未能決. 司馬錯請伐蜀. 張儀曰 "不如伐韓." 王曰 "請聞其說." 儀曰 "親魏 善楚 下兵三川 攻新城·宜陽 以臨二周之郊 據九鼎 按圖籍 挾天子以令於天下 天下莫敢不聽 此王業也. 臣聞爭名者於朝 爭利者於市. 今三川·周室天下之朝市也 而王不爭焉 顧爭於戎翟 去王業遠矣." 司馬錯曰 "不然. 臣聞欲富國者務廣其地 欲强兵者務富其民 欲王者務博其德 三資者備而王隨之矣. 今王地小民貧 故臣願先從事於易. 夫蜀 西僻之國而戎翟之長也 有桀·紂之亂; 以秦攻之 譬如使豺狼逐羣羊; 得其地足以廣國 取其財足以富民 繕兵不傷衆而彼已服焉. 拔一國而天下不以爲暴 利盡四海而天下不以爲貪 是我一擧而名實附也 而又有禁暴止亂之名. 今攻韓 劫天子 惡名也 而未必利也; 又有不義之名 而攻天下所不欲 危矣. 臣請論其故 周 天下之宗室也. 齊 韓之與國也. 周自知失九鼎 韓自知亡三川 將二國幷力合謀 以因乎齊·趙而求解乎楚·魏 以鼎與楚 以地與魏 王弗能止也. 此臣之所謂危也. 不如伐蜀完." 王從錯計 起兵伐蜀; 十月取之. 貶蜀王 更號爲侯; 而使陳莊相蜀. 蜀旣屬秦 秦以益强富厚輕諸侯.

2 蘇秦旣死 秦弟代·厲 亦以遊說顯於諸侯. 燕相子之與蘇代婚 欲得燕權. 蘇代使於齊而還 燕王噲問曰 "齊王其霸乎?" 對曰 "不能." 王曰 "何故?" 對曰 "不信其臣." 於是 燕王專任子之. 鹿毛壽謂燕王曰 "人之謂堯賢者 以其能讓天下也. 今王以國讓子之 是王與堯同名也." 燕王因屬國於子之 子之大重. 或曰 "禹薦

益而以啓人爲吏 及老而以啓爲不足任天下 傳之於益. 啓與交黨攻益 奪之 天下謂禹名傳天下於益 而實令啓自取之. 今王言屬國於子之而吏無非太子人者 是名屬子之而實太子用事也." 王因收印綬 自三百石吏已上而效之子之. 子之南面行王事 而噲老不聽政 顧爲臣 國事皆決於子之.

• 靚王 6年(丙午, 紀元前 315年)

3　王崩 子赧王延立.

• 赧王 元年(丁未, 紀元前 314年)

1　秦人侵義渠 得二十五城.

2　魏人叛秦. 秦人伐魏 取曲沃而歸其人. 又敗韓於岸門 韓太子倉入質于秦以和.

3　燕子之爲王三年 國內大亂. 將軍市被與太子平謀攻子之. 齊王令人謂太子曰"寡人聞太子將飭君臣之義 明父子之位 寡人之國 唯太子所以令之." 太子因要黨聚衆 使市被攻子之 不克. 市被反攻太子. 搆難數月 死者數萬人 百姓恫恐. 齊王令章子將五都之兵 因北地之衆以伐燕. 燕士卒不戰 城門不閉. 齊人取子之 醢之. 遂殺燕王噲.

齊王問孟子曰"或謂寡人勿取燕 或謂寡人取之. 以萬乘之國

伐萬乘之國 五旬而擧之 人力不至於此; 不取 必有天殃. 取之何如?" 孟子對曰 "取之而燕民悅則取之 古之人有行之者 武王是也. 取之而燕民不悅則勿取 古之人有行之者 文王是也. 以萬乘之國伐萬乘之國 簞食壺漿以迎王師 豈有他哉? 避水火也. 如水益深 如火益熱 亦運而已矣!"

諸侯將謀救燕. 齊王謂孟子曰 "諸侯多謀伐寡人者 何以待之?" 對曰 "臣聞七十里爲政於天下者湯是也. 未聞以千里畏人者也. 書曰 '徯我后 后來其蘇.' 今燕虐其民 王往而征之 民以爲將拯己於水火之中也 簞食壺漿以迎王師. 若殺其父兄 係累其子弟 毁其宗廟 遷其重器 如之何其可也! 天下固畏齊之强也 今又倍地 而不行仁政 是動天下之兵也. 王速出令 反其旄倪 止其重器 謀於燕衆 置君而後去之 則猶可及止也." 齊王不聽.

已而燕人叛. 王曰 "吾甚慚於孟子." 陳賈曰 "王無患焉." 乃見孟子曰 "周公何人也?" 曰 "古聖人也." 陳賈曰 "周公使管叔監商 管叔以商畔也. 周公知其將畔而使之與?" 曰 "不知也." 陳賈曰 "然則聖人亦有過與?" 曰 "周公 弟也. 管叔 兄也. 周公之過不亦宜乎! 且古之君子 過則改之; 今之君子 過則順之. 古之君子 其過也如日月之食 民皆見之; 及其更也 民皆仰之. 今之君子 豈徒順之 又從爲之辭!"

4 是歲 齊宣王薨 子湣王地立.

• 赧王 2年(戊申, 紀元前 313年)

1 秦右更疾伐趙 拔藺 虜其將莊豹.

2　秦王欲伐齊 患齊·楚之從親 乃使張儀至楚 說楚王曰“大王誠能聽臣 閉關絶約於齊 臣請獻商於之地六百里 使秦女得爲大王箕帚之妾 秦·楚嫁女娶婦 長爲兄弟之國.”楚王說而許之. 羣臣皆賀 陳軫獨弔. 王怒曰“寡人不興師而得六百里地 何弔也?”對曰“不然. 以臣觀之 商於之地不可得而齊·秦合 齊·秦合則患必至矣.”王曰“有說乎?”對曰“夫秦之所以重楚者 以其有齊也. 今閉關絶約於齊則楚孤 秦奚貪夫孤國而與之商於之地六百里! 張儀至秦 必負王. 是王北絶齊交 西生患於秦也 兩國之兵必俱至. 爲王計者 不若陰合而陽絶於齊 使人隨張儀 苟與吾地 絶齊未晚也.”王曰“願陳子閉口 毋復言 以待寡人得地!”乃以相印授張儀 厚賜之. 遂閉關絶約於齊 使一將軍隨張儀至秦.

張儀詳墮車 不朝三月. 楚王聞之 曰“儀以寡人絶齊未甚邪?”乃使勇士宋遺借宋之符 北罵齊王. 齊王大怒 折節以事秦 齊·秦之交合. 張儀乃朝 見楚使者曰“子何不受地? 從某至某 廣袤六里.”使者怒 還報楚王. 楚王大怒 欲發兵而攻秦. 陳軫曰“軫可發口言乎? 攻之不如因賂之以一名都 與之并力而攻齊 是我亡地於秦 取償於齊也. 今王已絶於齊 而責欺於秦 是吾合齊·秦之交而來天下之兵也 國必大傷矣!”楚王不聽 使屈匄帥師伐秦. 秦亦發兵使庶長章擊之.

・ 赧王 3年(己酉, 紀元前 312年)

1　春 秦師及楚戰於丹陽 楚師大敗; 斬甲士八萬 虜屈匄及列侯·執珪七十餘人 遂取漢中郡. 楚王悉發國內兵以復襲秦 戰於藍田 楚師大敗. 韓·魏聞楚之困 南襲楚 至鄧. 楚人聞之 乃引兵

歸 割兩城以請平於秦.

2 燕人共立太子平 是爲昭王. 昭王於破燕之後. 弔死問孤 與百姓同甘苦 卑身厚幣以招賢者. 謂郭隗曰“齊因孤之國亂而襲破燕 孤極知燕小力少 不足以報; 然誠得賢士與共國 以雪先王之恥 孤之願也. 先生視可者 得身事之!”郭隗曰“古之人君有以千金使涓人求千里馬者 馬已死 買其首五百金而返. 君大怒 涓人曰‘死馬且買之 況生者乎! 馬今至矣.’不期年 千里之馬至者三. 今王必欲致士 先從隗始 況賢於隗者 豈遠千里哉!”於是 昭王爲隗改築宮而師事之 於是士爭趣燕 樂毅自魏往 劇辛自趙往 昭王以樂毅爲亞卿 任以國政.

3 韓宣惠王薨 子襄王倉立.

• 赧王 4年(庚戌, 紀元前 311年)

1 蜀相殺蜀侯.

2 秦惠王使人告楚懷王 請以武關之外易黔中地. 楚王曰“不願易地 願得張儀而獻黔中地.”張儀聞之 請行. 王曰“楚將甘心於子 奈何行?”張儀曰“秦强楚弱 大王在 楚不宜敢取臣. 且臣善其嬖臣靳尙 靳尙得事幸姬鄭袖 袖之言王無不聽者.”遂往. 楚王囚 將殺之. 靳尙謂鄭袖曰“秦王甚愛張儀 將以上庸六縣及美女贖之. 王重地尊秦 秦女必貴而夫人斥矣.”於是鄭袖日夜泣於楚王曰“臣各爲其主耳. 今殺張儀 秦必大怒. 妾請子母俱遷江南

毋爲秦所魚肉也!" 王乃赦張儀而厚禮之. 張儀因說楚王曰"夫爲從者無以異於驅羣羊而攻猛虎 不格明矣. 今王不事秦 秦劫韓驅梁而攻楚 則楚危矣. 秦西有巴·蜀 治船積粟 浮岷江而下 一日行五百餘里 不至十日而拒扞關 扞關驚則從境以東盡城守矣 黔中·巫郡非王之有. 秦擧甲出武關 則北地絶. 秦兵之攻楚也 危難在三月之內 而楚待諸侯之救在半歲之外 夫待弱國之救 忘强秦之禍 此臣所爲大王患也. 大王誠能聽臣 臣請令秦·楚長爲兄弟之國 無相攻伐." 楚王已得張儀而重出黔中地 乃許之.

張儀遂之韓 說韓王曰"韓地險惡山居 五穀所生 非菽而麥國無二歲之食 見卒不過二十萬. 秦被甲百餘萬. 山東之士被甲蒙冑以會戰 秦人捐甲徒裼以趨敵 左挈人頭 右挾生虜. 夫戰孟賁·烏獲之士以攻不服之弱國 無異垂千鈞之重於鳥卵之上 必無幸矣. 大王不事秦 秦下甲據宜陽 塞成皐則王之國分矣 鴻臺之宮桑林之苑 非王之有也. 爲大王計 莫如事秦以攻楚 以轉禍而悅秦 計無便於此者!" 韓王許之.

張儀歸報 秦王封以六邑 號武信君. 復使東說齊王曰"從人說大王者 必曰'齊蔽於三晉 地廣民衆 兵强士勇 雖有百秦將無奈齊何.' 大王賢其說 而不計其實. 今秦·楚嫁女娶婦 爲昆弟之國; 韓獻宜陽 梁效河外; 趙王入朝 割河間以事秦. 大王不事秦 秦驅韓·梁攻齊之南地 悉趙兵 度淸河 指博關 臨菑·卽墨非王之有也! 國一日見攻 雖欲事秦 不可得也齊!" 王許張儀.

張儀去 西說趙王曰"大王收率天下以擯秦 秦兵不敢出函谷關十五年. 大王之威行於山東 敝邑恐懼 繕甲厲兵 力田積粟 愁居懾處 不敢動搖 唯大王有意督過之也. 今以大王之力 擧巴·蜀幷漢中 包兩周 守白馬之津. 秦雖僻遠 然而心忿含怒之日久矣. 今秦有敝甲凋兵軍於澠池 願渡河 踰漳 據番吾 會邯鄲之下 願

以甲子合戰 正殷紂之事. 謹使使臣先聞左右. 今楚與秦爲昆弟之國 而韓·梁稱東藩之臣 齊獻魚鹽之地 此斷趙之右肩也. 夫斷右肩而與人鬪 失其黨而孤居 求欲毋危得乎! 今秦發三將軍 其一軍塞午道 告齊使度淸河 軍於邯鄲之東 一軍軍成皐 驅韓·梁軍於河外 一軍軍於澠池 約四國爲一以攻趙 趙服必四分其地. 臣竊爲大王計 莫如與秦王面相約而口相結 常爲兄弟之國也." 趙王許之.

張儀乃北之燕 說燕王曰"今趙王已入朝 効河間以事秦. 大王不事秦 秦下甲雲中·九原 驅趙而攻燕 則易水·長城非大王之有也! 且今時齊·趙之於秦 猶郡縣也 不敢妄擧師以攻伐. 今王事秦 長無齊·趙之患矣." 燕王請獻常山之尾五城以和.

張儀歸報 未至咸陽 秦惠王薨 子武王立. 武王自爲太子時 不說張儀; 及卽位羣臣多毁短之. 諸侯聞儀與秦王有隙 皆畔衡 復合從.

· 赧王 5年(辛亥, 紀元前 310年)

1 張儀說秦武王曰; "爲王計者 東方有變 然後王可以多割得地也. 臣聞齊王甚憎臣 臣之所在 齊必伐之. 臣願乞其不肖之身以之梁 齊必伐梁 齊·梁交兵而不能相去 王以其間伐韓 入三川 挾天子案圖籍 此王業也!" 王許之. 齊王果伐梁 梁王恐. 張儀曰"王勿患也! 請令齊罷兵." 乃使其舍人之楚 借使謂齊王曰"甚矣王之託儀於秦也." 齊王曰"何故?" 楚使者曰"張儀之去秦也固與秦王謀矣 欲齊·梁相攻而令秦取三川也. 今王果伐梁 是王內罷國而外伐與國 而信儀於秦王也." 齊王乃解兵還. 張儀相魏一

歲 卒.

儀與蘇秦皆以縱橫之術遊諸侯 致位富貴 天下爭慕效之. 又有魏人公孫衍者 號曰犀首 亦以談說顯名. 其餘蘇代·蘇厲·周最·樓緩之徒 紛紜徧於天下 務以辯詐相高 不可勝紀; 而儀·秦·衍最著.

❖ 孟子論之曰

或謂“公孫衍張儀豈不大丈夫哉; 一怒而諸侯懼 安居而天下熄?” 孟子曰“是惡足爲大丈夫哉! 君子立天下之正位 行天下之正道 得志則與民由之 不得志則獨行其道 富貴不能淫 貧賤不能移 威武不能詘 是之謂大丈夫.”

❖ 揚子法言曰

或問“儀·秦學乎鬼谷術而習乎縱橫言 安中國者各十餘年 是夫?” 曰“詐人也 聖人惡諸.” 曰“孔子讀而儀·秦行 何如也?” 曰“甚矣鳳鳴而鷙翰也! 然則子貢不爲歟!” 曰“亂而不解 子貢恥諸. 說而不富貴 儀·秦恥諸.” 或曰“儀·秦其才矣乎 跡不蹈已?” 曰“昔在任人 帝而難之. 不以才乎? 才乎才 非吾徒之才也!”

2 秦王使甘茂誅蜀相莊.

3 秦王·魏王會於臨晉.

4 趙武靈王納吳廣之女孟姚 有寵 是爲惠后. 生子何.

• 赧王 6年(壬子, 紀元前 309年)

1 秦初置丞相 以樗里疾爲右丞相.

• 赧王 7年(癸丑, 紀元前 308年)

1 秦·魏會於應.

2 秦王使甘茂約魏以伐韓 而令向壽輔行. 甘茂令向壽還 謂王曰"魏聽臣矣 然願王勿伐!" 王迎甘茂於息壤而問其故. 對曰"宜陽大縣 其實郡也. 今王倍數險 行千里 攻之難. 魯人有與曾參同姓名者殺人 人告其母 其母織自若也. 及三人告之 其母投杼下機 踰墻而走. 臣之賢不若曾參 王之信臣又不如其母 疑臣者非特三人 臣恐大王之投杼也. 魏文侯令樂羊將而攻中山 三年而拔之. 反而論功 文侯示之謗書一篋. 樂羊再拜稽首曰"此非臣之功君之力也!" 今臣 羈旅之臣也 樗里子·公孫奭挾韓而議之 王必聽之 是王欺魏王而臣受公仲侈之怨也." 王曰"寡人弗聽也 請與子盟!" 乃盟於息壤. 秋 甘茂·庶長封帥師伐宜陽.

• 赧王 8年(甲寅, 紀元前 307年)

1 甘茂攻宜陽 五月而不拔. 樗里子·公孫奭果爭之. 秦王召甘茂 欲罷兵. 甘茂曰“息壤在彼.”王曰“有之.”因大悉起兵以佐甘茂 斬首六萬 遂拔宜陽. 韓公仲侈入謝於秦以請平.

2 秦武王好以力戲 力士任鄙·烏獲·孟說皆至大官. 八月 王與孟說舉鼎 絕脈而薨; 族孟說. 武王無子 異母弟稷爲質於燕 國人逆而立之 是爲昭襄王. 昭襄王母芈八子 楚女也 實宣太后.

3 趙武靈王北略中山之地 至房子 遂至代 北至無窮 西至河 登黃華之上. 與肥義謀胡服騎射以教百姓 曰“愚者所笑 賢者察焉. 雖驅世以笑我 胡地中山 吾必有之!”遂胡服.

國人皆不欲 公子成稱疾不朝. 王使人請之曰“家聽於親 國聽於君. 今寡人作教易服而公叔不服 吾恐天下議己也. 制國有常 利民爲本 從政有經 令行爲上. 明德先論於賤 而從政先信於貴 故願慕公叔之義以成胡服之功也.”公子成再拜稽首曰“臣聞中國者 聖賢之所教也 禮樂之所用也 遠方之所親赴也 蠻夷之所則效也. 今王舍此而襲遠方之服 變古之道 逆人之心 臣願王孰圖之也!”使者以報. 王自往請之 曰“吾國東有齊·中山 北有燕·東胡 西有樓煩 秦·韓之邊. 今無騎射之備 則何以守之哉? 先時中山負齊之强兵 侵暴吾地 係累吾民 引水圍鄗 微社稷之神靈 則鄗幾於不守也 先君醜之 故寡人變服騎射 欲以備四境之難 報中山之怨. 而叔順中國之俗 惡變服之名 以忘鄗事之醜 非寡人之所望也!”公子成聽命 乃賜胡服; 明日服而朝. 於是始出胡服令而招騎射焉.

• 赧王 9年(乙卯, 紀元前 306年)

1 秦昭王使向壽平宜陽 而使樗里子·甘茂伐魏. 甘茂言於王以武遂復歸之韓. 向壽·公孫奭爭之 不能得 由此怨讒甘茂. 茂懼 輟伐魏蒲阪 亡去. 樗里子與魏講而罷兵. 甘茂奔齊.

2 趙王略中山地 至寧葭; 西略胡地 至楡中. 林胡王獻馬. 歸使樓緩之秦 仇液之韓 王賁之楚 富丁之魏 趙爵之齊; 代相趙固主胡 致其兵.

3 楚王與齊·韓合從.

• 赧王 10年(丙辰, 紀元前 305年)

1 彗星見.

2 趙王伐中山 取丹邱·爽陽·鴻之塞 又取鄗·石邑·封龍·東垣. 中山獻四邑以和.

3 秦宣太后異父弟曰穰侯魏冉 同父弟曰華陽君羋戎; 王之同母弟曰高陵君·涇陽君. 魏冉最賢 自惠王·武王時 任職用事. 武王薨 諸弟爭立 唯魏冉力能立昭王. 昭王卽位 以魏冉爲將軍 衛咸陽. 是歲 庶長壯及大臣·諸公子謀作亂 魏冉誅之; 及惠文后皆不得良死 悼武王后出居于魏 王兄弟不善者 魏冉皆滅之. 王少 宣太后自治事 任魏冉爲政 威震秦國.

• 赧王 11年(丁巳, 紀元前 304年)

1 秦王·楚王盟於黃棘; 秦復與楚上庸.

• 赧王 12年(戊午, 紀元前 303年)

1 彗星見.

2 秦取魏蒲阪·晉陽·封陵; 又取韓武遂.

3 齊·韓·魏以楚負其從親 合兵伐楚. 楚王使太子橫爲質於秦以請救. 秦客卿通將兵救楚 三國引兵去.

• 赧王 13年(己未, 紀元前 302年)

1 秦王·魏王·韓太子嬰會於臨晉 韓太子至咸陽而歸; 秦復與魏蒲阪.

2 秦大夫有私與楚太子鬬者 太子殺之 亡歸.

• 赧王 14年(庚申, 紀元前 301年)

1 日有食之 既.

2　秦人取韓穰.

3　蜀守煇叛秦 秦司馬錯往誅之.

4　秦庶長奐會韓·魏 齊兵伐楚 敗其師於重丘 殺其將唐昧; 遂取重丘.

5　趙王伐中山 中山君奔齊.

• 赧王 15年(辛酉, 紀元前 300年)

1　秦涇陽君爲質於齊.

2　秦華陽君伐楚 大破楚師 斬首三萬 殺其將景缺 取楚襄城. 楚王恐 使太子爲質於齊以請平.

3　秦樗里疾卒 以趙人樓緩爲丞相.

4　趙武靈王愛少子何 欲及其生而立之.

• 赧王 16年(壬戌, 紀元前 299年)

1　五月戊申 大朝東宮 傳國於何. 王廟見禮畢 出臨朝 大夫悉爲臣. 肥義爲相國 幷傳王. 武靈王自號'主父'. 主父欲使子治國

身胡服 將士大夫西北略胡地. 將自雲中·九原南襲咸陽 於是詐自爲使者 入秦 欲以觀秦地形及秦王之爲人. 秦王不知 已而怪其狀甚偉 非人臣之度 使人逐之; 主父行已脫關矣 審問之 乃主父也. 秦人大驚.

2 齊王·魏王會於韓.

3 秦人伐楚 取八城. 秦王遺楚王書曰“始寡人與王約爲兄弟盟於黃棘 太子入質 至驩也. 太子陵殺寡人之重臣 不謝而亡去. 寡人誠不勝怒 使兵侵君王之邊. 今聞君王乃令太子質於齊以求平. 寡人與楚接境 婚姻相親; 而今秦·楚不驩 則無以令諸侯. 寡人願與君王會武關 面相約 結盟而去 寡人之願也.”

楚王患之 欲往恐見欺 欲不往恐秦益怒. 昭睢曰“毋行而發兵自守耳! 秦 虎狼也 有幷諸侯之心 不可信也!” 懷王之子蘭勸王行 王乃入秦. 秦王令一將軍詐爲王 伏兵武關 楚王至則閉關劫之 與俱西 至咸陽 朝章臺 如藩臣禮 要以割巫·黔中郡. 楚王欲盟 秦王欲先得地. 楚王怒曰“秦詐我 而又强要我以地!” 因不復許. 秦人留之.

楚大臣患之 乃相與謀曰“吾王在秦不得還 要以割地 而太子爲質於齊; 齊·秦合謀 則楚無國矣.” 欲立王子之在國者 昭睢曰“王與太子俱困於諸侯 今又倍王命而立其庶子 不宜!” 乃詐赴於齊. 齊湣王召羣臣謀之 或曰“不若留太子以求楚之淮北.” 齊相曰“不可! 郢中立王 是吾抱空質而行不義於天下也.” 其人曰“不然 郢中立王 因與其新王市曰‘予我下東國 吾爲王殺太子. 不然將與三國共立之.’” 齊王卒用其相計 而歸楚太子. 楚人立之.

4　秦王聞孟嘗君之賢 使涇陽君爲質於齊 以請孟嘗君來入秦 秦王以爲丞相.

• 赧王 17年(癸亥, 紀元前 298年)

1　或謂秦王曰“孟嘗君相秦 必先齊而後秦; 秦其危哉!”秦王乃以樓緩爲相 囚孟嘗君欲殺之. 孟嘗君使人求解於秦王幸姬 姬曰“願得君狐白裘.”孟嘗君有狐白裘 已獻之秦王 無以應姬求. 客有善爲狗盜者 入秦藏中 盜狐白裘 以獻姬. 姬乃爲之言於王而遣之. 王後悔 使追之. 孟嘗君至關 關法雞鳴而出客 時尙蚤 追者將至 客有善爲鷄鳴者 野鷄聞之皆鳴. 孟嘗君乃得脫歸.

2　楚人告於秦曰“賴社稷神靈 國有王矣!”秦王怒 發兵出武關擊楚 斬首五萬 取十六城.

3　趙王封其弟爲平原君. 平原君好士 食客嘗數千人. 有公孫龍者 善爲堅白同異之辯 平原君客之. 孔穿自魯適趙 與公孫龍論臧三耳. 龍甚辯析. 子高弗應 俄而辭出 明日復見平原君. 平原君曰“疇昔公孫之言信辯也 先生以爲何如?”對曰“然. 幾能令臧三耳矣. 雖然 實難! 僕願得又問於君 今謂三耳甚難而實非也 謂兩耳甚易而實是也 不知君將從易而是者乎 其亦從難而非者乎?”平原君無以應. 明日 謂公孫龍曰“公無復與孔子高辯事也! 其人理勝於辭; 公辭勝於理 終必受詘.”

鄒衍過趙 平原君使與公孫龍論白馬非馬之說. 鄒子曰“不可. 夫辯者 別殊類使不相害 序異端使不相亂. 抒意通指 明其所謂

使人與知焉 不務相迷也. 故勝者不失其所守 不勝者得其所求. 若是 故辯可爲也. 及至煩文以相假 飾辭以相惇 巧譬以相移 引人使不得及其意 如此害大道. 夫繳紛爭言而競後息 不能無害君子 衍不爲也." 座皆稱善. 公孫龍由是遂詘. *

資治通鑑 卷004

【周紀四】

起閼逢困敦(甲子) 盡著雍困敦(戊子)凡二十五年

• 赧王 18年(甲子, 紀元前 297年)

1 楚懷王亡歸. 秦人覺之 遮楚道. 懷王從間道走趙. 趙主父在代 趙人不敢受. 懷王將走魏 秦人追及之 以歸.

2 魯平公薨 子緡公賈立.

• 赧王 19年(乙丑, 紀元前 296年)

1 楚懷王發病 薨於秦 秦人歸其喪. 楚人皆憐之 如悲親戚. 諸侯由是不直秦.

2 齊·韓·魏·趙·宋同擊秦 至鹽氏而還. 秦與韓武遂·與魏封陵以和.

3 趙主父行新地 遂出代; 西遇樓煩王於西河而致其兵.

4 魏襄王薨 子昭王立.

5 韓襄王薨 子釐王咎立.

• 赧王 20年(丙寅, 紀元前 295年)

1 秦尉錯伐魏襄城.

2 趙主父與齊·燕共滅中山 遷其王於膚施. 歸 行賞 大赦 置酒 酺五日.

3 趙主父封其長子章於代 號曰安陽君.

安陽君素侈 心不服其弟. 主父使田不禮相之. 李兌謂肥義曰 "公子章强壯而志驕 黨衆而欲大 田不禮忍殺而驕 二人相得 必有陰謀. 夫小人有欲 輕慮淺謀 徒見其利 不顧其害 難必不久矣. 子任重而勢大 亂之所始而禍之所集也. 子何不稱疾毋出而傳政於公子成 毋爲禍梯 不亦可乎!" 肥義曰 "昔者主父以王屬義也. 曰 '毋變而度 毋易而慮 堅守一心 以歿而世!' 義再拜受命而籍之. 今畏不禮之難而忘吾籍 變孰大焉! 諺曰 '死者復生 生者不愧' 吾欲全吾言 安得全吾身乎! 子則有賜而忠我矣. 雖然 吾言已在前矣 終不敢失!" 李兌曰 "諾 子勉之矣! 吾見子已今年耳" 涕泣而出.

李兌數見公子成以備田不禮. 肥義謂信期曰 "公子章與田不

禮 聲善而實惡 內得主而外爲暴 矯令以擅一旦之命 不難爲也. 今吾憂之 夜而忘寐 飢而忘食 盜出入不可以不備. 自今以來 有召王者必見吾面 我將以身先之 無故而後王可入也." 信期曰 "善"

主父使惠文王朝羣臣而自從旁窺之 見其長子傫然也 反北面爲臣 詘於其弟 心憐之 於是乃欲分趙而王公子章於代. 計未決而輟. 主父及王游沙丘 異宮 公子章·田不禮以其徒作亂 詐以主父令召王. 肥義先入 殺之. 高信卽與王戰. 公子成與李兌自國至 乃起四邑之兵入距難 殺公子章及田不禮 滅其黨. 公子成爲相 號安平君 李兌爲司寇 是時惠文王少 成·兌專政.

公子章之敗也 往走主父 主父開之. 成·兌因圍主父. 公子章死 成·兌謀曰 "以章故 圍主父 卽解兵 吾屬夷矣!" 乃遂圍之 令 "宮中人後出者夷!" 宮中人悉出. 主父欲出不得 又不得食 探雀鷇而食之. 三月餘 餓死沙丘宮. 主父定死 乃發喪赴諸侯. 主父初以長子章爲太子 後得吳娃 愛之 爲不出者數歲. 生子何 乃廢太子章而立之. 吳娃死 愛弛 憐故太子 欲兩王之 猶豫未決 故亂起.

4 秦樓緩免相 魏冉代之.

• 赧王 21年(丁卯, 紀元前 294年)

1 秦敗魏師于解.

• 赧王 22年(戊辰, 紀元前 293年)

1 韓公孫喜·魏人伐秦. 穰侯薦左更白起於秦王以代向壽將兵敗魏師·韓師於伊闕 斬首二十四萬級虜公孫喜 拔五城. 秦王以白起爲國尉.

2 秦王遺楚王書曰“楚倍秦 秦且率諸侯伐楚 願王之飭士卒得一樂戰!”楚王患之 乃復與秦和親.

• 赧王 23年(己巳, 紀元前 292年)

1 楚襄王迎婦於秦.

❖ 臣光曰

甚哉秦之無道也 殺其父而劫其子; 楚之不競也 忍其父而婚其讎! 烏呼 楚之君誠得其道 臣誠得其人 秦雖强烏得陵之哉! 善乎荀卿論之曰“夫道 善用之則百里之地可以獨立 不善用之則楚六千里而爲讎人役.”故人主不務得道而廣有其勢 是其所以危也.

2 秦魏冉謝病免 以客卿燭壽爲丞相.

• 赧王 24年(庚午, 紀元前 291年)

1 秦伐韓 拔宛.

秦燭壽免. 魏冉復爲丞相 封於穰與陶 謂之穰侯. 又封公子市於宛 公子悝於鄧.

• 赧王 25年(辛未, 紀元前 290年)

1 魏入河東地四百里·韓入武遂地二百里於秦.

2 魏芒卯始以詐見重.

• 赧王 26年(壬申, 紀元前 289年)

1 秦大良造白起·客卿錯伐魏 至軹 取城大小六十一.

• 赧王 27年(癸酉, 紀元前 288年)

1 冬 十月 秦王稱西帝 遣使立齊王爲東帝 欲約與共伐趙. 蘇代自燕來 齊王曰 "秦使魏冉致帝 子以爲何如?" 對曰 "願王受之而勿稱也. 秦稱之 天下安之 王乃稱之 無後也. 秦稱之 天下惡之 王因勿稱 以收天下 此大資也. 且伐趙孰與伐桀宋利? 今王不如釋帝以收天下之望 發兵以伐桀宋 宋擧則楚·趙·梁·衛皆懼矣. 是我以名尊秦而令天下憎之 所謂以卑爲尊也." 齊王從之 稱帝二日而復歸之. 十二月 呂禮自齊入秦. 秦王亦去帝 復稱王.

2 秦攻趙 拔杜陽.

・ 赧王 28年(甲戌, 紀元前 287年)

1 秦攻趙 拔新垣·曲陽.

・ 赧王 29年(乙亥, 紀元前 286年)

1 秦司馬錯擊魏河內. 魏獻安邑以和 秦出其人歸之魏.

2 秦敗韓師於夏山.

3 宋有雀生鳥旃 於城之陬. 史占之曰"吉 小而生巨 必霸天下." 宋康王喜 起兵滅滕 伐薛 東敗齊 取五城 南敗楚 取地三百里 西敗魏軍 與齊·魏爲敵國 乃愈自信其霸. 欲霸之亟成 故射天笞地 斬社稷而焚滅之 以示威服鬼神. 爲長夜之飮於室中 室中人呼萬歲 則堂上之人應之 堂下之人又應之 門外之人又應之 以至於國中 無敢不呼萬歲者. 天下之人謂之桀宋. 齊湣王起兵伐之 民散 城不守. 宋王奔魏 死於溫.

・ 赧王 30年 (丙子, 紀元前 285年)

1 秦王會楚王於宛 會趙王於中陽.

2　秦蒙武擊齊 拔九城.

3　齊湣王旣滅宋而驕 乃南侵楚 西侵三晉 欲幷二周爲天子. 狐咺正議 斮之檀衢. 陳擧直言 殺之東閭.

燕昭王日夜撫循其人 益以富實 乃與樂毅謀伐齊. 樂毅曰"齊 霸國之餘業也 地大人衆 未易獨攻也. 王必欲伐之 莫如約趙及楚·魏." 於是 使樂毅約趙 別使使者連楚·魏 且令趙嚪秦以伐齊之利. 諸侯害齊王之驕暴 皆爭合謀與燕伐齊.

• 赧王 31年(丁丑, 紀元前 284年)

1　燕王悉起兵 以樂毅爲上將軍. 秦尉斯離帥師與三晉之師會之. 趙王以相國印授樂毅 樂毅幷將秦·魏·韓·趙之兵以伐齊. 齊湣王悉國中之衆以拒之 戰於濟西 齊師大敗 樂毅還秦·韓之師 分魏師以略宋地 部趙師以收河間. 身率燕師 長驅逐北. 劇辛曰"齊大而燕小 賴諸侯之助以破其軍 宜及時攻取其邊城以自益 此長久之利也. 今過而不攻 以深入爲名 無損於齊 無益於燕而結深怨 後必悔之." 樂毅曰"齊王伐功矜能 謀不逮下 廢黜賢良 信任諂諛 政令戾虐 百姓怨懟. 今軍皆破亡 若因而乘之 其民必叛 禍亂內作 則齊可圖也. 若不遂乘之 待彼悔前之非 改過恤下而撫其民 則難慮也." 遂進軍深入. 齊人果大亂失度 湣王出走. 樂毅入臨淄 取寶物·祭器 輸之於燕. 燕王親至濟上勞軍 行賞饗士 封樂毅爲昌國君 遂使留徇齊城之未下者.

齊王出亡之衛 衛君辟宮舍之 稱臣而共具. 齊王不遜 衛人侵

之. 齊王去奔鄒·魯 有驕色 鄒·魯弗內 遂走莒. 楚使淖齒將兵救齊 因爲齊相. 淖齒欲與燕分齊地 乃執湣王而數之 曰“千乘·博昌之間 方數百里 雨血沾衣 王知之乎?” 曰“知之.”“嬴·博之間 地坼及泉 王知之乎?” 曰“知之.”“有人當闕而哭者 求之不得 去則聞其聲 王知之乎?” 曰“知之” 淖齒曰“天雨血沾衣者 天以告也 地坼及泉者 地以告也 有人當闕而哭者 人以告也. 天·地·人皆告矣 而王不知誡焉 何得無誅!” 遂弒王於鼓里.

❖ 荀子論之曰

國者 天下之利勢也. 得道以持之 則大安也 大榮也 積美之源也. 不得道以持之 則大危也 大累也 有之不如無之 及其綦也 索爲匹夫 不可得也. 齊湣·宋獻是也.

故用國者義立而王 信立而霸 權謀立而亡.

挈國以呼禮義而無以害之. 行一不義 殺一無罪 而得天下 仁者不爲也. 擽然扶持心國 且若是其固也. 之所與爲之者之人 則擧義士也. 之所以爲布陳於國家刑法者 則擧義法也. 主之所極然 帥羣臣而首嚮之者 則擧義志也. 如是 則下仰上以義矣 是基定也. 基定而國定 國定而天下定. 故曰 以國濟義 一日而白 湯·武是也. 是所謂義立而王也.

德雖未至也 義雖未濟也 然而天下之理略奏矣 刑賞已諾信於天下矣 臣下曉然皆知其可要也. 政令已陳 雖覩利敗 不欺其民 約結已定 雖覩利敗 不欺其與 如是則兵勁城固 敵國畏之 國一綦明 與國信之 雖在僻陋之國 威動天下 五伯是也. 是所謂信立而霸也.

挈國以呼功利 不務張其義 齊其信 唯利之求 內則不憚詐其民而求小利焉 外則不憚詐其與而求大利焉 內不修正其所以有 然常欲人之有 如是 則臣下百姓莫不以詐心待其上矣 上詐其下 下詐其上 則是上下析也. 如是則敵國輕之 與國疑之 權謀日行而國不免危削 綦之而亡 齊湣·薛公是也. 故用强齊 非以修禮義也 非以本政教也 非以一天下也 綿綿常以結引馳外爲務. 故强 南足以破楚 西足以詘秦 北足以敗燕 中足以擧宋 及以燕·趙起而攻之 若振槁然 而身死國亡 爲天下大戮 後世言惡則必稽焉. 是無他故焉 唯其不由禮義而由權謀也.

三者 明主之所謹擇也 仁人之所務白也 善擇者制人 不善擇者人制之.

2 樂毅聞晝邑人王蠋賢 令軍中環晝邑三十里無入. 使人請蠋 蠋謝不往. 燕人曰“不來 吾且屠晝邑!”蠋曰“忠臣不事二君 烈女不更二夫 國破君亡 吾不能存 而又欲劫之以兵; 吾與其不義而生 不若死!”遂經其頸於樹枝 自奮絶脰而死. 燕師乘勝長驅 齊城皆望風奔潰. 樂毅修整燕軍 禁止侵掠 求齊之逸民 顯而禮之. 寬其賦歛 除其暴令 修其舊政 齊民喜悅. 乃遣左軍渡膠東·東萊; 前軍循泰山以東至海 略琅邪; 右軍循河·濟屯阿·鄄以連魏師; 後軍旁北海以撫千乘; 中軍據臨淄而鎭齊都. 祀桓公·管仲於郊 表賢者之閭 封王蠋之墓. 齊人食邑於燕者二十餘君 有爵位於薊者百有餘人. 六月之間 下齊七十餘城 皆爲郡縣.

3 秦王·魏王·韓王會於京師.

• 赧王 32年(戊寅, 紀元前 283年)

1 秦·趙會於穰. 秦拔魏安城 兵至大梁而還.

2 齊淖齒之亂 湣王子法章變姓名爲莒太史敫家傭. 太史敫女奇法章狀貌 以爲非常人 憐而常竊衣食之 因與私通. 王孫賈從湣王 失王之處 其母曰“汝朝出而晚來 則吾倚門而望; 汝暮出而不還 則吾倚閭而望. 汝今事王 王走 汝不知其處 汝尙何歸焉!” 王孫賈乃入市中呼曰“淖齒亂齊國 殺湣王. 欲與我誅之者袒右!” 市人從者四百人 與攻淖齒 殺之. 於是齊亡臣相與求湣王子 欲立之. 法章懼其誅己 久之乃敢自言 遂立以爲齊王 保莒城以拒燕 布告國中曰“王已立在莒矣!”

3 趙王得楚和氏璧 秦昭王欲之 請易以十五城. 趙王欲勿與 畏秦强; 欲與之 恐見欺. 以問藺相如 對曰“秦以城求璧而王不許 曲在我矣. 我與之璧而秦不與我城 則曲在秦. 均之二策 寧許以負秦. 臣願奉璧而往 使秦城不入 臣請完璧而歸之!” 趙王遣之. 相如至秦 秦王無意償趙城. 相如乃以詐紿秦王復取璧 遣從者懷之 間行歸趙 而以身待命於秦. 秦王以爲賢而弗誅 禮而歸之. 趙王以相如爲上大夫.

4 衛嗣君薨 子懷君立. 嗣君好察微隱 縣令有發褥而席弊者 嗣君聞之 乃賜之席. 令大驚 以君爲神. 又使人過關市 賂之以金 旣而召關市 問有客過與汝金 汝回遣之; 關市大恐. 又愛泄姬 重如耳 而恐其因愛重以壅已也 乃貴薄疑以敵如耳 尊魏妃以偶泄姬 曰“以是相參也.”

❖ 荀子論之曰

成侯·嗣君 聚斂計數之君也 未及取民也. 子産 取民者也 未及爲政也. 管仲 爲政者也 未及修禮也. 故修禮者王 爲政者强 取民者安 聚斂者亡.

• 赧王 33年(己卯, 紀元前 282年)

1 秦伐趙 拔兩城.

• 赧王 34年(庚辰, 紀元前 281年)

1 秦伐趙 拔石城.

2 秦穰侯復爲丞相.

3 楚欲與齊·韓共伐秦 因欲圖周. 王使東周武公謂楚令尹昭子曰“周不可圖也.” 昭子曰“乃圖周則無之; 雖然 何不可圖?” 武公曰“西周之地 絶長補短 不過百里. 名爲天下共主 裂其地不足以肥國 得其衆不足以勁兵. 雖然 攻之者名爲弑君. 然而猶有欲攻之者 見祭器在焉故也. 夫虎肉臊而兵利身 人猶攻之 若使澤中之麋蒙虎之皮 人之攻之也必萬倍矣. 裂楚之地 足以肥國 詘楚之名 足以尊王. 今子欲誅殘天下之共主 居三代之傳器 器南則兵至矣!” 於是 楚計輟不行.

• 赧王 35年(辛巳, 紀元前 280年)

1　秦白起敗趙軍 斬首二萬 取代光狼城. 又使司馬錯發隴西兵因蜀攻楚黔中 拔之. 楚獻漢北及上庸地.

• 赧王 36年(壬午, 紀元前 279年)

1　秦白起伐楚 取鄢·鄧·西陵.

2　秦王使使者告趙王 願爲好會於河外澠池. 趙王欲毋行 廉頗·藺相如計曰"王不行 示趙弱且怯也." 趙王遂行 相如從. 廉頗送至境 與王訣曰"王行 度道里會遇之禮畢. 還不過三十日 三十日不還 則請立太子以絶秦望." 王許之.

會于澠池. 王與趙王飮 酒酣 秦王請趙王鼓瑟 趙王鼓之. 藺相如復請秦王擊缶 秦王不肯. 相如曰"五步之內 臣請得以頸血濺大王矣." 左右欲刃相如 相如張目叱之. 左右皆靡. 王不懌 爲一擊缶. 罷酒 秦終不能有加於趙; 趙人亦盛爲之備 秦不敢動. 趙王歸國 以藺相如爲上卿 位在廉頗之右.

廉頗曰"我爲趙將 有攻城野戰之功. 藺相如素賤人 徒以口舌而位居我上 吾羞 不忍爲之下!" 宣言曰"我見相如 必辱之!" 相如聞之 不肯與會; 每朝 常稱病 不欲爭列. 出而望見 輒引車避匿. 其舍人皆以爲恥. 相如曰"子視廉將軍孰與秦王?" 曰"不若." 相如曰"夫以秦王之威而相如廷叱之 辱其羣臣; 相如雖駑獨畏廉將軍哉! 顧吾念之 强秦所以不敢加兵於趙者 徒以吾兩人在也. 今兩虎共鬬 其勢不俱生. 吾所以爲此者 先國家之急而後

私讐也!" 廉頗聞之 肉袒負荊至門謝罪 遂爲刎頸之交.

3 初 燕人攻安平 臨淄市掾田單在安平 使其宗人皆以鐵籠傅車轊 及城潰 人爭門而出 皆以軸折車敗 爲燕所擒; 獨田單宗人以鐵籠得免 遂奔卽墨. 是時齊地皆屬燕 獨莒·卽墨未下 樂毅乃幷右軍·前軍以圍莒 左軍·後軍圍卽墨. 卽墨大夫出戰而死. 卽墨人曰"安平之戰 田單宗人以鐵籠得全 是多智習兵." 因共立以爲將以拒燕. 樂毅圍二邑 期年不剋 乃令解圍 各去城九里而爲壘 令曰"城中民出者勿獲 困者賑之 使卽舊業 以鎭新民." 三年而猶未下. 或讒之於燕昭王曰"樂毅智謀過人 伐齊呼吸之間剋七十餘城 今不下者兩城耳 非其力不能拔 所以三年不攻者 欲久仗兵威以服齊人 南面而王耳. 今齊人已服 所以未發者 以其妻子在燕故也. 且齊多美女 又將忘其妻子. 願王圖之!" 昭王於是置酒大會 引言者而讓之曰"先王擧國以禮賢者 非貪土地以遺子孫也. 遭所傳德薄 不能堪命 國人不順. 齊爲無道 乘孤國之亂以害先王. 寡人統位 痛之入骨 故廣延羣臣 外招賓客 以求報讐; 其有成功者 尙欲與之同共燕國. 今樂君親爲寡人破齊 夷其宗廟報塞先仇 齊國固樂君所有 非燕之所得也. 樂君若能有齊 與燕並爲列國 結歡同好 以抗諸侯之難 燕國之福 寡人之願也. 汝何敢言若此!" 乃斬之. 賜樂毅妻以后服 賜其子以公子之服; 輅車乘馬 後屬百兩 遣國相奉而致之樂毅 立樂毅爲齊王. 樂毅惶恐不受 拜書 以死自誓. 由是齊人服其義 諸侯畏其信 莫敢復有謀者.

頃之 昭王薨 惠王立. 惠王自爲太子時 嘗不快於樂毅. 田單聞之 乃縱反間於燕 宣言曰"齊王已死 城之不拔者二耳. 樂毅與燕新王有隙 畏誅而不敢歸 以伐齊爲名 實欲連兵南面王齊. 齊

人未附 故且緩攻卽墨以待其事. 齊人所懼 唯恐他將之來 卽墨殘矣. 燕王固已疑樂毅 得齊反間 乃使騎劫代將而召樂毅. 樂毅知王不善 代之 遂奔趙. 燕將士由是憤惋不和.

田單令城中人食 必祭其先祖於庭 飛鳥皆翔舞而下城中. 燕人怪之 田單因宣言曰"當有神師下敎我" 有一卒曰"臣可以爲師乎?" 因反走. 田單起引還 坐東鄉 師事之. 卒曰"臣欺君." 田單曰"子勿言也!" 因師之. 每出約束 必稱神師. 乃宣言曰"吾唯懼燕軍之劓所得齊卒 置之前行 卽墨敗矣!" 燕人聞之 如其言. 城中見降者盡劓 皆怒 堅守 唯恐見得. 單又縱反間 言"吾懼燕人掘吾城外冢墓 可爲寒心!" 燕軍盡掘冢墓 燒死人. 齊人從城上望見 皆涕泣 其欲出戰 怒自十倍. 田單知士卒之可用 乃身操版·鍤與士卒分功; 妻妾編於行伍之間; 盡散飮食饗士. 令甲卒皆伏 使老弱·女子乘城 遣使約降於燕; 燕軍皆呼萬歲. 田單又收民金 得千鎰 令卽墨富豪遺燕將 曰"卽降願無虜掠吾族家!" 燕將大喜許之. 燕軍益懈. 田單乃收城中 得牛千餘 爲絳繒衣 畫以五采龍文 束兵刃於其角 而灌脂束葦於其尾 燒其端鑿城數十穴 夜縱牛 壯士五千隨其後. 牛尾熱怒而奔燕軍. 燕軍大驚 視牛皆龍文 所觸盡死傷. 而城中鼓譟從之 老弱皆擊銅器爲聲 聲動天地. 燕軍大駭 敗走. 齊人殺騎劫 追亡逐北 所過城邑皆叛燕 復爲齊. 田單兵日益多 乘勝 燕日敗亡 走至河上 而齊七十餘城皆復焉. 乃迎襄王於莒; 入臨淄 封田單爲安平君.

齊王以太史敫之女爲后 生太子建. 太史敫曰"女不取媒 因自嫁 非吾種也 汙吾世!" 終身不見君王后 君王后亦不以不見故失人子之禮.

趙王封樂毅於觀津 尊寵之 以警動於燕·齊. 燕惠王乃使人讓樂毅 且謝之曰"將軍過聽 以與寡人有隙 遂捐燕歸趙. 將軍自

爲計則可矣 而亦何以報先王之所以遇將軍之意乎?" 樂毅報書曰"昔伍子胥說聽於闔閭而吳遠迹至郢 夫差弗是也 賜之鴟夷而浮之江. 吳王不寤先論之可以立功 故沈子胥而不悔; 子胥不蚤見主之不同量 是以至於入江而不化. 夫免身立功以明先王之迹臣之上計也. 離毀辱之誹謗 墮先王之名 臣之所大恐也. 臨不測之罪 以幸爲利 義之所不敢出也. 臣聞古之君子 交絶不出惡聲忠臣去國 不潔其名. 臣雖不佞 數奉敎於君子矣. 唯君王之留意焉!" 於是燕王復以樂毅子閒爲昌國君 而樂毅往來復通燕 卒於趙 號曰望諸君.

田單相齊 過淄水 有老人涉淄而寒 出水不能行. 田單解其裘而衣之. 襄王惡之 曰"田單之施於人 將以取我國乎! 不早圖 恐後之變也." 左右顧無人 巖下有貫珠者 襄王呼而問之曰"汝聞吾言乎?" 對曰"聞之." 王曰"汝以爲何如?" 對曰"王不如因以爲己善. 王嘉單之善 下令曰"寡人憂民之饑也 單收而食之. 寡人憂民之寒也 單解裘而衣之. 寡人憂勞百姓 而單亦憂 稱寡人之意." 單有是善而王嘉之 單之善亦王之善也!" 王曰"善." 乃賜單牛酒. 後數日貫珠者復見王曰"王朝日宜召田單而揖之於庭 口勞之. 乃布令求百姓之饑寒者 收穀之." 乃使人聽於閭里 聞大夫之相與語者曰"田單之愛人 嗟 乃王之敎也!"

田單任貂勃於王. 王有所幸臣九人 欲傷安平君 相與語於王曰"燕之伐齊之時 楚王使將軍將萬人而佐齊. 今國已定而社稷已安矣 何不使使者謝於楚王?" 王曰"左右孰可?" 九人之屬曰"貂勃可." 貂勃使楚 楚王受而觴之 數月不反. 九人之屬相與語曰"夫一人之身而牽留萬乘者 豈不以據勢也哉! 且安平君之與王也 君臣無異而上下無別. 且其志欲爲不善 內撫百姓外懷戎翟 禮天下之賢士 其志欲有爲 願王察之!" 異日 王曰"召相單而

來!" 田單免冠·徒跣·肉袒而進 退而請死罪 五日而王曰"子無罪於寡人. 子爲子之臣禮 吾爲吾之王禮而已矣." 貂勃從楚來 王賜之酒. 酒酣 王曰"召相單而來!" 貂勃避席稽首曰"王上者孰與周文王?" 王曰"吾不若也." 貂勃曰"然 臣固知王不若也. 下者孰與齊桓公?" 王曰"吾不若也." 貂勃曰"然 臣固知王不若也. 然則周文王得呂尙以爲太公 齊桓公得管夷吾以爲仲父 今王得安平君而獨曰"單" 安得此亡國之言乎! 且自天地之闢 民人之始爲人臣之功者 誰有厚於安平君者哉? 王不能守王之社稷 燕人興師而襲齊 王走而之城陽之山中 安平君以惴惴卽墨三里之城五里之郭 敝卒七千人 禽其司馬而反千里之齊 安平君之功也. 當是之時 舍城陽而自王 天下莫之能止. 然而計之於道 歸之於義 以爲不可 故棧道木閣而迎王與后於城陽山中 王乃得反 子臨百姓. 今國已定 民已安矣 王乃曰'單' 嬰兒之計不爲此也. 王亟殺此九子者以謝安平君; 不然 國其危矣!" 乃殺九子而逐其家 益封安平君以夜邑萬戶.

田單將攻狄 往見魯仲連. 魯仲連曰"將軍攻狄不能下也." 田單曰; "臣以卽墨破亡餘卒破萬乘之燕 復齊之墟. 今攻狄而不下 何也?" 上車弗謝而去 遂攻狄. 三月不克. 齊小兒謠曰"大冠若箕 脩劍拄頤 攻狄不能下 壘枯骨成丘." 田單乃懼 問魯仲連曰"先生謂單不能下狄 請聞其說." 魯仲連曰"將軍之在卽墨 坐則織蕢 立則仗鍤 爲士卒倡曰"無可往矣! 宗廟亡矣! 今日尙矣! 歸於何黨矣!" 當此之時 將軍有死之心 士卒無生之氣 聞君言莫不揮泣奮臂而欲戰 此所以破燕也. 當今將軍東有夜邑之奉 西有淄上之娛 黃金橫帶而騁乎淄·澠之間 有生之樂 無死之心 所以不勝也." 田單曰"單之有心 先生志之矣." 明日 乃厲氣循城 立於矢石之所 援枹鼓之 狄人乃下.

初 齊湣王旣滅宋 欲去孟嘗君. 孟嘗君奔魏 魏昭王以爲相 與諸侯共伐破齊. 湣王死 襄王復國 而孟嘗君中立爲諸侯 無所屬. 襄王新立 畏孟嘗君 與之連和. 孟嘗君卒 諸子爭立 而齊·魏共滅薛 孟嘗君絶嗣.

• 赧王 37年(癸未, 紀元前 278年)

1 秦大良造白起伐楚 拔郢 燒夷陵. 楚襄王兵散 遂不復戰 東北徙都於陳. 秦以郢爲南郡 封白起爲武安君.

• 赧王 38年(甲申, 紀元前 277年)

1 秦武安君定巫·黔中 初置黔中郡.

2 魏昭王薨 子安釐王立.

• 赧王 39年(乙酉, 紀元前 276年)

1 秦武安君伐魏 拔兩城.

2 楚王收東地兵 得十餘萬 復西取江南十五邑.

3 魏安釐王封其弟無忌爲信陵君.

• 赧王 40年(丙戌, 紀元前 275年)

1 秦相國穰侯伐魏. 韓暴鳶救魏 穰侯大破之 斬首四萬. 暴鳶走開封. 魏納八城以和. 穰侯復伐魏 走芒卯 入北宅. 魏人割溫以和.

• 赧王 41年(丁亥, 紀元前 274年)

1 魏復與齊合從. 秦穰侯伐魏 拔四城 斬首四萬.

2 魯湣公薨 子頃公讐立.

• 赧王 42年(戊子, 紀元前 273年)

1 趙人·魏人伐韓華陽. 韓人告急於秦 秦王弗救. 韓相國謂陳筮曰"事急矣 願公雖病爲一宿之行!"陳筮如秦 見穰侯. 穰侯曰"事急乎? 故使公來."陳筮曰"未急也."穰侯怒曰"何也?"陳筮曰"彼韓急則將變而他從 以未急 故復來耳."穰侯曰"請發兵矣."乃與武安君及客卿胡陽救韓 八日而至 敗魏軍於華陽之下 走芒卯 虜三將 斬首十三萬. 武安君又與趙將賈偃戰 沈其卒二萬人於河. 魏段干子請割南陽予秦以和. 蘇代謂魏王曰"欲璽者段干子也 欲地者 秦也. 今王使欲地者制璽 欲璽者制地 魏地盡矣! 夫以地事秦 猶抱薪救火 薪不盡 火不滅."王曰"是則然也. 雖然 事始已行 不可更矣."對曰"夫博之所以貴梟者 便則食 不

便則止. 今何王之用智不如用梟也?” 魏王不聽. 卒以南陽爲和寔脩武.

2 韓釐王薨 子桓惠王立.

3 韓·魏既服於秦 秦王將使武安君與韓·魏伐楚 未行 而楚使者黃歇至 聞之 畏秦乘勝一擧而滅楚也 乃上書曰“臣聞物至則反 冬·夏是也; 致至則危 累棋是也. 今大國之地 偏天下有其二垂 此從生民以來 萬乘之地未嘗有也. 先王三世不忘接地於齊以絶從親之要. 今王使盛橋守事於韓 盛橋以其地入秦 是王不用甲 不信威 而得百里之地 王可謂能矣! 王又擧甲而攻魏 杜大梁之門 擧河內 拔燕·酸棗·虛·桃 入邢 魏之兵雲翔而不敢捄 王之功亦多矣! 王休甲息衆 二年而後復之 又幷蒲·衍·首·垣以臨仁·平丘 黃·濟陽嬰城而魏氏服. 王又割濮磨之北 注齊·秦之要絶楚·趙之脊 天下五合六聚而不敢捄 王之威亦單矣! 王若能保功守威 絀攻取之心 而肥仁義之地 使無後患 三王不足四 五伯不足六也! 王若負人徒之衆 仗兵革之强 乘毀魏之威 而欲以力臣天下之主 臣恐其有後患也. 詩曰‘靡不有初 鮮克有終.’ 易曰‘狐涉水 濡其尾.’ 此言始之易 終之難也. 昔吳之信越也 從而伐齊 既勝齊人於艾陵 還爲越王禽於三江之浦. 智氏之信韓·魏也從而伐趙 攻晉陽城 勝有日矣 韓·魏叛之 殺智伯瑤於鑿臺之下. 今王妬楚之不毀而忘毀楚之强韓·魏也 臣爲王慮而不取也. 夫楚國 援也 鄰國敵也. 今王信韓·魏之善王 此正吳之信越也 臣恐韓·魏卑辭除患而實欲欺大國也. 何則? 王無重世之德於韓·魏而有累世之怨焉. 夫韓·魏父子兄弟接踵而死於秦將十世矣 故韓·魏之不亡 秦社稷之憂也. 今王資之與攻楚不亦過乎! 且攻楚將

惡出兵? 王將借路於仇讎之韓·魏乎 兵出之日而王憂其不反也. 王若不借路於仇讎之韓·魏 必攻隨水右壤 此皆廣川·大水·山林·谿谷 不食之地. 是王有毀楚之名而無得地之實也. 且王攻楚之日 四國必悉起兵而應王 秦·楚之兵構而不離 魏氏將出而攻留·方與·銍·湖陵·碭·蕭·相 故宋必盡 齊人南面攻楚 泗上必擧 此皆平原四達膏腴之地 如此 則天下之國莫强於齊·魏矣. 臣爲王慮 莫若善楚. 秦·楚合而爲一以臨韓 韓必斂手而朝 王施以東山之險 帶以曲河之利 韓必爲關內之侯. 若是而王以十萬戍鄭 梁氏寒心 許·鄢陵嬰城而上蔡·召陵不往來也 如此 魏亦關內侯矣. 大王壹善楚而關內兩萬乘之主 注地於齊 齊右壤可拱手而取也. 王之地一經兩海 要約天下 是燕·趙無齊·楚 齊·楚無燕·趙也. 然後危動燕·趙直搖齊·楚 此四國者不待痛而服矣." 王從之 止武安君而謝韓·魏 使黃歇歸 約親於楚. *

資治通鑑 卷005

【周紀五】

起屠維赤奮若(己丑) 盡旃蒙大荒落(乙巳) 凡十七年

• 赧王 43年(己丑, 紀元前 272年)

1 楚以左徒黃歇侍太子完爲質於秦.

2 秦置南陽郡.

3 秦·魏·楚共伐燕.

4 燕惠王薨 子武成王立.

• 赧王 44年(庚寅, 紀元前 271年)

1 趙藺相如伐齊 至平邑.

2 趙田部吏趙奢收租稅 平原君家不肯出; 趙奢以法治之 殺

平原君用事者九人. 平原君怒 將殺之. 趙奢曰“君於趙爲貴公子 今縱君家而不奉公則法削 法削則國弱 國弱則諸侯加兵 是無趙也. 君安得有此富乎! 以君之貴 奉公如法 則上下平 上下平則國强 國强則趙固 而君爲貴戚 豈輕於天下邪!” 平原君以爲賢 言之於王. 王使治國賦 國賦大平 民富而府庫實.

· 赧王 45年(辛卯, 紀元前 270年)

1 秦伐趙 圍閼與. 趙王召廉頗·樂乘而問之 曰“可救否?” 皆曰“道遠險陿 難救.” 問趙奢 趙奢對曰“道遠險陿 譬猶兩鼠鬪於穴中 將勇者勝.” 王乃令趙奢將兵救之. 去邯鄲三十里而止 令軍中曰“有以軍事諫者死!”

秦師軍武安西 鼓譟勒兵 武安屋瓦盡振. 趙軍中候有一人言急救武安 趙奢立斬之. 堅壁二十八日不行 復益增壘. 秦間入趙軍 趙奢善食遣之. 間以報秦將 秦將大喜曰“夫去國三十里而軍不行 乃增壘 閼與非趙地也!” 趙奢旣已遣間 卷甲而趨 一日一夜而至 去閼與五十里而軍 軍壘成. 秦師聞之 悉甲而往. 趙軍士許歷請以軍事諫 趙奢進之. 許歷曰“秦人不意趙至此 其來氣盛 將軍必厚集其陳以待之; 不然 必敗.” 趙奢曰“請受敎!” 許歷請刑 趙奢曰“胥 後令邯鄲.” 許歷復請諫曰“先據北山上者勝 後至者敗.” 趙奢許諾 卽發萬人趨之. 秦師後至 爭山不得上; 趙奢縱兵擊秦師 秦師大敗 解閼與而還. 趙王封奢爲馬服君 與廉·藺同位 以許歷爲國尉.

2 穰侯言客卿竈於秦王 使伐齊 取剛·壽以廣其陶邑.

初 魏人范睢從中大夫須賈使於齊 齊襄王聞其辯口 私賜之金及牛·酒. 須賈以爲睢以國陰事告齊也 歸而告其相魏齊. 魏齊怒笞擊范睢 折脅 摺齒. 睢佯死 卷以簀 置厠中 使客醉者更溺之以懲後 令無妄言者. 范睢謂守者曰“能出我 我必有厚謝.”守者乃請棄簀中死人. 魏齊醉曰“可矣 .”范睢得出. 魏齊悔 復召求之. 魏人鄭安平遂操范睢亡匿 更姓名曰張祿.

秦謁者王稽使於魏 范睢夜見王稽. 稽潛載與俱歸 薦之於王王見之於離宮. 范睢佯爲不知永巷而入其中 王來而宦者怒逐之曰“王至!”范睢謬曰“秦安得王 秦獨有太后·穰侯耳!”王微聞其言 乃屛左右跽而請曰“先生何以幸教寡人?”對曰“唯唯.”如是者三. 王曰“先生卒不幸敎寡人邪?”范睢曰“非敢然也! 臣 羇旅之臣也 交疏於王 而所願陳者皆匡君之事 處人骨肉之間 願效愚忠而未知王之心也 此所以王三問而不敢對者也. 臣知今日言之於前 明日伏誅於後 然臣不敢避也. 且死者 人之所必不免也 苟可以少有補於秦而死 此臣之所大願也. 獨恐臣死之後 天下杜口裹足 莫肯鄉秦耳.”王跽曰“先生 是何言也! 今者寡人得見先生是天以寡人溷先生而存先王之宗廟也. 事無大小 上及太后 下至大臣 願先生悉以敎寡人 無疑寡人也!”范睢拜 王亦拜 范睢曰“以秦國之大 士卒之勇 以治諸侯 譬若走韓盧而搏蹇兎也 而閉關十五年 不敢窺兵於山東者 是穰侯爲秦謀不忠 而大王之計亦有所失也.”王跽曰“寡人願聞失計!”然左右多竊聽者 范睢未敢言內 先言外事 以觀王之俯仰. 因進曰“夫穰侯越韓·魏而攻齊剛·壽 非計也. 齊湣王南攻楚 破軍殺將 再辟地千里 而齊尺寸之地無得焉者 豈不欲得地哉? 形勢不能有也. 諸侯見齊之罷敝起兵而伐齊 大破之 齊幾於亡 以其伐楚而肥韓·魏也. 今王不如遠交而近攻 得寸則王之寸也 得尺亦王之尺也. 今夫韓·魏中國

之處 而天下之樞也. 王若用霸 必親中國以爲天下樞 以威楚·趙 楚强則附趙 趙强則附楚 楚·趙皆附 齊必懼矣 齊附則韓·魏因可虜也." 王曰 "善." 乃以范雎爲客卿 與謀兵事.

· 赧王 46年(壬辰, 紀元前 269年)

1 秦中更胡傷攻趙閼與 不拔.

· 赧王 47年(癸巳, 紀元前 268年)

1 秦王用范雎之謀 使五大夫綰伐魏 拔懷.

· 赧王 48年(甲午, 紀元前 267年)

1 秦悼太子質於魏而卒.

· 赧王 49年(乙未, 紀元前 266年)

1 秦拔魏邢丘. 范雎日益親 用事 因承間說王曰 "臣居山東時 聞齊之有孟嘗君 不聞有王; 聞秦有太后·穰侯 不聞有王. 夫擅國之謂王 能利害之謂王 制殺生之謂王. 今太后擅行不顧 穰侯出使不報 華陽·涇陽擊斷無諱 高陵進退不請 四貴備而國不危

者 未之有也. 爲此四貴者下 乃所謂無王也. 穰侯使者操王之重 決制於諸侯 剖符於天下 征敵伐國 莫敢不聽; 戰勝攻取則利歸於陶 戰敗則怨結於百姓而禍歸於社稷. 臣又聞之 木實繁者披其枝 披其枝者傷其心; 大其都者危其國 尊其臣者卑其主. 淖齒管齊 射王股 擢王筋 懸之於廟梁 宿昔而死. 李兌管趙 囚主父於沙丘 百日而餓死. 今臣觀四貴之用事 此亦淖齒·李兌之類也. 夫三代之所以亡國者 君專授政於臣 縱酒弋獵; 其所授者妬賢疾能 御下蔽上以成其私 不爲主計 而主不覺悟 故失其國. 今自有秩以上至諸大吏 下及王左右 無非相國之人者 見王獨立於朝 臣竊爲王恐 萬世之後有秦國者 非王子孫也." 王以爲然 於是廢太后 逐穰侯·高陵·華陽·涇陽君於關外 以范睢爲丞相 封爲應侯.

魏王使須賈聘於秦 應侯敝衣間步而往見之. 須賈驚曰 "范叔固無恙乎!" 留坐飮食 取一綈袍贈之. 遂爲須賈御而至相府 曰 "我爲君先入通於相君." 須賈怪其久不出 問於門下 門下曰 "無范叔 鄕者吾相張君也." 須賈知見欺 乃膝行入謝罪. 應侯坐 責讓之 且曰 "爾所以得不死者以綈袍 戀戀尙有故人之意耳!" 乃大供具 請諸侯賓客 坐須賈於堂下 置莝·豆於前而馬食之 使歸告魏王曰 "速斬魏齊頭來! 不然 且屠大梁!" 須賈還 以告魏齊. 魏齊奔趙 匿於平原君家.

2 趙惠文王薨 子孝成王丹立; 以平原君爲相.

• 赧王 50年(丙申, 紀元前 265年)

1 秦宣太后薨. 九月 穰侯出之陶.

❖臣光曰

穰侯援立昭王 除其災害; 薦白起爲將 南取鄢·郢 東屬地於齊 使天下諸侯稽首而事秦 秦益强大者 穰侯之功也. 雖其專恣驕貪足以賈禍 亦未至盡如范睢之言. 若睢者 亦非能爲秦忠謀 直欲得穰侯之處 故搤其吭而奪之耳. 遂使秦王絶母子之義 失舅甥之恩. 要之 睢眞傾危之士哉!

2 秦王以子安國君爲太子.

3 秦伐趙 取三城. 趙王新立 太后用事 求救於齊 齊人曰"必以長安君爲質." 太后不可. 齊師不出 大臣强諫. 太后明謂左右曰'復言長安君爲質者 老婦必唾其面!' 左師觸龍願見太后 太后盛氣而胥之入. 左師公徐趨而坐 自謝曰"老臣病足 不得見久矣 竊自恕; 而恐太后體之有所苦也 故願望見太后." 太后曰"老婦恃輦而行." 曰"食得毋衰乎?" 曰"恃粥耳." 太后不和之色稍解. 左師公曰"老臣賤息舒祺 最少 不肖 而臣衰 竊憐愛之 願得補黑衣之缺以衛王宮 昧死以聞!" 太后曰"諾. 年幾何矣?" 對曰"十五歲矣. 雖少 願及未塡溝壑而託之. 太后曰"丈夫亦愛少子乎?" 對曰"甚於婦人." 太后笑曰"婦人異甚." 對曰"老臣竊以爲媼之愛燕后賢於長安君." 太后曰"君過矣! 不若長安君之甚." 左師公曰"父母愛其子則爲之計深遠. 媼之送燕后也 持其踵而泣念其遠也 亦哀之矣. 已行 非不思也 祭祀則祝之曰"必勿使反!"

豈非爲之計長久 爲子孫相繼爲王也哉?” 太后曰 “然.” 左師公曰 “今三世以前 至於趙王之子孫爲侯者 其繼有在者乎?” 曰 “無有.” 曰 “此其近者禍及身 遠者及其子孫. 豈人主之子侯則不善哉? 位尊而無功 奉厚而無勞 而挾重器多也. 今媼尊長安君之位 而封之以膏腴之地 多與之重器 而不及今令有功於國 一旦山陵崩 長安君何以自託於趙哉?” 太后曰 “諾 恣君之所使之!” 於是爲長安君約車百乘質於齊. 齊師乃出 秦師退.

4 齊安平君田單將趙師以伐燕 取中陽 又伐韓 取注人.

5 齊襄王薨 子建立. 建年少 國事皆決於君王后.

• 赧王 51年(丁酉, 紀元前 264年)

1 秦武安君伐韓 拔九城 斬首五萬.

2 田單爲趙相.

• 赧王 52年(戊戌, 紀元前 263年)

1 秦武安君伐韓 取南陽; 攻太行道 絶之.

2 楚頃襄王疾病. 黃歇言於應侯曰 “今楚王疾恐不起 秦不如歸其太子. 太子得立 其事秦必重而德相國無窮 是親與國而得儲

萬乘也. 不歸 則咸陽布衣耳. 楚更立君 必不事秦 是失與國而絶萬乘之和 非計也.”應侯以告王. 王曰“令太子之傅先往問疾 反而後圖之.”黃歇與太子謀曰“秦之留太子 欲以求利也. 今太子力未能有以利秦也 而陽文君子二人在中. 王若卒大命 太子不在 陽文君子必立爲後 太子不得奉宗廟矣. 不如亡秦 與使者俱出. 臣請止 以死當之!”太子因變服爲楚使者御而出關 而黃歇守舍 常爲太子謝病. 度太子已遠 乃自言於王曰“楚太子已歸 出遠矣. 歇願賜死!”王怒欲聽之. 應侯曰“歇爲人臣 出身以徇其主 太子立 必用歇. 不如無罪而歸之 以親楚.”王從之. 黃歇至楚三月 秋 頃襄王薨 考烈王卽位; 以黃歇爲相 封以淮北地 號曰春申君.

· 赧王 53年(己亥, 紀元前 262年)

1 楚人納州于秦以平.

2 武安君伐韓 拔野王. 上黨路絶 上黨守馮亭 與其民謀曰“鄭道已絶 秦兵日進 韓不能應 不如以上黨歸趙. 趙受我 秦必攻之; 趙被秦兵 必親韓; 韓·趙爲一 則可以當秦矣.”乃遣使者告於趙曰“韓不能守上黨 入之秦 其吏民皆安於趙 不樂爲秦 有城市邑十七 願再拜獻之大王!”趙王以告平陽君豹 對曰“聖人甚禍無故之利.”王曰“人樂吾德 何謂無故?”對曰“秦蠶食韓地 中絶 不令相通 固自以爲坐而受上黨也. 韓氏所以不入於秦者 欲嫁其禍於趙也. 秦服其勞而趙受其利 雖强大不能得之於弱小 弱小固能得之於强大乎! 豈得謂之非無故哉? 不如勿受.”王以告平原君 平原君請受之. 王乃使平原君往受地 以萬戶都三封其太守爲華

陽君 以千戶都三封其縣令爲侯 吏民皆益爵三級. 馮亭垂涕不見使者 曰“吾不忍賣主地而食之也!”

• 赧王 55年(辛丑, 紀元前 260年)

1 秦左庶長王齕攻上黨 拔之. 上黨民走趙. 趙廉頗軍於長平以按據上黨民. 王齕因伐趙. 趙軍數戰不勝 止一裨將·四尉. 趙王與樓昌·虞卿謀 樓昌請發重使爲媾. 虞卿曰“今制媾者在秦 秦必欲破王之軍矣 雖往請媾 秦將不聽. 不如發使以重寶附楚·魏 楚·魏受之 則秦疑天下之合從 媾乃可成也.” 王不聽 使鄭朱媾於秦 秦受之. 王謂虞卿曰“秦內鄭朱矣.” 對曰“王必不得媾而軍破矣. 何則? 天下之賀戰勝者皆在秦矣. 夫鄭朱 貴人也 秦王·應侯必顯重之以示天下. 天下見王之媾於秦 必不救王 秦知天下之不救王 則媾不可得成矣.” 旣而秦果顯鄭朱而不與趙媾.

秦數敗趙兵 廉頗堅壁不出. 趙王以頗失亡多而更怯不戰 怒數讓之. 應侯又使人行千金於趙爲反間 曰“秦之所畏 獨畏馬服君之子趙括爲將耳! 廉頗易與且降矣!” 趙王遂以趙括代頗將. 藺相如曰“王以名使括 若膠柱鼓瑟耳. 括徒能讀其父書傳 不知合變也.” 王不聽. 初 趙括自少時學兵法 以天下莫能當; 嘗與其父奢言兵事 奢不能難 然不謂善. 括母問其故 奢曰“兵 死地也. 而括易言之. 使趙不將括則已; 若必將之 破趙軍者必括也.” 及括將行 其母上書 言括不可使. 王曰“何以?” 對曰“始妾事其父時爲將 身所奉飯而進食者以十數 所友者以百數 王及宗室所賞賜者 盡以與軍吏士大夫; 受命之日 不問家事. 今括一旦爲將 東鄉而朝 軍吏無敢仰視之者; 王所賜金帛 歸藏於家 而日視便利

田宅可買者買之. 王以爲如其父 父子異心 願王勿遣!" 王曰 "母置之 吾已決矣!" 母因曰 "卽如有不稱 妾請無隨坐!" 趙王許之.

秦王聞括已爲趙將 乃陰使武安君爲上將軍而王齕爲裨將 令軍中 "有敢泄武安君將者斬." 趙括至軍 悉更約束 易置軍吏 出兵擊秦師. 武安君佯敗而走 張二奇兵以劫之. 趙括乘勝追造秦壁 壁堅拒不得入; 奇兵二萬五千人絶趙軍之後 又五千騎絶趙壁間. 趙軍分而爲二 糧道絶. 武安君出輕兵擊之 趙戰不利 因築壁堅守以待救至. 秦王聞趙食道絶 自如河內發民年十五以上悉詣長平 遮絶趙救兵及糧食. 齊人·楚人救趙. 趙人乏食 請粟于齊王弗許. 周子曰 "夫趙之於齊·楚扞蔽也 猶齒之有脣也 脣亡則齒寒 今日亡趙 明日患及齊·楚矣. 救趙之務 宜若奉漏甕沃焦釜然. 且救趙 高義也; 卻秦師 顯名也; 義救亡國 威卻强秦. 不務爲此而愛粟 爲國計者過矣!" 齊王弗聽. 九月 趙軍食絶四十六日皆內陰相殺食. 急來攻 壘欲出爲四隊 四·五復之 不能出. 趙括自出銳卒搏戰 秦人射殺之. 趙師大敗 卒四十萬人皆降. 武安君曰 "秦已拔上黨 上黨民不樂爲秦而歸趙. 趙卒反覆 非盡殺之 恐爲亂." 乃挾詐而盡坑殺之. 遺其小者二百四十人歸趙 前後斬首虜四十五萬人; 趙人大震.

• 赧王 56年(壬寅, 紀元前 259年)

1 十月 武安君分軍爲三 王齕攻趙武安·皮牢 拔之. 司馬梗北定太原 盡有上黨地. 韓·魏使蘇代厚幣說應侯曰 "武安君卽圍邯鄲乎?" 曰 "然." 蘇代曰 "趙亡則秦王王矣; 武安君爲三公 君能爲之下乎? 雖欲無爲之下 固不得已矣. 秦嘗攻韓 圍邢丘 困上

黨 上黨之民皆反爲趙 天下不樂爲秦民之日久矣. 今亡趙 北地入燕 東地入齊 南地入韓·魏 則君之所得民無幾何人矣. 不如因而割之 無以爲武安君功也.” 應侯言於秦王曰“秦兵勞 請許韓·趙之割地以和 且休士卒.” 王聽之 割韓垣雍·趙六城以和 正月皆罷兵. 武安君由是與應侯有隙.

趙王將使趙郝約事於秦 割六縣. 虞卿謂趙王曰“秦之攻王也倦而歸乎? 王以其力尙能進 愛王而弗攻乎?” 王曰“秦不遺餘力矣 必以倦而歸也.” 虞卿曰“秦以其力攻其所不能取 倦而歸 王又以其力之所不能取以送之 是助秦自攻也. 來年秦攻王 王無救矣.” 趙王計未定 樓緩至趙 趙王與之計之. 樓緩曰“虞卿得其一不得其二. 秦·趙構難而天下皆說 何也? 曰‘吾且因强而乘弱矣.’ 今趙不如亟割地爲和以疑天下 慰秦之心. 不然 天下將因秦之怒乘趙之敝 瓜分之 趙且亡 何秦之圖乎!” 虞卿聞之 復見曰“危哉樓子之計 是愈疑天下 而何慰秦之心哉! 獨不言其示天下弱乎? 且臣言勿與者 非固勿與而已也; 秦索六城於王 而王以六城賂齊. 齊 秦之深讐也 其聽王不待辭之畢也. 則是王失之於齊而取償於秦 而示天下有能爲也. 王以此發聲 兵未窺於境 臣見秦之重賂至趙而反媾於王也. 從秦爲媾 韓·魏聞之 必盡重王 是王一擧而結三國之親而與秦易道也.” 趙王曰“善.” 使虞卿東見齊王與之謀秦. 虞卿未返 秦使者已在趙矣. 樓緩聞之 亡去. 趙王封虞卿以一城.

秦之始伐趙也 魏王問於大夫 皆以爲秦伐趙 於魏便. 孔斌曰“何謂也?” 曰“勝趙 則吾因而服焉; 不勝趙 則吾承敝而擊之.” 子順曰“不然. 秦自孝公以來 戰未嘗屈 今又屬其良將 何敝之承!” 大夫曰“縱其勝趙 於我何損? 鄰之羞 國之福也.” 子順曰“秦 貪暴之國也 勝趙 必復他求 吾恐於時魏受其師也. 先人有

言 燕雀處屋 子母相哺 呴呴焉相樂也 自以爲安矣. 竈突炎上 棟宇將焚 燕雀顔不變 不知禍之將及己也. 今子不悟趙破患將及己 可以人而同於燕雀乎!”子順者 孔子六世孫也. 初 魏王聞子順賢 遣使者奉黃金束帛 聘以爲相. 子順曰“若王能信用吾道 吾道固爲治世也 雖蔬食飮水 吾猶爲之. 若徒欲制服吾身 委以重祿 吾猶一夫耳 魏王奚少於一夫!”使者固請 子順乃之魏; 魏王郊迎以爲相. 子順改嬖寵之官以事賢才 奪無任之祿以賜有功. 諸喪職者咸不悅 乃造謗言. 文咨以告子順. 子順曰“民之不可與慮始久矣! 古之善爲政者 其初不能無謗. 子產相鄭 三年而後謗止; 吾先君之相魯 三月而後謗止. 今吾爲政日新 雖不能及賢 庸知謗乎!”文咨曰“未識先君之謗何也?”子順曰“先君相魯 人誦之曰‘麛裘而芾 投之無戾. 芾而麛裘 投之無郵.’ 及三月 政化既成 民又誦曰‘裘衣章甫 實獲我所. 章甫裘衣 惠我無私.’”文咨喜曰“乃今知先生不異乎聖賢矣.”子順相魏凡九月 陳大計輒不用 乃喟然曰“言不見用 是吾言之不當也. 言不當於主 居人之官 食人之祿 是尸利素餐 吾罪深矣!”退而以病致仕. 人謂子順曰“王不用子 子其行乎?”答曰“行將何之? 山東之國將幷於秦; 秦爲不義 義所不入.”遂寢於家. 新垣固請子順曰“賢者所在 必興化致治. 今子相魏 未聞異政而卽自退 意者志不得乎 何去之速也?”子順曰“以無異政 所以自退也. 且死病無良醫. 今秦有呑食天下之心 以義事之 固不獲安; 救亡不暇 何化之興! 昔伊摯在夏 呂望在商 而二國不治 豈伊·呂之不欲哉? 勢不可也. 當今山東之國敝而不振 三晉割地以求安 二周折而入秦 燕·齊·楚已屈服矣. 以此觀之 不出二十年 天下其盡爲秦乎!”

2 秦王欲爲應侯必報其仇 聞魏齊在平原君所 乃爲好言誘平

原君至秦而執之. 遣使謂趙王曰“不得齊首 吾不出王弟於關!” 魏齊窮 抵虞卿 虞卿棄相印 與魏齊偕亡. 至魏 欲因信陵君以走楚. 信陵君意難見之 魏齊怒 自殺. 趙王卒取其首以與秦 秦乃歸平原君. 九月 五大夫王陵 復將兵伐趙 武安君病 不任行.

• 赧王 57年(癸卯, 紀元前 258年)

1 正月 王陵攻邯鄲 少利 益發卒佐陵; 陵亡五校. 武安君病愈 王欲使代之. 武安君曰“邯鄲實未易攻也; 且諸侯之救日至. 彼諸侯怨秦之日久矣 秦雖勝於長平 士卒死者過半 國內空 遠絶河山而爭人國都; 趙應其內 諸侯攻其外 破秦軍必矣.” 王自命不行 乃使應侯請之. 武安君終辭疾 不肯行; 乃以王齕代王陵.

趙王使平原君求救於楚 平原君約其門下食客文武備具者二十人與之俱 得十九人 餘無可取者. 毛遂自薦於平原君 平原君曰; “夫賢士之處世也 譬若錐之處囊中 其末立見. 今先生處勝之門下 三年於此矣 左右未有所稱誦 勝未有所聞 是先生無所有也. 先生不能 先生留!” 毛遂曰“臣乃今日請處囊中耳! 使遂蚤得處囊中 乃脫穎而出 非特其末見而已.” 平原君乃與之俱 十九人相與目笑之. 平原君至楚 與楚王言合從之利害 日出而言之日中不決. 毛遂按劍歷階而上 謂平原君曰“從之利害 兩言而決耳! 今日出而言 日中不決 何也?” 楚王怒叱曰“胡不下! 吾乃與而君言 汝何爲者也?” 毛遂按劍而前曰“王之所以叱遂者 以楚國之衆也. 今十步之內 王不得恃楚國之衆也! 王之命懸於遂手. 吾君在前 叱者何也? 且遂聞湯以七十里之地王天下 文王以百里之壤而臣諸侯 豈其士卒衆多哉? 誠能據其勢而奮其威也. 今

楚地方五千里 持戟百萬 此霸王之資也. 以楚之强 天下弗能當. 白起 小豎子耳 率數萬之衆 興師以與楚戰 一戰而擧鄢·郢 再戰而燒夷陵 三戰而辱王之先人 此百世之怨而趙之所羞 而王弗之惡焉. 合從者爲楚 非爲趙也. 吾君在前 叱者何也?" 楚王曰 "唯唯 誠若先生之言 謹奉社稷以從." 毛遂曰 "從定乎?" 楚王曰 "定矣." 毛遂謂楚王之左右曰 "取雞·狗·馬之血來!" 毛遂奉銅盤而跪進之楚王曰 "王當歃血以定從; 次者吾君 次者遂." 遂定從於殿上. 毛遂左手持盤血而右手招十九人曰 "公等相與歃此血於堂下! 公等錄錄 所謂'因人成事' 者也." 平原君已定從而歸 至於趙曰 "勝不敢相天下士矣!" 遂以毛遂爲上客.

於是楚王使春申君將兵救趙 魏王亦使將軍晉鄙將兵十萬救趙. 秦王使謂魏王曰 "吾攻趙 旦暮且下 諸侯敢救之者 吾已拔趙必移兵先擊之!" 魏王恐 遣人止晉鄙 留兵壁鄴 名爲救趙 實挾兩端. 又使將軍新垣衍間入邯鄲 因平原君說趙王 欲共尊秦爲帝. 以卻其兵. 齊人魯仲連在邯鄲 聞之 往見新垣衍曰 "彼秦者 棄禮義而上首功之國也. 彼卽肆然而爲帝於天下 則連有蹈東海而死耳 不願爲之民也! 且梁未睹秦稱帝之害故耳 吾將使秦王烹醢梁王!" 新垣衍怏然不悅曰 "先生惡能使秦王烹醢梁王?" 魯仲連曰 "固也 吾將言之. 昔者九侯·鄂侯·文王 紂之三公也. 九侯有子而好 獻之於紂 紂以爲惡 醢九侯; 鄂侯爭之强 辯之疾 故脯鄂侯; 文王聞之 喟然而嘆 故拘之牖里之庫百日 欲令之死. 今秦 萬乘之國也 梁 亦萬乘之國也; 俱據萬乘之國 各有稱王之名 奈何睹其一戰而勝 欲從而帝之 卒就脯醢之地乎! 且秦無已而帝 則將行其天子之禮以號令於天下 則且變易諸侯之大臣 彼將奪其所不肖而與其所賢 奪其所憎而與其所愛 彼又將使其子女讒妾爲諸侯妃姬 處梁之宮 梁王安得晏然而已乎! 而將軍又何以得故寵

乎!" 新垣衍起 再拜曰 "吾乃今知先生天下之士也! 吾請出 不敢復言帝秦矣!"

2　燕武成王薨 子孝王立.

3　初 魏公子無忌仁而下士 致食客三千人. 魏有隱士曰侯嬴年七十 家貧爲大梁夷門監者. 公子置酒大會 賓客坐定 公子從車騎虛左自迎侯生. 侯生攝敝衣冠 直上載公子上坐不讓; 公子執轡愈恭. 侯生又謂公子曰 "臣有客在市屠中 願枉車騎過之?" 公子引車入市 侯生下見其客朱亥 睥睨 故久立 與其客語 微察公子 公子色愈和; 乃謝客就車 至公子家. 公子引侯生坐上坐 徧贊賓客 賓客皆驚. 及秦圍趙 趙平原君之夫人 公子無忌之姊也平原君使者冠蓋相屬於魏 讓公子曰 "勝所以自附於婚姻者 以公子之高義 能急人之困也. 今邯鄲旦暮降秦而魏救不至 縱公子輕勝棄之 獨不憐公子姊邪!" 公子患之 數請魏王勅晉鄙令救趙 及賓客辯士游說萬端 王終不聽. 公子乃屬賓客 約車騎百餘乘 欲赴鬪以死於趙; 過夷門 見侯生 侯生曰 "公子勉之矣 老臣不能從!" 公子去 行數里 心不快 復還見侯生. 侯生笑曰 "臣固知公子之還也! 今公子無佗端而欲赴秦軍 譬如以肉投餒虎 何功之有!" 公子再拜問計. 侯嬴屛人曰 "吾聞晉鄙兵符在王臥內 而如姬最幸 力能竊之. 嘗聞公子爲如姬報其父仇 如姬欲爲公子死無所辭. 公子誠一開口 則得虎符 奪晉鄙之兵 北救趙 西卻秦 此五伯之功也." 公子如其言 果得兵符. 公子行 侯生曰 "將在外 君令有所不受 有如晉鄙合符而不授兵 復請之 則事危矣. 臣客朱亥 其人力士 可與俱. 晉鄙若聽 大善; 不聽 可使擊之!" 於是公子請朱亥與俱 至鄴 晉鄙合符 疑之 擧手視公子曰 "吾擁十萬之衆屯於

境上 今單車來代之 何如哉?" 朱亥袖四十斤鐵椎 椎殺晉鄙 公子遂勒兵下令軍中曰 "父子俱在軍中者 父歸! 兄弟俱在軍中者 兄歸! 獨子無兄弟者 歸養!" 得選兵八萬人 將之而進.

王齕久圍邯鄲不拔 諸侯來救 戰數不利. 武安君聞之曰 "王不聽吾計 今何如矣?" 王聞之 怒 强起武安君. 武安君稱病篤 不肯起.

• 赧王 58年(甲辰, 紀元前 257年)

1 十月 免武安君爲士伍 遷之陰密. 十二月 益發卒軍汾城旁. 武安君病 未行 諸侯攻王齕 齕數卻 使者日至 王乃使人遣武安君 不得留咸陽中. 武安君出咸陽西門十里 至杜郵. 王與應侯羣臣謀曰 "白起之遷 意尙怏怏有餘言." 王乃使使者賜之劍 武安君遂自殺. 秦人憐之 鄕邑皆祭祀焉.

魏公子無忌大破秦師於邯鄲下 王齕解邯鄲圍走. 鄭安平爲趙所困 將二萬人降趙 應侯由是得罪.

公子無忌旣存趙 遂不敢歸魏 與賓客留居趙 使將將其軍還魏. 趙王與平原君計 以五城封公子. 趙王掃除自迎 執主人之禮 引公子就西階. 公子側行辭讓 從東階上 自言辠過 以負於魏 無功於趙. 趙王與公子飮至暮 口不忍獻五城 以公子退讓也. 趙王以鄗爲公子湯沐邑. 魏亦復以信陵奉公子. 公子聞趙有處士毛公隱於博徒 薛公隱於賣漿家 欲見之; 兩人不肯見 公子乃間步從之游. 平原君聞而非之. 公子曰 "吾聞平原君之賢 故背魏而救趙. 今平原君所與遊 徒豪擧耳 不求士也. 以無忌從此兩人遊 尙恐其不我欲也 平原君乃以爲羞乎!" 爲裝欲去. 平原君免冠謝 乃

止.

平原君欲封魯連 使者三返 終不肯受. 又以千金爲魯連壽 魯連笑曰"所貴於天下士 爲人排患釋難解紛亂而無取也. 卽有取是商賈之事也!" 遂辭平原君而去 終身不復見.

2 秦太子之妃曰 華陽夫人 無子; 夏姬生子異人. 異人質於趙; 秦數伐趙 趙人不禮之. 異人以庶孽孫質於諸侯 車乘進用不饒居處困不得意.

陽翟大賈呂不韋適邯鄲 見之 曰"此奇貨可居!" 乃往見異人說曰"吾能大子之門!" 異人笑曰"且自大君之門!" 不韋曰"子不知也 吾門待子門而大." 異人心知所謂 乃引與坐 深語. 不韋曰"秦王老矣. 太子愛華陽夫人 夫人無子. 子之兄弟二十餘人 子傒有秦國之業 士倉又輔之. 子居中 不甚見幸 久質諸侯. 太子卽位 子不得爭爲嗣矣." 異人曰"然則奈何?" 不韋曰"能立適嗣者獨華陽夫人耳. 不韋雖貧 請以千金爲子西遊 立子爲嗣." 異人曰"必如君策 請得分秦國與君共之." 不韋乃以五百金與異人 令結賓客. 復以五百金買奇物玩好 自奉而西 見華陽夫人之姊 而以奇物獻於夫人 因譽子異人之賢 賓客徧天下 常日夜泣思太子及夫人曰"異人也以夫人爲天!" 夫人大喜. 不韋因使其姊說夫人曰"夫以色事人者 色衰則愛弛. 今夫人愛而無子 不以繁華時蚤自結於諸子中賢孝者 擧以爲適 卽色衰愛弛 雖欲開一言 尙可得乎! 今子異人賢 而自知中子 不得爲適 夫人誠以此時拔之 是子異人無國而有國 夫人無子而有子也 則終身有寵於秦矣." 夫人以爲然 承間言於太子曰"子異人絶賢 來往者皆稱譽之" 因泣曰"妾不幸無子 願得子異人立以爲子 以託妾身!" 太子許之. 與夫人刻玉符 約以爲嗣 因厚餽遺異人 而請呂不韋傅之. 異人名譽

盛於諸侯.

呂不韋娶邯鄲諸姬絶美者與居 知其有娠 異人從不韋飲 見而請之. 不韋佯怒 旣而獻之 孕期年而生子政 異人遂以爲夫人. 邯鄲之圍 趙人欲殺之 異人與不韋行金六百斤予守者 亡赴秦軍 遂得歸. 異人楚服而見華陽夫人 夫人曰“吾楚人也 當自子之.”因更其名曰楚.

• 赧王 59年(乙巳, 紀元前 256年)

1 秦將軍摎伐韓 取陽城·負黍 斬首四萬. 伐趙 取二十餘縣 斬首虜九萬. 赧王恐 背秦 與諸侯約從 將天下銳師出伊闕攻秦 令無得通陽城. 秦王使將軍摎攻西周 赧王入秦 頓首受罪 盡獻其邑三十六 口三萬. 秦受其獻 歸赧王於周 是歲赧王崩. *

資治通鑑 卷006

【秦紀一】

起柔兆敦牂(丙午) 盡昭陽作噩(癸酉) 凡二十八年

• 昭襄王 52年(丙午, 紀元前 255年)

1 河東守王稽坐與諸侯通 棄市. 應侯日以不懌. 臨朝而歎 應侯請其故. 王曰"今武安君死 而鄭安平·王稽等皆畔 內無良將而外多敵國 吾是以憂!"應侯懼 不知所出. 燕客蔡澤聞之 西入秦 先使人宣言於應侯曰"蔡澤 天下雄辯之士 彼見王 必困君而奪君之位."應侯怒 使人召之. 蔡澤見應侯 禮又倨. 應侯不快 因讓之曰"子宣言欲代我相 請聞其說."蔡澤曰"吁 君何見之晚也! 夫四時之序 成功者去. 君獨不見夫秦之商君·楚之吳起·越之大夫種 何足願與?"應侯謬曰"何爲不可! 此三子者 義之至也 忠之盡也. 君子有殺身以成名 死無所恨."蔡澤曰"夫人立功豈不期於成全邪! 身名俱全者 上也 名可法而身死者 次也 名僇辱而身全者 下也. 夫商君·吳起·大夫種 其爲人臣盡忠致功 則可願矣. 閎夭·周公 豈不亦忠且聖乎! 三子之可願 孰與閎夭·周公哉?"應侯曰"善."蔡澤曰"然則君之主惇厚舊故 不倍功臣 孰與孝公·楚王·越王?"曰"未知何如."蔡澤曰"君之功能孰與三

子?” 曰 “不若.” 蔡澤曰 “然則君身不退 患恐甚於三子矣. 語曰 ‘日中則移 月滿則虧.’ 進退贏縮 與時變化 聖人之道也. 今君之怨已讎而德已報 意欲至矣而無變計 竊爲君危之!” 應侯遂延以爲上客 因薦於王. 王召與語 大悅 拜爲客卿. 應侯因謝病免. 王新悅蔡澤計畫 遂以爲相國. 澤爲相數月 免.

2 楚春申君以荀卿爲蘭陵令. 荀卿者 趙人 名況 嘗與臨武君論兵於趙孝成王之前. 王曰 “請問兵要.” 臨武君對曰 “上得天時下得地利 觀敵之變動 後之發 先之至 此用兵之要術也.” 荀卿曰 “不然. 臣所聞古之道 凡用兵攻戰之本 在乎一民. 弓矢不調則羿不能以中 六馬不和 則造父不能以致遠 士民不親附 則湯武不能以必勝也. 故善附民者 是乃善用兵者也. 故兵要在乎附民而已.” 臨武君曰 “不然. 兵之所貴者勢利也 所行者變詐也. 善用兵者感忽悠闇 莫知所從出 孫·吳用之 無敵於天下 豈必待附民哉!” 荀卿曰 “不然. 臣之所道 仁人之兵 王者之志也. 君之所貴權謀勢利也. 仁人之兵 不可詐也. 彼可詐者 怠慢者也 露袒者也君臣上下之間滑然有離德者也. 故以桀詐桀 猶巧拙有幸焉. 以桀詐堯 譬之以卵投石 以指橈沸 若赴水火 入焉焦沒耳. 故仁人之兵 上下一心 三軍同力 臣之於君也 下之於上也 若子之事父弟之事兄 若手臂之扞頭目而覆胸腹也. 詐而襲之 與先驚而後擊之 一也. 且仁人用十里之國則將有百里之聽 用百里之國則將有千里之聽 用千里之國則將有四海之聽 必將聰明警戒 和傳而一. 故仁人之兵 聚則成卒 散則成列 延則若莫邪之長刃 嬰之者斷 兌則若莫邪之利鋒 當之者潰 圜居而方止 則若盤石然 觸之者角摧而退耳. 且夫暴國之君 將誰與至哉? 彼其所與至者 必其民也. 其民之親我歡若父母 其好我芬若椒蘭 彼反顧其上則若灼

黥 若仇讐 人之情 雖桀·跖 豈有肯爲其所惡 賊其所好者哉! 是猶使人之子孫自賊其父母也. 彼必將來告 夫又何可詐也! 故仁人用 國日明 諸侯先順者安 後順者危 敵之者削 反之者亡. 詩曰 '武王載發 有度秉鉞 如火烈烈 則莫我敢遏.' 此之謂也."

孝成王·臨武君曰"善. 請問王者之兵 設何道 何行而可?" 荀卿曰"凡君賢者其國治 君不能者其國亂 隆禮貴義者其國治 簡禮賤義者其國亂. 治者强 亂者弱 是强弱之本也. 上足卬則下可用也 上不足卬則下不可用也. 下可用則强 下不可用則弱 是强弱之常也. 齊人隆技擊 其技也 得一首者則賜贖錙金 無本賞矣. 是事小敵毳 則偸可用也 事大敵堅 則渙焉離耳 若飛鳥然 傾側反覆無日 是亡國之兵也 兵莫弱是矣 是其去賃市傭而戰之幾矣. 魏氏之武卒 以度取之 衣三屬之甲 操十二石之弩 負矢五十箇 置戈其上 冠冑帶劍 贏三日之糧 日中而趨百里 中試則復其戶 利其田宅. 是其氣力數年而衰 而復利未可奪也 改造則不易周也 是故地雖大 其稅必寡 是危國之兵也. 秦人 其生民也陿隘 其使民也酷烈 劫之以勢 隱之以阸 忸之以慶賞 鰌之以刑罰 使民所以要利於上者 非鬬無由也. 使以功賞相長 五甲首而隸五家 是最爲衆强長久之道. 故四世有勝 非幸也 數也. 故齊之技擊不可以遇魏之武卒 魏之武卒不可以遇秦之銳士 秦之銳士不可以當桓·文之節制 桓·文之節制不可以當湯·武之仁義 有遇之者 若以焦熬投石焉. 兼是數國者 皆干賞蹈利之兵也 傭徒鬻賣之道也 未有貴上安制綦節之理也. 諸侯有能微妙之以節 則作而兼殆之耳. 故招延募選 隆勢詐 上功利 是漸之也. 禮義敎化 是齊之也. 故以詐遇詐 猶有巧拙焉 以詐遇齊 譬之猶以錐刀墮泰山也. 故湯·武之誅桀·紂也 拱挹指麾 而强暴之國莫不趨使 誅桀·紂若誅獨夫. 故泰誓曰 '獨夫紂' 此之謂也. 故兵大齊則制天下 小齊

則治鄰敵. 若夫招延募選 隆勢詐 上功利之兵 則勝不勝無常 代翕代張 代存代亡 相爲雌雄耳. 夫是謂之盜兵 君子不由也."

孝成王·臨武君曰"善. 請問爲將." 荀卿曰"知莫大於棄疑 行莫大於無過 事莫大於無悔 事至無悔而止矣 不可必也. 故制號政令 欲嚴以威 慶賞刑罰 欲必以信 處舍收藏 欲周以固 徙擧進退 欲安以重 欲疾以速 窺敵觀變 欲潛以深 欲伍以參 遇敵決戰必行吾所明 無行吾所疑 夫是之謂六術. 無欲將而惡廢 無怠勝而忘敗 無威內而輕外 無見其利而不顧其害 凡慮事欲熟而用財欲泰 夫是之謂五權. 將所以不受命於主有三: 可殺而不可使處不完 可殺而不可使擊不勝 可殺而不可使欺百姓 夫是之謂三至. 凡受命於主而行三軍 三軍既定 百官得序 羣物皆正 則主不能喜敵不能怒 夫是謂之至臣. 慮必先事而申之以敬 愼終如始 始終如一 夫是之謂大吉. 凡百事之成也必在敬之 其敗也必在慢之. 故敬勝怠則吉 怠勝敬則滅 計勝欲則從 欲勝計則凶. 戰如守 行如戰 有功如幸. 敬謀無曠 敬事無曠 敬吏無曠 敬衆無曠 敬敵無曠 夫是之謂五無曠. 愼行此六術·五權·三至 而處之以恭敬·無曠 夫是之謂天下之將則通於神明矣."

臨武君曰"善. 請問王者之軍制." 荀卿曰"將死鼓 御死轡 百吏死職 上大夫死行列. 聞鼓聲而進 聞金聲而退. 順命爲上 有功次之. 令不進而進 猶令不退而退也 其罪惟均. 不殺老弱 不獵禾稼 服者不禽 格者不赦 奔命者不獲. 凡誅 非誅其百姓也 誅其亂百姓者也. 百姓有捍其賊 則是亦賊也. 以其順刃者生 傃刃者死奔命者貢. 微子開封於宋 曹觸龍斷於軍 商之服民 所以養生之者無異周人 故近者謌謳而樂之 遠者竭蹶而趨之 無幽閒辟陋之國 莫不趨使而安樂之 四海之內若一家 通達之屬莫不從服 夫是之謂人師. 詩曰'自西自東 自南自北 無思不服.' 此之謂也. 王

者有誅而無戰 城守不攻 兵格不擊 敵上下相喜則慶之 不屠城不潛軍 不留衆 師不越時 故亂者樂其政 不安其上 欲其至也.” 臨武君曰“善.”

陳囂問荀卿曰“先生議兵 常以仁義爲本 仁者愛人 義者循理 然則又何以兵爲? 凡所爲有兵者 爲爭奪也.” 荀卿曰“非汝所知也 彼仁者愛人 愛人故惡人之害之也 義者循理 循理故惡人之亂之也. 彼兵者 所以禁暴除害也 非爭奪也.

3 燕孝王薨 子喜立.

4 周民東亡. 秦人取其寶器 遷西周公於憚狐之聚.

5 楚王遷魯於莒而取其地.

• 昭襄王 53年(丁未, 紀元前 254年)

1 摎伐魏 取吳城. 韓王入朝. 魏擧國聽令.

• 昭襄王 54年(戊申, 紀元前 253年)

1 王郊見上帝於雍.

2 楚遷於鉅陽.

• 昭襄王 55年(己酉, 紀元前 252年)

1 衛懷君朝於魏 魏人執而殺之 更立其弟 是爲元君. 元君魏壻也.

• 昭襄王 56年(庚戌, 紀元前 251年)

1 秋 王薨 孝文王立. 尊唐八子爲唐太后 以子楚爲太子. 趙人奉子楚妻子歸之. 韓王衰絰入弔祠.

2 燕王喜使栗腹約歡於趙 以五百金爲趙王酒. 反而言於燕王曰"趙壯者皆死長平 其孤未壯 可伐也." 王召昌國君樂閒問之對曰"趙四戰之國 其民習兵 不可." 王曰"吾以五而伐一." 對曰"不可." 王怒. 羣臣皆以爲可 乃發二千乘 栗腹將而攻鄗 卿秦攻代. 將渠曰"與人通關約交 以五百金飮人之王 使者報而攻之 不祥 師必無功." 王不聽 自將偏軍隨之. 將渠引王之綬 王以足蹴之. 將渠泣曰"臣非自爲 爲王也!" 燕師至宋子 趙廉頗爲將 逆擊之 敗栗腹於鄗 敗卿秦·樂乘於代 追北五百餘里 遂圍燕. 燕人請和 趙人曰"必令將渠處和." 燕王使將渠爲相而處和 趙師乃解去.

3 趙平原君卒.

• 孝文王 元年(辛亥, 紀元前 250年)

1 冬 十月 己亥 王卽位 三日薨. 子楚立 是爲莊襄王 尊華陽夫人爲華陽太后 夏姬爲夏太后.

2 燕將攻齊聊城 拔之. 或譖之燕王 燕將保聊城 不敢歸. 齊田單攻之 歲餘不下. 魯仲連乃爲書 約之矢以射城中 遺燕將 爲陳利害 曰"爲公計者 不歸燕則歸齊. 今獨守孤城 齊兵日益而燕救不至 將何爲乎?" 燕將見書 泣三日 猶豫不能自決. 欲歸燕 已有隙 欲降齊 所殺虜於齊甚衆 恐已降而後見辱. 喟然歎曰"與人刃我 寧我自刃!" 遂自殺. 聊城亂 田單克聊城. 歸 言魯仲連於齊 欲爵之. 仲連逃之海上 曰"吾與富貴而詘於人 寧貧賤而輕世肆志焉!"

魏安釐王問天下之高士於子順 子順曰"世無其人也 抑可以爲次 其魯仲連乎!" 王曰"魯仲連强作之者 非體自然也." 子順曰"人皆作之. 作之不止 乃成君子 作之不變 習與體成 則自然也."

• 莊襄王 元年(壬子, 紀元前 249年)

1 呂不韋爲相國.

2 東周君與諸侯謀伐秦 王使相國帥師討滅之 遷東周君於陽人聚. 周旣不祀. 周比亡 凡有七邑 河南·洛陽·穀城·平陰·偃師·鞏·緱氏.

3 以河南洛陽十萬戶封相國不韋爲文信侯.

4 蒙驁伐韓 取成皐·滎陽 初置三川郡.

5 楚滅魯 遷魯頃公於卞 爲家人.

• 莊襄王 2年(癸丑, 紀元前 248年)

1 日有食之.

2 蒙驁伐趙 取榆次·狼孟等三十七城.

3 楚春申君言於楚王曰“淮北地邊於齊 其事急 請以爲郡而封於江東.”楚王許之. 春申君因城吳故墟以爲都邑. 宮室極盛.

• 莊襄王 3年(甲寅, 紀元前 247年)

1 王齕攻上黨諸城 悉拔之 初置太原郡.

2 蒙驁帥師伐魏 取高都·汲. 魏師數敗 魏王患之 乃使人請信陵君於趙. 信陵君畏得罪 不肯還 誡門下曰“有敢爲魏使通者死!”賓客莫敢諫. 毛公·薛公見信陵君曰“公子所以重於諸侯者徒以有魏也. 今魏急而公子不恤 一旦秦人克大梁 夷先王之宗廟 公子當何面目立天下乎!”語未卒 信陵君色變 趣駕還魏. 魏王持信陵君而泣 以爲上將軍. 信陵君使人求援於諸侯. 諸侯聞信陵君復爲魏將 皆遣兵救魏. 信陵君率五國之師敗蒙驁於河外 蒙驁

遁走. 信陵君追至函谷關 抑之而還.

安陵人縮高之子仕於秦 秦使之守管. 信陵君攻之不下 使人謂安陵君曰“君其遣縮高 吾將仕之以五大夫 使爲執節尉.”安陵君曰“安陵小國也 不能必使其民. 使者自往請之”使吏導使者至縮高之所. 使者致信陵君之命 縮高曰“君之幸高也 將使高攻管也. 夫父攻子守 人之笑也 見臣而下 是倍主也. 父教子倍 亦非君之所喜. 敢再拜辭.”使者以報信陵君. 信陵君大怒 遣使之安陵君所曰“安陵之地 亦猶魏也. 今吾攻管而不下 則秦兵及我社稷必危矣. 願君生束縮高而致之! 若君弗致 無忌將發十萬之師以造安陵之城下.”安陵君曰“吾先君成侯受詔襄王以守此城也 手授太府之憲. 憲之上篇曰‘臣弑君 子弑父 有常不赦. 國雖大赦 降城亡子不得與焉.’今縮高辭大位 以全父子之義 而君曰‘必生致之.’是使我負襄王之詔 而廢太府之憲也 雖死 終不敢行!”縮高聞之曰“信陵君爲人 悍猛而自用 此辭必反爲國禍. 吾已全已 無違人臣之義矣 豈可使吾君有魏患乎!”乃之使者之舍 刎頸而死. 信陵君聞之 縞素辟舍 使使者謝安陵君曰“無忌 小人也 困於思慮 失言於君 請再拜辭罪!”

王使人行萬金於魏以間信陵君 求得晉鄙客 令說魏王曰“公子亡在外十年矣 今復爲將 諸侯皆屬 天下徒聞信陵君而不聞魏王矣.”王又數使人賀信陵君“得爲魏王未也?”魏王日聞其毀 不能不信 乃使人代信陵君將兵. 信陵君自知再以毀廢 乃謝病不朝 日夜以酒色自娛 凡四歲而卒. 韓王往弔 其子榮之 以告子順. 子順曰“必辭之以禮! ‘鄰國君弔 君爲之主.’今君不命子 則子無所受韓君也.”其子辭之.

3 五月 丙午 王薨. 太子政立 生十三年矣 國事皆決於文信侯

號稱仲父.

4　晉陽反.

• 始皇帝 元年(乙卯, 紀元前 246年)

1　蒙驁擊定之.

2　韓欲疲秦人 使無東伐 乃使水工鄭國爲間於秦 鑿涇水自仲山爲渠 並北山 東注洛. 中作而覺 秦人欲殺之. 鄭國曰"臣爲韓延數年之命 然渠成 亦秦萬世之利也." 乃使卒爲之. 注塡閼之水溉舄鹵之地四萬餘頃 收皆畝一鍾 關中由是益富饒.

• 始皇帝 2年(丙辰, 紀元前 245年)

1　麃公將卒攻卷 斬首三萬.

2　趙以廉頗爲假相國 伐魏 取繁陽. 趙孝成王薨 子悼襄王立 使武襄君樂乘代廉頗. 廉頗怒 攻武襄君 武襄君走. 廉頗出奔魏久之 魏不能信用. 趙師數困於秦 趙王思復得廉頗 廉頗亦思復用於趙. 趙王使使者視廉頗尙可用否. 廉頗之仇郭開多與使者金令毀之. 廉頗見使者 一飯斗米 肉十斤 被甲上馬 以示可用. 使者還報曰"廉將軍雖老 尙善飯 然與臣坐 頃之三遺矢矣." 趙王以爲老 遂不召. 楚人陰使迎之. 廉頗一爲楚將 無功 曰"我思用

趙人!" 卒死於壽春.

• 始皇帝 3年(丁巳, 紀元前 244年)

1 大饑.

2 蒙驁伐韓 取十二城.

3 趙王以李牧爲將 伐燕 取武遂·方城. 李牧者 趙之北邊良將也 嘗居代·鴈門備匈奴 以便宜置吏 市租皆輸入莫府 爲士卒費 日擊數牛饗士 習騎射 謹烽火 多間諜 爲約曰"匈奴卽入盜 急入收保. 有敢捕虜者斬!" 匈奴每入 烽火謹 輒入收保不戰. 如是數歲 亦不亡失. 匈奴皆以爲怯 雖趙邊兵亦以爲吾將怯. 趙王讓之 李牧如故. 王怒 使他人代之. 歲餘 屢出戰 不利 多失亡 邊不得田畜. 王復請李牧 李牧杜門稱病不出. 王强起之 李牧曰"必欲用臣 如前乃敢奉令." 王許之. 李牧至邊 如約. 匈奴數歲無所得 終以爲怯. 邊士日得賞賜而不用 皆願一戰. 於是乃具選車得千三百乘 選騎得萬三千匹 百金之士五萬人 彀者十萬人 悉勒習戰 大縱畜牧·人民滿野. 匈奴小入 佯北不勝 以數十人委之. 單于聞之 大率衆來入. 李牧多爲奇陳 張左·右翼擊之 大破之. 殺匈奴十餘萬騎. 滅襜襤 破東胡 降林胡. 單于奔走 十餘歲不敢近趙邊.

先是 天下冠帶之國七 而三國邊於戎狄 秦自隴以西有緜諸·緄戎·翟·獂之戎 岐·梁·涇·漆之北 有義渠·大荔·烏氏·朐衍之戎 而趙北有林胡·樓煩之戎 燕北有東胡·山戎 各分散居谿谷 自

有君長 往往而聚者百有餘戎 然莫能相一. 其後義渠築城郭以自守 而秦稍蠶食之 至惠王遂拔義渠二十五城 昭王之時 宣太后誘義渠王 殺諸甘泉 遂發兵伐義渠 滅之 始於隴西·北地·上郡築長城以拒胡. 趙武靈王北破林胡·樓煩 築長城 自代並陰山下 至高闕爲塞. 而置雲中·鴈門·代郡. 其後燕將秦開爲質於胡 胡甚信之 歸而襲破東胡 東胡卻千餘里. 燕亦築長城 自造陽至襄平 置上谷·漁陽·右北平·遼東郡以拒胡. 及戰國之末而匈奴始大.

• 始皇帝 4年(戊午, 紀元前 243年)

1 春 蒙驁伐魏 取暘·有詭. 三月 軍罷.

2 秦質子歸自趙 趙太子出歸國.

3 七月 蝗·疫. 令百姓納粟千石 拜爵一級.

4 魏安釐王薨 子景湣王立.

• 始皇帝 5年(己未, 紀元前 242年)

1 蒙驁伐魏 取酸棗·燕·虛·長平·雍丘·山陽等三十城 初置東郡.

2 初 劇辛在趙與龐煖善 已而仕燕. 燕王見趙數困於秦 廉頗

去而龐煖爲將 欲因其敝而攻之 問於劇辛 對曰"龐煖易與耳!" 燕王使劇辛將而伐趙 趙龐煖禦之 殺劇辛 取燕師二萬.

3 諸侯患秦攻伐無已時.

• 始皇帝 6年(庚申, 紀元前 241年)

1 楚·趙·魏·韓·衛合從以伐秦 楚王爲從長 春申君用事 取壽陵. 至函谷 秦師出 五國之師皆敗走. 楚王以咎春申君 春申君以此益疏. 觀津人朱英謂春申君曰"人皆以楚爲强 君用之而弱. 其於英不然. 先君時 秦善楚 二十年而不攻楚 何也? 秦踰黽阨之塞而攻楚 不便 假道於兩周 背韓·魏而攻楚 不可. 今則不然. 魏旦暮亡 不能愛許·鄢陵 魏割以與秦 秦兵去陳百六十里. 臣之所觀者 見秦·楚之日鬪也." 楚於是去陳 徙壽春 命曰郢. 春申君就封於吳 行相事.

2 秦拔魏朝歌及衛濮陽. 衛元君率其支屬徙居野王 阻其山以保魏之河內.

• 始皇帝 7年(辛酉, 紀元前 240年)

1 伐魏 取汲.

2 夏太后薨.

3　蒙驁卒.

• 始皇帝 8年(壬戌, 紀元前 239年)

1　魏與趙鄴.

2　韓桓惠王薨 子安立.

• 始皇帝 9年(癸亥, 紀元前 238年)

1　伐魏 取垣·蒲

2　夏四月 寒 民有凍死者.

3　王宿雍.

4　己酉 王冠 帶劍.

5　楊端和伐魏 取衍氏.

6　初 王卽位 年少 太后ㅁ時與文信侯私通. 王益壯 文信侯恐事覺 禍及已 乃詐以舍人嫪毐爲宦者 進於太后. 太后幸之 生二子 封毐爲長信侯 以太原爲毐國 政事皆決於毐 客求爲毐舍人者甚衆. 王左右有與毐爭言者 告毐實非宦者 王下吏治毐. 毐懼 矯

王御璽發兵 欲攻蘄年宮爲亂. 王使相國昌平君·昌文君發卒攻毐 戰咸陽 斬首數百 毐敗走 獲之. 秋 九月 夷毐三族 黨與皆車裂滅宗 舍人罪輕者徙蜀 凡四千餘家. 遷太后於雍萯陽宮 殺其二子. 下令曰“敢以太后事諫者 戮而殺之 斷其四支 積於闕下!”死者二十七人. 齊客茅焦上謁請諫. 王使謂之曰“若不見夫積闕下者邪?”對曰“臣聞天有二十八宿 今死者二十七人 臣之來固欲滿其數耳. 臣非畏死者也!”使者走入白之. 茅焦邑子同食者 盡負其衣物而逃. 王大怒曰“是人也 故來犯吾 趣召鑊烹之 是安得積闕下哉!”王按劍而坐 口正沫出. 使者召之入 茅焦徐行至前 再拜謁起 稱曰“臣聞有生者不諱死 有國者不諱亡 諱死者不可以得生 諱亡者不可以得存. 死生存亡 聖主所欲急聞也 陛下欲聞之乎?”王曰“何謂也?”茅焦曰“陛下有狂悖之行 不自知邪? 車裂假父 囊撲二弟 遷母於雍 殘戮諫士 桀·紂之行不至於是矣! 令天下聞之 盡瓦解 無嚮秦者 臣竊爲陛下危之! 臣言已矣!”乃解衣伏質. 王下殿 手自接之曰“先生起就衣 今願受事!”乃爵之上卿. 王自駕 虛左方 往迎太后 歸於咸陽 復爲母子如初.

7 楚考烈王無子 春申君患之 求婦人宜子者甚衆 進之 卒無子. 趙人李園持其妹欲進諸楚王 聞其不宜子 恐久無寵 乃求爲春申君舍人. 已而謁歸 故失期而還. 春申君問之 李園曰“齊王使人求臣之妹 與其使者飮 故失期.”春申君曰“聘入乎?”曰“未也.”春申君遂納之. 旣而有娠 李園使其妹說春申君曰“楚王貴幸君 雖兄弟不如也. 今君相楚二十餘年而王無子 卽百歲後將更立兄弟 彼亦各貴其故所親 君又安得常保此寵乎! 非徒然也 君貴 用事久 多失禮於王之兄弟 兄弟立 禍且及身矣. 今妾有娠而人莫知 妾幸君未久 誠以君之重 進妾於王 王必幸之. 妾賴天而

有男 則是君之子爲王也. 楚國盡可得 孰與身臨不測之禍哉!" 春申君大然之. 乃出李園妹 謹舍而言諸楚王. 王召入 幸之 遂生男 立爲太子.

李園妹爲王后 李園亦貴用事 而恐春申君泄其語 陰養死士 欲殺春申君以滅口 國人頗有知之者. 楚王病 朱英謂春申君曰 "世有無望之福 亦有無望之禍. 今君處無望之世 事無望之主 安可以無無望之人乎!" 春申君曰 "何謂無望之福?" 曰 "君相楚二十餘年矣 雖名相國 其實王也. 王今病 旦暮薨 薨而君相幼主 因而當國 王長而反政 不卽遂南面稱孤 此所謂無望之福也." "何謂無望之禍?" 曰 "李園不治國而君之仇也 不爲兵而養死士之日久矣. 王薨李園必先入 據權而殺君以滅口 此所謂無望之禍也." "何謂無望之人?" 曰 "君置臣郎中 王薨 李園先入 臣爲君殺之 此所謂無望之人也." 春申君曰 "足下置之. 李園 弱人也 僕又善之. 且何至此!" 朱英知言不用 懼而亡去. 後十七日 楚王薨 李園果先入 伏死士於棘門之內. 春申君入 死士俠刺之 投其首於棘門之外 於是使吏盡捕誅春申君之家. 太子立是爲幽王.

❖ 揚子《法言》曰

"或問信陵·平原·孟嘗·春申益乎?" 曰 "上失其政 姦臣竊國命 何其益乎!"

8 王以文信侯奉先王功大 不忍誅.

• 始皇帝 10年(甲子, 紀元前 237年)

1　冬 十月 文信侯免相 出就國.

宗室大臣議曰 "諸侯人來仕者 皆爲其主遊間耳 請一切逐之." 於是大索 逐客. 客卿楚人李斯亦在逐中 行 且上書曰 "昔穆公求士 西取由余於戎 東得百里奚於宛 迎蹇叔於宋 求丕豹·公孫支於晉 幷國二十 遂霸西戎. 孝公用商鞅之法 諸侯親服 至今治强. 惠王用張儀之計 散六國之從 使之事秦. 昭王得范睢 强公室杜私門. 此四君者 皆以客之功. 由此觀之 客何負於秦哉! 夫色·樂·珠玉不產於秦而王服御者衆 取人則不然 不問可否 不論曲直 非秦者去 爲客者逐. 是所重者在乎色·樂·珠·玉而 所輕者在乎人民也. 臣聞太山不讓土壤 故能成其大 河海不澤細流 故能就其深 王者不卻衆庶 故能明其德 此五帝三王之所以無敵也. 今乃棄黔首以資敵國 卻賓客以業諸侯 所謂藉寇兵 齎盜糧者也." 王乃召李斯 復其官 除逐客之令. 李斯至驪邑而還. 王卒用李斯之謀 陰遣辯士齎金玉遊說諸侯 諸侯名士可下以財者厚遺結之 不肯者利劍刺之 離其君臣之計 然後使良將隨其後 數年之中 卒兼天下.

• 始皇帝 11年(乙丑, 紀元前 236年)

1　趙人伐燕 取貍陽. 兵未罷 將軍王翦·桓齮·楊端和伐趙 攻鄴 取九城. 王翦攻閼與·轑陽 桓齮取鄴·安陽.

2　趙悼襄王薨 子幽繆王遷立. 其母 倡也 嬖於悼襄王 悼襄王廢嫡子嘉而立之. 遷素以無行聞於國.

3 文信侯就國歲餘 諸侯賓客使者相望於道 請之. 王恐其爲變 乃賜文信侯書曰“君何功於秦 封君河南 食十萬戶? 何親於秦 號稱仲父? 其與家屬徙處蜀!”文信侯自知稍侵 恐誅.

• 始皇帝 12年(丙寅, 紀元前 235年)

1 文信侯飮酖死 竊葬. 其舍人臨者 皆逐遷之. 且曰“自今以來 操國事不道如嫪毐·不韋者 籍其門 視此!”

❖揚子《法言》曰

或問“呂不韋其智矣乎? 以人易貨.”曰“誰謂不韋智者歟! 以國易宗. 呂不韋之盜 穿窬之雄乎! 穿窬也者 吾見擔石矣 未見雒陽也.”

2 自六月不雨 至於八月.

3 發四郡兵助魏伐楚.

• 始皇帝 13年(丁卯, 紀元前 234年)

1 桓齮伐趙 敗趙將扈輒於平陽 斬首十萬 殺扈輒. 趙王以李牧爲大將軍 復戰於宜安·肥下 秦師敗績 桓齮奔還. 趙封李牧爲武安君.

• 始皇帝 14年(戊辰, 紀元前 233年)

1 桓齮伐趙 取宜安·平陽·武城.

2 韓王納地効璽 請爲藩臣 使韓非來聘. 韓非者 韓之諸公子也 善刑名灋術之學 見韓之削弱 數以書干韓王 王不能用. 於是韓非疾治國不務求人任賢 反擧浮淫之蠹而加之功實之上 寬則寵名譽之人 急則用介冑之士 所養非所用 所用非所養 悲廉直不容於邪枉之臣 觀往者得失之變 作孤憤·五蠹·內·外儲·說林·說難五十六篇 十餘萬言.

王聞其賢 欲見之. 非爲韓使於秦 因上書說王曰"今秦地方數千里 師名百萬 號令賞罰 天下不如. 臣昧死願望見大王 言所以破天下從之計. 大王誠聽臣說 一擧而天下之從不破 趙不擧 韓不亡 荊·魏不臣 齊·燕不親 霸王之名不成 四鄰諸侯不朝 大王斬臣以徇國 以戒爲王謀不忠者也." 王悅之 未任用. 李斯嫉之曰"韓非 韓之諸公子也 今欲幷諸侯 非終爲韓不爲秦 此人情也. 今王不用 久留而歸之 此自遺患也 不如以法誅之." 王以爲然 下吏治非. 李斯使人遺非藥 令早自殺. 韓非欲自陳 不得見. 王後悔 使人赦之 非已死矣.

❖ 揚子《法言》曰

或問"韓非作說難之書而卒死乎說難 敢問何反也?" 曰"說難蓋其所以死乎!" 曰"何也?" "君子以禮動 以義止 合則進 否則退 確乎不憂其不合也. 夫說人而憂其不合 則亦無所不至矣." 或曰"非憂說之不合 非邪?" 曰

"說不由道 憂也. 由道而不合 非憂也."

❖臣光曰

臣聞君子親其親以及人之親 愛其國以及人之國 是以功大名美而享有百福也. 今非爲秦畫謀 而首欲覆其宗國 以售其言 罪固不容於死矣 烏足愍哉!

• 始皇帝 15年(己巳, 紀元前 232年)

1 王大興師伐趙 一軍抵鄴 一軍抵太原 取狼孟·番吾 遇李牧而還.

2 初 燕太子丹嘗質於趙 與王善. 王卽位 丹爲質於秦 王不禮焉. 丹怒 亡歸.

• 始皇帝 16年(庚午, 紀元前 231年)

1 韓獻南陽地. 九月 發卒受地於韓.

2 魏人獻地.

3 代地震 自樂徐以西 北至平陰 臺居牆垣太半壞 地坼東西百三十步.

• 始皇帝 17年(辛未, 紀元前 230年)

1 內史勝滅韓 虜韓王安 以其地置潁川郡.

2 華陽太后薨.

3 趙大饑.

4 衛元君薨 子角立.

• 始皇帝 18年(壬申, 紀元前 229年)

1 王翦將上地兵下井陘 端和將河內兵共伐趙. 趙李牧·司馬尙禦之. 秦人多與趙王嬖臣郭開金 使毁牧及尙 言其欲反. 趙王使趙葱及齊將顏聚代之. 李牧不受命 趙人捕而殺之 廢司馬尙.

• 始皇帝 19年(癸酉, 紀元前 228年)

1 王翦擊趙軍 大破之 殺趙葱 顏聚亡 遂克邯鄲 虜趙王遷. 王如邯鄲 故與母家有仇怨者皆殺之. 還 從太原·上郡歸.

2 太后薨.

3 王翦屯中山以臨燕. 趙公子嘉帥其宗數百人奔代 自立爲代

王. 趙之亡 大夫稍稍歸之 與燕合兵 軍上谷.

4 楚幽王薨 國人立其弟郝. 三月 郝庶兄負芻殺之 自立.

5 魏景湣王薨 子假立.

6 燕太子丹怨王 欲報之 以問其傅鞠武. 鞠武請西約三晉 南連齊·楚 北媾匈奴以圖秦. 太子曰"太傅之計 曠日彌久 令人心惛然 恐不能須也." 頃之 將軍樊於期得罪 亡之燕 太子受而舍之. 鞠武諫曰"夫以秦王之暴 而積怒於燕 足爲寒心 又況聞樊將軍之所在乎! 是謂委肉當餓虎之蹊也. 願太子疾遣樊將軍入匈奴!" 太子曰"樊將軍窮困於天下 歸身於丹 是固丹命卒之時也 願更慮之!" 鞠武曰"夫行危以求安 造禍以爲福 計淺而怨深 連結一人之後交 不顧國家之大害 所謂資怨而助禍矣." 太子不聽.

太子聞衛人荊軻之賢 卑辭厚禮而請見之. 謂軻曰"今秦已虜韓王 又擧兵南伐楚 北臨趙 趙不能支秦 則禍必至於燕. 燕小弱 數困於兵 何足以當秦! 諸侯服秦 莫敢合從. 丹之私計愚 以爲誠得天下之勇士使於秦 劫秦王 使悉反諸侯侵地 若曹沫之與齊桓公 則大善矣 ㅁ不可 則因而刺殺之. 彼大將擅兵於外而內有亂 則君臣相疑 以其間 諸侯得合從 其破秦必矣. 唯荊卿留意焉!" 荊軻許之. 於是舍荊卿於上舍 太子日造門下 所以奉養荊軻 無所不至. 及王翦滅趙 太子聞之懼 欲遣荊軻行. 荊軻曰"今行而無信 則秦未可親也. 誠得樊將軍首與燕督亢之地圖 奉獻秦王 秦王必說見臣 臣乃有以報." 太子曰"樊將軍窮困來歸丹 丹不忍也!" 荊軻乃私見樊於期曰"秦之遇將軍 可謂深矣 父母宗族皆爲戮沒! 今聞購將軍首 金千斤 邑萬家 將奈何?" 於期太息流

涕曰“計將安出?”荊卿曰“願得將軍之首以獻秦王 秦王必喜而見臣 臣左手把其袖 右手揕其胸 則將軍之仇報而燕見陵之愧除矣!”樊於期曰“此臣之日夜切齒腐心也!”遂自刎. 太子聞之 奔往伏哭 然已無奈何 遂以函盛其首. 太子豫求天下之利匕首 使工以藥焠之 以試人 血濡縷 人無不立死者. 乃裝爲遣荊軻 以燕勇士秦舞陽爲之副 使入秦. *